Science en bibliothèque

sous la direction de
Francis Agostini

avec la collaboration de
Sylvain Auroux – Michel Béthery – Paul Caro – Joël de Rosnay
Marie Girod – Hélène Hollebeke – Daniel Jacobi – Marie-Hélène Kœnig
Olivier Las Vergnas – Hervé Le Crosnier – Joëlle Le Marec – Roger Lesgards
Jean-Marc Lévy-Leblond – Bernard Maitte – Michel Melot – Jean-Luc Pagès
Marie-Thérèse Pouillias – Jean Rosmorduc – Francis Rumpf – Guy Simonin
Jean-Émile Tosello-Bancal – Anne Zwick

Collection Bibliothèques
ÉDITIONS DU CERCLE DE LA LIBRAIRIE

Liste des auteurs

Francis Agostini, Médiathèque de la Cité des sciences et de l'industrie

Sylvain Auroux, Directeur de recherche au CNRS, Université Paris-VII-UFR Linguistique

Michel Béthery, Bibliothèque publique d'information

Paul Caro, Délégué aux affaires scientifiques à la Cité des sciences et de l'industrie

Joël de Rosnay, Directeur du développement et des relations internationales à la Cité des sciences et de l'industrie

Marie Girod, Bibliothèque municipale de Ballancourt-sur-Essonne

Hélène Hollebeke, Bibliothèque municipale de Sannois

Daniel Jacobi, Professeur à l'Université de Bourgogne, Centre de recherche sur la culture et les musées

Marie-Hélène Kœnig, Médiathèque de la Cité des sciences et de l'industrie

Olivier Las Vergnas, Président de l'Association française d'astronomie

Hervé Le Crosnier, Bibliothèque scientifique de l'Université de Basse-Normandie, Caen

Joëlle Le Marec, Responsable de la cellule Évaluation, Direction des expositions à la Cité des sciences et de l'industrie

Roger Lesgards, Ancien président de la Cité des sciences et de l'industrie

Jean-Marc Lévy-Leblond, Professeur à l'Université de Nice, directeur d'ALLIAGE

Bernard Maitte, Professeur à l'Université de Lille, directeur d'ALIAS, Villeneuve d'Asq

Michel Melot, Président du Conseil supérieur des bibliothèques

Jean-Luc Pagès, Médiathèque de la Cité des sciences et de l'industrie

Marie-Thérèse Pouillias, Bibliothèque municipale de Rennes

Jean Rosmorduc, Professeur à l'Université de Bretagne occidentale, Brest

Francis Rumpf, Chargé de l'audiovisuel scientifique à la DISTB (ministère de l'Enseignement supérieur et de la Recherche)

Guy Simonin, Responsable de l'unité enseignement scientifique au CNDP

Jean-Émile Tosello-Bancal, Responsable du secteur sciences économiques à l'URFIST Paris

Anne Zwick, Bibliothèque de l'Institut méditerranéen de technologie

35, rue Grégoire-de-Tours - 75006 Paris
ISBN : 2-7654-0558-1
ISSN : 0184-0886

Sommaire

Préface : Sciences, bibliothèques et citoyenneté 7
Roger Lesgards

Présentation 13
Francis Agostini

I. Les contextes

Les acteurs de la culture scientifique et technique 37
Bernard Maitte

Jeux de rôles au pays de la culture scientifique et technique 49
Olivier Las Vergnas

Centres de culture scientifique, technique et industrielle et bibliothèques 73
Bernard Maitte

À la recherche des gisements d'usages dans les bibliothèques et expositions scientifiques 83
Joëlle Le Marec

II. La connaissance scientifique et ses modes de diffusion

De la science à ses livres 101
Un entretien avec Jean-Marc Lévy-Leblond

La vulgarisation scientifique entre traduction et rhétorique 113
Daniel Jacobi

Les procédés littéraires du récit dans la vulgarisation scientifique écrite et télévisée 125
Paul Caro

Encyclopédies, bibliothèques et formalisation du savoir 141
Sylvain Auroux

La jambe de Lavoisier ou l'histoire des sciences dans la culture scientifique et technique 151
Jean Rosmorduc

III. La production

Panorama de l'édition scientifique 163
Francis Agostini et Michel Béthery

L'audiovisuel, la science et les bibliothèques 193
Francis Rumpf

Utilisation auprès d'un large public de productions pédagogiques 205
Guy Simonin

Technologies de l'information et vulgarisation 217
Jean-Émile Tosello-Bancal

INTERNET : une communauté de ressources pour la vulgarisation scientifique 227
Hervé Le Crosnier

IV. Les bibliothèques saisies par la vulgarisation

Approche systémique de la vulgarisation en bibliothèque 237
Joël de Rosnay

L'espace des collections : des fonds scientifiques en projet 253
Francis Agostini

L'espace de la médiation : aventures en science 301
Francis Agostini

Politique d'acquisition et demande du public : Pratiques et évolution à la BPI 321
Michel Béthery

Le documentaire scientifique : un tremplin pour la lecture publique 335
Marie Girod

Du lire au faire ou comment la bibliothèque parle de science 349
Anne Zwick

La bibliothèque, pôle de culture scientifique 363
Marie-Thérèse Pouillias

Coopérer pour ancrer la science en bibliothèque 369
Hélène Hollebeke

La vulgarisation scientifique et le bibliothécaire 375
Marie-Hélène Kœnig

Postface 387
Michel Melot

Bibliographie sélective 391

Annexes générales 395

Préface

Sciences, bibliothèques et citoyenneté

« Citoyens, Citoyennes ! » L'apostrophe peut paraître aujourd'hui bien désuète. Nos manuels d'histoire l'ont rangée aux rayons des Sans-Culottes et des bonnets phrygiens. Prononcée à haute voix, elle sonne à nos pavillons électroniques comme l'écho lointain de temps ambitieux et naïfs où la nation française, en même temps qu'elle s'établissait sur son sol, appelait à construire un monde nouveau. « Citoyens, Citoyennes ! » Non, décidément, le ton n'y est plus. Et pourtant... Et pourtant, en dépit de leur parfum suranné, ces deux mots qui, depuis quelques décennies seulement, ne sont plus qu'un, ne conservent-ils pas toute leur charge de grandeur, toute leur force d'interpellation ? Ne sonnent-ils pas encore « pleins de strideurs étranges » ? « Quelque part, ils nous interpellent », dirait-on dans notre moderne jargon. Et il se pourrait bien que ce « quelque part » fût situé au cœur même de notre volonté et de notre capacité à prendre part aux choix et aux décisions qui façonnent nos modes de vivre ensemble, nos cultures, nos mentalités, l'avenir de nos sociétés que nous espérons plus justes, plus libres, plus fraternelles.

Être citoyen : la tâche, au cours des deux derniers siècles, ne fut jamais aisée. Elle ne l'est pas plus aujourd'hui en dépit des progrès considérables accomplis en matière d'éducation, première condition à la formation d'hommes et de femmes autonomes et responsables, capables de penser par eux-mêmes, de délibérer librement et de s'engager dans la construction et la gestion de leur cité ; en dépit également des améliorations du niveau de vie, des conditions d'hygiène et de santé. Il semble même que nous assistions, en cette fin de XXe siècle, à un retrait marqué de la volonté citoyenne, de la vertu civique, du sens de l'intérêt général et des solidarités sociales. Sans doute peut-on détecter diverses causes à ce recul qu'accompagne une résurgence des corporatismes, des ethnocentrismes, des égoïsmes individuels et des recroquevillements.

L'une de ces causes réside certainement dans la difficulté croissante qu'éprouve le plus grand nombre de nos contemporains à comprendre et à maîtriser la galopade des sciences et des techniques, qui bouscule nos cultures et nos métiers, transforme notre vie quotidienne autant que notre rapport au monde, accélère le temps et réduit l'espace. À mesure qu'elles progressent dans l'intimité de la matière et de la vie, les recherches scientifiques et leurs traductions efficaces en des technologies toujours renouvelées ouvrent des perspectives nouvelles, tout à la fois prometteuses et inquiétantes, difficiles à saisir dans leurs conséquences sociales, culturelles, économiques et politiques. L'exercice d'une citoyenneté clairvoyante se trouve ainsi mis à rude épreuve. La chevauchée sans fin des « techno-sciences » donne au citoyen un sentiment d'opacité et d'impuissance. Il y a, dans ces conditions, de bonnes raisons pour qu'il renonce à se manifester dans l'espace public, pour qu'il porte sur cette course insensée des jugements hâtifs et passionnels, pour que, soit il se laisse docilement emporter par le flux, soit il se réfugie chez les nouveaux prophètes d'intégrismes et de totalitarismes toujours prêts à resurgir des entrailles du monstre. Plus que jamais, les sciences et les techniques doivent s'expliquer, s'exposer, se mettre en débat. Comment ne pas voir, dans la nécessité de cette pédagogie en direction du plus grand nombre, une mission centrale pour les bibliothèques[1] publiques ?

Ce rôle des bibliothèques dans la formation citoyenne, pour évident et traditionnel qu'il puisse paraître, mérite cependant d'être « revisité » et précisé en une période où nos sociétés cherchent de nouveaux points d'appui et où les modes de diffusion du savoir connaissent une profonde évolution. Quatre propositions, dans cette perspective, pourraient être retenues :

1. Les bibliothèques scientifiques et techniques doivent faire une large place aux productions de *vulgarisation*. Nous savons que ces productions existent, qu'elles ont une longue et brillante tradition. Il me semble que l'on répugne encore trop souvent à les mettre en avant, soit en raison de l'influence d'une partie de la communauté scientifique où l'on rencontre encore beaucoup de chercheurs qui considèrent que la science en train de se faire est par nature incompréhensible du grand public et qu'il y a illusion, trahison, supercherie à vouloir la traduire en une langue qui n'est pas celle qu'elle utilise pour progresser, soit du fait des professionnels de bibliothèques qui tendent à préférer la noble compagnie des ouvrages savants. La vulgarisation des sciences est possible. Elle est nécessaire. Si la recherche ne prend pas pour première règle de faire l'effort d'être comprise de ses contemporains, alors c'est une de ses dimensions fondatrices qu'elle renie. Les sciences, en même temps qu'elles sont productrices de connaissances renouvelées, d'interrogations, de remises en cause, de nouvelles voies ouvertes à des applications techniques, doivent être,

1. J'utilise ce terme dans son sens le plus large. Le mot « médiathèque » pourrait lui être substitué.

dans le même mouvement, porteuses d'une démarche d'enseignement, de partage, de dialogue avec la société qui les nourrit et peut prétendre en guider le cours. Le développement scientifique a trop souvent tendance à oublier qu'il est indissolublement composé de la recherche, de sa diffusion sociale et de la mise en mémoire de son passé, de ses fulgurances, de ses tâtonnements, de ses erreurs.

Les bibliothèques publiques ne peuvent et ne pourront probablement jamais recueillir la production primaire des sciences de la nature, qui est effectivement inaccessible au plus grand nombre. Leur mission ne peut donc consister qu'à présenter la plus grande variété possible de productions « secondaires et tertiaires » permettant l'accès le plus large possible, y compris par des genres littéraires ou artistiques apparemment éloignés mais qui peuvent donner une chance supplémentaire à la compréhension du mouvement scientifique. Nous devons en effet nous souvenir que, pour les non-initiés, cet accès à la science passe nécessairement par leur propre culture, c'est-à-dire par les mythes, les représentations, les idées, les manières de penser qu'ils ont façonnés en dehors d'une formation scientifique approfondie. Il s'agit de leur offrir, dans la langue commune, la possibilité d'éprouver le plaisir de comprendre. « Vulgariser » ne signifie pas abaisser ou rendre trivial. Le verbe doit être pris ici dans sa ligne de plus forte exigence : propager, diffuser, mettre à la portée du plus grand nombre possible de citoyennes et citoyens.

2. Plus encore que lorsqu'il s'agit d'autres modes de création et de connaissance, les sciences et les techniques, pour être diffusées largement, exigent d'être véhiculées, illustrées, « mises en œuvres » par le recours à différents supports complémentaires, en choisissant, selon le propos, celui qui semble le mieux adapté : livres et revues bien sûr, mais aussi films, vidéos, audiocassettes, didacticiels, autres formes présentes ou à venir de représentation électronique. Les médiathèques, qui tirent leur nom de cette diversité des modes de présentation, les accueillent de plus en plus volontiers. Mais le véritable enjeu me paraît consister à en réussir l'intégration, c'est-à-dire à faire en sorte que l'utilisateur puisse, selon le thème qui pique son intérêt, bénéficier d'une « *offre intégrée* », constituée de l'ensemble de ces supports. L'accès à leurs références et à leur contenu doit pouvoir se faire dans le même mouvement, selon une approche coordonnée, dès l'abord.

Cette intégration n'est pas si simple à réaliser. Car même si l'écran n'est qu'un support, une modalité d'écriture parmi d'autres, sa présence entraîne cependant une transformation profonde du mode d'accès aux textes, tant par sa configuration matérielle qui conduit à lui réserver des espaces particulièrement agencés, que par l'architecture logique, la nouvelle rationalité, l'accès aléatoire qu'il entraîne. La représentation électronique de l'écriture et de l'image impose de nouvelles clés d'entrée aussi bien dans les catalogues que dans les œuvres elles-mêmes, en rupture avec l'approche classique du livre. Les responsables de bibliothèques ont donc à combiner des supports dont le voisinage ne va pas de soi, à les faire s'interpénétrer, à permettre de nouvelles « navigations » sans porter préjudice aux anciennes errances.

3. En vérité, ces évolutions nécessaires des médiathèques vers une plus large diffusion des éléments scientifiques et techniques indispensables à la culture exigeront de plus en plus que des services élaborés soient rendus aux visiteurs. Il s'agit de passer d'une simple mise à disposition (qui doit bien entendu être conservée, car le libre accès aux différents supports est le premier gage de l'ouverture offerte aux citoyens) à un service, c'est-à-dire à des prestations élaborées, préparées à l'avance qui permettent à la mère de famille d'avoir accès à un dossier sur les maladies infantiles, à l'adolescent de s'y retrouver dans les formations et les métiers de l'électronique ou de l'informatique.

Ainsi « média », dans le mot médiathèque, peut être compris dans une référence à la *médiation*, autant qu'à celle de multiplication et d'interpénétration des supports. Ainsi les bibliothécaires de sciences et de techniques, qui sont au contact d'un large public de citoyens, deviennent-ils des médiateurs, des entremetteurs dont la fonction relationnelle se trouve accrue. Il s'agit d'une véritable fonction sociale, au sens où elle correspond à un besoin plus ou moins clairement exprimé, à un manque ressenti par une partie grandissante d'une société plus éduquée, c'est-à-dire à la fois mieux informée et plus curieuse, mieux avertie en même temps que plus inquiète. Les nouveaux « moyens de transmission » du savoir scientifique et technique dont disposent les bibliothèques peuvent certes constituer des dispositifs qui permettent au citoyen de se construire lui-même son propre objet de recherche, mais ils exigent dans le même temps une présence humaine qui facilite l'itinéraire, prépare l'approche et relie à l'ensemble la partie du rouleau électronique qu'il déroule.

4. Enfin, il paraît évident que, de plus en plus, la compréhension et la maîtrise sociale des sciences et des techniques par les citoyens et citoyennes non spécialistes passent par la *mise en débat*. Les techno-sciences contemporaines doivent être discutées, devenir sujets de « disputes », être placées dans l'espace public comme un objet que l'on soumet à l'analyse et à la question citoyennes, un objet auquel s'applique nécessairement la pensée critique. Est-il pour ce faire lieu plus favorable que les bibliothèques publiques, leurs espaces, leurs décors authentiques, leur « indépendance » et leur accès gratuit ? Cela signifie, bien entendu, qu'elles doivent être de plus en plus des lieux ouverts sur le monde qui les entoure, en connexion avec les activités qui leur sont voisines dans la cité, précisément là où s'exerce la citoyenneté. Des efforts méritoires ont d'ores et déjà été faits en ce sens par les bibliothèques petites ou grandes. Beaucoup d'expériences sont très encourageantes. Elles doivent être poursuivies, renouvelées, conçues dans la durée et prendre prétexte de tous les voisinages pour y dresser leurs tréteaux : musées bien entendu, mais aussi centres commerciaux, entreprises, lieux que fréquentent les jeunes pour leur formation, leur quête d'avenir ou leur divertissement. Les opportunités ne manquent pas de débattre autour d'un livre avec son auteur, de réunir les auteurs d'une même collection et, surtout, de faire venir et revenir les chercheurs et les ingénieurs dans les bibliothèques, de les mettre au contact du public. Peut-on aller ainsi jusqu'à établir de nouveaux liens, de nouveaux rapports entre la science et le citoyen

de telle sorte que l'une et l'autre en tirent profit ? Cela est possible. La République a besoin de savants autant que les scientifiques ont grand besoin d'une démocratie vivante. Les espaces publics où peuvent se dérouler ces échanges ne sont pas si nombreux.

Lieux privilégiés de vulgarisation, de médiation et d'échange, les bibliothèques peuvent ainsi légitimement prétendre tenir, par un renouvellement des modes de diffusion d'une culture scientifique et technique, une place de plus en plus déterminante dans le processus du renouveau nécessaire de la citoyenneté. Elles se donneront alors l'occasion et les moyens de prolonger et d'enrichir cette vieille alliance qu'elles ont nouée avec la démocratie.

Roger LESGARDS

Présentation

« Vivre avec la science, cela n'est pas vivre en savant ; ce n'est pas davantage soumettre son esprit à un système de valeurs édictées par les techniciens ; mais c'est quand même vivre en harmonie avec une époque où la science joue et jouera un rôle très important... » Toute institution culturelle doit à un moment ou à un autre *penser la science*, comme nous y invite Bernard d'Espagnat dans l'ouvrage dont ces lignes sont tirées[1].

La bibliothèque publique n'échappe pas à un questionnement suscité par l'évolution de la demande du public et par la production elle-même. Manuels scolaires et universitaires, documents spécialisés, littérature de vulgarisation aux contours incertains, les différentes composantes de la production scientifique et technique ont-elles une place dans la bibliothèque[2], et si oui, laquelle ? En d'autres termes, la science est-elle *soluble* dans la bibliothèque ?

Science en bibliothèque propose aux professionnels de s'engager dans certaines pistes de travail, et de trouver chemin faisant leur propres *solutions*.

Alors que d'autres institutions culturelles ont pris le tournant de la divulgation scientifique, les bibliothèques semblent moins à l'aise sur ce terrain.

Beaucoup de professionnels du livre et de scientifiques le déplorent. « La diffusion et la lecture des ouvrages scientifiques souffrent en France de la grande misère des bibliothèques municipales et universitaires », déclarait le rapporteur de l'atelier *De l'auteur au lecteur* lors du colloque de février 1991 sur l'édition scientifique[3].

Si l'on peut attendre à moyen terme une remise à niveau des collections scientifiques des bibliothèques universitaires, on imagine mal un programme

1. Bernard D'Espagnat, *Penser la science ou les enjeux du savoir*, Bordas, 1990.
2. On utilisera désormais *bibliothèque* ou *bibliothèque publique* pour *bibliothèque de lecture publique*.
3. *L'Édition scientifique française : Actes du colloque des 6 et 7 février 1991* [organisé par le Syndicat national de l'édition, la Fédération nationale de la presse spécialisée et le ministère de la Recherche et de la Technologie], Syndicat national de l'édition, 1992.

pour les bibliothèques publiques qui se traduirait mécaniquement par un développement de l'offre documentaire dans le domaine de la culture scientifique et technique.

Il semble en effet que la difficulté à construire un service de bibliothèque pour la diffusion sociale des connaissances scientifiques ne tienne pas pour l'essentiel au manque de moyens. La formation initiale littéraire des bibliothécaires, les affinités « naturelles » de la profession avec la culture des humanités, sont les raisons les plus couramment avancées pour expliquer le retard du domaine scientifique dans la bibliothèque.

Les étiquettes de « scientifiques » et de « littéraires » recouvrent en fait des représentations sociales : aux uns, la manipulation du réel par la raison calculante et les processus opératoires ; aux autres, le commentaire sur le réel et l'interprétation globalisante par la maîtrise des techniques langagières. Cette opposition qui trouve sa source dans la constitution même de la science moderne a été théorisée par certains comme dissociation entre les deux cultures[1]. Elle a connu bien des épisodes, de la lutte menée par les romantiques à la condamnation du « projet galiléen » par Michel Henry[2] en passant par le jugement définitif prononcé par Heidegger (« La science ne pense pas ») et le rejet de l'institution scientifique par les mouvements antiscience[3].

Le statut des sciences et des technologies dans la société s'est modifié considérablement au cours du XXe siècle. L'institution scientifique a acquis une position de force dans la « civilisation scientifique et technique ». Cependant, les révolutions scientifiques n'ont pénétré que très faiblement dans les savoirs communs[4]. Ce décalage nourrit une attente démesurée du public à l'égard de la science, considérée comme savoir omnipotent.

La science pourrait-elle, aujourd'hui, expliquer le monde ?

Si, au XVIIIe siècle, la science permettait de mieux comprendre le monde, et les techniques de mieux maîtriser l'environnement de chacun, la pénétration technoscientifique de notre univers ne sert plus le dessein des Lumières[5]. Les objets de la science contemporaine sont pour la plupart inaccessibles à l'expérience commune. D'autre part, la prolifération des objets techniques remplit notre environnement de « boîtes noires »[6]. Selon Jean Pradal[7], la science et la

---

1. Charles P. Snow, *Les Deux Cultures*, Pauvert, 1968.
2. Michel Henry, *La Barbarie*, Grasset, 1987.
3. Se reporter aux documents cités dans la bibliographie.
4. *Cf.* Sylvestre Huet, Jean-Paul Jouary, *Sciences : les Français sont-ils nuls ?*, Jonas éditeur, 1989.
5. *Cf.* Jean-Marc Lévy-Leblond, page 105.
6. *Cf.* Olivier Las Vergnas, page 50.
7. Directeur du CCRISTAL (Carrefour culturel pour l'industrie, la science, les techniques et les arts à Lyon).

technique ont créé leur propre mystère et leur propre magie[1]. Le physicien Gilles Cohen-Tannoudji estime que la science contemporaine est source d'émerveillements plus que d'explications. Pour Paul Caro, elle redonne vie aux mythes anciens[2]. La vogue actuelle des parasciences s'appuie sur un fond permanent d'irrationalisme. Mais, revers d'un savoir dominant, elle exprime aussi la béance créée par l'impact de la comète *science* dans la planète *culture*.

Il revient aux philosophes, historiens, sociologues, écrivains scientifiques et « critiques de science », de renouer les fils entre nature et culture[3]. Travail de réenchantement ou de critique, de métissage ou de syncrétisme, le domaine ouvert par des auteurs comme Isabelle Stengers et Ilya Prigogine, comme Michel Serres ou Henri Atlan, Albert Jacquard ou Hubert Reeves, mérite une place de choix dans la bibliothèque. L'analogie de l'impact cométaire dans la culture trouve bien vite sa limite car « la science fait partie du complexe culturel à partir duquel, à chaque génération, des hommes tentent de trouver une forme de cohérence intellectuelle[4] ».

Et il revient aux bibliothécaires de faire connaître les travaux, études, témoignages, œuvres littéraires dans lesquels la science se raconte et se pense dans son environnement intellectuel dans son contexte de production.

Selon les époques, les lieux, les auteurs, cette opération s'est vue qualifiée de popularisation, divulgation, vulgarisation, mise en culture de la science. Devenue marginale avec la professionnalisation de la recherche, cette activité a reçu en France une légitimité officielle sous la dénomination de culture scientifique et technique, au début des années 1980[5]. On a dit qu'ajouter un qualificatif ou un génitif au mot *culture* faisait sortir de la culture. L'analyse des changements de terminologie met à nu des évolutions quant à la nature des projets sous-jacents[6]. Plusieurs auteurs du présent ouvrage se sont livrés à cette critique et l'on en retrouve des échos dans leur contribution. Les réserves à l'égard du terme, daté, de vulgarisation, n'empêchent pas de nombreux praticiens de s'en servir « faute de mieux ». C'est la position adoptée par des scientifiques de différentes disciplines comme Jean Rostand, Yves Coppens ou Jean Jacques.

Un panorama de la terminologie et des modèles de la vulgarisation scientifique est proposée par Yves Jeanneret dans son livre *Écrire la science*[7]. L'auteur reprend à son compte la position de genre littéraire que revendique la vulgarisa-

1. Jean Pradal, « La technologie dans la communication grand public des entreprises », *Jonas*, 1988.
2. *Cf.* Paul Caro, page 125.
3. *Cf.* Bruno Latour, *Nous n'avons jamais été modernes : essai d'anthropologie symétrique*, La Découverte, 1991.
4. Isabelle Stengers, Ilya Prigogine, *La Nouvelle Alliance*, Gallimard, 1979.
5. *Cf.* Bernard Maitte, page 73.
6. *Cf.* Bernadette Bensaude-Vincent, « La science populaire, ancêtre ou rivale de la vulgarisation ? », *Protée*, 16, n° 3, pp. 85-92.
7. Yves Jeanneret, *Écrire la science*, PUF, 1994.

tion scientifique depuis Fontenelle. Car un des fils qui relient science et culture est la langue. Certes, les langages de spécialité se détachent de la langue commune. Mais l'invention scientifique ne peut se passer des emprunts, de la métaphore, et des migrations de sens[1]. Cette réserve de la langue, ménagée par le flou des mots courants, est amplement mise à profit par la vulgarisation scientifique[2]. Quand la science se raconte, elle emprunte les mots du langage commun et les figures littéraires[3]. Elle dépose dans le langage courant des mots de toutes sortes. Elle donne à voir du monde des images inédites. Médiatisé, ce réservoir perpétuellement renouvelé de mots et d'images alimente désormais l'imaginaire et la réflexion de nos contemporains.

Science et bibliothèque : une alliance contre nature ?

La croissance exponentielle de la production de connaissances scientifiques est diversement appréciée par ceux qui s'intéressent au fonctionnement de la science. Pour les uns, l'énorme masse des résultats est nécessaire à la bonne marche de la recherche qui n'en retiendra qu'une très faible partie sous forme de citations. Pour d'autres, comme Jean-Marc Lévy-Leblond, il y a inflation de la production[4].

Il reste que cette masse même a justifié la constitution de la documentation scientifique et des bibliothèques spécialisées. Entre bibliologie et sociologie des sciences se sont également développées des techniques bibliométriques pour l'information scientifique et technique regroupées sous le nom de scientométrie.

Mais la recherche dans le domaine des sciences « dures » ne se pratique que secondairement en bibliothèque. Si la bibliographie reste un préalable à la préparation d'une thèse, le cœur du travail scientifique s'effectue en laboratoire. L'externalisation du savoir[5], la formalisation d'un résultat doivent utiliser les stéréotypes du discours scientifique. Malgré tout, on estime qu'il existe des savoir-faire incommunicables, même dans le domaine des sciences expérimentales hautement formalisées.

La matière première sur laquelle travaille l'historien, ses sources, sont écrites. Si la science a une histoire, les chercheurs n'ont de mémoire des productions

1. *Cf.* Judith Schlanger, Isabelle Stengers, *Les Concepts scientifiques : invention et pouvoir*, La Découverte, 1989.
2. *Cf.* Daniel Jacobi, page 113.
3. *Cf.* Paul Caro, page 125.
4. *Cf.* Jean-Marc Lévy-Leblond, p. 102.
5. *Cf.* Sylvain Auroux, p. 141.

passées qu'à court terme. Selon Jean-Marc Lévy-Leblond, l'oubli est constitutif de la science.

L'activité scientifique suppose de découper dans le réel des portions très délimitées et définies rigoureusement pour les modéliser, les manipuler et en dégager des régularités. Les « lois » et concepts qui en sont le résultat ne s'appliquent que dans un champ très précisément circonscrit. Les objets (délimités) de la science sont donc perpétuellement redéfinis. C'est pourquoi elle n'est pas consubstantiellement liée dans son activité à la bibliothèque comme espace de mémoire.

Éliminer des documents anciens peut compromettre des recherches à caractère historique. Mais un livre de science ancien n'acquiert pas automatiquement un intérêt historique. Dans le domaine des sciences et techniques, c'est l'obsolescence des collections que redoutent les bibliothécaires.

La conjonction de science et bibliothèque donne habituellement les bibliothèques de recherche, les bibliothèques universitaires et les centres de documentation.

La bibliothèque de lecture publique a-t-elle un rôle à jouer à côté du secteur académique dans le domaine scientifique et technique ? Cet ouvrage se propose d'étudier les moyens de faire entrer la science en bibliothèque dans sa spécificité *lecture publique*. Mais il faut remarquer que la bibliothèque publique a hérité de la tradition d'érudition des grandes bibliothèques d'étude. Toutes les grandes bibliothèques publiques ont un secteur à vocation patrimoniale.

De plus en plus de bibliothèques publiques doivent répondre aux demandes du public étudiant qui utilise les services de la bibliothèque municipale comme ceux de la bibliothèque universitaire. D'où la question : la bibliothèque publique peut-elle et doit-elle traiter la science de manière non académique ? la bibliothèque peut-elle représenter un véhicule efficace de la diffusion sociale de la science et pas seulement un outil de la transmission de la « science faite » ?

Depuis longtemps, les sections jeunesse se sont intéressées au documentaire scientifique et, aujourd'hui, cette culture peut diffuser dans les sections *adultes*. Le documentaire scientifique traverse les tranches d'âge et représente un véhicule de la lecture publique[1]. Dans les petites bibliothèques, on sent un très grand intérêt pour le secteur scientifique jugé « porteur ». Des bibliothèques se créent en choisissant une orientation scientifique et technique. À Sainte-Savine, par exemple, la bibliothèque municipale, ouverte en 1993, a décidé de réserver une part du budget adulte et enfant à l'acquisition d'ouvrages scientifiques et techniques. Elle a demandé une subvention du CNL pour constituer un fonds de vulgarisation pour les enfants. Elle se fixe comme objectif la vulgarisation scientifique et technique. Mais elle cherche également à répondre aux « demandes de spécialistes soit en achetant les ouvrages recherchés, soit en les empruntant aux bibliothèques spécialisées ».

1. *Cf.* Marie Girod, p. 335.

Des initiatives encore isolées

De nombreuses initiatives prises çà et là dans des bibliothèques de tailles diverses semblent indiquer qu'il y a des ressources disponibles et un réel désir des professionnels de participer à des activités de diffusion sociale de la science en bibliothèque. Nous donnerons un ou deux exemples pour des types d'activité variés.

◆ Création d'un fonds scientifique, d'une bibliothèque à orientation scientifique ou spécialisation d'une annexe :
– Constitution d'un fonds scientifique en collaboration avec la BU (bibliothèque municipale de Bordeaux).
– Spécialisation d'une annexe en science et technique (bibliothèque Colombia à Rennes).
– Départementalisation avec création d'un département Sciences et techniques (Lyon, Rennes)[1].
– Orientation scientifique du fonds (BM de Blois, L'Haÿ-les-Roses)[2].
– Création d'un centre documentaire rattaché à un centre culturel thématique (bibliothèques de la mer de Boulogne et de Brest).
– Création d'un fonds de documentaires scientifiques testés en situation d'animation (BM de Ballancourt).

◆ Événements et animation :
– Salon du livre scientifique (Montreuil ou Val-d'Oise).
– Animation thématique coordonnée par la BM et faisant intervenir un lycée et des entreprises locales (BM de Blanquefort).
– Animation régulière (les mardis scientifiques à la BM de Valence, les soirées scientifiques à la BM de Lyon).
– Cycle de conférences de vulgarisation (*Raconter la science*, à Grenoble).
– Participation à des manifestations d'ampleur nationale de type « Science en fête » (BM de Draveil, médiathèque de Villiers-sur-Marne).
– Participation à des exposciences[3] régionales (BDP de la Drôme, BDP de l'Aude).
– Création d'expositions originales (médiathèque CSI).
– Diffusion de malles pédagogiques avec un choix de documentaires scientifiques sur un thème (Fondation 93).

◆ Élaboration et diffusion d'outils et mise en place de procédures de sélection :
– Sélection de documentaires scientifiques analysés (*Livre ta science*)[4].

1. *Cf.* Marie-Thérèse Pouillias, p. 363.
2. *Cf.* Hélène Hollebeke, p. 371.
3. Manifestations coordonnées par le CIRASTI (Collectif interassociatif pour la réalisation d'activités scientifiques internationales).
4. *Cf.* Bernard Maitte, p. 78.

– Élaboration d'une grille d'évaluation de documentaire scientifique (ex. de la MAFPEN Besançon).
– Élaboration de catalogue collectif régional de documents de vulgarisation scientifique et technique (CIBLE 95)[1].
– Diffusion de sélections scientifiques et techniques annotées pour faciliter la sélection (réseau des bibliothèques de la Ville de Paris).
– Animation d'un groupe de lecture de documents scientifiques (Brest).

◆ Coopération avec des centres et associations scientifiques :
– Emprunt d'exposition d'un Centre de culture scientifique et technique (BM de Grenoble).
– Coopération bibliothèque départementale de l'Isère / Maison de l'environnement.
– Coopération BDP de la Martinique / CDSA (Centre de documentation spécialisé en astronomie).

Ces initiatives ne sont pas toutes dénuées d'ambiguïté portant sur les publics visés, les stratégies des bibliothèques, les relations avec les partenaires. Mais elles témoignent que la politique de culture scientifique et technique a touché les bibliothèques après avoir affecté les musées.

Dans bien des cas, l'inhibition à l'égard du domaine scientifique et technique a fait place, chez les bibliothécaires, à la curiosité et au désir d'élargir leur culture professionnelle pour mieux répondre aux besoins de leurs publics.

Un des propos de cet ouvrage est de faire connaître certaines initiatives significatives et de dégager les expériences transposables à d'autres établissements. L'objectif est plutôt de susciter des projets de diffusion de la science en bibliothèque que de donner un panorama fidèle de la situation des bibliothèques dans le domaine scientifique et technique. Il est encore trop tôt pour dresser un bilan des expériences menées dans les différents types de bibliothèques de lecture publique, à l'échelle locale, régionale et nationale.

Le nombre et la variété des initiatives ne doivent pas cacher leur isolement et leur fragilité. Elles reposent souvent sur la mobilisation d'un bibliothécaire et il est rare que se constitue une mémoire au niveau de l'équipe de la bibliothèque. Il n'existe pas, pour les bibliothèques, de structure fédérative impulsant et dynamisant les activités scientifiques et techniques[2].

Certes, des formations et des aides à la sélection ont été développées depuis plusieurs années. En 1982, la bibliothèque de Massy organisait un stage sur la vulgarisation scientifique. Aujourd'hui, des institutions nationales organisent des stages à l'échelon régional, à l'intention des bibliothécaires ou des documentalistes (CNFPT, MAFPEN, CRDP). Des associations régionales de coopération comme

1. *Cf.* Hélène Hollebeke, p. 371.
2. La création de commissions spécialisées dans certaines agences régionales représente un premier pas dans ce sens.

l'ARALD organisent des journées d'étude sur l'information scientifique et technique réunissant à la fois des bibliothécaires de bibliothèques universitaires et des professionnels de la lecture publique.

Du côté des associations pour la promotion de la lecture, des groupes lisent, analysent et critiquent les documentaires pour la jeunesse depuis longtemps. Ils sont composés de bibliothécaires, documentalistes, enseignants, animateurs. Cette activité a aidé le documentaire à sortir de sa situation de parent pauvre en bibliothèque. Pour ce qui concerne le documentaire scientifique, les travaux de ces groupes leur ont permis de suivre les évolutions de la production.

Cantonné d'abord au domaine des sciences naturelles et de l'observation, le documentaire scientifique s'est ouvert largement aux sciences formelles et aux technologies. Diversification des sujets et de leur traitement, amélioration de l'iconographie, évolution de la mise en page, augmentation du nombre des titres produits. Tout cela justifie, encore plus qu'hier, l'activité des comités de lecture, qui sont nombreux.

Parmi les productions des associations[1], citons la revue *Nous voulons lire !*, celle du CRILJ (Centre de recherche et d'information sur la littérature jeunesse), les analyses réalisées par la commission scientifique de *La Joie par les livres*, la sélection *Livre ta science* publiée régulièrement par l'ALIAS. Certaines associations comme *Lire pour comprendre*, *À fond la science* et *Le Rayon vert* font appel à des scientifiques. Le comité de lecture de *Nous voulons lire !* comprend une trentaine de membres, pour la plupart enseignants ou bibliothécaires. Parmi eux figure une scientifique qui s'est spécialisée dans le discours scientifique, la traduction et la vulgarisation. Quant à la responsable de l'association, universitaire « littéraire », elle explique son intérêt pour le documentaire scientifique par ses frustrations de connaissance dans le domaine scientifique et technique.

Sur le terrain il n'est pas rare, non plus, de rencontrer des bibliothécaires « littéraires » passionnés par la vulgarisation scientifique.

Entre l'enquête et le bilan

Diverses enquêtes sur les fonds scientifiques et techniques ont été menées auprès des bibliothécaires. La plus connue est celle organisée par la Mission pour l'action culturelle scientifique de la ville de Montreuil en 1990[2].

En ce qui concerne les fonds de livres, les questions portent sur les nombres de titres, les budgets, la répartition en groupe de disciplines, les secteurs les

1. *Cf.* liste fournie en annexe.
2. *Cf.* encadré p. 385.

mieux représentés, les prêts et les taux de rotation. Ces enquêtes donnent également les titres des revues rencontrées le plus couramment en bibliothèque et la proportion des bibliothèques possédant des supports non imprimés.

Le mérite principal de ces enquêtes est de sensibiliser les bibliothécaires et de leur donner des points de comparaison et éventuellement de les alerter sur l'insuffisance de leur fonds scientifique et technique[1].

Les chiffres globaux concernant les fonds scientifiques et techniques peuvent aider les bibliothécaires à quantifier leurs objectifs. Mais il ne faudrait pas en attendre plus, car ces chiffres mêlent des éléments très hétérogènes quant au type de document, d'usage ou de public. De plus, la faiblesse des taux de réponse réduit d'autant la portée des résultats des enquêtes.

Pour préciser l'intérêt et les limites des chiffres globaux, nous prendrons quelques exemples dans des grandes bibliothèques.

La bibliothèque de Bordeaux constitue un fonds scientifique sur de nouvelles bases depuis 1991. Pour ce qui concerne le fonds *Adultes*, elle possède 1 830 ouvrages scientifiques sur un total de 67 000 au prêt. Ce chiffre ne fournit d'aide à la définition des objectifs de la bibliothèque que de manière grossière. Il ne dit pas s'il existe des titres communs à ce fonds et aux collections *Enfants* (32 000 exemplaires) et *Adolescents* (33 000 exemplaires) ou s'il n'y a aucun recouvrement[2]. Il laisse entièrement ouverte la question des relations entre les fonds à composante scientifique et de leur exploitation auprès du public.

Considérons maintenant les chiffres de 1993 relatifs aux fonds scientifiques des deux principales bibliothèques publiques de l'agglomération de Grenoble[3] :

Bibliothèque	Titres ST	Part du fonds	Prêts	Part des prêts	Rotation du fonds
Grand'Place	4 400	10 %	16 700	10,1 %	3,8
Centre-ville	3 400	7,4 %	14 500	7,2 %	4,2

Le fonds de ces deux bibliothèques est consacré pour les deux tiers à la littérature, l'art et l'histoire. Leurs fonds scientifiques, dont la part est plutôt supérieure à la « moyenne »[4], tournent bien. Mais rien ne dit quel type de document est emprunté ni pour quel usage. Quelle est la part des manuels dans le fonds, ou encore, que représentent les prêts de livres aux étudiants par rapport aux usages « grand public » ?

Pour en savoir plus, il faudrait croiser avec une codification par type de do-

1. Selon l'enquête de Montreuil, deux tiers des bibliothécaires considèrent leur fonds scientifique et technique comme insuffisant.
2. Chiffres de fin 1993.
3. Il existe aussi une bibliothèque d'étude et d'information réservée à la consultation.
4. 6 % selon l'enquête de 1990.

cument[1] ou à défaut découper plus finement les domaines. Les bibliothécaires auraient tout intérêt à affiner leurs outils de développement des collections dans le domaine scientifique et technique et, d'autre part, à développer les études plus qualitatives. Ainsi, la médiathèque de Brest a réalisé en 1986, un an après son ouverture, une étude sur les titres empruntés plus de dix fois dans l'année, en section jeunesse. Pour ce qui concerne le domaine scientifique et technique, cette étude a permis de repérer les titres et les auteurs les plus populaires (Cousteau, Tazieff, etc.) et de dégager les thèmes qui intéressent particulièrement le public :

- jeux et manipulations à caractère scientifique et technique ;
- transports, espace, armement ;
- nature, zoologie, animaux familiers, géologie, préhistoire.

Ces regroupements de thèmes pourraient inciter à renouveler la mise en espace et la politique d'animation de la médiathèque. La nécessité de quantifier s'impose donc surtout *lorsqu'on peut s'appuyer sur un travail qualitatif préalable*.

Certaines enquêtes portent sur les fonds scientifiques et techniques des bibliothèques qui accueillent un public délimité. Ainsi la sous-section *Comité d'entreprise* de l'ABF a organisé en 1992 une enquête (*cf.* questionnaire en annexe) qui, en dépit du faible taux de réponse, indique une dispersion plus grande qu'au sein des BM et des BDP : la part scientifique et technique du fonds adulte va de 0,7 à 22 %, le taux de rotation de 0,2 à 4,5 %, les budgets de 1 à 37 %. La répartition des fonds par grand domaine est également très variable d'une bibliothèque à l'autre :

	Sciences pures	Techniques	Médecine
MINIMUM	18 %	0,4 %	20 %
MAXIMUM	84 %	51 %	56 %

Ces résultats soulèvent des questions quant aux finalités des fonds scientifiques en bibliothèque et aux objectifs poursuivis par certaines BCE. Quasiment inexistants parfois, ces fonds jouent-ils, dans d'autres BCE, un rôle d'auxiliaire pour la formation permanente ou de centre de documentation ?

D'une manière générale, ce type d'enquête suscite des questionnements plutôt qu'il n'apporte des réponses. Par ailleurs, les chiffres globaux risquent, indépendamment de la faiblesse du taux de réponse, d'occulter l'essentiel, dans une perspective de vulgarisation scientifique et technique : les types de documents et leur accessibilité, le degré d'appropriation par les différents publics, le lien avec les animations, l'actualisation, et cela domaine par domaine.

L'impulsion pour développer les fonds scientifiques ne peut venir que des

1. *Cf.* Francis Agostini, p. 271.

bibliothèques elles-mêmes et de leurs tutelles. C'est à elles de préciser, pour l'information scientifique et technique du public, leurs fonctions eu égard à des publics et à des demandes bien identifiés. On peut distinguer trois fonctions générales qui structurent l'offre documentaire dans le domaine scientifique et technique : une fonction d'information-documentation qui comporte un volet diffusion et un volet référence, une fonction de formation, une fonction de sensibilisation et de socialisation qui fait appel à l'animation et à la mise en valeur des fonds[1].

Un grand nombre de paramètres doivent être pris en considération pour évaluer les fonds scientifiques. À « volume égal », leur organisation et leur exploitation peuvent modifier très sensiblement les conditions d'appropriation par le public.

Beaucoup de bibliothèques ont été amenées à abandonner les classements traditionnels et la séparation entre documentaires adultes et jeunesse[2]. D'autres modifications touchant l'organisation interne vont dans le sens d'une meilleure information scientifique et technique du public. La départementalisation devrait faciliter le « retour aux contenus » et, dans le domaine scientifique et technique, le développement d'une activité de diffusion sociale de la science au sein de la bibliothèque.

À Lyon, par exemple, la BM compte sept départements multiservices et multimédias. Les départements accueillent des publics de niveau différent. Par exemple, les adolescents utilisent les ressources de l'ensemble des départements. Le département scientifique et technique, étroitement lié au département *Histoire du livre et imprimerie*, mise sur les dispositifs interactifs. Interactivité et multimédia sont de plus en plus utilisés dans les bibliothèques et dans les musées qui œuvrent à la communication de contenus scientifiques[3]. Les évolutions technologiques associées à la diversification des services offerts conduisent à un rapprochement des deux types d'institution[4].

La science et le public

Depuis le début des années 1970, plusieurs enquêtes ont été confiées à une équipe de la Fondation nationale des sciences politiques par le ministère chargé de la Recherche. Elles portent sur l'appréhension de la science et du développement technique par le public et sur les croyances aux parasciences. La compa-

1. *Cf.* Francis Agostini, p. 253.
2. *Cf.* Marie Girod, p. 336.
3. *Cf.* Joël de Rosnay, p. 243 et Jean-Émile Tosello-Bancal, p. 217.
4. *Cf.* Joëlle Le Marec, p. 83.

raison entre les résultats d'enquêtes analogues faites à des dates différentes montre des évolutions significatives :
– La conviction que le progrès technique apporte autant de mal que de bien est de plus en plus répandue dans la population française (34 % en 1972 et 52 % en 1992). Cette tendance est confirmée par les réponses à la question « la science apporte-t-elle plus de bien que de mal ? » (56 % en 1972 et 41 % en 1992).
– La croyance aux parasciences se développe dans toutes les couches de la société entre 1982 et 1993 (les Français qui croient à la transmission de pensée sont passés de 42 à 55 % et ceux qui croient à l'astrologie de 36 à 46 %).

Mais, contrairement à ce que l'on pourrait penser, les croyances aux parasciences n'excluent pas l'idée de progrès ni l'intérêt pour la science.

Lorsque le développement scientifique et technique affecte l'environnement, sa légitimité est largement contestée. Si les réactions restent ambiguës quant aux conséquences sur l'emploi et les conditions de travail, elles sont positives en ce qui concerne les objets de la vie quotidienne.

Par ailleurs, des enquêtes de notoriété montrent que les institutions scientifiques conservent une très bonne image dans la population. Le prestige des scientifiques reste en France plus élevé qu'à l'étranger : 70 % des Français pensent que les scientifiques sont dévoués au progrès de l'humanité.

On ne peut donc pas conclure aujourd'hui à un divorce de la société d'avec la science, mais plutôt à une méfiance croissante de la part du corps social.

C'est sur ce terrain qu'interviennent les acteurs et les commanditaires de la Culture scientifique et technique[1].

Lorsque, par exemple, en 1989, Hachette crée la collection « Questions de science », l'éditeur présente un argumentaire pour justifier l'entreprise : « 43 % des Français ont peur de la science, leurs craintes ne sont pas toutes sans fondement ; mais elles reposent souvent sur l'ignorance. » De fait, le besoin d'information scientifique et technique est latent et une offre adaptée crée la demande. Car, selon les enquêtes précédentes, deux tiers des personnes interrogées pensent qu'elles peuvent appréhender les questions scientifiques si on leur fournit des explications convenables.

Les médias, les musées, la culture scientifique et technique, l'édition[2] répondent déjà à ce marché. Il serait dommage que les bibliothèques rejettent une opportunité de gagner de nouveaux publics. Il existe un public traditionnel de la vulgarisation scientifique : celui des amateurs et des bricoleurs en tout genre : astronomes et naturalistes amateurs, passionnés de montages électroniques, de trains ou d'aéronautique, « bidouilleurs » d'informatique, personnes qui investissent chaque jour du temps dans l'amélioration de leur habitat, etc.

On y ajoutera tous ceux qui suivent de près les questions de santé, d'alimentation et d'environnement. Il ne faudrait pas oublier non plus le public des au-

1. *Cf.* Bernard Maitte, p. 37, et Olivier Las Vergnas, p. 49.
2. *Cf.* Francis Agostini et Michel Béthery, p. 163.

todidactes, ni ceux qui s'intéressent d'une manière générale aux avancées scientifiques et aux innovations technologiques.

Ces publics, qui sont avides d'information, ignorent souvent qu'ils disposent en la bibliothèque d'une ressource documentaire facilement accessible.

Un examen de la diffusion des revues mensuelles de vulgarisation scientifique fournit des indications sur l'importance du public « amateur ».

Les revues généralistes de vulgarisation scientifique qui dominent le marché sont par ordre décroissant de diffusion *Science et vie, Science et vie junior, Sciences et avenir* et *Science illustrée*. À elles quatre, ces revues diffusent 800 000 exemplaires et le nombre d'abonnés des deux revues phares chez les adultes dépasse 320 000. Certaines revues thématiques de vulgarisation scientifique atteignent des scores impressionnants : *Terre sauvage* diffuse à 158 000 exemplaires et quatre revues populaires d'électronique atteignent ensemble 175 000 exemplaires.

Quant aux revues de vulgarisation « pratiques » (vie quotidienne, vie pratique) leur audience atteint un million de lecteurs, voire quatre millions pour les revues de santé dont les trois titres phares totalisent une diffusion de 1,3 million.

Des enquêtes menées par les organismes spécialisés donnent une image de la composition sociale du lectorat des revues de vulgarisation. Environ 25 % du lectorat de *Science et vie* et de *Sciences et avenir* appartiennent aux catégories employés et ouvriers. Ce nombre atteint 34 % pour *Terre sauvage*, 35 % pour *Elektor*, 43 % pour *Top santé*, 46 % pour *Système D* et 42 % pour *Maison bricolages*. Ces chiffres corroborent l'idée selon laquelle le public populaire incorpore plus facilement la science et la technique à son univers culturel que la « culture cultivée ». Genre littéraire, « culture moyenne » ou moyen d'autodidaxie, la vulgarisation scientifique intéresse un large public hors des bibliothèques. Mettre la science en bibliothèque, c'est une occasion pour permettre au public de diversifier ses sources d'information, de découvrir des supports qu'il ne manie pas habituellement (documentaires scientifiques, ouvrages de référence, etc.).

Du côté de l'enseignement

L'attrait des jeunes pour la science suit une courbe ascendante jusqu'à l'âge du collège, pour ensuite décroître et devenir la « bête noire » d'une bonne partie des adolescents. À partir du lycée, les contenus scientifiques deviennent de plus en plus formalisés et les disciplines scientifiques s'identifient de plus en plus à des outils de sélection. Si bien qu'au fil de la scolarité, l'intérêt pour la découverte et spécialement la curiosité pour les phénomènes naturels s'émoussent et font place à la crainte devant les lois, les théorèmes et autres « dragons » qui veillent sur le discours scientifique[1].

Lors d'un colloque international[2], Hubert Gié, inspecteur général de l'Éducation nationale, n'a pas craint la provocation en déclarant que l'enseignement scientifique détruisait l'intérêt des jeunes pour les sciences.

Au banc des accusés :

– L'excès de dogmatisme qui gomme la nature même de l'esprit de recherche au « profit » d'une science toute faite.

– Le formalisme à outrance, la rigidité d'une démarche qualifiée faussement de scientifique et le mauvais couplage avec la part expérimentale qui tend elle-même à se constituer en dogme.

– Le manque d'ouverture aux dimensions culturelles des sciences, en particulier aux aspects historiques.

Or, les bibliothèques peuvent jouer sur l'attrait exercé par le documentaire scientifique pour motiver les élèves. Ainsi, au lycée technique professionnel de Noisiel, une opération de sensibilisation au livre et au CDI a été menée au premier trimestre 1993. Une enquête auprès des élèves a mis en évidence une forte demande sur les thèmes scientifiques et techniques. Au cours du deuxième trimestre, les élèves ont été chargés de sélectionner parmi les 500 titres de la malle *Loisir, Science, Livre* du CRILJ ceux qui seraient acquis par le CDI. Les élèves ont rempli des fiches d'analyse des titres répartis dans cinq groupes (science, technique, Terre, espace, communication.). Non seulement ceux-ci ont effectué les recherches et analyses nécessaires, mais ce travail leur a redonné le goût de la lecture.

Les CDI ont également un rôle considérable à jouer pour aider les enseignants et les élèves à dépasser les clivages disciplinaires et développer une authentique culture scientifique et technique fondée sur les rencontres de la science avec l'histoire, l'art, la philosophie et sur les thématiques Science-Technique-Société.

Pôle documentaire local, le CDI fédère les activités disciplinaires. Il peut représenter une ouverture sur les ressources extérieures (fonds régional de la BM, archives, etc.) pour les élèves mais aussi pour les enseignants. Car les enseignants scientifiques ont peu de relations avec les bibliothèques publiques, si l'on en croit les résultats de l'enquête de Montreuil.

Ceux-ci doivent pourtant affronter les difficultés de *lecture* des textes scientifiques des élèves. Au collège Romain-Rolland de Clichy-sous-Bois, les professeurs de sciences ont choisi de s'atteler à la double tâche de les aider à lire et à construire des concepts scientifiques[3].

---

1. Paul Caro en identifie quatre : le vocabulaire ; les formules et les signes ; les nombres et les changements d'échelle ; les images.
2. *L'enseignement des sciences expérimentales dans les pays francophones*, Montpellier, 18-20 mai 1994.
3. Martine Sterenbarg, « Apprendre à lire en sciences : une nécessité », *Argos*, n° 7, novembre 1991.

Certaines expériences interdisciplinaires montrent l'intérêt de faire travailler les élèves sur des textes de vulgarisation. Au lycée de Landernau, un professeur de physique et ses collègues non scientifiques exploitent les articles de la revue *La Nature* dont les numéros dormaient dans les archives locales : remise en perspective d'éléments techniques de notre quotidien (l'énergie électrique, les télécommunications, l'automobile, l'aviation), connaissance de la société industrielle entre 1873 et 1939, étude de textes sur un plan littéraire. Le repérage, la mise à disposition et le traitement documentaire de telles ressources reviendrait tout naturellement au CDI.

L'équipement des CDI en lecteurs de disques optiques compacts laisse penser qu'ils pourraient devenir aussi des centres de ressources multimédias. Des organismes comme le CNDP produisent des audiovisuels scientifiques[1] et maintenant des documents qui mêlent les techniques de l'image à celles de l'information[2].

La science dans la bibliothèque : de l'archipel au continent

C'est par commodité que l'on parle de la science – ou de la technoscience – au singulier. La science est plurielle. Ce qui s'appréhende globalement dans l'expérience commune est étudié par des disciplines différentes par leurs méthodes et leurs objets. La spécialisation croissante des sciences produit une mosaïque de connaissances dont aucun chercheur contemporain ne peut embrasser un domaine de la taille d'une discipline de l'enseignement secondaire. Quant à l'élève, il vit à son niveau la fragmentation des savoirs disciplinaires.

Pour répondre à l'éclatement propre à la réalité scientifiquement construite, on fait appel, y compris pour les scientifiques eux-mêmes, à la vulgarisation.

La vulgarisation fournit des passerelles d'images et de langages permettant de circuler d'île en île dans l'archipel « science ».

Par sa position particulière – hors la science, hors l'enseignement – la bibliothèque publique devrait proposer des parcours inattendus dans les bases de connaissance. Aider à relier des champs disjoints dans la recherche et l'enseignement, proposer des vues, en perspective, des résultats scientifiques et des innovations technologiques, serait bien faire œuvre de culture.

Si l'on file la métaphore précédente dans le contexte de la bibliothèque, on rejoint un concept introduit en 1956 par un mathématicien anglais, celui de *percolation*. Mettre la science en bibliothèque serait passer de l'archipel au

1. *Cf.* Francis Rumpf, p. 193.
2. *Cf.* Guy Simonin, p. 205.

La percolation, un concept unificateur

Considérons un ensemble d'îles et supposons que le niveau de l'océan baisse progressivement (une situation de ce genre se rencontre effectivement en mer Baltique). Peu à peu les différentes îles grandissent, et certaines se relient entre elles. Un voyageur qui ne marche que sur la terre ferme est, au début, confiné dans *une* île. Toutefois cette île, lorsque le niveau océanique baisse, devient, le plus souvent, connectée à de nombreuses autres ; le domaine de notre voyageur augmente. Finalement, lorsque le niveau océanique atteint une certaine valeur critique, le voyageur peut s'éloigner arbitrairement loin de son point de départ : il est maintenant sur un *continent*, qui porte encore de nombreux lacs, mais qui est connecté : on peut aller d'un point à un autre du continent sans jamais traverser un bras de mer. La transition que nous venons de décrire entre un archipel d'îles déconnectées et un système où certaines des îles se sont soudées pour former un continent, est appelée transition de percolation. La nature nous offre de nombreux objets formés au hasard qui ont une transition analogue : certains à l'échelle atomique, d'autres à l'échelle macroscopique. Certains peuvent être décrits par une carte à deux dimensions, comme dans l'exemple précédent. Mais d'autres sont tridimensionnels, ou font même intervenir des dimensionalités plus élevées. Dans tous les cas, toutefois, on voit à l'œuvre les mêmes concepts géométriques et statistiques : la percolation est un concept unificateur très puissant.

Pierre-Gilles DE GENNES
Extrait de *La Recherche*, n° 72, novembre 1976.

continent par une opération analogue à la *transition de percolation*, décrite par Pierre-Gilles de Gennes (voir encadré).

Une des dimensions de la transition est celle des *médias*. En proposant au public des « univers de connaissance » sous forme d'encyclopédies électroniques et d'hypermédias, les bibliothèques lui fournissent des clés plus nombreuses et variées pour entrer dans les savoirs. Tous les nouveaux outils du savoir[1] doivent être disponibles à la bibliothèque : les disques optiques compacts commencent à inonder le marché grand public et l'accès aux réseaux de réseaux se banalise en France[2]. Si la bibliothèque veut conserver son rôle social, elle doit devenir hyper(média)thèque.

La structuration du domaine fournit une autre dimension de la transition. Le domaine entre science et société est mal délimité. On y côtoie aussi bien la

1. *Cf. Les Nouveaux Outils du savoir*, éd. Descartes, 1993.
2. *Cf.* Hervé Le Crosnier, p. 227.

littérature que le spectacle, l'histoire que la philosophie, la sociologie que le mythe.

En premier lieu, on devra examiner les marges de la production scientifique (science « délirante » ou « pathologique », syncrétismes, holismes, parasciences) et les lieux d'interaction entre science et société, entre science et art.

On sera ensuite amené à revoir la séparation entre les sciences dites « pures » et les techniques. En effet, les technosciences incorporent, désormais, de la recherche fondamentale, de la recherche finalisée et du développement. Il est devenu impossible de distinguer les objectifs de connaissance des objectifs de manipulation.

Selon le point de vue adopté, l'informatique sera caractérisée comme science[1] ou comme technique, ou encore élevée au rang de nouveau paradigme[2]. Cette même informatique a d'ailleurs bouleversé les méthodes de la recherche scientifique dans tous les domaines.

Les catégories traditionnelles se recouvrent de plus en plus : sciences hypothético-déductives, sciences expérimentales, sciences d'observation, sciences « naturelles ».

L'enseignement distingue les sciences de la matière, d'une part, les sciences de la vie et de la Terre, d'autre part. Mais ces dernières utilisent de plus en plus l'arsenal des sciences physiques (cas de la biologie moléculaire ou des biotechnologies, cas de la géophysique).

L'ensemble est regroupé sous le vocable de « sciences exactes » ou de « sciences de la nature » par opposition aux sciences de l'homme et de la société (SHS). Mais les conséquences sur l'homme du développement scientifique et technique en font un objet d'étude des SHS. Certaines disciplines comme l'écologie ou la gestion des risques technologiques comportent un volet « sciences exactes » et un volet SHS. Quant à la médecine, sa « scientifisation » a abouti à une critique de la dépersonnalisation des soins.

L'accroissement des connaissances dans ces domaines-interfaces conduit au développement de la responsabilité dans le domaine scientifique et technique[3].

La bibliothèque se proposant de structurer le domaine pour favoriser la diffusion des connaissances ne pourra se contenter de le présenter sous forme de blocs disciplinaires. Elle devra ménager des entrées répondant aux préoccupations du public[4]. Plus encore, elle travaillera à créer une aire de débat public autour des sciences et des techniques, à faire du domaine une « chose publique », à l'instar d'autres secteurs de la bibliothèque.

1. *Cf.* Jean Arsac, *La Science informatique*, Dunod, 1970.
2. *Cf.* Pierre Lévy, *La Machine-Univers*, La Découverte, 1987.
3. *Cf.* Hans Jonas, *Le Principe Responsabilité*, Le Cerf, 1992.
4. *Cf.* Francis Agostini, p. 301.

S'y mettre

Il existe deux positions qui peuvent s'opposer à la « mise en culture » de la science dans la bibliothèque :

– La première consiste à rejeter les sciences exactes hors du champ culturel, en réservant à la bibliothèque le domaine des humanités, éventuellement élargi aux sciences de l'homme et à la société. Cette position, qui s'appuie sur une idéologie de la valorisation de la « Vie » par opposition à la science, ne peut qu'approfondir le clivage entre « scientifiques » et « littéraires ».

– La deuxième consiste à traiter les sciences de manière strictement académique, c'est-à-dire à disperser les dimensions transversales des sciences dans les disciplines correspondantes pour ne garder en « science » que les résultats dans leur formalisme et dans leur traduction didactique. Cela revient à réduire le domaine scientifique et technique aux sources institutionnelles sans s'intéresser aux contextes de production et de diffusion.

La bibliothèque publique qui aborde la question des sciences peut hériter de réflexes, attitudes, qui relèvent de ces positions heureusement caricaturales.

Dans la plupart des bibliothèques, la vulgarisation scientifique a pénétré en force par le livre jeunesse et par les auteurs scientifiques les plus médiatisés.

Cependant, les documents scientifiques souffrent en général d'une dispersion et d'une absence de politique d'acquisition globale. On les retrouve en 500/600, dans d'autres classes comme le 300, et dans les rayons de la section jeunesse. Cette dispersion ne favorise pas la mise en place d'un programme global pour les sciences et les techniques.

Dans la phase actuelle, il est nécessaire que chaque bibliothèque « se mette » à la vulgarisation scientifique et technique sans complexe ni préjugé. Mais il nous semble important également qu'elle inscrive cette démarche dans un projet de développement plus large.

La question de la vulgarisation est présente en filigrane dans les préoccupations des pionniers de la lecture publique. L'impact de la science et de la technique dans la société contemporaine modifie toutefois la problématique.

Dès 1961, la section des petites et moyennes bibliothèques de l'ABF consacrait une séance de travail à la diffusion des connaissances scientifiques[1]. À cette occasion, Jean Hassenforder insistait sur « le retard français dans le domaine de la vulgarisation scientifique » et sur le fait que « la diffusion des connaissances scientifiques permettra au grand public de mieux comprendre le monde actuel[2] ».

1. *Cf.* « Les petites bibliothèques et la diffusion des connaissances scientifiques », *Bulletin d'informations de l'Association des bibliothécaires français*, mars 1962, n° 37, pp. 21-30.

2. Jean Hassenforder, « Le rôle éducatif de la bibliothèque et la diffusion des connaissances scientifiques », *Bulletin d'informations de l'Association des bibliothécaires français*, mars 1962, n° 37, pp. 21-24.

Dans les années 1980, Jean Gattégno s'est appuyé sur la mutation de la bibliothèque en organisme d'information et de documentation[1] pour donner corps à l'idée de culture scientifique et technique par le livre, la revue et l'audiovisuel : création de la Commission scientifique du CNL, acquisition de droits de vidéos documentaires, opération *Graine de curieux*, colloque *La science, le livre et les jeunes.*

En 1984, le *Bulletin des bibliothèques de France* publiait un numéro spécial consacré à la vulgarisation scientifique. L'ABF a continué à s'intéresser à la question : en 1978, une journée d'étude était consacrée au livre scientifique et de vulgarisation ; en 1990, le groupe Île-de-France organisait une journée d'étude intitulée *Sciences : les bibliothèques sont-elles nulles ?*

En 1992, le Conseil supérieur des bibliothèques adressait des recommandations pour développer la culture scientifique et technique en bibliothèque aux organismes de formation, aux responsables des bibliothèques, aux administrations centrales et aux ministères, aux DRAC, agences de coopération et collectivités.

Mais on est loin de la constitution d'un réseau et d'un niveau qui fédère les activités. En fait, il est impossible aujourd'hui de présenter un panorama complet des activités scientifiques et techniques menées par des bibliothèques aussi diverses qu'une BDP, une BM, un CDI ou une médiathèque thématique et, *a fortiori*, d'en faire un bilan. Les outils méthodologiques manquent de finesse, les expériences souffrent d'isolement et d'une absence de suivi.

Quant aux actions engagées par des structures comme les associations professionnelles, les agences de coopération, les CRDP, elles manquent de relais sur le terrain et d'instances permanentes chargées de la culture scientifique et technique[2].

Lorsque Marc Peschanski reçut le Prix Jean-Rostand 1990 pour son livre *Le cerveau réparé*, il déclara qu'à son avis les livres scientifiques n'atteignaient pas leur public[3]. Pour gagner la « bataille de la popularisation », il suggéra au ministre de la Recherche de distribuer chaque année à plusieurs milliers de bibliothèques une dizaine ou une vingtaine d'ouvrages de popularisation scientifique de bonne qualité, sélectionnés par des associations compétentes.

Ni les aides à la sélection, ni les aides financières ne sont à dédaigner. Mais l'essentiel réside dans la volonté des acteurs de terrain, les bibliothécaires, de *prendre en charge la constitution et l'exploitation des fonds scientifiques.*

Le volet exploitation prend un relief particulier dans le domaine scientifique et technique. Abandonnant une logique d'accumulation pour une logique de

1. Jean Gattégno, « Le rôle des bibliothèques publiques dans la diffusion des connaissances scientifiques », *Annales des Mines*, 1989, n° 4, pp. 35-38.
2. Il est donc trop tôt pour mettre en perspective ces expériences avec celles menées à l'étranger. Mentionnons simplement que la British Library a produit un rapport sur la question en 1990.
3. Il s'appuyait sur les chiffres de vente des ouvrages et notamment du sien (1 300 exemplaires).

promotion et d'exploitation de ses ressources, la bibliothèque pour la vulgarisation fait de la médiation humaine le moteur de son fonctionnement[1]. La sélection des documents perd son caractère fondateur pour s'intégrer dans un cycle ininterrompu où l'évaluation prend toute sa place : évaluation *en projet* à l'aide d'une grille adaptée aux missions de diffusion[2], évaluation *en situation* d'animation[3], de retours de prêt, de renseignement au public.

L'animation scientifique en bibliothèque ne saurait se réduire à héberger des expositions. Elle doit garder un ancrage profond dans la constitution des collections[4]. On a vu que le repérage ne pouvait se limiter aux rubriques estampillées *sciences et techniques* et que le « terrain vague » entre science et société méritait d'être défriché.

Ce travail représente certainement pour la bibliothèque une voie de développement. Si l'on en croit Thierry Gaudin, directeur du Centre de prospective et d'évaluation, la société du XXIe siècle sera celle de l'enseignement et de l'éducation[5].

La bibliothèque de l'avenir offrira des forums permanents autour des savoirs et de leurs producteurs tout en permettant de naviguer dans les différents référentiels[6].

L'élargissement du rôle éducatif de la bibliothèque suppose qu'elle refonde son offre documentaire pour irriguer les contenus disciplinaires de leurs dimensions culturelles.

L'histoire des sciences mérite un traitement particulier car « la généralisation de la culture scientifique consiste essentiellement à développer l'histoire des sciences, à faire comprendre par quel cheminement la rationalité moderne a fini par atteindre la forme que nous lui connaissons[7] ». La dimension historique qui, aussi bien que l'actualité ou le loisir, représente une entrée pour un public large[8], devrait désenclaver les fonds scientifiques et techniques.

La restructuration de l'offre pour la vulgarisation n'affecte pas seulement la politique d'acquisition mais également le traitement du document : le travail sur les collections doit lier étroitement les contenus aux niveaux, propos, genres et supports disponibles[9]. D'autre part, l'enrichissement des accès est la condition d'une meilleure exploitation du fonds[10].

S'il y a malaise à traiter la science en bibliothèque, il traduit l'ambiguïté des

1. *Cf.* Francis Agostini, p. 301.
2. *Cf.* Francis Agostini, p. 284.
3. *Cf.* Marie Girod, p. 343.
4. *Cf.* Anne Zwick, p. 349.
5. Thierry Gaudin, *2100, odyssée de l'espèce*, Payot, 1993.
6. *Cf.* Joël de Rosnay, p. 237.
7. Sylvain Auroux, *Barbarie et philosophie*, PUF, 1990.
8. *Cf.* Jean Rosmorduc, p. 151.
9. *Cf.* Francis Agostini, p. 256.
10. *Cf.* Francis Agostini, p. 258.

rapports entre science et culture. La situation n'est donc pas spécifique aux bibliothèques, et d'autres institutions, comme les musées scientifiques, doivent faire évoluer leurs fonctions pour répondre à une demande sociale multiforme.

Développement durable, gestion planétaire des ressources, évaluation des risques, responsabilité scientifique, contrôle des choix scientifiques et technologiques, toutes ces notions recouvrent aussi bien des possibles options technocratiques que des incertitudes, des doutes, des limitations, utiles à faire apparaître sur la place publique. La bibliothèque peut y contribuer en présentant au public la documentation de référence et en se faisant l'écho des débats de société à composante scientifique ou technique.

Mettre la science en bibliothèque, c'est donc aussi *mettre la science en question*. Cela suppose de convoquer les sciences de l'homme et de la société, la philosophie, l'histoire, non pas pour constituer des sous-disciplines dérivées (philosophie *des* sciences, histoire *des* sciences, sociologies *des* sciences) mais pour offrir des confrontations de points de vue.

Et s'il est vrai que la culture scientifique fait défaut aux scientifiques eux-mêmes[1], c'est au sein de l'institution, et spécialement dans la bibliothèque universitaire, qu'il faut fournir des outils de réflexion et de critique. Entre manuels et périodiques de recherche, il y a place pour un tiers état (de l'écrit scientifique) qui témoigne des liens de la science avec la culture et avec la société. Élargir les fonctions de la bibliothèque d'étude à la confrontation entre différents éclairages de la science favoriserait le dépassement du clivage caractéristique de notre univers culturel.

Nous limiterons ici notre propos à la bibliothèque publique, un lieu où l'on peut « travailler à réduire cette aliénation à l'égard des constituants techniques des sociétés industrielles en luttant tout à la fois contre l'analphabétisme scientifique et contre la prédication scientiste »[2].

Il faut considérer « science en bibliothèque » comme participant d'un projet d'ouverture et d'élargissement de la bibliothèque.

Il reste à chaque bibliothèque à transformer ce projet en programme de développement pour l'adapter à ses missions et à la nature de ses publics. La réalisation de ce programme empruntera des voies diverses où se mêleront des méthodologies éprouvées et des expérimentations.

Francis AGOSTINI

---

1. *Cf.* Jean-Marc Lévy-Leblond, p. 106.
2. Jean-Jacques Salomon, *Le Destin technologique*, Balland, 1992.

I. Les contextes

Les acteurs de la culture scientifique et technique

Les sciences ne peuvent rester l'affaire des scientifiques : elles sont en puissance de culture et parlent à notre société au-delà des langages difficiles de leurs théories ou de la manipulation d'outils techniques.

Leurs enjeux, leurs effets nous touchent tous : vie quotidienne transformée par les technologies nouvelles, modes de production et de communication bouleversés, éthique ébranlée...

Transmise par l'école, parcellisée à travers les programmes et les disciplines, diffusée par des actes de vulgarisation privilégiant souvent le spectaculaire, la science est plus donnée à voir qu'elle n'est réellement appréhendée, et pourtant, des choix de société capitaux présentent des aspects scientifiques et techniques... et notre démocratie est aveugle en ce domaine, qui délègue ces choix engageant l'avenir de tous et de notre culture à des comités d'experts, aux scientifiques eux-mêmes, dont le savoir hautement spécialisé ne leur confère aucune autorité pour dire les applications, le droit, la morale.

L'édition scientifique et technique reflète la science qui se fait : elle est à la fois riche et pauvre. Riche et pauvre de titres et de collections montrant « comment ça marche », « à quoi ça sert », où les ouvrages affluent, mais où des vides importants peuvent être notés... Riche et pauvre de questionnements, de mise en débats, de pensée vivante : ce n'est que très récemment – et en France seulement – que quelques collections – Seuil, Odile Jacob, Fayard – se sont ouvertes à l'épistémologie, aux débats éthiques, ont réouvert la science à la philosophie... Tentatives trop isolées, trop réservées à une mince frange de la population.

Ce texte veut mettre en scène les acteurs qui œuvrent aujourd'hui pour combler le fossé existant entre science et culture, et plus particulièrement, parmi eux, les hommes et les femmes travaillant dans les musées, les centres de culture scientifique et technique, les associations. Mais comment les présenter sans mettre en perspective, sans montrer à quelles finalités répondent leurs actions, dans quels cadres elles se développent : il n'est point inutile de présenter ici les institutions multiples et variées qui coexistent en France, de dire leurs forces, leurs pertinences, leurs limites et, pour mieux faire comprendre ce contexte, faisons appel à l'histoire.

La diffusion des sciences vers le public : une histoire déjà ancienne

La science a tout d'abord été pensée en cohérence avec la philosophie, tandis que les techniques se développaient dans un autre champ : celui des métiers, de l'artisanat, des manufactures. De cette profonde dualité, les établissements actuels portent encore la trace.

La volonté de la science de constituer une méthode indépendante pour partir à la découverte des actes de Dieu, le recours à l'expérience pour valider les raisonnements et les théories, ont, dès la Renaissance, tendu des ponts entre sciences et recherche de l'application, amené l'enseignement scientifique à se dégager de l'enseignement officiel, à utiliser d'autres pistes pour sa diffusion.

C'est à des fins pratiques – celles de la pharmacopée – que Louis XIII fonde, en 1626, le Jardin royal des plantes médicinales. C'est dans un autre but, l'ostentation, qu'un siècle plus tard Jussieu organise les collections de ce qui est devenu le Jardin du Roy pour en faire le Cabinet d'histoire naturelle. En 1745, Buffon présente les collections au public cultivé de Paris : c'est le premier musée parisien, cinq ans avant que n'ouvre la première galerie du Louvre.

À la même époque, entre l'explosion des connaissances due à l'adoption de la méthode expérimentale, entre les nouvelles perspectives qu'elle offre – explorées avec passion – et un système éducatif s'enracinant dans une tradition pédagogique entièrement centrée sur l'étude de « l'homme de tous les temps », la distance est grande. C'est en d'autres lieux que ceux de l'enseignement des congrégations que se fait la diffusion des sciences : les cabinets, où sont organisées des expériences – spectacles théâtralisés qui excitent l'esprit curieux, deviennent à la mode et enrichissent la science : l'intérêt qu'ils suscitent est prolongé par d'innombrables livres qui connaissent des tirages importants : œuvres de Pluche, de Buffon, de l'Abbé Nollet, de Fontenelle... mouvement encyclopédiste qui se méfie des volontés totalisantes des « grands systèmes », classe pour cela les connaissances par ordre alphabétique, se préoccupe d'introduire une « pédagogie réaliste » capable de former des individus aptes à remplir des tâches utiles à la société.

C'est ce mouvement qui triomphe lors de la Révolution, se concrétise par la création, en 1793, du Muséum d'histoire naturelle – destiné à remplacer le Jardin du Roy –, puis, en 1794, du Conservatoire des arts et métiers où « se réuniront tous les outils, les machines nouvellement inventés ou perfectionnés » de manière à « éveiller la curiosité et l'intérêt », produire aussi « dans tous les genres des progrès très rapides ». Pédagogie réaliste, valeur de l'expérience, rôle national sont les trois piliers sur lesquels ses fondateurs appuient la nouvelle institution.

Sous la Monarchie Restaurée, sous le Second Empire, l'inadaptation de l'enseignement scientifique aux besoins de la société est un des moteurs du développement de « sociétés savantes » qui donnent vitalité, grâce à des « conférences publiques », à la diffusion des sciences dans les couches bourgeoises de la population ; elles initient aussi la création dans les villes françaises de plus de deux cents « Musées d'histoire naturelle » qui présentent les collections afin de montrer – de manière exhaustive – les espèces aux générations futures. Les « sociétés des sciences » impulsent aussi – dans le grand mouvement qui accompagne le développement des « expositions universelles » – la constitution de musées « techniques », « industriels », « agricoles », « coloniaux », qui veulent montrer – comme on le fait aussi à la même époque à l'étranger, en Allemagne et en Angleterre principalement – l'ingéniosité technique, la richesse de l'industrie locale, l'orientation des marchés extérieurs, et qui servent aussi à l'enseignement en faisant construire aux jeunes les maquettes exactes des machines les plus récentes, en leur faisant réaliser des modèles, en exposant les chefs-d'œuvres d'artisans, d'apprentis, de compagnons...

La monstration des sciences et des techniques, leur enseignement n'est pas seulement œuvre de l'idéologie bourgeoise : l'autofécondation des découvertes techniques et des recherches théoriques renforce l'idée – développée depuis Francis Bacon au XVIIe siècle – que la science sera libératrice, qu'elle conduit au progrès. Des mouvements d'inspiration saint-simonienne initient des formes de solidarité entre intellectuels et ouvriers – les « universités populaires » –, dans le même temps où les Flammarion, les Figuier exaltent dans leurs livres à forts tirages la science, peignent les « merveilles de l'industrie »...

Au début du XXe siècle, avec la perte d'influence ou de dynamisme des groupes qui leur ont donné naissance, avec les modifications des conditions de productions scientifiques et industrielles, avec cet immense traumatisme de la Première Guerre mondiale, qui amène quelques doutes sur l'idéologie du progrès et du bonheur par la science, musées des techniques et muséums se réifient et tombent en désuétude, en décrépitude. Il faudra que soit exalté à nouveau l'intérêt de la nécessité sociale du développement scientifique pour qu'une renaissance se produise : c'est le Front Populaire qui va permettre la création d'un nouveau modèle de vulgarisation scientifique : le Palais de la Découverte.

Le Palais doit à la fois servir la cause de la nouvelle professionnalisation de la recherche et constituer une « Université populaire plongeant ses racines dans le Peuple de Paris ». Inauguré en mai 1937, il suit la tradition muséale en ce que s'y trouvent agrégées les fonctions spirituelle et de diffusion, mais rompt avec la même tradition en se présentant comme « laboratoire en activité » et « expérimental » dans ses démonstrations, qui doivent « montrer la science en train de se faire ». Une « nouvelle muséologie scientifique » y présentera la science dans ses développements expérimentaux disciplinaires fondamentalistes, valorisera l'universalité de la méthode scientifique et la fonction du chercheur.

On connaît la longue période d'abandon dans laquelle fut placé le Palais après la Seconde Guerre mondiale... et on sait aussi la place que prennent, dès les années 1960, la science et ses applications dans la société : informatique, robotique, sources d'énergie nouvelles, biotechnologies, agro-alimentaire, communications, ingénierie biologique, génie génétique, explosion des médias... induisent ces profondes mutations. Des pans entiers de l'économie s'effondrent avec les concentrations, la mondialisation des rapports de production, les restructurations économiques. Les « nouvelles technologies », conséquences des théories scientifiques, sont introduites par le haut, en discontinuité avec les cultures techniques existantes, bien souvent sous l'influence des seules lois du marché. Nous vivons encore ce passage d'une civilisation centrée sur l'homme et ses projets à une civilisation centrée sur l'objet et ses utilisations...

Cet effondrement de secteurs économiques traditionnels est à l'origine du grand mouvement patrimonial que l'on voit se développer en France dans les années 1970 : entreprises et collectivités locales, cadres et ouvriers jetés brusquement dans l'inactivité professionnelle veulent alors préserver ces lieux de travail, de production... de vie qu'avaient été les usines et leurs machines. Des associations se créent : elles permettent de sauver les vestiges du patrimoine commun que constituent les restes d'activités agricoles, artisanales, industrielles... mais elles le font souvent sans que les critères scientifiques, techniques, esthétiques, d'environnement... soient toujours pris en compte : dans un pays où les spécialistes de l'histoire des techniques sont rares, c'est plus un concours de circonstances qui permet tel ou tel sauvetage, alors que d'autres éléments de notre patrimoine industriel, parfois essentiels, sont détruits... Aujourd'hui demeurent, vivant plus ou moins difficilement, ces établissements patrimoniaux, ces écomusées, fondés alors.

Devant les mutations, la jeunesse ne ressent pas les mêmes sentiments de déchirement teintés de nostalgie ; elle n'éprouve pas la prévention des adultes à l'égard des nouvelles technologies... Le système éducatif se montre alors incapable de saisir l'opportunité de cette motivation : des enseignements de sciences trop formalisés, une lourdeur administrative certaine empêchent la nécessaire adaptation. C'est en d'autres lieux, à l'extérieur ou aux frontières de l'école, dans des clubs et des associations, que les jeunes peuvent satisfaire – souvent grâce à des animateurs bénévoles mais non préparés – leur envie de faire, expérimenter, créer, construire, leur désir de comprendre le monde... Une Association nationale Sciences Techniques Jeunesse (ANSTJ) se crée pour former les animateurs, permettre ainsi l'encadrement et la pérennité des clubs.

Les conséquences qui résultent du développement des nouvelles techniques font, en ces années 1970, se responsabiliser aussi un nombre de plus en plus grand de scientifiques : enfermés dans les barrières disciplinaires et professionnelles, ils en viennent à délaisser ce qu'ils ressentent comme une « tour d'ivoire » et à entrer dans le débat social : le programme nucléaire, les problèmes nés de la réforme de l'enseignement des mathématiques leur en donnent le prétexte ou la motivation ; ils créent des revues discutant des conditions de la production scientifique dans les laboratoires *(Impascience)*, réalisent dans des centres-villes des opérations de popularisation de la science *(pop physique)*, veulent stimuler la réflexion quant à la place des sciences dans la société, afin d'étendre le champ de la démocratie aux choix faits en matière de développement de la recherche et de l'industrie. C'est ainsi que des militants créent, au sein d'une maison de la culture – celle de Grenoble –, un « département scientifique » qui deviendra l'année suivante (1978) le premier « Centre culturel scientifique et technique ».

Dans le même temps se forme le projet de créer un grand musée à la Villette, qui doit « tenter de réconcilier l'Homme avec la Science et la Technique en plaçant ce dernier au *centre*[1] de la démarche scientifique en tant qu'acteur responsable de certains *choix* et non plus simplement spectateur passif et parfois victime ». Le projet comprend aussi celui de créer un réseau de Centres de culture scientifique en régions...

Les années 1980 : « mettre la science en culture »

On le voit, la situation du terrain « culturel scientifique et technique » présente, à la fin des années 1970, la stratification ou la juxtaposition d'établissements et d'expériences nés à des époques et pour des fins différentes : Muséum, musée national des Techniques, Palais de la Découverte, ne possédant pas les crédits nécessaires au strict maintien dans l'état de leur potentiel ; maillage important de musées d'histoire naturelle témoins d'une muséologie scientifique du siècle passé ; écomusées et opérations patrimoniales préservant un site, ayant une aire d'influence sur un territoire ; mouvements de jeunesse agissant aux frontières de l'école ; scientifiques réalisant quelques opérations de diffusion en direction de la population ou voulant rompre avec la vulgarisation, frissonnement dans l'édition, projets de créer un grand musée à la Villette et des Centres de culture scientifique et technique en régions, mais aussi télévision et nouveaux médias laissés en jachère...

Après 1981 va se manifester une importante volonté de renouveau.

Le colloque « Recherche et technologie » est le lieu, dans toutes les régions, de discussions ardentes mettant en évidence le barrage psychologique et de compétence existant entre la science et sa production d'une part, la société et les citoyens d'autre part, voulant le résoudre, le faire éclater en « mettant la

1. Maurice Levy, « Pour un musée national des sciences et de l'industrie », *Technique et Culture*, n° 1, octobre 1975, pp. 85-87 – souligné par l'auteur.

science en culture ». De multiples associations militantes se créent pour développer cette action culturelle scientifique par les « boutiques de sciences », par les centres de culture scientifique ; elles revendiquent auprès de l'État les moyens d'incitation nécessaires à leur action. La « loi d'orientation de la recherche » définit de nouvelles missions pour les chercheurs et les enseignants : celle de « mettre à disposition sociale les résultats de la recherche », celle aussi de « mobilité » afin de pouvoir jeter des passerelles entre des disciplines cloisonnées, entre la recherche et l'industrie, celle enfin de prendre en compte l'histoire des sciences et l'épistémologie.

Le relais des forces militantes, la mise en application – certes encore trop timide – des dispositions inscrites dans la loi, la définition d'un excellent « programme mobilisateur » adopté par le parlement, sont assurés par la Mission interministérielle pour le développement de l'information scientifique et technique (MIDIST) et la Direction du développement culturel (DDC) du ministère de la Culture. Grâce à eux, les grands établissements nationaux bénéficient d'investissements qui permettent d'envisager leur revitalisation, quelques musées d'histoire naturelle – les plus dynamiques – sont aidés et entrent en renouveau, musées thématiques, techniques, écomusées sont aidés dans leurs créations ou les animations qu'ils mènent, l'aide aux associations de jeunesse est augmentée : grâce à elle le CIRASTI peut se développer et lancer, à l'exemple de ce qui se fait au Québec, le mouvement des « exposciences » ; celui-ci est aussi favorisé par une « pédagogie de projets » incitée par le ministère de l'Éducation nationale ; dans le même temps, les productions vidéographiques et l'édition scientifique sont aidées, l'écriture de scénarios ou d'ouvrages favorisés, le travail de la « Fondation Diderot » – qui veut produire textes et ouvrages de référence – encouragé, comme l'est la diffusion vers le grand public d'émissions télévisées de qualité, mais ce dernier effort se heurte à la réticence des chaînes et à la dictature de l'audimat.

La politique nouvelle se manifeste aussi par la création d'un observatoire du livre, « Rayon vert », qui veut établir des fiches critiques des livres, inciter à l'écriture et à la lecture.

L'aspect le plus novateur qui se manifeste alors est cependant la mise en place en régions d'outils totalement nouveaux destinés à satisfaire à la nécessité de « mettre la science en culture » : là où existent sur le terrain des équipes militantes, motivées, se créent, grâce à l'aide de l'État, auquel se joignent quelques collectivités territoriales, des « Centres de culture scientifique, technique et industrielle (CCSTI) qui seront les figures emblématiques du mouvement qui s'amorce. Non thématiques, sans collections, ces centres se veulent les points d'ancrage d'une politique régionale active, démultiplicatrice, interculturelle : ils sont conçus comme lieux de mise en synergie des structures existantes, lieux de rencontre et de création, lieux de mises en circulation d'outils culturels, lieux de formation des animateurs et responsables, moteurs parfois aussi de la coordination des opérations jeunesse, centres d'information et de ressources...

En 1986 ouvre enfin ce fleuron, ce grand établissement à vocation internationale qu'est la Cité des sciences et de l'industrie (CSI) de la Villette. Depuis 1983, tous les grands établissements nationaux, les CCSTI, les musées thématiques ou de sciences naturelles, les associations, les écomusées s'étaient aussi fédérés au sein de l'Association des musées et centres pour le développement de la culture scientifique, technique et industrielle (AMCSTI).

Le panorama actuel

C'est ce terrain riche et foisonnant, où coexistent établissements et expériences dont la diversité fait la fécondité et l'originalité de notre pays, qui est actuellement celui des établissements de « Culture scientifique, technique et industrielle ». Tous ces lieux sont complémentaires et assurent des fonctions pertinentes et nécessaires.

Le *Muséum national d'histoire naturelle* entre en rénovation et sa grande galerie devient « Galerie de l'Évolution[1] ». Soixante-douze musées d'histoire naturelle continuent d'exister en France ; la plupart sont des réserves pour les chercheurs ; moins d'une dizaine réforme les présentations et mène d'intéressantes animations en direction des jeunes et du grand public ; un organisme – l'OCIM – les fédère qui stimule la réflexion muséologique, monte des stages, met en place une documentation efficace. Le musée de l'Homme sera lui aussi rénové.

Le *musée national des Techniques* est restructuré dans le cadre des « Grands Travaux » : déjà il parraine une collection très intéressante sur l'histoire des techniques, publie une revue d'excellente tenue, riche et agréable, actualise ses inventaires, édite disques compacts et CD-ROM. Prochainement, il offrira aux visiteurs un circuit de visites totalement rénové, groupé par thèmes, avec des « places » interdisciplinaires, et des « kiosques » pour aller plus loin, renvoyer sur d'autres établissements.

Le *Palais de la Découverte*, fondamentaliste, reste la référence scientifique ; il présente, des grandes disciplines, leurs théories, leurs résultats, mène une importante action de service public en mettant en circulation des expositions itinérantes, rénove sa bibliothèque et modifie ses présentations.

La *Cité des sciences et de l'industrie* résout ses défauts de jeunesse, développe sa « cité des enfants », est l'établissement le plus fréquenté en France, offre aux visiteurs les services de sa médiathèque, et amplifie son action régionale.

Ces quatre grands établissements parisiens voient leur action complétée et

1. À cette dénomination « Galerie de l'Évolution », on a préféré substituer celle de « Grande Galerie du Muséum ».

fortifiée par les cellules de communication des *grands organismes de recherche* – surtout l'INSERM et le CNES : l'INSERM développe dans le domaine de la santé d'importants « Clubs INSERM jeunesse », encadrés par des chercheurs, qui font découvrir aux lycéens la recherche médicale, les font expérimenter, s'interroger, réfléchir sur la vie et la santé. Le CNES a vocation à encadrer tous les clubs qui s'intéressent à la construction de mini- ou micro-fusées, aide à leur mise au point, à leur construction, à leur lancement avec des manipulations embarquées qui en font de précieux outils d'études pour les clubs. Le CNRS lance des opérations « mille chercheurs, mille jeunes » grâce auxquelles les chercheurs viennent dans des classes, animent conférences et débats, encadrent aussi quelquefois des initiatives. Toutes ces orientations ne pourraient se développer sans l'intense activité permanente, constante, assidue de bénévoles, des animateurs qui assurent la pérennité des clubs, leur fonctionnement quotidien, dialoguent, construisent, expérimentent... La venue du chercheur étant bien souvent événement qui permet de faire reconnaître un travail, non de le mener ou de l'initier. Tous ces clubs se développent dans l'enseignement grâce aux Commissions académiques d'action culturelle (CAAC) qui poursuivent l'œuvre d'ouverture de l'école sur son environnement et surtout dans les mouvements d'éducation populaire, dans les quartiers ; leurs animateurs sont aidés par l'ANSTJ. Le travail quotidien, qui permet de construire et réaliser, débouche sur les exposciences, qui se tiennent souvent dans chaque région, en France, à l'étranger, sous la responsabilité de collectifs, parfois sous celle d'un Centre de culture scientifique et technique.

Les autres initiatives en régions sont nombreuses et variées. Le Futuroscope près de Poitiers est un vaste parc de loisirs déclinant les possibilités offertes par l'image ; son contenu éducatif se fait attendre. La typologie des autres établissements peut se résumer ainsi : il y a des *musées techniques*, dont les principaux sont concentrés à Mulhouse (Automobile, Chemin de fer, Électropolis, Musée du papier peint, de la peinture sur étoffe, du papier, du village...), mais qui sont aussi implantés dans toute la France, en Bourgogne, à Millau... ; plusieurs guides « du patrimoine industriel », de l'AMCSTI, Hachette, EDF... les répertorient, de même qu'ils le font des *musées thématiques* : sur la mer en Bretagne (Océanopolis, Lorient, Roscoff...) ou dans le Nord-Pas-de-Calais, le plus important de France (Nausicaa), sur les télécommunications à Pleumeur-Bodou, sur les corderies (La Rochelle), les activités portuaires (Dunkerque...), qui parsèment le territoire ; les *écomusées* ou musées de société sont actifs eux aussi dans tout notre pays, de même que les nombreuses *associations* qui mènent leurs actions en direction des jeunes, et dont l'ANSTJ est l'exemple national (stages, formations, activités). Les *planétariums* initient à la découverte de l'astronomie à Paris (Palais de la Découverte, la Villette), Pleumeur Bodou, Poitiers, Saint-Étienne, Strasbourg, Cappelle-la-Grande, Méribel...

Dans le domaine de l'environnement, les espaces naturels régionaux déploient une activité pédagogique – celui du Nord-Pas-de-Calais en est un exemple – tandis que la réserve nationale de Digne initie, met à disposition guides et expositions, fabrique moulages et répliques qui servent l'éducation.

Enfin, les Centres de culture scientifique, technique et industrielle sont les lieux actifs de rencontre, de mise en débat, de production et de mise en circulation d'outils utilisés par l'école, les centres d'animation ainsi que par toutes les structures qui désirent mener une politique culturelle scientifique, qu'elle soit exceptionnelle ou permanente. Tous ces centres sont différents, tous reposent sur la motivation et l'orientation des hommes et des femmes qui œuvrent en leur sein ; ils peuvent ou non posséder des locaux recevant le public, mais tous assument la mission de rendre possible à l'échelle d'une région les initiatives, d'être des lieux ressources, des points d'appui d'une politique qui sans eux ne pourrait se mener. Selon les cas, selon leur orientation et les forces dont ils disposent, ces centres :
– créent et font circuler des expositions itinérantes (de 60 à 400 m^2), qui développent sur des thèmes variés le plaisir de comprendre et de s'approprier des connaissances ; des valises-exploration tenant dans le coffre d'une voiture, pouvant facilement aller de structure en structure, croisant les approches et les disciplines, permettant par le jeu et la manipulation de comprendre et de mettre en correspondance ;
– développent une politique jeunesse axée sur la création et la vie des clubs, la réalisation de classes découvertes réservées à des groupes de jeunes qui, par des visites de laboratoires, d'industries, des enquêtes, prennent conscience de ce qui se vit, de ce qui se crée dans leur région, de ce qui amène les transformations que nous vivons ;
– réalisent des « salles d'actualité » traitant de thèmes de société (les déchets, le sida, la fécondation in vitro...) par des présentations publiques, des magazines, des dossiers de presse, des conférences-débats ;
– mettent en place des centres de documentation qui constituent une documentation primaire sur la culture scientifique et technique, renvoient sur bibliographies et vidéographies, sur d'autres centres, se mettent en réseau, publient guides, catalogues, dossiers pédagogiques, mènent des actions sur le livre, sont lieux de médiation qui aident à l'élaboration de projets.

Toutes ces initiatives, établissements nationaux, musées thématiques, techniques, écomusées, associations, CCSTI, œuvrent de manière complémentaire, comme le montrent les manifestations de la « Science en Fête ». Lors de ces journées qui rencontrent un succès public et médiatique important, s'ouvrent les portes des laboratoires, des industries, des musées et CCSTI, et sont organisées dans toutes les villes, expositions et animations.

Toutes les structures sont aussi – nous l'avons dit – regroupées et fédérées par l'AMCSTI qui veut favoriser le développement de réseaux fonctionnels.

Nous ne saurions cependant nous satisfaire du contexte dans lequel nous nous trouvons. La grande variété des motivations et des compétences réunies à l'intérieur des structures et des établissements, le poids des habitudes, l'héritage d'un passé trop prégnant peuvent parfois développer incommunicabilité et restriction des ambitions ; la faiblesse des financements dirigés vers les régions (1/100e du coût de fonctionnement de la Villette) pèse sur le dynamisme ; la complexité des rattachements administratifs et les conflits de compétence qui en résultent entachent la définition et la gestion des politiques ; la faiblesse surtout de la prise en compte par le système éducatif et par les médias des expériences menées confine le mouvement dans les marges... À ces faiblesses s'ajoute une très grande inquiétude : le ministère chargé de la Culture – lui qui devrait inciter, faire en sorte que la science quitte les disciplines, se confronte à la vie, à la société, aux autres formes d'activités intellectuelles et pratiques – se désintéresse depuis peu du domaine. Depuis le tout début des années 1990, ce ministère veut laisser au ministère chargé de la Recherche un « rôle moteur », prend le risque de favoriser le réenclavement de la science, supprime ou diminue de manière drastique ses crédits, perd l'initiative, semble se replier sur le pré carré des habitudes et des domaines ou activités traditionnelles incontournables.

Le ministère chargé de la Recherche voit lui aussi ses crédits destinés à la culture scientifique et technique diminuer. Malgré une très heureuse réunion sous une même responsabilité des grands établissements nationaux, des musées de sciences naturelles, des bibliothèques, des Centres de culture scientifique et technique, malgré l'engagement personnel du ministre, le ministère n'affirme plus guère dans ses services de politique, sinon celle du contrôle, tandis qu'on y entend affirmer que « seuls les scientifiques peuvent diffuser et vulgariser »...

Les autres acteurs

La prise en compte des actions culturelles scientifiques et techniques par l'école et les médias est faible, disions-nous plus haut.

Cette appréciation est à relativiser : dans l'enseignement, un élan a été donné par le développement de la pédagogie de projets, la priorité faite aux « Projets d'action éducative » à dominante scientifique et technique – certes restreinte actuellement dans le cadre de « Projets d'établissements » qui supposent la conviction de proviseurs ou de principaux des collèges – par la création des « Commissions académiques d'action culturelle » qui, selon les académies et en fonction de leurs responsables, incitent aux actions, favorisent écoles d'été ou stages, soutiennent les expériences multidisciplinaires. Des zones d'ombre cependant : la formation des maîtres dans les IUFM, bien souvent absente ; le recours au bénévolat et au volontariat ; les faibles moyens mis à disposition.

Le développement dans tous les établissements des CDI (Centres de documentation et d'information), leur passage dans les mains de véritables professionnels de la documentation, agitateurs d'idées, initiateurs de travaux pluridisciplinaires, organisateurs de débats et d'événements, relais d'information, est un signe d'encouragement.

Des bibliothèques au travers de leurs sections jeunesse, en étendant aussi leurs missions à l'animation, sont sources[1] d'initiatives et de renouveau.

Des feuilles d'information circulent.

La radio, la télévision accompagnent aussi le mouvement : notre pays s'enorgueillit de posséder – avec France-Culture – une source incomparable d'information et de réflexion dans le domaine de la culture scientifique : *Les chemins de la connaissance*, le *Panorama, La science et les hommes*, diverses émissions thématiques... tout ceci n'est nullement réservé à une élite intellectuelle, mais jeunes (lycéens, étudiants) et moins jeunes y puisent une source inépuisable de plaisir et d'idées. La télévision reste le point faible. Peut-être ne savons-nous pas encore faire de vraie télévision, elle qui ne permet pas de retour réflexif, qui montre si peu la science, ou alors comme résultat, comme événement mystérieux et non comme œuvre intellectuelle, comme enquête sur le monde, comme pensée vivante... Mais dans la réalisation de vidéogrammes un élan est donné, la production de qualité s'accroît, les titres disponibles se multiplient[2].

Restent les journaux, les revues et les livres. Après la tentative avortée de l'*Observatoire du livre* et de *Rayon vert* qui n'a pu tenir, faute de moyens, la mission qu'il s'était fixée d'inciter à l'écriture, à la lecture (tout en continuant de publier des fiches d'évaluation ou de critique), force est de constater que l'effort actuel est important. Des périodiques comme *Les Cahiers de science et vie* ont une orientation culture scientifique et technique novatrice. *Le Monde diplomatique* publie des articles décapants. La revue *Alliage* occupe une place spéciale et indispensable : elle confronte science et culture. De nombreuses éditions pour jeunes fleurissent, et celles pour adultes sont stimulantes : la notion de « vulgarisation » y est dépassée au profit d'une conception faisant place aux interrogations, aux débats. La science y est confrontée à la philosophie, à l'histoire, à l'économie, à la politique... et le Centre national du livre aide l'édition et la publication de tels ouvrages.

Allons, le bilan est loin d'être négatif. Espérons que les errements actuels de quelques responsables feront place à la raison. Notre société commence à débattre de la science, de ses applications, de ses implications, mais nous n'en sommes qu'aux prémisses et le chemin est encore long si nous voulons ouvrir la démocratie aux choix technologiques qui conditionnent le devenir de nos sociétés.

Le temps n'est pas encore venu où la science fera partie de la culture de l'honnête homme.

Le temps n'est pas encore là où le citoyen osera prendre la parole sur ces problèmes de science, de culture, d'éthique, qui le concernent.

Le temps n'est pas encore là où les intégrismes – nés bien souvent d'un refus

1. *Cf.* Bernard Maitte, p. 73.
2. *Cf.* Francis Rumpf, p. 193.

du scientisme – s'effondreront parce que la maturation culturelle des sociétés aura été favorisée.

À quand la naissance des « critiques de science », à quand la formulation et l'expression de questions sur le développement de la science, sur les recherches qu'elle mène, sur les applications qu'elle permet, sur les introductions dans la société que l'on en fait ?

Quand le politique – action et organisation de la Cité – prendra-t-il conscience de l'ampleur du problème et consacrera-t-il ses forces à le résoudre ?

Comme les philosophes du XVIIIe siècle, nous sommes des aveugles... mais eux essayaient d'analyser, de penser, d'imaginer une manière de décider en collectivité : ils inventaient la démocratie parlementaire sans l'avoir connue ; quand allons-nous nous consacrer à la tâche d'agir dans nos sociétés industrialisées sur les choix technologiques effectués, quand allons-nous nous décider à peser à nouveau sur notre destin en disant quels outils nous choisissons de développer, en fonction de quels projets ?

Sommes-nous à ce point actuellement « malades de notre culture » ?

Tout ce que la science rend possible continuera-t-il à être fait ?

Ou parviendrons-nous à construire les pistes que nous voulons développer pour notre avenir ?

Prenons-nous par la main, osons penser la complexité du monde, agissons...

Le potentiel existant déjà dans le domaine culturel scientifique nous le permet. Il permet l'action lucide et déterminée des hommes et des femmes qui œuvrent dans bibliothèques et centres de documentation.

Bernard MAITTE

Jeux de rôles au pays de la culture scientifique et technique

Dans toutes les bibliothèques généralistes se pose aujourd'hui le problème du fonds scientifique et technique. Mettre à disposition des éléments de réponse et des outils de développement culturel dans ce domaine constitue une des responsabilités majeures de ces lieux.

Malheureusement, les professionnels des bibliothèques ont souvent du mal à identifier comment agir concrètement pour développer et valoriser un tel fonds. Il est vrai que les discours et attitudes de ceux qui devraient les éclairer (décideurs politiques, scientifiques, auteurs et même lecteurs potentiels) sont difficiles à traduire en termes d'actions efficaces et de besoins réels.

Les pages qui suivent ont une double ambition. D'une part, aider les professionnels à mieux comprendre pourquoi la plupart des ces intervenants paraissent avoir une attitude sans persévérance. D'autre part, leur communiquer l'envie de devenir les militants du développement des pratiques autodidactes, ce qui paraît être finalement la forme la plus efficace d'action culturelle scientifique.

Comment en effet relever ce défi du développement culturel sinon en devenant, à côté de commanditaires qui ne pourront jamais dépasser le niveau des intentions ou des actes de principe, acteurs de terrain prêts à tout mettre en œuvre pour aider leurs concitoyens à s'émanciper ?

De la curiosité personnelle au développement culturel planifié

Voilà l'an 2000

La fin du siècle est arrivée, presque sans qu'on y prenne garde. 1984 nous avait déjà rattrapé, pratiquement par surprise, sans nous laisser le temps de faire la comparaison avec l'anticipation pensée par George Orwell. Nous voilà maintenant au troisième millénaire : les voitures dans lesquelles nous roulerons en l'an 2000 sont déjà en vente.

Au premier abord, notre époque est caractérisée par un développement de plus en plus rapide de la science et de la technique et par une complexité de plus en plus grande de notre environnement technique quotidien. Matériaux, mécanismes et procédés subissent révolution sur révolution. Ces éléments qui faisaient partie intégrante de la culture de base de nos grand-parents – de leurs *leçons de choses* – bougent tellement vite que nous ne savons même plus si essayer de les comprendre se justifie. Avant que nous ne nous soyons familiarisés avec eux, ils risquent d'être déjà obsolètes.

Les dispositifs techniques que nous manipulons deviennent de plus en plus opaques et les matériaux de plus en plus surprenants. Les mécanismes de notre quotidien, commandés autrefois par des bras de levier pleins de bonne graisse rose et accessibles à la compréhension directe, se manipulent aujourd'hui par des chaînes liant des tableaux de boutons-pression à des moteurs « pas à pas ». La lecture de liasses de « fonctions de transfert » d'une « boîte noire » s'est peu à peu substituée à l'observation d'un mécanisme de chaînes et de courroies. Nos machines à laver ont toujours des tambours, mais de moins en moins identifiables, cachés par de plus en plus d'électronique. Les machines à écrire sont d'abord devenues électriques avant de disparaître finalement devant le raz de marée des traitements de texte.

Des matériaux classiques, dont les propriétés nous étaient familières, ont cédé la place à des nouveaux composés plus spécialisés, moins reconnaissables et plus éphémères, car remplacés très fréquemment, au rythme des progrès de la chimie. Ceux qui ne savaient pas que le disque microsillon était en vinyle doivent plutôt se demander en quelle matière est fait le *disque compact* gravé au laser.

Production, organisation du travail, tertiaire sont de plus en plus liés à l'informatique. *Macro-commandes* pour *tableurs*, *règles* utilisées par des *systèmes experts*, *propriétés héritées* dans des *langages orientés objets*, *scénarios* ou *piles de cartes* dans *Hypercard* sont autant d'outils subtils tapis derrière nos écrans.

Le progrès est-il une nouveauté ?

La caractéristique principale de notre époque réside sans doute dans le franchissement d'un seuil critique. La vitesse de transformation est aujourd'hui devenue plus rapide que nos capacités d'assimilation individuelle. Jamais, avant notre époque, les transformations techniques n'ont été globalement plus vite que les capacités techniques de la communication ou du système éducatif. Auparavant, les facteurs limitants étaient plus intellectuels, politiques, économiques, ou sociaux.

Emboîter les boîtes noires

L'homme a toujours dû accepter de vivre en bon voisinage avec les mystères. La vie et sa transmission, les astres et leurs mouvements, les quatre éléments : nos ancêtres n'avaient d'autre choix que de les accepter. L'enfance, l'héritage intellectuel des parents, et, plus récemment, l'école ou le tutorat de l'apprentissage professionnel, ont donné à chacun le temps de reconnaître son environnement, d'accepter que « familier » ne signifie pas compréhensible et qu'utiliser ne suppose pas forcément de comprendre.

Très progressivement au cours des siècles, la part d'éléments accessibles à l'intelligence humaine s'est accrue. Quelques mystères « naturels » ont été éclaircis, débouchant sur de nouvelles questions que l'on ne sait d'ailleurs toujours pas très bien formuler. Ce processus de compréhension consiste principalement à découper les boîtes noires en sous-ensembles composés de collections de sous-boîtes noires. Ces emboîtements à l'infini donnent une structure fractale de la description du réel. Oscar Wilde disait déjà : « L'homme a toujours essayé d'expliquer à défaut de comprendre. »

Malgré cette limite et cette opacité chronique, ces découpages, ces modélisations se sont révélés très opératoires : des objets techniques plus élaborés qu'une simple transposition de « mécanismes naturels » ont vu le jour. Ils ont évolué par héritage des objets des générations antérieures, devenant de plus en plus opaques selon la complexité de leurs lignées. Des protocoles médicaux, des pharmacopées montrent leur efficacité au quotidien. Des concepts très fructueux ont permis des prévisions confirmées par l'expérience. Cependant, jusqu'aux dernières décennies, ni la vitesse des inventions humaines, ni l'évolution de la conception de la place des individus n'ont bouleversé l'équilibre : on se familiarisait à son environnement en fonction de ses besoins. De plus, les savoir-faire utiles s'acquéraient en grande partie spontanément ; la plupart des modes d'emploi des objets étaient compréhensibles extérieurement : voir ou toucher, c'était comprendre ou accepter.

De la curiosité individuelle à la volonté des décideurs

Quelques curieux, plus « honnêtes » qu'il n'était socialement indispensable, voulaient en savoir plus et s'éclairaient aux lumières des cabinets de curiosités ou de la vulgarisation. Camille Flammarion met en scène, dans son introduction à ses *Étoiles et curiosités du ciel*[1], un dialogue avec l'un d'entre eux :

> – Je comprends votre enthousiasme pour l'Astronomie, pour la science universelle et éternelle. Mais [...], si nous avançons plus loin dans la science, ces passages arides seront plus fréquents, les oasis deviendront plus rares, l'exploration sera plus sérieuse, il y aura plus de chiffres et moins d'images...
> – Eh, Monsieur ! nous prenez -vous pour des enfants de six ans ? Nous faites-vous donc l'injure de croire que nous lisions vos ouvrages par fainéantise et que nous n'ayons pas à cœur de nous instruire le plus possible sur les réalités sublimes de la création, au milieu desquelles la plupart des hommes vivent comme des aveugles ! Non, non ! Nous voulons nous distinguer du troupeau commun ; nous ne perdons pas notre temps dans la lecture des romans ; nous avons soif de science, nous laissons l'ignorance et ses illusions à ceux qui s'en contentent ; nous laissons les affaires matérielles de la vie, les ambitions de fortune ou d'honneurs d'un jour à ceux que ces petites choses intéressent.

Un rythme d'innovation inassimilable par le corps social

Notre époque marque un seuil. Le rythme des découvertes utiles à connaître et des inventions courantes s'est tellement accéléré que notre enfance ou nos études ne nous permettent plus de nous y familiariser, que nous ne sommes plus en situation de les accepter naturellement. Cet état n'est d'ailleurs qu'une étape supplémentaire dans une histoire marquée successivement par l'invention de l'école, de l'instruction publique de Jules Ferry, de la promotion sociale, de l'éducation populaire et de la formation permanente.

Cette rupture d'équilibre a rendu socialement nécessaire les politiques de développement culturel scientifique. La culture scientifique doit être plus que simplement un luxe à discrétion de quelque honnête lecteur ou auteur. Les volontés individuelles du couple vulgarisateur/vulgarisé doivent être doublées – au moins dans les discours des politiques – d'une quasi-obligation de service public. Cette volonté d'institutionnalisation n'est pas nouvelle. Condorcet lui-même développait ce point de vue devant l'Assemblée en 1792 pour prôner son plan d'instruction publique qui devait répondre à quatre objectifs : « Combattre l'injustice sociale, répondre à l'évolution des connaissances, atténuer les effets négatifs du travail parcellaire, former des citoyens à part entière. »

---

1. Camille Flammarion, *Les Étoiles et les curiosités du ciel*, Paris, Marpon et Flammarion, 1882.

Que veulent les commanditaires ?

Dans nos pays développés, on a besoin de citoyens qui doivent mieux travailler, préparer leurs enfants à leur succession, plus ou mieux acheter, bien voter, se calmer et se rassurer, voire quelquefois frissonner. Cela conduit à la fois le pouvoir politique, les médias et les entreprises à devenir des commanditaires ou des prescripteurs du développement culturel. En plus des trois acteurs traditionnels de la vulgarisation (lecteur, auteur, savant), nous sommes donc face à un quatrième : il est homme politique, homme de médias, entrepreneur. Il pense que, *pour son bien, Monsieur Tout-le-monde doit être informé de l'évolution contemporaine des savoirs et des savoir-faire*. Selon sa place, cette déclaration correspond à des objectifs différents et se traduit en niveaux variables de velléité.

Un homme politique a besoin d'administrés flexibles

Au milieu des jeux d'acteurs de la politique, la place de la culture, si ce n'est de la compréhension scientifique ou technique, s'accroît. Comment faire adhérer aux choix de son conseil régional en termes d'investissement dans la recherche ou dans le développement industriel ? Il faut faire préférer le long terme de l'avenir florissant au court terme fiscal. Pour les citoyens les plus aiguisés, il faut aussi justifier de retenir tel projet de station d'épuration par rapport à tel maintien de service d'urgence dans l'hôpital intercommunal. Les hommes politiques avertis sont aussi conscients que les problèmes de l'orientation scolaire et professionnelle ont à voir avec la culture scientifique et technique. Ils aimeraient bien trouver quelque part par là des éléments de solution miracle pour résorber quelques centaines de milliers de demandeurs d'emploi par an.

Un homme de médias a besoin de faire frissonner

Certains aspects du progrès produisent de bons sujets qui, enrobés de peur, d'envie, de rêve ou de sacré, fournissent de la matière à tenir en haleine. Ainsi voit-on les médias utiliser, comme objets de fantasmes ou de provocations, des problèmes de l'éthique scientifique, voire quelquefois certaines recherches inductrices de rêves.

Un entrepreneur a besoin de faire mieux produire et plus acheter

À l'intérieur des entreprises, on a beaucoup parlé de cercles de qualité, de comités de veille ou d'actions de formation qui visent à modifier les rapports à la culture scientifique et technique. À l'extérieur, la communication avec les sous-traitants et les consommateurs délivre de plus en plus de messages complexes. Les fruits du progrès ne doivent pas faire peur ; au contraire, ils doivent séduire. Sinon, qui achètera un *airbag*, un ABS, une crème aux liposomes, un *Bi-bop* ou une plaque à induction ?

Tous d'accord, mais sur quoi ?

Le consensus entre tous ces commanditaires pour le développement du niveau culturel est à la fois réel et vague : la finalité générale est la même, mais les objectifs détaillés sont très différents. Il en résulte que les actions mises en place sont en général floues : grands équipements, programmes mobilisateurs, organisation de colloques ou de forums. En parallèle, les objectifs des programmes consensuels deviennent évidemment moins fins. Il est frappant de constater, au moins dans les pays développés, que l'ensemble de l'échiquier politique se retrouve à tenir quasiment le même discours sur la culture scientifique et technique. Il y a peu de domaines avec autant d'enjeux et aussi peu d'imagination de la part des idéologues. Cela serait sans doute différent si ces derniers se frottaient à la pratique ou si l'on pouvait mesurer les effets réels de ces politiques culturelles.

De l'ambiguïté étymologique de la vulgarisation

L'institutionnalisation de la vulgarisation donne une place moins active à ses trois acteurs traditionnels puisqu'elle est commandée voire décrétée de l'extérieur. Elle en constitue donc une version dégradée, à la forme passive en quelque sorte, d'autant plus qu'il s'agit surtout de faire accepter les conséquences du progrès et non de faire maîtriser ou comprendre. Aux acteurs de terrain de profiter de l'opportunité offerte par le vague des commanditaires pour leur donner de la chair, leur apporter des objectifs en proposant des actions concrètes aux objectifs pragmatiques.

Refuser les sous-entendus étymologiques

Il ne suffit d'ailleurs pas de se rebeller contre la passivité de la culture planifiée. Encore faut-il refuser avant les sous-entendus présents dans le terme vulgarisation. Au siècle dernier, les partisans de l'explication scientifique s'étaient déjà créés des difficultés en utilisant ce terme ambigu. L'étymologie « vulgaire » nous entraîne naturellement vers un comportement manquant de persévérance, velléitaire. Pour être efficace, il faut éviter trois tentations de facilité. L'une concerne le message, l'autre le public, la troisième les auteurs. On ne doit ni considérer la vulgarisation comme une dégradation de la science, ni considérer le destinataire comme du *vulgum pecus*, ni considérer les auteurs comme des roturiers.

• Premier risque : considérer la vulgarisation comme une dégradation de la science

Il y a une tentation dangereuse à considérer que la vulgarisation mériterait sa parenté avec le vocable « vulgaire » parce qu'elle ne présenterait pas la science « noble ». Elle en offrirait une version « dégradée », voire séductrice, à base d'anecdotes, d'approximations, d'imprécisions, d'amalgames, de fragments et autres préjugés. Sous-entendu : équations, théorèmes, corrélations, dispositifs et protocoles expérimentaux font la vraie science ; *a contrario*, la vulgarisation proposerait une science au rabais, traduite en accroche vulgaire. La similitude avec la différence de caste entre la littérature et le roman populaire est évidente.

Derrière cette prétendue vulgarité du message, se cachent deux procès d'intention. D'une part, pour être compréhensible, on éluderait le sujet central, on contournerait les difficultés et ne proposerait que des à-côtés. D'autre part, pour être intéressant on ne parlerait que des aspects racoleurs ; on exagérerait, on fabriquerait de l'actualité, du sensationnel.

Faire reconnaître l'intérêt de l'anecdotique pour aider à comprendre ou pour sensibiliser

Il ne sert à rien de nier. La science que l'on transmet dans la vulgarisation n'est pas celle des *comptes rendus de l'Académie des sciences* ou des périodiques de recherche. Cela dit, est-ce un mal ? Peut-être faut-il au contraire faire exprès de raconter la science vulgaire, l'anecdote, la marche de la science ? Peut-être faut-il au contraire se vanter de vouloir à la fois être compréhensible et intéressant.

> Ce sont les discours de vulgarisation avec leurs procédés souvent grossiers et leurs reformulations approximatives qui posent réellement l'un des problèmes clés de la diffusion des sciences : à quoi sert la recherche et quels sont les risques entraînés par les innovations technologiques ? Alors qu'ailleurs, les traditions euphémisées dans des discours réservés à une élite, ou le dogmatisme respectueux des manuels soucieux de s'en tenir à la dimension universelle et quelque peu grandiloquente de la connaissance et des savoirs oublient totalement de se poser la question des usages sociaux de la science, les revues de vulgarisation, au contraire, mettent les pieds dans le plat. À coup d'effets, qu'on juge souvent théâtraux et inutilement spectaculaires, elles formulent – et elles sont à peu près les seules à le faire – les questions que tout spécialiste doit se poser à propos de la technique et de la science[1].

1. Daniel Jacobi, « Poser les vraies questions : la vulgarisation peut y aider ; le cas des biotechnologies », *Cahiers pédagogiques*, n° 261, 1988.

Cela rejoint une interrogation fondamentale : la science ne serait-elle donc pas assez passionnante pour être le sujet de l'intrigue ?

> La question est bien de savoir pourquoi la science ne se livre pas d'elle-même, pourquoi la plupart des scientifiques, dès qu'ils s'adressent à ce qu'ils définissent comme le public, se transforment en vulgarisateurs, ou en pédagogues. Ce qui veut dire qu'ils commencent par oublier pourquoi telle propriété des gènes, des étoiles ou des noyaux atomiques les intéressent, eux et leurs collègues. Ils s'adressent alors à un public, comme si, naturellement, chaque membre de ce public était intéressé par la vérité, par ce que nous (l'homme, la science, l'état contemporain du savoir) savons des étoiles, des particules élémentaires ou des gènes. Comme très souvent l'objet n'est pas assez fascinant pour que cet intérêt désintéressé puisse être considéré comme acquis (toutes les sciences ne traitent malheureusement pas du big bang, des trous noirs ou des origines de l'homme), on en appellera aux intérêts que l'on suppose à ce public (« moi et mes gènes », « les rétro-virus et le cancer »). Ou bien encore, on lui fera honte de son manque d'intérêt en lui affirmant que les scientifiques, eux, pensent que tel problème est absolument essentiel. Il faut trahir la science, c'est-à-dire trahir ce que les scientifiques ne disent pas au « public », ce par quoi ils trahissent eux-mêmes la différence qu'ils font entre publics et collègues. Car à ses collègues un scientifique ne fera pas le coup de la vérité. Il n'attendra pas d'eux qu'ils s'intéressent à un énoncé scientifique sous le seul prétexte qu'il est vrai, il faudra lui montrer en quoi cet énoncé est intéressant, en quoi il peut les intéresser[1].

Il est regrettable de voir beaucoup d'auteurs se comporter comme si leur rôle consistait à faire avaler une pilule indigeste. Au contraire, tout le talent tient à sa capacité à construire une histoire à partir du sujet scientifique : la marche des sciences est un roman ! Comme une passion dramatique avec un être condamné par une maladie incurable, ou comme la vie insoutenablement légère d'un jeune médecin tchèque, l'aventure scientifique est un objet d'histoire et de narration en soi-même. Ainsi peut-on gagner beaucoup à inscrire cette envie, voire cette nécessité de compréhension scientifique dans l'intrigue.

• Deuxième risque : considérer les auteurs de vulgarisation comme des « roturiers »

Selon un point de vue assez communément répandu la vulgarisation serait un genre « vulgaire » parce qu'elle ne serait que rarement le fait de véritables scientifiques. Le sous-entendu est le suivant : ces derniers devraient rester dans leurs laboratoires et travailler à conduire leurs recherches, à monter leurs expériences, à tirer leurs conclusions : ces « savants » ne devraient pas se transformer en auteurs pour le grand public. La vulgarisation doit donc être en règle

1. F. Bastide, D. Guedj, B. Latour, I. Stengers, « Il faut trahir la science », *Le résistible objet des films scientifiques*, club Scientifiction, 1987.

générale confiée à des auteurs intermédiaires, assimilables à de simples traducteurs ou journalistes.

En réaction, on est tenté de se dire qu'il faut tout faire pour que les chercheurs trouvent le temps d'écrire pour le grand public puisqu'ils sont les plus aptes à le faire. Cela fait d'ailleurs partie de la définition légale de leur fonction. Paul Caro[1] insiste dans ce sens :

> Le personnage central de la vulgarisation scientifique, selon une bonne partie des sociologues, est le médiateur, troisième homme qui intervient entre le savant et le public pour transformer le langage, traduire, expliquer, métaphoriser. Cela suppose qu'il ait au moins une partie des connaissances du savant et le sens des attentes du public. Noble mission. En fait, souvent les médiateurs, journalistes scientifiques, exploitent du mieux qu'ils peuvent un créneau commercial dont l'occupation est devenue obligatoire pour une presse quotidienne ou hebdomadaire qui estime qu'elle doit s'intéresser à tout. On est beaucoup plus proche de la conception des sociologues lorsque l'on considère le cas des revues du vulgarisation, comme *Science et Vie* ou *Science et Avenir* qui ont su définir un style et s'attacher une clientèle. Mais il faut bien dire que la vulgarisation est particulièrement efficace quand elle est faite par les scientifiques eux-mêmes, racontant soit leurs propres exploits, soit ceux de leurs collègues.

Du public au savant : une chaîne symétrique

Il y a bien sûr une deuxième solution : considérer que les auteurs non scientifiques ne sont pas forcément à rejeter. On reproche d'habitude au « vulgaire » rédacteur son manque de recul par rapport au message. Intermédiaire dans une chaîne multiple, il a lu l'ouvrage d'un autre auteur, qui lui même a lu celui du professeur X. Vu comme une chaîne d'adaptations successives qui dégrade et bruite l'information, le processus de vulgarisation se caractériserait par une absence de contrôle dans l'écriture du message.

En réalité, cette chaîne est symétrique. Il faut simplement assurer au mieux la médiation entre les modèles scientifiques d'un côté et les représentations des publics de l'autre. En quoi le fait d'être plus près d'un côté que de l'autre rend-il plus efficace ? À une extrémité, on connaît mieux la dynamique de la science et les modes d'expression ; à l'autre les centres d'intérêt du public, les langages et les représentations.

---

1. Paul Caro, *La vulgarisation scientifique est-elle possible ?*, Presses universitaires de Nancy, 1990.

D'où vient la rupture de symétrie ?

Dire que l'homme de science est plus « particulièrement » efficace suppose une dissymétrie. D'où viendrait-elle ? Peut-être de la complexité de l'organisation du corpus scientifique : elle est sans doute disproportionnée par rapport au plus accessible amalgame des savoirs et des représentations dans la tête des publics destinataires.

Les effets de cette dissymétrie doivent se faire surtout sentir sur la création des métaphores que la vulgarisation utilise beaucoup. Le potentiel d'invention d'images pédagogiques originales est sans doute l'une des caractéristiques les plus intéressantes des hommes de science. Un non-scientifique aura sans doute plus de mal à en produire et devra interroger des scientifiques, pour essayer de leur en faire accoucher.

L'adaptation : une vision réductrice

Si l'on cherche dans *Le Petit Robert* la définition de la *vulgarisation scientifique ou technique*, on trouve « le fait d'adapter un ensemble de connaissances techniques, scientifiques de manière à les rendre accessibles à un lecteur non spécialiste[1] ». Cette définition de la vulgarisation vue comme une « adaptation » nous centre sur le problème de l'accessibilité intellectuelle des connaissances et de la technique didactique. En fait, elle sous-entend deux *a priori* discutables sur la nature même du corpus scientifique et du message.

Premièrement, les connaissances scientifiques existeraient, indépendamment de leur mise en forme, et leur écriture ne serait qu'un enrobage « adaptable ». Deuxièmement, l'objet serait spécifiquement les connaissances et non pas un autre aspect de la science ou des techniques. Qui peut vouloir affirmer que ce qu'il faut transmettre c'est l'état des connaissances plutôt que les démarches et les pratiques ? Image, ô combien statique, de la science, qui s'oppose à celle d'un mécanisme en marche, d'une vague qui avance et qui, de paradigme en paradigme, produit ses résultats.

Vulgarise-t-on les connaissances ?

Prenons un exemple. Les traces du Big Bang constituent un des sujets à la mode en vulgarisation. Le satellite COBE a mesuré l'infrarouge lointain émis par le fond du ciel et on aurait découvert, dixit votre quotidien ou votre journal TV favori, la preuve de la naissance de l'univers il y a quinze milliards d'années. Le message des hommes de média est le suivant *: pour percer le mystère des origines, les scientifiques ont construit une machine fantastique, le satellite COBE.*

---

1. *Le Petit Robert*, Le Robert, 1990.

Ils essayent de trouver des éléments supplémentaires en faveur d'une théorie qui est discutée depuis des décennies. On sait bien que COBE n'apportera pas le dernier mot sur ce problème de l'origine de l'univers. Certes, les résultats de COBE consolident l'hypothèse du Big Bang, émise dans les années 1930. Mais justement, depuis, on n'arrête pas, du moins au dire des scientifiques, de trouver des preuves, chaque fois définitives du Big Bang. Disons qu'on en est de plus en plus sûr. Jusqu'à quand ? Sur un tel sujet, loin de s'attaquer au problème d'adapter un ensemble de connaissances, la vulgarisation tente de faire partager au grand public une énigme que les scientifiques essaient de résoudre.

Revenons en arrière de quelques années ; beaucoup de grands sujets de vulgarisation comme la mémoire de l'eau, la découverte de la fusion froide étaient des controverses qui se sont plutôt mal terminées. Là encore, on ne peut faire coller la définition de la vulgarisation du *Petit Robert* avec le rôle tenu par les médias. Ils n'ont pas et ne devaient pas « adapter des connaissances ». Ils ont rendu et devaient rendre compte d'une controverse, expliciter des enjeux, commenter des attitudes et des points de vue.

La nécessaire fabrique de l'actualité

Ce que font – avec raison – bon nombre d'auteurs de vulgarisation, en particulier dans les périodiques, c'est de coller avec l'actualité. Et plus on essaie de faire de l'actualité avec la science, plus on fabrique de l'événement sur les questions scientifiques, moins on se retrouve en situation de devoir traduire ou adapter des connaissances pour les rendre accessibles. Se limiter à transposer ce qui serait écrit dans le soi-disant langage de la science pour le rendre accessible, force une image à la fois beaucoup plus positiviste et plus statique de la science, donnant à voir une science beaucoup plus clairvoyante et puissante qu'elle n'est en réalité.

• Troisième risque : considérer le lecteur comme du *vulgum pecus*

Autre origine de la « vulgarité » de la vulgarisation : le *vulgum pecus*, que l'on est bien vite tenté de considérer comme ne se posant pas de questions et n'ayant aucune idée sur rien. Face à cet état d'esprit, Jean-Marc Lévy-Leblond[1] pense même que cette dénomination est révélatrice d'une époque particulière et d'une vision particulière des rapports sciences-publics :

> Qui dit « vulgarisation » et analyse le contenu de ce mot aujourd'hui s'aperçoit qu'il s'agit d'un rapport social tout à fait particulier.
> Rapport unilatéral tout d'abord, entre les scientifiques d'un côté et le public de l'autre, rapport unilatéral au sens où l'un parle, le savant, l'autre écoute, le public ;

1. Jean Marc Lévy-Leblond, « La vulgarisation : mission impossible ? », *Mettre la science en culture*, ANAIS, 1983.

rapport d'inégalité totale, l'un parlant au nom de son être collectif, l'autre écoutant à titre individuel, rapport donc entre une institution organisée et des individus dispersés. Rapport inégal encore en ceci que la vulgarisation suppose implicitement une accumulation totale de savoir à un pôle, une accumulation totale d'ignorance à l'autre : celui qui sait parle à celui qui ne sait pas. En d'autres termes, la vulgarisation consiste essentiellement pour l'un, le scientifique, à répondre à des questions que l'autre, le profane, ne se pose pas. Personne ne sait quelles questions se pose « le public » ! Cela ne nous empêche pas, nous les scientifiques, de lui répondre en fonction de nos questions.

La vulgarisation doit permettre de transformer des représentations de la science et de la technique : il s'agit d'amener à avoir une vision plus étendue, plus claire d'un certain nombre de principes, à se représenter le réel d'une manière plus complète, plus approfondie. Il est évident que les seuls points d'accroche possibles sont les représentations existant dans la tête du public.

Il faut bien des briques pour construire

Parler du Big Bang, en voulant vous en faire comprendre quelque chose, nécessite d'analyser et de prendre en compte ce que le vocable Big Bang véhicule comme représentations, comme symbolique. On se trouve dans l'impossibilité de faire comprendre un paradoxe sémantique comme « le Big Bang, bien sûr, n'est pas assimilable à une explosion... ». Il en va de même avec la prétendue terminologie figurative des mathématiciens, qui génère des paradoxes permanents. Le vocabulaire de la science et ensuite celui de la vulgarisation ne peuvent éviter les faux-amis.

A contrario, on souhaiterait que vulgariser puisse se faire en partant des images induites et en aidant à les transformer en descriptions plus efficaces, plus proches des descriptions savantes, par une démarche ascendante comme celle de Platon, qui réussit en partie à faire calculer la surface d'un carré à son esclave par une forme de crypto-dogmatisme.

De la vulgarisation persévérante ?

Une fois identifiés ces trois risques, peut-on s'en libérer et produire de la bonne vulgarisation ? En théorie, la réponse est relativement simple. La vulgarisation s'analyse comme tout autre processus de communication, mais le fait qu'elle concerne des contenus scientifiques et techniques amplifie les problèmes en raison de la complexité des concepts, des techniques et des méthodes qu'ils utilisent. Les arguments d'autorité prennent une importance cruciale, et les possibilités de contrôle de la qualité du sens transmis deviennent très réduites. Dans ce type de communication, de nombreux obstacles apparaissent, trouvant leurs origines dans l'opacité des contenus à médiatiser. Le message n'est pas directement assimilable : il produit un « bruit propre », et ce pour deux raisons.

D'une part, le message se formule par l'usage de nombre de concepts intermédiaires, exprimés en général dans un vocabulaire spécialisé, qui sont autant de sources de difficultés sémantiques et de confusions. Le récepteur peut confondre une explication intermédiaire avec l'objet ultime de la communication[1]. D'autre part, l'explication s'appuie sur des schémas dont l'organisation n'est pas forcément maîtrisée par les récepteurs ou ne coïncide pas avec leurs structures mentales. C'est évidemment le cas du formalisme mathématique[2] mais aussi de tout autre type de langage ou de raisonnement trop élaboré. On en arrive à l'impossibilité pour le récepteur de prendre en compte le cheminement dans son ensemble ; de plus, ces phénomènes sont difficilement décelables par l'émetteur, même s'il a la chance d'être présent.

Des règles de navigation dans les savoirs

Pour répondre à ces difficultés et assurer la communication opératoire d'un message complexe on peut s'inspirer de règles classiques de navigation : savoir où l'on va, vouloir le conduire et être sûr qu'il veut l'être, savoir d'où l'on part et enfin proposer un chemin viabilisé.

Savoir où l'on va : il faut préciser ce que l'on pourra faire du savoir. En quelque sorte une définition fonctionnelle du message : en effet, énoncer « il *faudra lui faire savoir cela* » ne suffit pas pour pouvoir mesurer la qualité de la communication ; il est nécessaire d'ajouter « avec *ce savoir, ils devront être à même de...* ».

Vouloir le conduire et être sûr qu'il veut l'être : il faut que l'émetteur et le récepteur soient moteurs. La construction d'un sens est un processus actif qui doit être géré aussi bien du côté de l'émission que de la réception. Il en découle la nécessité d'une implication avec, autant que faire se peut, un accord sur les finalités ou sur la façon d'exprimer la qualité de la communication.

Savoir d'où l'on part : il faut construire les messages et les tactiques de communication en s'appuyant sur les représentations, les logiques, les images et le vocabulaire des récepteurs. Ceci suppose d'identifier ce qui détermine la complexité de la communication en jeu : situer les sources de bruit et leurs niveaux : concepts nouveaux, représentations, préjugés, arborescence, vocabulaires, images et analogies, car les seuls ancrages, substrats et outils utilisables sont ceux que possède le récepteur.

Proposer un chemin viabilisé : il faut construire la stratégie de communica-

1. Les chromosomes ne « sont » pas les manipulations génétiques, l'effet Doppler n'est pas le Big Bang.
2. Par exemple : « exponentiel » n'est pas « proportionnel », ou encore un abattement de 10 % suivi d'un autre de 20 % ne correspondent pas à un abattement de 30 %.

tion comme un enchaînement d'étapes raisonnables, reliées par des moyens de confirmer, d'appliquer ou de reformuler. Maintenir assez de redondance et n'introduire les éléments nouveaux que progressivement, en donnant les moyens aux récepteurs de contrôler leur progression et leur maîtrise progressive du message.

Vive le talent

Bien sûr, il ne suffit pas d'écrire avec des règles ou des recettes sémantiques ou rhétoriques : une fois « dramatisé » et « didactisé » le message scientifique a sans doute encore besoin de talent et d'enthousiasme pour passer. Il y a encore de beaux jours pour les Jules Verne et autres Camille Flammarion d'aujourd'hui.

Des autres risques induits par la planification du développement culturel

Un des moyens les plus efficaces pour donner de la persévérance à la vulgarisation consiste donc à impliquer. Et c'est là que la situation du développement culturel institutionnalisé devient délicate. Il faut inventer des opérations ou des systèmes qui permettent l'implication réelle d'acteurs qui *a priori* ne sont pas volontaires. Si l'on ne prend pas garde à ce décalage entre le commanditaire et les autres acteurs, aux trois tentations velléitaires de la vulgarisation, l'obligation culturelle institutionnalisée en ajoute une quatrième, celle des simulacres.

• Quatrième risque : créer un simulacre pour s'en satisfaire

Si seul le commanditaire est moteur, la situation peut très vite devenir stérile. Un peu comme l'enseignement obligatoire produit quelquefois des élèves qui ne rêvent que d'être ailleurs, le développement culturel décrété engendre bien d'autres tentations, plus perverses encore que celles induites par l'étymologie de la vulgarisation : beaucoup de situations tournent au simulacre.

Les lecteurs qui font semblant

Il y a bien sûr des lecteurs qui se découragent. Il y a aussi des lecteurs qui font semblant. On est alors dans le registre *j'ai pas lu, mais j'ai entendu causer.* Moyen d'affirmer son appartenance à la caste des hommes cultivés : on pose le dernier livre de X sur son bureau ou dans son salon.

« Si tu en as besoin, tu te débrouilleras bien pour comprendre... »

Face à la nécessité de motiver le lecteur, la plupart des auteurs rivalisent de trésors d'invention. Certains ne l'entendent pas ainsi. Témoin, cet extrait d'une notice d'imprimante. Il s'agit du premier chapitre intitulé « utilisation des commandes » et plus précisément du premier paragraphe « conseils ». Il débute ainsi : « Si à la lecture de ce chapitre, il vous semble ne rien comprendre du sujet traité, nous vous suggérons ce qui suit : d'abord continuez la lecture... »

« Et si je faisais semblant de t'expliquer ? Tu ferais semblant de comprendre ? »

Au lieu de vouloir faire vraiment passer un message, on peut se dire que ce qui compte c'est que l'on en parle. Dans certaines émissions de TV, on agrémente le discours oral avec des « images de science » au kilomètre : on n'a pas trouvé de vraies images d'illustration. Quelquefois même l'auteur, le scénariste ou le metteur en scène font tout pour vous faire savoir que ce côté scientifique est là uniquement pour le décor.

De tels simulacres ne sont pas très courants dans les textes écrits. Par contre, ils sont plus fréquents dans des expositions, des émissions télévisées en direct, dans une conférence orale ou dans un article de quotidien. Il arrive qu'on sente l'auteur abandonnant au fur et à mesure de son explication tout espoir d'être compris. On retrouvera tout de même la chute prévue, grâce à un viaduc par-dessus les obstacles.

Et voilà pourquoi votre fille est muette, l'argument d'autorité faisant le reste. Quelques expositions scientifiques sont de frappantes illustrations de ce simulacre. Questions corollaires à se poser : leurs auteurs en sont-ils conscients ? Et le public ?

Des moyens de rendre actif dans la culture planifiée

Comment se libérer de ces risques de simulacre engendrés par la situation décrétée ? Il ne suffit par d'avoir un objectif clair, encore faut-il qu'il puisse devenir consensuel entre commanditaire, auteur et lecteur.

Les méthodes « naturelles » rendent moteurs l'auteur et le public en leur disant la vérité. Elles consistent à traiter d'une question réelle par laquelle et l'auteur et le lecteur sont vraiment concernés. Ainsi fonctionnent aussi bien les dossiers de *50 millions de consommateurs*, que la *cité des métiers* dans la Cité des sciences et de l'industrie : les questions de choix avant l'achat ou de vie professionnelle motivent naturellement les usagers ; personne n'a besoin de les prendre par la main.

Proche de cette approche naturelle, se situe l'implication par la dramatisation. On ne cherche pas à vous impliquer artificiellement. Par un traitement fictionnel, l'actualité, le suspens ou la reconstitution historique, le sujet scientifique lui-même peut être impliquant : *Les Palmes de Mr Schultz*, sur la vie de Marie Curie, *The Real Stuff*, sur les débuts de l'Astronautique et peut-être même *Le Grand Bleu* fonctionnent sur ce registre. Ne pas avoir peur de mettre en valeur la dramatisation intrinsèque à la science ou à la technique, celle-ci peut être suffisante pour impliquer le lecteur.

La surprise, le suspens fournissent d'autres moyens d'implication. Ces méthodes fonctionnent à partir de l'étonnement dû à la présence de l'insolite dans un lieu familier (l'astronomie dans le métro parisien en 1985 lors de l'opération *Le métro à ciel ouvert*) ou par la capacité à captiver par des variétés à forte adhésion (émissions comme *Les nuits des étoiles* sur France 2) ; le mécanisme a quelque chose à voir avec *je veux comprendre pourquoi c'est là,* ou *je veux voir où cela va.* Cette deuxième famille de méthodes est bien sûr à prendre avec précaution. C'est un coup de bluff, et le spectre du simulacre n'est pas loin. Mais il n'y a pas de raison que ce qui marche pour les variétés classiques (*compilations*, *best of* et autres *florilèges*) ne marche pas pour d'autres domaines.

Mais attention ! Ne perdons pas de vue qu'on ne peut forcer à s'intéresser. Le racolage ne sert pas dans ce domaine. Il ne s'agit pas de réussir le tour de force de contraindre le public à recevoir de la science. Il s'agit de communiquer un message que nous pensons intéressant à un public qui le pense aussi intéressant. L'idéal est sans doute de combiner une adhésion globale, par la dramatisation, avec une adhésion locale, par le talent d'écriture soutenu par la nouveauté et la surprise. C'est d'ailleurs cette recette qui fait marcher les bons romans policiers.

De l'harmonisation des savoirs

Comment ces actions pour impliquer le public modifient-elles les représentations créées par les autres sources d'information ? Quels moyens, quels repères peut-on donner pour que ces apports s'harmonisent au mieux avec les autres informations ou messages qui proviennent de l'école, de la formation professionnelle ou des diverses situations d'apprentissages, formelles ou non ?

Inévitable schizophrénie

En théorie, il suffirait de prendre garde à utiliser le même vocabulaire, voire le même langage et à prendre la même structure de classification des savoirs. Or, c'est loin d'être le cas : une inévitable schizophrénie se développe dans nos têtes quand on voit se succéder les sources qui nous alimentent en fragments de descriptions différentes de la réalité. Loin d'être complémentaires, les images qui résultent de la juxtaposition des différents programmes scolaires, des séquences d'émissions de télévision, de ce que l'on peut savoir en démontant tel ou tel objet technique ne s'ajustent pas et même souvent se contredisent. Et cela est d'autant plus dérangeant que nos cerveaux s'épuisent en permanence à produire un sens cohérent.

Pourquoi est-ce ainsi ? Parce que les deux références dont nous avons besoin pour ce faire n'existent pas : d'une part, il n'y a pas d'organisation unique des savoirs ; d'autre part, il n'y a ni langage, ni vocabulaire scientifique universel.

L'enseignement scientifique par exemple est composé d'ensembles qui utilisent des langages différents, apportés par des intervenants indépendants faisant référence à des organisations des savoirs contradictoires entre elles. De plus, les objets techniques et le réel nous sollicitent sur un registre totalement pragmatique. Les élèves cherchent vainement les liens entre les différents cours, les avis de leurs parents, les savoir-faire mobilisés par l'entretien de leur motocyclette[1] et les bribes qui leur viennent de la presse. Tout irait sans doute mieux si l'on encourageait les pratiques expérimentales des jeunes, si l'on faisait le lien entre savoir-faire technique et sciences, en bref si l'on assumait de prendre en compte les enjeux de la culture scientifique et technique avant 10 ans, plutôt que de les découvrir après 15 ans, quand il est bien trop tard.

Ah, qu'ils sont rares les enseignants ou les éducateurs qui osent faire savoir aux élèves que la science peut se pratiquer, que des clubs scientifiques existent ou se créent. Qu'ils sont peu nombreux les relais qui font la promotion des PAE et des expo-sciences où les jeunes peuvent présenter leurs travaux ! Et, par différence, combien est lourde la responsabilité de tous les autres.

• Premier piège : le dédale de l'organisation des connaissances

Un des points clés de la culture scientifique et technique est donc l'articulation des différents champs de savoir. Francis Halbwachs décrit l'enseignement comme un carrefour de quatre familles de logiques : celle du corpus, celle du maître, celle de l'élève et celle de la mise en œuvre, de l'usage. Dans le même esprit, toute organisation des sources d'information résulte finalement d'une succession de choix de logiques. Des logiques de conservation (proches de celles du corpus) ou des logiques d'enseignement universitaire (proches de celles du maître) l'emportent souvent sur celles des lecteurs ou de leurs besoins. Cela nous renvoie à une vision descendante de la médiation, où celui qui sait remplirait la tête vide de celui qui ne sait pas, faisant fi de toute représentation ou structuration préalable.

---

1. Voir à ce sujet le *Traité du zen et de l'entretien des motocyclettes*, de Robert M. Piersig, Le Seuil, 1984.

Les différences de logiques de ceux qui cherchent

Au premier abord, quand on parle de culture, on est tenté de se centrer sur les logiques de celui qui cherche à savoir. Pas si simple, car il y a de multiples façons de chercher et les critères de structuration des savoirs dépendent bien sûr des types d'usage que l'on prévoit. Trois exemples :

– *L'élève*

La nécessaire chronologie d'une bonne pédagogie oblige à un ordonnancement des savoirs, pour faire que l'on apprenne bien dans le « bon ordre » ; de plus ce « bon ordre » dépendra des pédagogies, selon que l'on met en avant la motivation de celui qui apprend, c'est-à-dire le but final ou le respect de la « croissance harmonieuse » des conceptions, c'est-à-dire la possibilité de s'approprier à tout instant ce qu'il reçoit. On est proche de la logique du maître voire du corpus d'Halbwachs.

– *L'autodidacte*

Les envies ou volontés de l'autodidacte, mû par un cocktail de curiosité et d'utilitarisme, imposent des points d'accroche séduisants et immédiatement opératoires. « Je l'ai vu à la télé, je veux en savoir plus... » Nous sortons là du champ de la communication finalisée pour entrer dans une communication plus culturelle.

– *L'utilisateur « professionnel »*

Le besoin de l'utilisateur qui cherche à retrouver procède d'une logique bien différente et produit des *Handbooks* sans rapport avec des livres scolaires ou universitaires. On est alors dans une logique proche de la mise en œuvre.

La table des matières des ouvrages encyclopédiques des sciences et des techniques ne peut donc prétendre être universelle et n'est donc certainement ni linéaire, ni univoque : il n'y a qu'à comparer l'organisation des salles de la Cité des sciences et de l'industrie, du Palais de la Découverte, les classifications des bibliothèques et les programmes scolaires de différents pays, sans parler des rubricages des revues de vulgarisation ; on y retrouve des hybrides de ces différents besoins d'usage.

Cette difficulté n'est pas nouvelle. Dans son *Discours sur l'esprit positif* et dans son *Cours de philosophie positive*, Auguste Comte affirme la nécessité de « produire l'entière vulgarisation des connaissances ».

Il préconise de lutter contre la parcellisation des savoirs et la séparation des disciplines par la création de la spécialité des « généralités » gérée par une classe différente de savants : « Le véritable moyen d'arrêter l'influence délétère dont l'avenir intellectuel semble menacé, par suite d'une trop grande spécialisation des recherches individuelles, ne saurait être évidemment de revenir à cette antique confusion des travaux ; [...] Une classe distincte, incessamment contrôlée par les autres, ayant pour fonction propre et permanente de lier chaque nouvelle découverte particulière au système général, on n'aura plus à craindre qu'une trop grande attention donnée aux détails empêche jamais d'apercevoir l'ensemble ».

Malheureusement, une telle solution ne résout pas la difficulté : elle la met simplement en évidence. On ne peut prétendre régler le problème de l'intrication et des ramifications de la forêt des savoirs en sciant les troncs des branches pour en faire un tas de bois coupé.

Les différences de logiques de représentation du corpus

Bien sûr les différences de logiques de classement n'existent pas seulement en fonction de ceux qui veulent se cultiver ou s'informer. De l'autre côté du carrefour de la médiation, se pose aussi le problème des représentations possibles des éléments du corpus scientifique ou technique pour les chercheurs eux-mêmes. Thésards à cheval entre plusieurs disciplines, financements impossibles pour des recherches frontières, situations d'incommunicabilité des messages hybrides sont légions.

Selon l'époque, selon son école ou selon son regard sur les sciences et les techniques, on structure les savoirs différemment. On peut organiser par fonction (méthodes, techniques, observations), par objet d'étude (astronomie, géologie, zoologie, électronique, physique des solides) ou en fonction d'autres critères plus discutables (territoires, jeux de pouvoirs et d'influence). Des pans entiers de savoirs et de savoir-faire, comme les mathématiques par exemple, sont alternativement reconnus comme ayant leur personnalité propre ou au contraire comme n'étant que des avatars opératoires d'autres domaines de savoir. Inversement, des personnalités ont réalisé des fractures peu réductibles (entre la cristallographie et la physique du solide, entre la biologie et la médecine, sans parler de la physico-chimie et de la chimie-physique). L'organisation des contenus en chapitres puis en disciplines résulte de choix idéologiques. La terminologie employée en est bien révélatrice : sciences pures, sciences dures, sciences exactes, sciences naturelles.

Les déboires de ceux qui au cours des âges ont tenté de créer une encyclopédie raisonnée ou une classification opératoire des sciences et des techniques témoignent bien des difficultés chroniques engendrées par ces choix. On s'est progressivement dégagé d'une quête pour trouver une logique « humaine » dans l'organisation des savoirs : l'époque où Bacon découpait les savoirs en *mémoire* qui produit l'histoire, *imagination* qui produit la poésie et les arts, et *raison* qui produit la philosophie et la science est en partie révolue. Aujourd'hui, nous sommes face à la reconstruction permanente du réseau des sciences et on observe plusieurs phénomènes dynamiques.

De nouveaux secteurs prennent leur autonomie à l'intérieur des disciplines traditionnelles par croissance naturelle de l'arborescence (l'astronomie qui se fragmente en mécanique céleste plus planétologie plus astrophysique) ; on constate aussi l'apparition de nouvelles disciplines (comme l'informatique) et la « scientifisation » progressive de domaines (les sciences humaines, la linguistique). Sans compter qu'il n'y a pas de véritable consensus sur les limites de la science. Tout au plus a-t-on, grâce à Karl Popper, une définition relativement opératoire des sciences expérimentales.

On observe aussi des hybridations et des fusions de domaines, c'est-à-dire une recomposition de l'arborescence (la thermodynamique...) par rapprochement méthodologique ; on entrevoit d'ailleurs que les années qui viennent seront prolifiques dans cette direction des sciences des méthodes.

Avec quel outil de discrimination ?

Et la question de savoir où doit prendre racine la segmentation n'est pas clarifiée. Est-ce dans une analyse historique, quasiment étymologique (qui rattache par exemple la thermodynamique à la physique), dans une idéologie ou une morale (qui s'attache à séparer les sciences exactes ou pures des autres) ou dans une analyse opératoire (qui partirait du pré-supposé de favoriser tel ou tel usage ou usager des savoirs) ? Faute de réponse satisfaisante, les structures de nos disciplines scolaires, de nos chapitres d'encyclopédies ou de nos cotes de bibliothèques sont à la fois différentes et artificielles. Nous sommes loin de pouvoir les unifier et encore plus de pouvoir les déclarer universelles. Nous sommes loin aussi de pouvoir justifier des finalités ou des idéologies qui prônent tel ou tel critère de discrimination.

Avec quel niveau de finesse ?

La nature fractale de la recherche de l'information n'échappe à personne : du guide des guides à l'index de la bibliothèque et à l'index de l'ouvrage, les outils se complètent en se ramifiant selon la même structure, indépendante de l'échelle.

Le croisement de la logique de l'usager avec celle du corpus peut s'effectuer à plusieurs niveaux : au niveau de la discipline (le rayon ou la salle d'astronomie), de l'ouvrage (un guide des nébuleuses visibles), du mot (la nébuleuse du Crabe). Avec quelle finesse faut-il entrer ? Ce choix ne témoigne-t-il pas d'ailleurs d'une représentation du savoir et de sa structuration ? Un dictionnaire n'est pas un manuel de grammaire, ni une œuvre littéraire. Plus le niveau de finesse est élevé, c'est-à-dire plus on va vers un utopique atome d'information, plus on pousse l'usager à une construction additive ou cumulative du savoir ; d'où une pertinence meilleure pour le factuel et moins bonne pour les méthodes et les paradigmes. Dans cet esprit, avec un souci volontariste d'aider les usagers à progresser, la question est donc comment aider à développer un regard plus macroscopique.

De l'accès linéaire au multidimensionnel

Nous venons de traiter des classifications des savoirs scientifiques sous deux angles : classer pour aider celui qui veut en savoir plus, puis classer pour organiser le travail des scientifiques.

Ranger pour mettre en rayonnage, ficher ou indexer pour faire accéder sont deux actions différentes. Les rayonnages seront encore longtemps linéaires, mais l'accès à l'information ne l'est plus. Les outils de l'informatique moderne et des langages documentaires peuvent nous aider à chercher plus finement et à trouver de manière plus performante, par des facettes, par des thésaurus multidimensionnels par exemple. Dans cet objectif de recherche, la classification des savoirs n'a plus besoin de se limiter à une arborescence.

Classification du réel et classification des savoirs

Mais cela ne résout pas le problème de l'organisation des savoirs. Il n'est pas seulement celui d'accéder à l'information, mais bien d'en écrire et d'en comprendre les logiques. Ce problème de logique et de classement est d'ailleurs rendu d'autant plus crucial que l'activité classificatoire a été une des clés du travail scientifique, en particulier au siècle dernier.

En réalité, les classifications en science recouvrent deux fonctions totalement distinctes. Il y a, d'une part, la fonction classificatoire de la science, qui a besoin de nommer et de stéréotyper ce qu'elle manipule pour modéliser le réel et le décrire (au sens de Linné ou de Jussieu). Il y a, d'autre part, un besoin utilitaire (pour le bibliothécaire, le savant ou l'apprenant) de fragmenter l'ensemble des savoirs en unités pour les ranger ou y accéder.

L'homonymie de ces deux fonctions fait souvent que les classifications utilitaires des sciences se parent de la scientificité des classifications du réel. Il s'agit pourtant d'opérations dont les objectifs et les subjectivités sont très différents.

- Deuxième piège : la langue véhiculaire de la science

Si il y avait une langue des sciences tout serait plus simple. Notre définition « adaptation » extraite du *Petit Robert* laissait entendre qu'il est facile de faire de la vulgarisation : il suffirait de prendre la connaissance scientifique telle qu'elle est écrite, comme on prendrait un texte en langue étrangère pour le traduire ; cela dit, même s'il en allait ainsi, la traduction ne serait pas plus aisée que celle d'un roman ou d'un poème. Elle se rapprocherait plus de celle d'une pièce de théâtre voire d'un opéra où le livret n'est qu'une des contributions à l'œuvre.

Il se trouve que, de plus, il n'y a pas de langue de la science et encore moins de langue unique. La production scientifique ne s'écrit pas de manière univoque, elle est encore plus fuyante que le livret de l'opéra ; pour poursuivre l'analogie, disons plutôt que la science produit des sujets ou des thématiques pour l'opéra.

Le double langage de l'astronomie

L'astronomie, non enseignée à l'école en France, se rattache donc à plusieurs disciplines scolaires. Un astronome est soit un mathématicien, soit un physicien et ne peut être les deux à la fois que très exceptionnellement. L'astronome mathématicien, spécialiste « mécanique céleste », c'est-à-dire de trajectoire des astres, parle de coniques, d'avance au périhélie et de perturbations. L'astronome physicien vit lui dans la thermodynamique de l'astrophysique. S'il s'agit de déterminer une équation de trajectoire de comète, le voilà à sucer son crayon un bout de temps avant de voir comment on fait ; inversement, le mathématicien confronté à décrire le rayonnement d'un gaz de bosons prend profondément sa respiration avant d'ouvrir un traité de thermodynamique statistique.

Il n'y a pas un langage unitaire de l'astronomie. On retrouve derrière cette fracture la faille qui prend son origine dans les rapports ambigus que nourrissent mathématique et physique dans leurs façons de décrire le réel. Ces rapports au lieu d'être clarifiés par la structure actuelle de l'enseignement sont au contraire plus encore clivés.

L'ambiguïté onde-corpuscule

Encore aujourd'hui subsistent deux modèles complémentaires mais différents de la lumière : c'est à la fois une onde, décrite par l'arsenal mathématique des équations de Maxwell et un ensemble de corpuscules, les photons, décrits comme des grains par la physique corpusculaire. Les deux faces *onde* et *corpuscule* permettent de décrire une partie de la réalité. Mais elles cohabitent avec beaucoup de difficulté malgré les efforts de la mécanique quantique. Il en résulte aussi que les vulgarisateurs peuvent utiliser l'un ou l'autre de ces deux langages pour parler de la lumière. Il ne s'agit plus là d'un clivage artificiel, mais bien d'une limite de nos paradigmes.

On pourrait multiplier les exemples. Face à ces multiples langages, il n'est pas facile pour le public d'harmoniser les diverses informations qu'il reçoit et de faire le lien entre deux spécialistes qu'il va voir dans deux émissions TV qu'il croit naïvement devoir être complémentaires.

Vers une définition en forme de « profession de foi »

Pour réagir contre ce risque de culture en archipel, il faut doublement souhaiter l'implication des publics. Nous avons insisté plus haut sur la nécessité de l'implication pour donner envie d'en savoir plus, par la dramatisation par exemple. Qui pourrait encore croire à un développement culturel qui ne serait pas désiré ?

L'implication est également indispensable pour que les bénéficiaires contrôlent eux-mêmes la construction de leurs savoirs. Il faut en revenir au concept de l'autodidacte. Non pas d'ailleurs pour l'opposer à l'étudiant studieux, mais pour affirmer la volonté que tout apprenant doit être le pilote de ses progrès. Et dans ce cas, aux côtés de l'apprenant lui-même, il y a deux places de choix et deux responsabilités majeures à gérer. Elles reviennent l'une à ceux qui devraient leur donner raison de se poser des questions (à savoir les médias et les enseignants, sous réserve qu'il ne soit pas déjà trop tard) et l'autre à ceux qui mettent à disposition des outils pour répondre (à savoir les bibliothécaires).

Face à un public ballotté entre des classifications et des langages incohérents, poussé par des commanditaires peu précis dans leurs prescriptions, les médiateurs se retrouvent dans la situation délicate d'éléphants dans des hypermarchés de porcelaine. La priorité doit être de produire du sens constructif, c'est-à-dire de permettre au public de relier les divers éléments de l'archipel science auxquels il a accès.

Les lieux d'éducation informelle comme les bibliothèques doivent impérativement se fixer d'être complémentaires de l'enseignement et de la confrontation avec le réel ou les médias. Ils s'agit d'aider à produire du sens, à savoir créer des ponts et non pas accumuler d'énièmes fragments indépendants de savoir qui ne feraient que rendre encore plus confus et parcellisés nos pauvres cerveaux.

Nous avons cité plus haut la définition de la vulgarisation selon *Le Petit Robert*. À la lumière de ce qui vient d'être dit, apparaît son défaut majeur : elle caractérise la vulgarisation par l'énoncé d'un moyen et non pas par une finalité ; de plus, elle sous-entend un objectif cumulatif. Si l'on veut aller plus loin, on peut militer *a contrario* pour une définition en forme de profession de foi : *développer la culture scientifique ou technique, c'est mettre en place des actions favorisant les pratiques autodidactes.*

Quitter l'obligation de moyens pour l'obligation de résultats : voilà sans doute la meilleure méthode pour avancer. On pourra alors faire sortir prudemment les pachydermes des hypermarchés, multiplier les magasins de quartier bien approvisionnés et ouvrir toutes grandes les portes à des clients impatients d'acheter à bon escient les porcelaines qu'ils auront désirées.

Olivier LAS VERGNAS

Centres de culture scientifique, technique et industrielle et bibliothèques

Les sciences et les techniques sont de plus en plus présentes dans notre vie : elles bouleversent nos habitudes, modifient notre quotidien. Pour comprendre les évolutions actuelles, penser les mutations que nous vivons, retrouver un rapport personnel au monde, il nous faut rendre leur épaisseur aux sciences, susciter à leur sujet intérêt et questionnements, éveiller le plaisir de découvrir, compléter l'enseignement scientifique en le faisant sortir de son cadre disciplinaire, lui rendre le statut de pensée vivante, le mettre en relation – ou en confrontation – avec la philosophie, les lettres, les arts, l'industrie et la production... prendre du champ : celui de la culture, la culture qui permet aux citoyens que nous sommes de discuter les applications et les implications des découvertes scientifiques dans la société, de décider pour quels buts, à quelles fins nous choisissons de développer ou non telle ou telle « nouvelle technologie ».

Il est temps de nous ressaisir, d'éviter de laisser notre civilisation se centrer sur les objets et leurs utilisations, de continuer à privilégier l'Homme, ses projets, ses désirs, les outils qu'il choisit de se donner pour favoriser son épanouissement.

En cette fin du XXe siècle, plus que jamais, les sciences et les techniques doivent prendre leur place – toute leur place, mais rien que leur place – dans l'humanisme de notre temps.

C'est à cette fin que se consacrent les Centres de culture scientifique, technique et industrielle (CCSTI) lorsqu'ils créent des expositions qui croisent les approches, mettent en scène et en correspondance, éveillent la curiosité et le désir de comprendre.

C'est à cette fin qu'ils œuvrent lorsqu'ils amènent les jeunes à découvrir ce qui se vit, ce qui se crée dans les laboratoires et les industries d'une région – réalisations et productions qui induisent ces modifications des façons de vivre et d'exister que nous connaissons.

C'est à cette fin qu'ils créent parfois des clubs pour que tous découvrent que la science et les techniques sont essais, erreurs, tâtonnements, constructions.

C'est à cette fin que certains ouvrent des « salles d'actualité », lieux où l'information scientifique prend son sens, où les débats économiques, culturels, éthiques sont permis.

C'est à cette fin qu'ils offrent, dans quelques cas, des centres de documentation multimédia, lieux où des dossiers sont constitués, ouvertes des perspectives, publiés guides et catalogues, mises en rapport les structures différentes...

Tous les CCSTI sont différents, tous dépendent des équipes qui les animent, des collectivités qui les soutiennent : leurs actions peuvent se réduire à l'un ou l'autre des aspects qui viennent d'être évoqués, mais peuvent-ils oublier cet élan qui a amené leur création ? ces buts à eux fixés ? ces fins pour lesquelles ils travaillent ?

Élans, buts, fins qui sont ceux aussi des bibliothèques – municipales ou universitaires –, des centres de documentation et d'information (CDI) des établissements scolaires ou des comités d'entreprises..., structures elles aussi toutes différentes entre elles, selon le dynamisme des personnes qui les animent, les moyens dont ils disposent, la conviction des collectivités qui les soutiennent. Dans ces lieux, la place des sciences et des techniques est encore trop faible : livres et revues de ce domaine scientifique et technique ne représentent, en moyenne nationale, que 7 % du fonds adulte, tous établissements confondus... La proportion est bien plus faible dans bien des cas : peur devant un secteur inconnu, intériorisation d'une supposée « non compétence », autres domaines jugés plus importants ? Il faudrait se pencher sur ce problème, alors que la demande du public est importante, que l'attrait vers les questions de santé, de vie, d'origine, de place dans l'univers, d'utilisation des nouveaux outils est patent.

Pourtant, après une longue période de stagnation, malgré l'importance des ouvrages scientifiques trop descriptifs ou disciplinaires, le taux élevé des mauvaises traductions, l'abus des illustrations qui fractionnent et dispersent, l'édition française – c'est sa caractéristique – s'ouvre sur les problématiques de l'évolution des sociétés actuelles. Les bibliothèques et les centres de documentation développent l'accueil et les animations, utilisent des outils comme expositions, valises-exploration, classes découverte, offrent des documentations pour aller plus loin, pour aller ailleurs...

Ils s'ouvrent aussi au multimédia, à la vidéo – dont la production de qualité progresse – aux logiciels interactifs et autres supports nouveaux. Cependant, le noyau de toute notre culture reste le livre, le livre qui, par l'approche diverse, plurielle, personnelle, ouverte qu'il permet, reste et restera longtemps encore le meilleur outil de mise en culture qui nous est offert. Il permet la réflexion, donne le temps, autorise les errances, les retours en arrière, les mises en rapport. À quoi servent les opérations de « mise en appétit », d'éveil de l'intelligence s'ils ne débouchent sur le livre et la lecture ?

Des Centres de culture scientifique et technique d'une part, des bibliothèques et centres de documentation de l'autre : il n'est pas vain de nous interroger sur leurs rapports réciproques, sur les tentatives effectuées pour mettre en dynamisme les actions d'incitation qu'ils mènent, de tenter une typologie des relations qu'ils nouent, sans rechercher l'exhaustivité, en relevant simplement des actions qui nous paraissent exemplaires.

Les bibliothèques comme démultiplicateurs des actions des Centres de culture scientifique, technique et industrielle *

Bibliothèques ou centres de documentation accueillent les outils créés par les Centres de culture scientifique : « Centre sciences » à Orléans y fait circuler « Horizons mathématiques », « Biopop » et « Le Chaos » ; les mallettes itinérantes de « Devenir » à Poitiers sillonnent la Vienne ; « Espace Écureuil » de l'ABRET* est accueilli par les bibliothèques de Bretagne ; les expositions « Cerveau », « Inventorium » circulent à Thionville ; « Astronomie » et « l'Alsace des physiciens » permettent de tisser des liens entre CESTIM* et bibliothèques municipales à Mulhouse ; la maison de l'Innovation à Clermont-Ferrand est relayée par les librairies qui organisent coins-lecture et dépôts-ventes.

À Brest, la bibliothèque, dans le cadre annuel du « Mois de la science » abrite une exposcience, présente son fonds ancien du XIXe siècle, organise des conférences et des débats sur l'astronomie, met en évidence son patrimoine écrit, de Copernic à Flammarion...

Un peu partout en France les bibliothèques municipales, bibliothèques universitaires et CDI sont les relais de l'opération « Science en fête », qui conduit à Orléans à la publication d'un journal réalisé en commun par « Centre science » et AGIR (Agence interprofessionnelle régionale pour le livre et les médias), ailleurs à une belle contribution sur l'aspect symbolique de la lumière.

Dans tous ces cas, à l'occasion de ces manifestations, les bibliothèques mettent en valeur leurs fonds, aménagent des coins-vidéo, animent des espaces-enfants, préparent et diffusent bibliographies, filmographies, vidéographies : l'événement est là pour permettre ce travail de terrain, pour structurer, exploiter les richesses – bien que des problèmes de personnel disponible, de recrutement, de formation puissent souvent se poser.

Insistons : bibliothèques et CDI peuvent être les lieux forts de la diffusion, de la démultiplication ; par le public qu'ils touchent, par le métier surtout de celles et de ceux qui font profession de documentation, ils deviennent des lieux ressources. Cœurs des établissements, lieux où se rencontrent les enseignants des disciplines, les CDI deviennent dans leurs structures pôles de conférences, centres d'animation pour la mise en culture des sciences et des techniques.

* Voir en fin d'article la liste des CCSTI et la signification des sigles utilisés.

Les CCSTI comme appuis d'une politique sur le livre

Mais les Centres de culture scientifique et technique peuvent aussi, à la demande des bibliothèques, devenir centres de ressources et médiateurs.

En Seine-Saint-Denis, la Fondation 93 organise des « cafés-croissants », la bibliothèque de Bagnolet des « cartes blanches » qui réunissent sur un même thème un écrivain, un scientifique, un artiste : ceux-ci débattent devant bibliothécaires et documentalistes, qui s'informent, se forment, enrichissent leurs perspectives, discutent des livres, de leurs ciblages, de leurs niveaux, des problématiques qu'ils développent.

Dans le Nord-Pas-de-Calais, ALIAS* organise des conférences-débats, des formations, où sont présentées les politiques éditoriales, les collections, fournit des pistes, des bibliographies, des dossiers documentaires utilisés par bibliothèques et CDI. Quelques autres CCSTI – ceux qui disposent d'une documentation – assument aussi ce service, de même qu'ils participent aux grandes opérations nationales que mènent les professionnels du livre :

– « La Fureur de lire », en ouvrant les portes de leurs centres de documentation, en montant des stands dans les villes, en participant aux animations.

– « La Presse à l'école », en fournissant documents, contacts, en guidant et orientant les jeunes.

– « La Semaine des sciences », en fournissant, comme en Bretagne, des bibliographies et des ressources.

Enfin, les CCSTI (Marseille, Poitiers, Nord-Pas-de-Calais, Orléans...) organisent de nombreuses formations, avec les missions lecture, les MAFPEN, les associations spécialisées. Il s'agit de présenter les livres pour enfants ou adultes, de former à la vulgarisation, de décrire les animations qui ont été menées pour les mettre en valeur, de réactiver l'esprit critique sur les textes, l'iconographie, les légendes, les maquettes, l'orientation des contenus, les ciblages... toutes appréciations dont sont coutumiers les professionnels du livre, tout en se taisant bien vite dès qu'il s'agit du livre scientifique ou technique. Des thèmes de ces formations ? « la vulgarisation scientifique » ; « la science-fiction » ; « du livre au faire » ; « comment choisir une exposition » ; « l'analyse de la production éditoriale pour jeunes »...

Un travail mené parfois en commun

Considérer les bibliothèques comme relais des CCSTI ou les CCSTI comme points d'appui sur le livre serait, somme toute, assez pauvre. Peu à peu, avec le temps et l'habitude, se mettent en place des politiques communes.

À Grenoble, l'exposition « Vision des couleurs » est le prétexte, l'occasion d'une belle et riche collaboration entre le CCST et la bibliothèque de la ville qui publie bibliographie, vidéographie, tient animations et conférences, croise les approches avec les arts.

À Marseille, un comité de lecture, qui regroupe une dizaine de bibliothécaires, documentalistes et scientifiques, procède à une sélection de livres sur des thèmes variés : l'eau douce, la physique, les nouveautés éditoriales... effectue des compilations, constitue des fonds critiques, rédige tous les trimestres des analyses.

D'autres CCSTI, d'autres bibliothèques mettent en place des fonds conjoints. Certes, on ne peut qualifier de ce terme l'exemple de Poitiers, où une partie du Centre est occupé provisoirement par la bibliothèque mais où ne semblent pas se tisser des liens organiques, pas plus que l'on ne peut citer à coup sûr l'exemple de Rennes : le CCSTI et la bibliothèque y partagent de mêmes locaux mais les heures d'ouverture ne sont pas identiques, les zones de chacun sont bien délimitées, le travail commun ne paraît pas s'initier de façon évidente (côté CCSTI on souligne la réalisation de bibliographies et d'expositions sur les livres en rapport avec les thèmes développés, côté bibliothèque on est plus prudent sur la description de ces exemples, et l'on souligne que le Centre est un lieu ouvert et d'animation, tandis que le travail en bibliothèque exige une atmosphère plus silencieuse).

Ces restrictions mises à part, force est de constater que le CCST de Poitiers exploite les richesses documentaires du CRDP, utilise les fiches Memolog (fiches bibliographiques informatisées), établit des conventions sur des thèmes d'actualité (la terre, l'eau), et que des contacts entre CRDP/BM/CCST/ludothèques/CDI aboutissent à la circulation et au prêt gratuit de mallettes comprenant livres, vidéos, diapositives, jeux, et ceci à deux niveaux : le primaire et les collèges.

À Thionville, après un relatif échec d'une coédition avec la bibliothèque de Sarreguemines, la collaboration entre BM et CCSTI s'est développée par la mise au point de l'Inventorium, tandis que le projet de contrat de plan prévoit la création d'une cellule d'information scientifique en partenariat avec l'Institut national de l'information scientifique et technique (INIST), ainsi que la constitution d'un fonds itinérant.

Le CESTIM, à Mulhouse, et la bibliothèque municipale organisent animations, salon du livre, débats, comité du livre scientifique pour jeunes.

Enfin, Chambéry est porteur d'un projet prometteur : prochainement doit s'ouvrir un bâtiment qui sera à la fois lieu d'expositions, espace de jeunesse, centre de culture scientifique et médiathèque sur le thème de « la montagne » ; l'ouverture de ce lieu marquera l'aboutissement d'une volonté politique commune se développant depuis plusieurs années déjà.

Le cas spécifique de « Livre ta science »

Dans ces collaborations entre Centres de culture scientifique et technique, bibliothèques et centres de documentation, une place particulière doit être faite à l'opération « Livre ta science » que mène ALIAS dans le Nord-Pas-de-Calais.

Dès 1989, après de nombreux stages effectués avec le CRDP, la MAFPEN, la mission lecture, les formations de documentalistes à l'université, ALIAS constatait que les documentalistes et bibliothécaires n'osent exercer leur esprit critique sur les livres scientifiques et techniques : leurs interrogations, leurs avis, leurs appréciations sont éteints par la seule question « ces livres sont-ils justes ? » et ses corollaires « comment puis-je juger, moi qui ne suis pas scientifique ? », « ne vais-je pas mettre entre les mains des jeunes, des abonnés, des livres faux ? ».

Devant ce blocage, ALIAS décidait de réunir autour d'elle un collectif comprenant des bibliothécaires, des documentalistes, la médiathèque départementale du Nord...

Voulant rétablir l'esprit critique, permettre que se développent les fonds des bibliothèques, particulièrement pauvres, promouvoir le livre scientifique et technique, le collectif décidait de se concentrer sur le livre de jeunesse, en choisissant de mêler documentaire et fiction (albums, romans, bandes dessinées), de manière à faire jouer les correspondances, à réintroduire l'humain et l'imaginaire absents des documentaires, tant du côté de la fabrication des sciences, que du côté de leurs applications.

Quatre thèmes furent choisis – astronomie/espace ; biologie/santé ; environnement/écologie ; nouvelles technologies – porteurs de questions vives, de retombées socio-économiques importantes pour les années à venir.

Enfin le collectif décidait de s'orienter vers l'exhaustivité pour les documentaires afin que la comparaison / confrontation de différentes propositions éditoriales sur un même sujet fasse naître la critique : il ne s'agissait pas de vouloir sélectionner les « bons livres », donner à consommer, mais faire réfléchir, stimuler l'analyse.

Depuis, l'opération « Livre ta science » se développe, s'amplifie, dans des directions complémentaires :

– Sur les thèmes choisis, huit cents livres ont été acquis avec la médiathèque départementale du Nord, en deux exemplaires : ils circulent dans des *malles* et

vont de bibliothèques en CDI, permettent aux professionnels de connaître l'édition, de tester les livres, de les animer avec les enfants et adolescents.
– Pour accompagner cette circulation, une petite *exposition* a été créée : elle reproduit des tableaux, des images de films, des illustrations de livres. Contrepoint aux malles, elle sert aussi à ouvrir des correspondances dans les bibliothèques qui la reçoivent.
– Par ailleurs, une autre série de livres reste à ALIAS pour consultation et étude. Elle sert aussi à établir et publier des *catalogues* (1989-1990-1992). Ceux-ci présentent les thèmes concernés, répertorient les livres et leur niveau de lecture, s'enrichissent d'articles critiques montrant l'idéologie présente dans les livres, la manière dont on écrit la science. La quatrième édition, en projet (fin 1994), proposera une mise à jour bibliographique de 1992 à 1994.
– « Livre ta science », c'est enfin un petit journal, *Sait-on jamais ?*, gratuit, libre de prix, libre d'expression, libre de rythme aussi. Son premier numéro analysait la fécondation et la naissance dans les livres pour jeunes. Le suivant concerne les collections scientifiques de poche pour jeunes – leurs ciblages, leurs caractéristiques. *Sait-on jamais ?*, tout en portant un regard critique sur l'édition, veut atteindre le plus grand nombre possible de médiateurs sur le livre et leur donner la parole : nous n'avons à ALIAS pas beaucoup de certitudes, nous avons, par contre, beaucoup de questions dont nous aimons débattre...
– Afin de faciliter la critique, la réflexion, la démultiplication de l'opération, ALIAS organise aussi des formations : réalisées à la carte, destinées aux documentalistes et bibliothécaires, elles comportent interventions – exposés ou / et ateliers découvertes.

« Livre ta science », c'est donc une équipe, un catalogue, des malles qui circulent, une exposition, un petit journal, des formations,... et l'opération fait des petits : elle a été acquise en Auvergne, en Île-de-France.

Bibliothèques comme démultiplicateurs des actions des CCSTI, rôle symétrique des CCSTI comme appuis d'une politique sur le livre, travail commun dans quelques occasions, opération « Livre ta science », voici rapidement esquissées les relations entre centres de culture scientifique et technique et bibliothèques.

Fils ténus tendus, expériences trop limitées, mondes qui s'ignorent encore trop et devraient unir leurs actions dans des réseaux faisant jouer leurs complémentarités tout en préservant leur identité.

Tout est possible, mais le champ ouvert est immense, et restent en jachère l'action sur et dans les publications périodiques, l'incitation des libraires... Restent aussi embryonnaires les analyses, ou appropriations critiques des vidéos, des émissions de radio, des productions télévisées, des articles de journaux, l'éducation par l'image, la reprise d'initiatives comme « jeunes téléspectateurs actifs » menées il y a quelque temps dans plusieurs villes du pays.

Expériences fragiles, expériences limitées, expériences exemplaires et fécondes : il convient de les encourager par une politique incitatrice dotée des moyens nécessaires, il convient aussi pour obtenir les fruits attendus que cette politique soit menée dans la durée, grâce à des conventions pluriannuelles prévoyant des outils internes d'autoévaluation : tout ce secteur est expérimental, la montée en puissance progressive est nécessaire ; il faut s'appuyer sur les volontés en évitant le volontarisme. Ce n'est pas en un jour que s'estomperont les barrages psychologiques et de compétence, ce n'est pas en un jour que pourront s'harmoniser en partie des pratiques dont la force est et restera de préserver les autonomies, les diversités.

Bernard MAITTE
à partir d'une documentation réunie par Carole BRAECKMAN

Des CCSTI répartis dans toute la France

CESTIM
Maison du Technopôle, 40, rue Marc-Seguin, BP 2118, 68060 Mulhouse (Alsace). Tél. 89.32.76.33 - Fax 89.32.76.37.

JARDIN DES SCIENCES
4, rue Blaise-Pascal, 67070 Strasbourg (Alsace).
Tél. 88.35.82.39 - Fax 88.60.75.50.

LACQ ODYSSÉE
Rue Gaston-de-Foix, BP 20, 64150 Mourenx (Aquitaine).
Tél. 59.60.46.26 - Fax 59.60.07.90.

CRÉASCIENCES
BP 06, 24620 Les-Eyzies-de-Tayac (Aquitaine).
Tél. 53.06.92.81 - Fax 53.06.97.24.

MAISON DE L'INNOVATION
17, place Delille (Auvergne), 63000 Clermont-Ferrand.
Tél. 73.91.00.40 - Fax 73.90.96.13.

ABRET
BP 13, 22560 Pleumeur-Bodou (Bretagne).
Tél. 96.46.60.50 - Fax 96.46.60.51.

CCSTI DE RENNES
Centre d'Affaires Hermes (Bretagne), 6, Pl. des Colombes, 35000 Rennes.
Tél. 99.30.57.97 - Fax 99.33.36.15.

CENTRE SCIENCES
72, Fbg de Bourgogne, 45000 Orléans (Centre).
Tél. 38.77.11.06 - Fax 38.77.11.07.

ESPACE MENDÈS-FRANCE
1, Pl. de la Cathédrale, 86000 Poitiers (Vienne).
Tél. 49.50.33.00 - Fax 49.41.38.56.

IJET (Franche-Comté)
69, Fbg de Besançon, 25200 Montbéliard.
Tél. 81.97.18.21 - Fax 81.91.12.19.

CRESTIG
DRIRE BP 7001, Impasse Buzaré, 97307 Cayenne (Guyanne).
Tél. (19.594) 30.00.06 - Fax (19.594) 31.97.77.

FONDATIONS 93 - ATELIER DES SCIENCES
70, rue Douy-Delcupe, 93100 Montreuil (Île-de-France).
Tél. (1) 48.58.77.00 - Fax (1) 48.58.37.22.

SCIENCES RESSOURCES 91
Le Moulin - Bâtiment 311, 91405 Orsay Cedex (Île-de-France).
Tél. (1) 69.86.13.24 - Fax (1) 69.86.14.27.

ALIDERTE
27, Bld de la Corderie, 87031 Limoges Cedex (Limousin).
Tél. 55.45.18.91 - Fax 55.45.18.06.

QUAI DES SCIENCES
Place de la Gare, Bâtiment Jacques-Brel, 57311 Thionville (Lorraine).
Tél. 82.51.13.26 - Fax 82.56.72.75.

SCIENCE ANIMATION
1, avenue Camille-Flammarion, 31500 Toulouse (Midi-Pyrénées).
Tél. 61.61.00.06 - Fax 61.48.52.55.

ALIAS
75, chaussée de l'Hôtel-de-Ville, 59650 Villeneuve d'Ascq (Nord-Pas-de-Calais). Tél. 20.91.06.60 - Fax 20.91.92.32.

CCSTI PROVENCE MÉDITERRANÉE
55, rue Sylvabelle, 13006 Marseille (Provence-Alpes-Côte d'Azur).
Tél. 91.53.37.37 - Fax 91.81.32.96.

CCSTI GRENOBLE
La Casemate, Place Saint-Laurent, 38000 Grenoble (Rhône-Alpes).
Tél. 76.44.30.79 - Fax 76.42.76.66.

Des CCSTI en préfiguration

CENTRE CULTUREL SCIENTIFIQUE ET TECHNIQUE
Avenue Albert-1er, 21000 Dijon (Bourgogne).
Tél. 80.39.60.23.

ASSOCIATION A. MERIDIANA
BP 88, 20250 Corte (Corse).
Tél. 95.61.06.81 - Fax 95.46.11.81.

CCSTI DE MARTINIQUE
BP 645, 97262 Fort-de-France.

MAIRIE DE CHAMBÉRY
BP 1105, 73011 Chambéry. Tél 79.33.93.55.

Des bibliothèques sur le thème de la mer

Certains centres culturels à thème ont incorporé dans leur activité une offre documentaire. C'est le cas des centres *Nausicaa* à Boulogne-sur-Mer et *Océanopolis* à Brest.

Consacrés tous deux au thème de la mer, ces établissements intègrent une médiathèque abordant les différentes facettes du domaine. Mais les modalités de fonctionnement ainsi que les liens avec la bibliothèque municipale, diffèrent largement d'un lieu à l'autre.

À Nausicaa (Centre national de la mer), la médiathèque est en quelque sorte l'espace public du centre. Conçue comme le « pour en savoir plus » de l'exposition permanente, la médiathèque est également accessible à toute personne qui souhaite consulter le fonds sans prendre de billet d'entrée pour le centre. On peut y visionner quelque 300 films sur des box individuels.

N'assurant pas le prêt des ouvrages, mais dépouillant de nombreux périodiques, elle joue le rôle de centre de documentation. Un centre de documentation public ouvert sept jours sur sept, de 10 à 18 h ou de 10 à 19 h selon la saison.

Il n'y a pas de lien administratif ou fonctionnel entre la médiathèque et la bibliothèque municipale de Boulogne-sur-Mer.

La situation est radicalement différente à Océanopolis, CCSTI régi par une société d'économie mixte. La médiathèque dépend de la bibliothèque municipale de Brest et a donc le statut d'une annexe. Mais la médiathèque ne dispose pas d'une entrée indépendante et le public ne peut y accéder sans acheter un billet pour le centre.

Elle est fréquentée par les visiteurs d'Océanopolis, les adhérents du centre et les classes inscrites en animations pédagogiques ou en visites libres. Elle est ouverte sept jours sur sept, de 10 à 17 h ou de 10 à 18 h selon la saison.

La médiathèque, qui possède 8 000 documents, pratique le prêt (sauf les dimanches et jours fériés).

Elle structure le fonds autour de deux thématiques : les sciences de la mer et les loisirs marins.

On y trouve différents niveaux depuis la maternelle jusqu'au niveau recherche et les fonds enfants et adultes sont fusionnés. Tous les documentaires pour enfants paraissant dans le domaine sont acquis.

* Informations recueillies auprès de Marion Folgoas et de Christophe Arnoult, respectivement responsable de la médiathèque d'Océanopolis et responsable de la médiathèque de Nausicaa.

NAUSICAA
Boulevard Sainte-Beuve
62200 Boulogne-sur-Mer
Tél. 21 30 99 99

OCÉANOPOLIS
Port de Plaisance du Moulin-Blanc
BP 411 – 29275 Brest
Tél. 98 34 40 40

À la recherche des gisements d'usages dans les bibliothèques et expositions scientifiques

Musée et bibliothèque : miroir, joli miroir, dis-moi donc qui de nous deux... ?

Les musées et les bibliothèques ont destin lié : étroitement associés dans la volonté révolutionnaire de préservation d'un patrimoine public et de sa présentation en vue de la formation du citoyen, elles voient souvent le jour simultanément, sous un même toit, dans les édifices érigés par les architectes de la fin du XVIIIe siècle pour de nombreuses villes de province[1].

Les musées-bibliothèques sont des palais, ouverts au public, qui rassemblent et concentrent en un même lieu la totalité du savoir disponible, dans une sorte de coup de force, exigeant et impatient, pour favoriser l'avènement d'une citoyenneté fondée sur un patrimoine national et sur un savoir collectivement partagé.

Mais les musées et bibliothèques sont à la fois curieusement proches, et curieusement différents. Chacune de ces institutions semble avoir besoin de la seconde pour se définir dans le champ des institutions culturelles d'une société. Mais c'est souvent moins sur le mode d'une complémentarité de fonctions, continuellement invoquée cependant, que sur le mode implicite de l'antithèse, que chacune s'appuie sur l'autre pour définir sa propre spécificité.

Les musées de sciences (comme les musées de société avant eux) sont projetés depuis quelques décennies dans un cycle continu de révolutions affectant profondément les représentations qui les fondent. Ils se construisent le destin d'ins-

---

1. L'exposition « La jeunesse des musées », présentée au musée d'Orsay du 9 février au 8 mai 1994, a permis de voir de nombreux exemples de ces projets de musées-bibliothèques, temples ou palais nés entre la fin du XVIIIe siècle et le début du XIXe siècle.

titutions grandes ouvertes au changement social, ayant rompu leurs attaches avec la structuration traditionnelle du savoir, sa collecte et sa préservation systématique.

Le centre des sciences, qui ne constitue pas de collections, peut se permettre de revendiquer une identité purement communicationnelle, dynamique et flottante, parce que cette identité se construit en intégrant la représentation d'institutions antithétiques qui restent au port, et assument la mission patrimoniale.

Le fait que, contrairement au temps des origines, bibliothèques et musées sont le plus souvent autonomes et isolés, et animés par des communautés professionnelles étanches, contribue à permettre que chacune cultive des représentations « idéales » de l'autre.

C'est pourquoi la réunion dans le même édifice de la bibliothèque et du musée, au sein du centre Georges-Pompidou, est un événement important : une mission culturelle générale fédère les deux institutions au sein d'un même espace public, et quel espace public ! D'une certaine manière, dans notre univers de références, le centre Pompidou est l'Espace Public de la pratique culturelle, au-delà de toutes fonctions et services particuliers qu'il propose concrètement aux usagers et même si les différents lieux du centre gardent un public et des pratiques spécifiques, comme le révèlent les études de public menées par le service Études et Recherche[1].

Le succès de ce mariage a permis de réitérer, en 1986, la réunion de la médiathèque et des expositions au sein d'un même établissement culturel : la Cité des sciences.

Dans un site comme celui de la Cité des sciences, « musée » et « bibliothèque » n'ont jamais été aussi proches, grâce à la mission commune de diffusion des sciences et des techniques. Cette mission les spécifie et les isole de leurs homologues institutionnels (les autres musées ou centres d'expositions, et les autres bibliothèques) voués à des missions culturelles plus généralistes.

Mais ils n'ont jamais été si différents non plus. En effet, si le musée a longtemps été défini par une triple fonction de collection, d'étude, et de communication, cette dernière fonction est hypertrophiée dans les centres des sciences, qui deviennent des espaces d'expositions, permanentes et temporaires[2]. Or, c'est la fonction de collection qui rapprochait certainement les deux institutions.

Paradoxalement, au moment où le « musée » et la « bibliothèque » se retrouvent sous le même toit, la distance entre les deux pôles culturels semble maxi-

---

1. J.-F. Barbier-Bouvet, M. Poulain, *Publics à l'œuvre : pratiques culturelles à la Bibliothèque publique d'information*, la Documentation française, 1986 ; M. Poulain, *Constances et variances : les publics de la BPI, 1982-1988*, Bibliothèque publique d'information, 1990.
2. Cette hypertrophie de la fonction de communication dans des institutions muséales telles que la Cité des sciences se traduit par une divergence entre la définition des musées selon le Conseil international des musées (ICOM), qui inclut ces institutions, et la définition de la Direction des musées de France (DMF), qui les exclut.

male, au moins lorsqu'on se place du point de vue des communautés professionnelles.

La tension suscitée est très riche : elle permet de penser les deux institutions en les « modélisant » l'une par rapport à l'autre, ce qui nourrit continuellement la réflexion. Mais dans le même temps, leur proximité dans le même lieu met immédiatement en relief le caractère paradoxal et artificiel d'un tel « modèle », puisque les simplifications construites se brisent sans cesse sur la réalité quotidienne des innombrables cas de figure qui font exception au modèle.

Si nous nous risquions à faire fonctionner un tel « modèle », nous pourrions relever quelques caractéristiques comparées des deux institutions, et en souligner les paradoxes :

– La médiathèque semble incarner la permanence et la stabilité face à des expositions qui sont par essence des événements temporaires.

Pourtant, l'exposition, pendant sa durée de vie, est une œuvre achevée, intouchable et indéformable la plupart du temps, tandis que la médiathèque est un univers plastique, continuellement modifié par les mouvements des ouvrages des livres, qui entrent et sortent, s'empilent sur les chariots et les tables.

– L'exposition est un dispositif communicationnel (un média), tandis que la médiathèque est une collection.

Pourtant, le service public, et les transactions directes avec les utilisateurs, font partie intégrante du métier de médiathécaire, tandis que dans les expositions, les animateurs forment un groupe professionnel spécialisé distinct de celui des producteurs d'expositions.

– Les expositions sont des phénomènes culturels qui se sont parfois développés en rupture avec les formes traditionnelles de la culture cultivée : le langage muséographique s'est développé pour contribuer à réduire la distance entre les musées et le public. Les bibliothèques incarnent le rapport le plus érudit à la culture, associant la pratique de lecture, culturellement très valorisée, et la fréquentation de lieux culturels voués à l'étude.

Pourtant, les expositions peuvent aussi apparaître comme les lieux d'un rituel magnifique, où la scénographie et le design règlent l'étiquette de la pratique culturelle, alors que les bibliothèques offrent des lieux fonctionnels, banalisés (étagères, tables, chaises...).

– Enfin, un courant de recherche très actif en muséologie élabore progressivement un champ théorique au sein duquel l'exposition, nouveau média, « internalise » le commentaire savant sur les œuvres exposées, puis les usages et interprétations du public, pour les intégrer au dispositif muséographique porteur d'un discours. En un sens, l'exposition s'est développée en assimilant les commentaires et les usages qu'elle a produits[1].

La bibliothèque, à l'inverse, fonctionne grâce à un plan de classement qui ne

1. J. Davallon, « Le musée est-il vraiment un média ? », *Publics et Musées, 2. Regards sur l'évolution des musées*, 1993, pp. 99-123.

correspond nullement aux formes du commentaire savant, de la structutation de la pensée scientifique du moment, ou à des usages de lecteurs. Les études du service Études et Recherche de la Bibliothèque publique d'information (BPI) du centre Georges-Pompidou, ont montré à quel point le plan de classement est en décalage avec les logiques spontanées de recherche d'information chez les usagers. Elles ont aussi révélé que ces logiques spontanées ne sont pas les symptômes des idées fausses, ignorances et résistances d'usagers rétifs, mais qu'elles sont à interpréter dans le spectre plus large de la stupéfiante diversité des usages de l'espace et des ressources de la bibliothèque. Sont ainsi décrits les aménagements plus ou moins clandestins bricolés par les utilisateurs pour détourner un instant le cours de la bibliothèque en intervenant directement, physiquement, sur l'arrangement initial (graffitis dans les livres, mais aussi aménagements de micro-bibliothèques « privatisées » avec des livres reclassés par des usagers sur des étagères dont ils sont les seuls à pouvoir retrouver l'emplacement, apports des livres et documents personnels, et utilisation exclusive du mobilier)[1]. C'est dire à quel point les usagers peuvent n'être parfois tout simplement pas intéressés par ce qu'est le mode d'usage selon l'institution.

Il n'en reste pas moins que la recherche documentaire est une technique qui pourrait être éventuellement apprise par des usagers (ne parle-t-on pas de « formation des usagers ») si ceux-ci étaient intéressés par un tel apprentissage, puisqu'elle repose sur un système de normes stable et anonyme, durable et collectif.

Par contre, on ne peut, qu'on le veuille ou non, apprendre à visiter une exposition thématique. Ou plutôt, si l'on se réfère aux concepts de la théorie classique de la communication, chaque exposition thématique, avec son style personnel, crée son propre code, intégré au message. Bien souvent même, l'exposition peut infléchir fortement la relation de communication sur le code et la canalise, puisqu'il s'agit de « faire faire » quelque chose au visiteur, tout autant que de lui « faire voir » ou de lui « faire comprendre »[2].

Il se trouve que les études de public menées au sein de la cellule d'évaluation des Expositions à la Cité des sciences et de l'industrie mettent fréquemment en évidence, chez les visiteurs, un mode d'interprétation des expositions qui se fonde sur une conscience aigüe de la nature communicationnelle des expositions, et se traduit par une recherche continuelle des intentions, « que veut-on me faire faire », « que veut-on me dire », pour acquérir la maîtrise de l'exposition, et mener à bien la visite (« il y a un sens dans tout cela »). Moins le dispositif est facile, plus les visiteurs recherchent la règle. À l'inverse, dans une exposition à parcours orienté, on observe de nombreuses transgressions de ce sens que les

1. J.-F. Barbier-Bouvet, M. Poulain, *op.cit.*

2. Ces idées sont développées pour le cas des éléments interactifs dans une communication de Louise Boucher pour le congrès de l'ACFAS à Montréal en mai 1994, à paraître prochainement. Elles s'appliquent également, à notre avis, aux expositions multimédias.

visiteurs semblent pourtant réclamer à grands cris lorsqu'ils ne le trouvent pas. Comme si la règle, identifiable, était un préalable indispensable à la réelle liberté de la pratique, dans les conditions très particulières de l'exposition où le visiteur sait qu'il existe un discours sous-jacent.

Ce n'est pas le cas de la bibliothèque, qui ne tient pas encore de discours (ou du moins, qui n'a pas vocation à tenir un discours) sur les documents qu'elle propose. C'est l'usager qui reste le « propriétaire primaire » du discours quand il entre dans la bibliothèque avec ses besoins et ses motivations personnels. Le décryptage du système de la bibliothèque signifie alors certainement toute autre chose que l'interprétation du système de l'exposition.

Cependant, si la médiathèque et le centre d'expositions semblent se réfléchir l'un l'autre dans un jeu d'oppositions paradoxales, dans les deux cas, on peut tout aussi bien relever des convergences très concrètes : par exemple, il y a eu tendance commune à une diversification des types de supports. Cette diversification s'est d'ailleurs traduite par un changement d'appellation : la bibliothèque est devenue médiathèque, et le musée s'est dissocié en expositions permanentes et expositions temporaires.

Dans les deux cas, c'est la primauté des livres et des objets, la primauté du fonds ou de la collection, qui semble mise en question dans la définition de ces institutions, au profit d'une visibilité du dispositif d'accès dans la médiathèque, ou du dispositif communicationnel dans l'exposition.

Par contre, du point de vue du public, des lieux culturels à fonctions multiples comme la Cité des sciences et de l'industrie induisent des pratiques de fréquentation à l'échelle du site, de la part de visiteurs qui ne quitteront pas l'échelle globale de ce site lorsqu'ils entreront dans la médiathèque ou dans une exposition. La distinction « médiathèque » et « Explora »[1] peut n'avoir aucune pertinence dans le contexte de certaines visites vécues comme une immersion dans l'univers de la Cité des sciences. Certains visiteurs peuvent ainsi rechercher préférentiellement les consoles audio-visuelles et les éléments interactifs à l'échelle du site.

On a donc, côté institution, une diversification des supports d'accès, ou des supports de communication qui se fonde nécessairement sur une préoccupation croissante du public. Simultanément, côté public, il peut y avoir globalisation de la pratique, à l'échelle du site.

Dans les deux cas, c'est le public qui est au centre du changement.

---

1. Explora désigne, à la Cité des sciences et de l'industrie, les expositions permanentes et temporaires qui occupent les 3 niveaux supérieurs du bâtiment. La médiathèque est située au sous-sol.

La préoccupation du public : une tendance commune

L'intérêt pour le public, qui avait longtemps été le signe d'une bonne volonté quelque peu dilettante et facultative au regard des problèmes de développement, de gestion, de normalisation, et d'organisation des fonds et collections, est aujourd'hui moteur dans l'évolution de ces institutions.

C'est cette préoccupation du public qui semble dans les deux cas avoir inspiré non seulement la diversification des supports, mais aussi la diversification des interfaces conceptuelles entre les préoccupations et centres d'intérêt des visiteurs et les savoirs scientifiques dans l'exposition, et entre les demandes et besoins d'information des usagers et la structuration de l'offre documentaire dans la bibliothèque.

Par exemple, du point de vue de l'accès, la réflexion sur la recherche par les sujets dans les catalogues de médiathèque pourrait être rapprochée de la recherche des points de contact entre le mode de questionnement des visiteurs et le mode de questionnement des scientifiques, dans l'exposition thématique à caractère scientifique et technique.

Cependant, cette préoccupation du public s'exprime et s'analyse différemment selon les deux contextes professionnels, et les deux univers de référence théoriques auxquels ils se rattachent.

C'est par le pôle des études de public que nous allons tenter de préciser ce phénomène, en examinant les différents niveaux auxquels se pratiquent de telles études : le niveau des grandes enquêtes nationales, le niveau des enquêtes menées à l'échelle des sites culturels (la Cité des sciences dans sa globalité par exemple) et le niveau des unités de production (la médiathèque, ou les expositions).

Visite de musées et fréquentation de bibliothèques dans l'enquête sur les pratiques culturelles des Français

Les recherches menées en sociologie de la culture étudient et mesurent les pratiques culturelles à l'échelle de la population française. Y sont distinguées et examinées la pratique de visite des musées d'une part, la pratique des bibliothèques d'autre part[1]. Ces données permettent donc *a priori* de relier les deux pratiques dans une analyse commune. Il semble donc que la préoccupation du public puisse s'appuyer sur une appréhension commune de la visite et de la fréquentation de la bibliothèque en tant que pratique culturelle, répondant aux mêmes déterminants macro-sociaux, et évoluant d'une manière similaire. Le

1. O. Donnat, D. Cogneau, *Les pratiques culturelles des Français (1973-1989)*, La Découverte - La Documentation Française, 1990.

phénomène commun de l'accroissement important de la fréquentation des musées et bibliothèques, dans la décennie 1980, correspond ainsi dans les deux cas à un accroissement de l'offre, et à une intensification chez les pratiquants réguliers, plus qu'à un élargissement réel des publics touchés.

Les résultats concernant les musées d'une part, les bibliothèques d'autre part, sont cependant repris et analysés séparément dans la littérature consacrée à la muséologie ou à la sociologie de la lecture.

Les auteurs dans ces deux domaines semblent très proches lorsqu'ils s'approprient et commentent, chacun de leur côté, des « détails » de l'enquête menée par le ministère de la Culture sur les pratiques culturelles des Français : les questions posées pour rendre compte des pratiques d'usage de la bibliothèque et des musées ont en effet évolué par rapport à des enquêtes antérieures.

Côté bibliothèques, Martine Poulain relève ainsi que l'on fait pour la première fois la distinction entre les usagers et les inscrits dans la dernière enquête : si 17 % de la population adulte française est inscrite dans une bibliothèque, 23 % déclare y être allée, soit un écart de plus de deux millions de personnes.

C'est essentiellement le phénomène du libre accès qui est brusquement rendu visible et prend sa place dans la qualification des usages[1].

Côté musées, c'est la distinction des visites dans les différents types de musées (musées des beaux-arts, musées de société, musées de sciences et techniques) qui est l'innovation dominante remarquée et commentée par Jacqueline Eidelman[2].

Les auteurs n'ont donc pas manqué de relever chacun de leur côté les implications d'un tel accroissement de la visibilité des pratiques, rendue possible par cette modification du questionnaire, et de les examiner de près.

Pour Martine Poulain, le libre accès constitue certainement pour la bibliothèque un phénomène qui met en phase de forts enjeux culturels (« enrichir l'offre en proposant un accès simplifié, et favoriser les découvertes chez les lecteurs et l'ouverture à des domaines ou intérêts jusqu'alors inexplorés »), et la possibilité, par l'ouverture d'un champ de pratiques autorisées au visiteur, de susciter ou découvrir des logiques d'usage soudain devenues descriptibles et consistantes.

Elle note aussi à quel point le libre accès a pu favoriser des usages parfois contradictoires. « À certains, il permet de trouver le livre qui leur convient, dont ils ignoraient parfois l'existence ou que la difficile consultation d'un catalogue et l'attente successive d'ouvrages auraient rendu parfois désespérée et bien souvent inopérante. À d'autres, il permet au contraire de multiplier à l'infini les possibilités de découverte, de prolongement, de remise en cause, d'inattendu. »

1. M. Poulain, « Les publics des bibliothèques », *Lire en France Aujourd'hui*, Éditions du Cercle de la Librairie, 1993, pp. 226-249.

2. J. Eidelman, « Qui fréquente les musées à Paris ? », *Publics et Musées, 3. Du public au visiteur*, 1993, pp. 19-43.

Par contre, elle souligne que les usages ainsi repérés sont moins de « nouveaux » usages qu'une extension du style de pratique dont la mise en œuvre dépend largement d'un capital culturel ou, à défaut, d'une familiarité avec les lieux et les choses proposées. Pour saisir ces styles de pratiques socialement marquées (sinon déterminées), les études consacrées aux logiques d'usage et attitudes, encore très peu développées, devraient pouvoir rapprocher les représentations que les professionnels se font des publics, et les représentations que les publics peuvent se faire de l'offre culturelle qui leur est proposée.

En ce qui concerne les musées, l'enquête fait également pour la première fois la différenciation des musées selon leur discipline ou leur thème de référence. Selon Jacqueline Eidelman, cette différenciation bouleverse l'idée d'une pratique culturelle de référence qui serait la visite des musées d'art, dans le mesure où la visite des musées ne peut désormais plus être implicitement associée à la seule visite des musées d'art.

En effet, en ce qui concerne les pratiques déclarées, il apparaît que les visites de musées d'art se conjuguent fréquemment avec celles d'autres musées thématiques : écomusées ou musées d'arts et traditions populaires, musées spécialisés, musées des sciences et des techniques.

Jacqueline Eidelman attribue ce changement de référence de la pratique de visite des musées à la restructuration de la sphère muséale sous la conduite des musées thématiques, dont les musées des sciences. Jusqu'ici, la mesure de l'audience des musées toutes catégories confondues survalorisait la pratique de visite des musées d'art et masquait des évolutions dans le public des musées de sciences, notamment l'augmentation sensible des visites familiales.

Ce phénomène n'est à notre avis que le contrecoup tardif, et assourdi, d'une mutation autrement importante pour les musées en France et dans le monde : la mise en question du rôle social des musées dans les années 1970 d'une part, et l'émergence du phénomène de l'exposition d'autre part.

Ce n'est pas l'émergence de quelques gros centres-locomotives, en particulier la rénovation des grands musées des sciences, qui constitue la réelle transformation des musées.

Pour dire autrement, la « révolution » des musées n'est pas thématique, elle est sociale, et médiatique : le principe de base d'un ensemble d'initiatives datant du début des années 1970 était d'inverser le rapport traditionnel institution/public, voire de faire du musée un instrument de développement communautaire au service des populations. La conférence de l'International Council of Museums en 1972, la naissance des écomusées en France, des musées de voisinage outre-Atlantique, la naissance du mouvement de la nouvelle muséologie, incarnent quelques-unes des initiatives marquantes[1].

C'est dans ce contexte que les moyens d'expression muséographiques ont

1. A. Desvallées, Introduction à *Vagues : une anthologie de la nouvelle muséologie*, Mâcon, Éd. W et MNES (Muséologie Nouvelle et Expérimentation Sociale), 1992, pp. 15-41.

changé de manière radicale, d'abord dans les musées d'ethnographie et d'arts et traditions populaires, puis dans l'ensemble des musées de société, à l'exclusion des musées des beaux-arts.

Les changements amenés par ce mouvement n'ont été particulièrement sensibles dans les musées thématiques, notamment les musées des sciences, que pour autant que ceux-ci incarnaient des enjeux sociaux très différents des musées des beaux-arts, qui restent et resteront probablement pour longtemps les monuments de la culture cultivée.

C'est cette vocation sociale du musée qui a permis la naissance du langage muséographique, et la muséologie du discours.

Les musées scientifiques ont exploité le renouvellement du langage muséographique, et ont définitivement consacré l'avènement de l'exposition comme média.

Il n'est guère étonnant qu'au moment où l'exposition a été théorisée et concrètement pensée comme un média, la relation au public soit pratiquement sortie du schéma contraignant de la relation émetteur/récepteur, pour devenir un champ de réflexion neuf, ouvert, foisonnant, moteur de l'innovation en muséologie.

La bibliothèque est sans aucun doute dans une toute autre situation : c'est dans sa dimension d'espace public qu'elle semble se développer et innover. L'accès reste gratuit, contrairement aux musées et expositions, et surtout, les possibilités d'occupation de l'espace et d'exploitation des ressources se multiplient, dans une sorte de stratification de niveaux d'usages. La sociabilité semble dès lors une dimension majeure de l'évolution possible de la médiathèque avec l'importance croissante de la fonction de médiation, et la multiplication des transactions interpersonnelles entre les usagers et les professionnels, et entre les usagers eux-mêmes.

On se trouve donc dans une situation où les institutions vont s'appuyer sur la vision du public accessible par le biais des études de public, non pas tant pour « répondre aux attentes » que pour s'autocatalyser dans leur effort d'innovation.

Ces études de public nécessitent, pour garder un sens et dépasser la production toujours décevante de colonnes de chiffres et de typologies qualitatives, d'être véritablement intégrées dans une volonté double (et encore une fois paradoxale), de ces institutions : tout à la fois l'élaboration d'une pensée théorique sur la nature de ce qui est en jeu dans la relation au public (l'exposition comme média, la médiathèque, peut-être, comme espace public) et l'entretien d'un lien vivant, d'une proximité de la communauté professionnelle avec des interlocuteurs que les études aident à repérer, à défaut d'une relation avec des représentants d'un public (le public ne constitue pas un groupe socialement constitué et ne saurait donc avoir des représentants).

Cependant, un détour préliminaire s'impose, par le niveau des études de fréquentation réalisées à l'échelle des sites culturels, intermédiaire entre les grandes enquêtes nationales qui relèvent de la sociologie de la culture, et les études locales menées au sein des communautés professionnelles impliquées (sociologie de la lecture, muséologie).

Les études de publics à l'échelle des sites culturels

Dans des établissements comme la Cité des sciences et de l'industrie ou le centre Pompidou, les exigences de la gestion institutionnelle inspirent des études de public globales, menée à l'échelle des sites concernés.

Ainsi, le suivi de la fréquentation de l'ensemble du site repose sur des préoccupations :

– de compréhension des pratiques de visite à l'échelle du site ;
– de suivi de l'évolution de la proportion relative de la fréquentation des différents espaces du site ;
– de suivi de l'évolution de la proportion relative de différents publics à l'échelle du site et dans chacun de ses espaces (notamment la part des scolaires dans les expositions, ou la part des étudiants dans la médiathèque) ;
– de suivi de la performance globale en matière de fréquentation.

Les préoccupations gestionnaires sont prédominantes, pour des structures dont la taille, le budget et la visibilité institutionnelle et sociale imposent des mécanismes de contrôle.

La fréquentation devient malheureusement trop souvent la mesure « à tout faire », jugée nécessaire et suffisante pour apprécier tout à la fois la fréquentation, et la réalisation des objectifs culturels et sociaux de tels établissements. D'une pierre deux coups en quelque sorte, ou plutôt, qui peut le plus peut le moins : les enquêtes lourdes à l'échelle du public de l'institution donneraient les informations sur le profil et les pratiques du public, et renfermeraient « potentiellement » tous les résultats plus qualitatifs des études spécifiques dont on estime ainsi pouvoir faire l'économie.

La mesure de l'impact reste ainsi généralement assimilée à la mesure de la fréquentation, en dépit de plusieurs décennies de recherches sur le public de la télévision dont certaines ont pourtant mis en évidence des corrélations négatives entre taux de consommation et crédibilité accordée au « produit » culturel.

Les études de publics à l'échelle de la bibliothèque, ou à l'échelle de l'exposition : la problématique de l'usage

C'est donc à l'échelle plus locale des préoccupations de la communauté des praticiens des expositions ou des bibliothèques, qui sont les composantes de ces grands établissements culturels, que l'on retrouve une préoccupation plus « compréhensive » pour l'impact.

Le concept d'usage a été déterminant dans un courant de recherche microsociale au sein duquel l'objet étudié n'est pas prédéterminé, mais construit peu à peu du point de vue des usagers. La démarche est inversée par rapport aux études où l'on recherche quelles sont les résistances à l'innovation, et les écarts entre l'objet ou le service produit et l'utilisation qui en est faite.

Cette approche rencontre parfaitement l'attitude ouverte des milieux professionnels, en attente de ce que peuvent leur apprendre les publics sur la bibliothèque et l'exposition. Cette attitude est en effet également inversée par rapport à une situation où seul l'usager est supposé attendre quelque chose de l'autre.

Cette problématique de l'usage est ainsi très souvent incarnée par l'étude des comportements face aux nouvelles technologies de la communication, qui a inspiré une orientation de recherches, dynamiques, en bibliothèque et dans les musées, mais dont la signification est très différente d'un contexte à l'autre.

Côté bibliothèque, Martine Poulain[1] constate qu'il existe (préalable à toute étude) deux conceptions de la place de l'audiovisuel dans la bibliothèque. La première y voit un type de document qui prend sa place au côté de l'imprimé dans une médiathèque dédiée à des usages documentaires « modernes », avec combinaison et dosage de différents types de documents et de médias. La seconde voit dans l'audiovisuel un « passeur » qui permet d'apprivoiser certains publics peu familiers des livres et des bibliothèques et de les amener « petit à petit » vers l'imprimé. Ce qui vaut pour l'audiovisuel vaut aussi pour tous les non-imprimés, les « nouveaux médias » comme les didacticiels ou les CD-ROM.

Dans ces hypothèses, la référence implicite à l'idée selon laquelle la pratique des technologies de la communication obéit principalement aux déterminants macrosociaux de la pratique culturelle est fondamentale.

Les études d'usages, encore rares, sont assez marquées par ces hypothèses : on a par exemple examiné la part relative des différents supports dans la pratique des usagers, et les relations d'exclusivité ou de complémentarité qui caractérisent ces supports entre eux, en fonction des profils sociodémographiques.

Les résultats montrent que les associations entre images et imprimés sont parfois contradictoires dans une même catégorie socioprofessionnelle : l'imagi-

1. M. Poulain, *op. cit.*

naire, les enjeux de sociabilité, toute la sphère de la microsocialité s'immiscent dans le tableau de l'observateur.

Ainsi, dans une étude des usages du catalogue informatisé de la BPI, menée dans l'idée de vérifier la pertinence d'un « problème » de concurrence entre ces nouveaux supports et les anciens catalogues imprimés[1], les réactions des usagers obligent à déplacer ce problème, consistant du point de vue des logiques professionnelles et institutionnelles, vers les problèmes « exotiques » de l'accès à l'offre par anticipation des possibilités du dispositif, et mobilisation d'imaginaires d'usage.

Côté musées, le développement spectaculaire des expositions a immédiatement été analysé comme étant tout autre chose qu'une diversification des supports d'accès à des ressources et contenus. Il est une transformation du statut même de ce qui est donné à voir : la muséologie centrée sur l'objet a fait place dans de nombreux types de musées (musées des sciences, musées de société) à une muséologie centrée sur le discours.

Il est vrai que la diversification des supports peut parfois être un élargissement des moyens de communication et un enrichissement de l'accès à un « fonds » qui est traditionnellement la collection : c'est le cas des banques d'images interactives que proposent des musées d'art. Mais dans les musées dits thématiques, musées des sciences, musées de société, la diversification des supports correspond à une mutation fondamentale de la muséologie : les supports sont constitutifs d'un langage muséographique qui intègre tous les artefacts dans un paysage construit pour être déchiffré dans la déambulation, mais qui multiplie simultanément les liens possibles, les niveaux d'interprétation proliférants, laissés à l'initiative du visiteur.

Il est donc tacitement convenu entre l'institution et le visiteur, dans l'exposition thématique ou poétique, que celui-ci a une marge de liberté et une responsabilité plus grande dans la détermination et dans l'évolution des possibilités d'usage du média exposition. Les études des usages menées dans les expositions, peu nombreuses encore, sont donc pratiquées dans un cadre très différent de celui de la bibliothèque ou de la médiathèque. La convention figurée par la présentation normée d'une collection d'objets, pour cadrer les relations aux visiteurs, et pour fixer l'espace de réception des œuvres du point de vue de l'institution, cette convention est abandonnée dans l'exposition dite multimédia. Rien d'étonnant, dans cette nouvelle logique flottante, si l'étude des usages contribue à « inventer », à partir du point de vue des visiteurs cette fois, les possibilités de réception des expositions.

Ces études d'usage, telles que développées à la Cité des sciences, s'attachent soit à l'activité de « montage » de l'exposition comme dispositif technique complexe, soit à la pratique de certains supports : panneaux, manipulations,

1. J. Le Marec, *Dialogue ou labyrinthe ? La consultation des catalogues informatisés par les usagers*, Bibliothèque publique d'information, 1989.

éléments interactifs. Ces derniers y ont fait l'objet de nombreuses études qui forment peu à peu une « bibliothèque » de situations observées et interprétées[1].

La multiplication des modes d'accès et des supports dans les médiathèques pourraient certainement, comme dans les expositions, donner l'occasion de rendre visibles des logiques de recherche d'information, des difficultés et des besoins qui ne pouvaient pas forcément être anticipées[2]. Mais c'est à notre avis très certainement le libre accès qui se rapproche le plus d'un changement de contrat avec le visiteur, et de la cession à celui-ci du droit de décider des usages possibles d'une médiathèque, auparavant attribué publiquement à l'institution, et qui caractérise l'exposition à un degré majeur.

Cette ouverture est riche, elle est aussi lourde de conséquences : l'institution exerce toujours le pouvoir de réguler les usages et de créer des normes, mais sa légitimité pour le faire devient plus discutable, dès l'instant où elle a « laissé » les utilisateurs se débrouiller tout seuls : le libre jeu du marché des usages a des conséquences qu'il est parfois difficile d'assumer pour l'institution : la pression des étudiants dans l'occupation de la BPI du centre Georges-Pompidou et de la médiathèque de la Cité des sciences et de l'industrie fait partie de ces phénomènes.

L'ouverture créée par le langage muséographique dans un cas, par le libre accès dans l'autre, est une ouverture des possibilités d'exploitation des contenus.

Lorsque ces contenus sont des corpus de savoirs, comme dans le cas des musées et bibliothèques scientifiques, il existe une structuration préalable de ces savoirs qui est constitutive de leur nature même de savoirs scientifiques.

L'apparition des expositions « science et société », sur des thèmes comme l'environnement ou la santé, mais d'une manière générale le choix des expositions thématiques à la Cité des sciences, rapproche sans conteste le contenu du public : ces thèmes rencontrent des préoccupations, des intérêts, des représentations sociales qui comptent réellement et directement pour les visiteurs. Mais dans la mesure où, là encore, le choix de ces thèmes est à l'évidence partagé avec le public, où l'institution fait entrer le visiteur dans des prérogatives jusque-là absolument réservées aux spécialistes, l'interprétation des contenus devient plus ouverte, plus « négociable » par des visiteurs qui ne découvrent pas ces thèmes, mais qui les reconnaissent.

Les situations créées sont très riches, mais elles engagent fortement la responsabilité de leurs promoteurs, qui doivent accepter les conséquences d'une telle libéralisation des usages.

La nécessité de pouvoir anticiper les réactions des visiteurs, qui existe déjà

---

1. J. Le Marec, « L'interactivité, rencontre entre visiteurs et concepteurs », *Publics et Musées, 3. Du public au visiteur*, 1993, pp. 91-108.
2. Les médiathécaires de la Cité des sciences, qui sont plus « tournés vers le public que vers le fonds », sont quotidiennement les témoins de ces décalages entre les logiques individuelles et la structuration de l'offre.

dans le projet didactique de transmettre des connaissances scientifiques structurées contre un état préalable, acquiert une portée nouvelle avec les expositions thématiques à caractère scientifique et technique : il ne s'agit plus de dresser un état des lieux en vue d'optimiser la transmission, mais de prendre en compte des préoccupations, de distinguer des niveaux d'attentes, de comprendre les représentations sociales, qui seront les cadres d'interprétation des informations rencontrées.

Dans le cas de la médiathèque, la classification est un système de structuration de l'offre du point de vue de son contenu qui affiche clairement son statut d'outil : les risques de malentendus sont moindres : il y a peu de chances que l'utilisateur aille chercher un discours dans le système formel, ce qui est un risque permanent dans l'exposition.

Cependant, ce système ne rencontre pas forcément les questionnements et les besoins des utilisateurs, comme le montrent les formulations de la demande et interactions entre les utilisateurs et médiathécaires, ou les problèmes de la recherche par sujet : dans ce cas, c'est moins les représentations sociales par thèmes que la signification d'une démarche de recherche d'information, et un cheminement dans l'offre à la recherche de l'information, selon des modalités qui sont éventuellement spécifiques des thèmes et qui participent des représentations sociales, qu'il semble important de chercher à mieux comprendre.

Indépendamment des situations présentes, même évolutives, la médiathèque, comme l'exposition, anticipent continuellement des rôles qu'elles peuvent être amenées à tenir dans un avenir plus ou moins proche, où leur statut en tant que lieu de ressources dont l'accès est aménagé, c'est-à-dire médiatisé, est un enjeu considérable. Un travail de destructuration-restructuration des contenus et des accès ne peut s'interrompre en cours de route, sous peine de n'avoir contribué qu'à une destructuration. Dans ce processus, études de public, évaluations et recherches menées sur plusieurs fronts semblent pouvoir jouer un grand rôle comme aide pour l'expérimentation de solutions nouvelles, mais aussi comme moyen de construire des représentations tout à la fois sensibles et fiables des visiteurs.

En muséologie, l'évaluation connaît ainsi un développement spectaculaire. Elle est devenue la compagne de route indispensable d'une muséographie qui est de plus en plus centrée sur les visiteurs, mais pour laquelle il est impensable de faire intervenir directement ceux-ci dans les processus de programmation et de conception, dans la mesure où ils ne constituent pas une communauté sociale de référence pour les grands centres à échelle nationale : ce ne sont certainement pas des groupes de visiteurs-consultants du type « panel » qui pourraient remplir ce rôle.

Si l'on se réfère à l'expérience des musées, on peut constater une « libéralisation » des usages et des interprétations, par l'élaboration d'un langage muséographique nouveau, l'extension de la fonction muséale d'exposition, et la structuration thématique intermédiaire entre le savoir savant et les représentations sociales. Cette tendance ne peut qu'apparaître comme étant positive dès lors qu'elle se fonde sur un souci croissant de prise en compte du public.

Cependant, elle n'est pas dépourvue d'ambiguïtés : la découverte par l'évaluation des immenses gisements de sens que constitue l'ouverture des possibilités individuelles d'usages et d'interprétations ne doit pas dissoudre la responsabilité des professionnels, qui n'auraient plus qu'à multiplier les accès et laisser aux usagers la responsabilité croissante de la mission des musées et bibliothèques.

De plus, cette ouverture des possibilités d'usages et d'interprétations se fait toujours au profit de ceux qui maîtrisent déjà la pratique culturelle du musée ou de la bibliothèque et qui comprennent les intentions nouvelles par rapport à un état antérieur. Les autres auront des pratiques qui seront encore longtemps considérées comme déviantes voire gênantes, même si elles ont été rendues possibles par de nouvelles conditions d'utilisation. L'honnêteté en la matière commanderait que l'on accepte réellement la transformation profonde des institutions sous la pression des usages les moins conformes à l'idéal initial de la communauté professionnelle. Il ne serait pas juste de ne s'intéresser et de ne tirer parti que des usages les plus intéressants du point de vue de cet idéal (souvent la fidélisation, l'emprunt, l'accession à la pratique conforme en matière de culture cultivée), et de combattre les autres.

C'est pourquoi la muséologie actuelle se trouve très certainement devant des responsabilités et des exigences sans précédents d'une réelle prise en compte des visiteurs et des publics. Si elle promeut la prise en compte sans en accepter la responsabilité sociale et culturelle, elle risque de dériver rapidement vers les objectifs complaisants de l'industrie du loisir.

La médiathèque risque un jour de se retrouver devant un choix similaire. C'est pourquoi les deux communautés auraient tout intérêt à se rencontrer et à s'appuyer réellement l'une sur l'autre pour se penser mutuellement.

Joëlle LE MAREC

II. La connaissance scientifique et ses modes de diffusion

De la science à ses livres

Un entretien avec Jean-Marc Lévy-Leblond

F. A. *Le monde de la recherche est entré dans une zone de turbulences. De grands projets scientifiques sont arrêtés en plein élan (Supercollisionneur) ; des scientifiques prestigieux sont accusés de manquer de probité intellectuelle (Gallo, Baltimore) ; les publications attestant des recherches perdent leur aura de rigueur (affaire de la « mémoire de l'eau ») ; les médias bousculent les mécanismes de validation en court-circuitant les comités de lecture des pairs (affaire de la fusion froide). Sont-ce là les signes d'une modification dans le mode de production des connaissances ou bien dans le statut social de la science ?*

J.-M. L.-L. Peut-être est-il nécessaire avant tout de noter que, malgré l'ampleur qu'a pris aujourd'hui le système social de recherche, la science n'a guère connu de grandes percées depuis plusieurs décennies. La physique fondamentale vit sur les idées quantiques déjà vieilles de plus d'un demi-siècle, et même l'activité foisonnante de la biologie moderne n'a guère ajouté aux découvertes fondatrices des années 1950. Quant aux nouveaux champs de la recherche à la mode (comme la théorie dite du chaos), ils renouent souvent avec des perspectives ouvertes depuis un siècle et négligées depuis.

De plus, on constate que la science contemporaine est en proie à une technicisation exacerbée : tant la sophistication des formalismes théoriques que la complexité des méthodes expérimentales obèrent l'invention au profit de la routine. Chacun peut, sans trop de difficultés, apporter une petite pierre à l'édifice, sans que la question de sa nécessité ou de son utilité ne se pose vraiment. Comme la production des biens matériels, celle des produits intellectuels, prise dans une fonctionnalité machinique et donc machinale, connaît désormais la loi des rendements décroissants : tout marche si bien que ça marche moins bien.

Pourtant, jamais il n'y a eu autant de publications scientifiques ?

Il faut certes prendre la pleine mesure de l'accumulation des résultats publiés dans le monde par les laboratoires. Les outils bibliométriques permettent de suivre la croissance sans frein de la production primaire (articles de revue, communications de congrès, etc.) et le foisonnement des périodiques spécialisés[1]. On assiste à un véritable phénomène d'inflation qui rend illusoire, pour le chercheur, toute tentative d'embrasser la totalité de la production dans son domaine.

Cette inflation éditoriale traduit certes l'accroissement de la production scientifique, mais aussi la nécessité vitale de publier imposée à la communauté scientifique. Or l'injonction « publish or perish » a des conséquences non seulement sur la quantité mais sur la qualité des résultats. La course à l'impact médiatique prend le pas sur l'exigence de validation professionnelle. Cette inflation des publications, et les divers phénomènes qui l'accompagnent (comme, par exemple, la généralisation de la pratique des signatures pléthoriques[2], ou la décroissance rapide des taux de citation) ne peuvent que conduire à une baisse de la qualité des travaux, ou, pire, de leur pertinence. Ce phénomène est encore aggravé par la concurrence effrénée entre revues scientifiques, qui pousse les éditeurs à créer de nouvelles publications aux champs de plus en plus étroits, et à l'impact de plus en plus limité. Et ne mentionnons ici que pour mémoire la mutation annoncée des modes de la communication scientifique, où les médias électroniques risquent de déstabiliser complètement les formes usuelles de l'échange des savoirs et du contrôle de leur validité.

Autrement dit, la science aujourd'hui n'a plus grand chose à voir avec son image traditionnelle ?

Au début du siècle, des « savants » travaillaient encore dans des laboratoires artisanaux, avec des fonds modestes. Après 1945, ce sont de véritables armées de chercheurs, d'ingénieurs et de techniciens qui sont réunies sur des programmes de recherche nationaux, puis internationaux. En quelques années, on est passé du *savant* au *chercheur professionnel*[3].

La massification de la recherche va de pair avec l'hyperspécialisation. Les grandes disciplines scientifiques (la physique, la biologie, etc.) perdent leur statut de cadre de référence, au profit de sous-disciplines toujours plus fragmentées : on n'est plus « physicien », mais spécialiste de la spectroscopie gamma des noyaux déformés, etc.

En même temps que la science est devenue une affaire d'État, les détermina-

1. On compte actuellement 40 000 revues scientifiques dans le monde.
2. Voir par exemple le récent éditorial de *Nature*, vol. 369, p. 353 (2 juin 1994).
3. 122 000 chercheurs et ingénieurs assurent en France des activités de recherche, dont 67 000 dans le secteur public.

tions industrielles se généralisent dans les laboratoires. L'échelle, tant humaine que matérielle, de la recherche contemporaine la met directement en prise avec le système économique et politique. Le couplage science/technique est si serré désormais que la distinction traditionnelle entre recherche fondamentale et recherche appliquée ne tient plus : les progrès de la biologie moléculaire et leurs débouchés immédiats dans le champ des biotechnologies en sont une preuve éclatante. Les contraintes institutionnelles et les intérêts économiques ne laissent plus guère de sens aux valeurs traditionnelles de liberté de la recherche et d'indépendance des chercheurs.

Ces transformations ne peuvent rester sans conséquences sur les contenus même de la science ?

De profondes mutations affectent en effet les contenus même de la recherche scientifique. De nouveaux champs émergent aux frontières des disciplines traditionnelles et menacent de bouleverser le tracé de leurs frontières. Ainsi, les sciences cognitives vont-elles se constituer en domaine autonome, se rattacher à la neurobiologie, ou se fondre avec les recherches sur l'intelligence artificielle ? Par ailleurs, avec la théorie de l'évolution, l'étude des phénomènes irréversibles et les modèles cosmologiques, la question du temps ne cesse de prendre de l'ampleur. La notion de contingence est peut-être le thème le plus central des préoccupations scientifiques en cette fin de siècle. D'où un retour en force de l'histoire, au double sens de la temporalité et du récit, jusque dans les sciences les plus formalisées (mathématiques, sciences physiques), qui en perdent leur arrogance par rapport aux sciences narratives (géodynamique, paléontologie, théorie de l'évolution, biologie du développement). À la vérité, il n'y a plus *un* modèle de scientificité (celui de la physique, qui a joué un rôle central dans l'épistémologie depuis le XIXe siècle), mais plusieurs, aussi légitimes les uns que les autres.

Enfin, la bipolarisation traditionnelle théorisation /expérimentation se complique par l'apparition d'un troisième pôle, celui de la *simulation*, qui bouleverse la physionomie des sciences contemporaines. La modélisation numérique, permise par les formidables moyens de calcul modernes sur ordinateur, déstabilise l'épistémologie classique, fondée sur la confrontation entre théorie et expérience, en perturbant cette dichotomie traditionnelle.

Peut-on néanmoins toujours penser que les avancées scientifiques profitent à l'humanité dans son ensemble ?

À cette question, le positivisme répondait affirmativement. Aujourd'hui, le progrès des connaissances ne peut plus être identifié au « progrès de l'humanité ». D'ores et déjà, l'humanité dispose, sur un plan purement technique, d'assez de connaissances pour résoudre une bonne partie de ses problèmes de nutrition et de santé... en principe ! Certains « voient déjà le jour où des spécialistes de haut niveau du Massachusetts General Hospital de Boston conseilleront les médecins d'un petit hôpital au cœur de la brousse africaine, sur la foi d'images qui leur auront été transmises par satellite »[1]. Est-ce bien ce dont ont besoin les populations africaines qui souffrent du paludisme, ou tout simplement de carence alimentaire, maux que (contrairement au sida, qui fait d'ailleurs moins de ravages !) l'on *sait* comment soigner ?

Pendant un demi-siècle, la communauté scientifique a su convaincre le plus souvent le pouvoir politique de lui accorder les moyens qu'elle demandait[2]. Le modèle de développement de la « Big Science » a été étendu à des domaines de plus en plus nombreux. Des programmes coûteux ont été lancés, d'abord dans le domaine des sciences et des technologies de la matière (les accélérateurs de la physique des particules, les grands observatoires, etc.), puis désormais dans le domaine des sciences de la vie (le projet de « décryptage du génome humain »).

Mais, comme le montre la décision du congrès américain d'abandonner à mi-parcours la construction du supercollisionneur SSC[3] (pourtant après un investissement de 3 milliards de dollars !), on est entré dans l'ère du doute : la société ne voyant pas de retombées rapides en matière de santé ou d'emploi se refuse désormais à accorder un chèque en blanc aux scientifiques. Les grands projets scientifiques, longtemps présentés avec orgueil par les chercheurs comme les « cathédrales des temps modernes », risquent ainsi de subir le sort même qu'aurait dû laisser entrevoir cette douteuse métaphore : au Moyen Âge, la construction des cathédrales gothiques, devenues trop grandes, trop fragiles et trop chères, s'est tout simplement interrompue, et définitivement.

Les scientifiques sont-ils conscients de ces évolutions ? Et peuvent-ils au moins articuler leur travail de recherche avec un partage de leur savoir ?

Rien n'est moins sûr, tant est limitée la vision qu'ils peuvent avoir de leur fonction sociale. La France se caractérise par l'existence de grands organismes de recherche (CNRS, INSERM, etc.) où travaillent des chercheurs professionnels à plein temps, en trop faible interaction avec leurs collègues de l'université, enseignants-chercheurs, et de l'industrie. Le découplage entre les activités de production des connaissances et celles de diffusion et de valorisation est devenu la règle. Ainsi, malgré les principes énoncés dans la loi d'orientation et de programmation de la recherche de 1982, les critères d'évaluation des chercheurs restent centrés sur la production primaire[4].

Mais cette relégation des tâches d'enseignement et de divulgation donne au

1. Article de *Newsweek* repris dans *Courrier international* (n° 179, 7-15 avril 1994).
2. L'effort de recherche de la France s'élève à 160 milliards de francs soit 2,4 % du PIB.
3. Superconducting Super Collider.
4. Le nombre de publications d'un chercheur ou d'un laboratoire, dans des revues « de réputation internationale », ainsi que le nombre de citations de ses travaux dans ces mêmes revues est accessible dans le *Science Citation Index*.

chercheur un rapport bien étriqué avec son savoir. En conséquence, le travail d'élucidation, de compréhension et de refonte du corpus des connaissances est désormais sacrifié au profit d'une « rentabilité » à court terme. La position aujourd'hui dévaluée d'enseignant-chercheur, devrait permettre au contraire d'œuvrer à l'élucidation des nouvelles idées autant qu'à leur production. La transmission des savoirs de référence aux étudiants impose un travail préalable de déconstruction et de reconstruction. Ce travail pourrait alors être réinvesti dans la divulgation auprès d'un public plus large. Mais trop peu d'universitaires sont impliqués dans de telles activités de diffusion.

De plus, le découplage de la recherche et de l'enseignement a pour effet que le réaménagement permanent du champ scientifique ne touche que peu et tard le découpage des disciplines au niveau scolaire et universitaire. Le cloisonnement y reste la règle. L'impact des médias, le développement de l'éducation informelle, les projets interdisciplinaires, la généralisation de compétences micro-informatiques et la facilité de l'accès aux sources d'information scientifique et technique, n'ont guère contribué jusqu'ici à transformer ni la définition traditionnelle des savoirs scolaires, ni leurs modes de transmission.

Mais la science n'est-elle pourtant pas au cœur de la culture contemporaine ?

Dans une période historique où la technoscience pèse de tout son poids sur l'évolution de la société, le paradoxe de la culture contemporaine est justement que la science n'y joue qu'un rôle minime. De fait, ce que nous avions coutume d'appeler « science » depuis le XVIIe siècle est peut-être même en train de disparaître : l'activité scientifique voit s'affaiblir son objectif de connaissance et son caractère réflexif au profit de ses seuls enjeux pratiques et d'une attitude techniciste. La recherche d'un *savoir* fait place à celle d'un *faire* manipulatoire. Cette activité de découverte qui alimentait l'imaginaire des hommes féconde de moins en moins la culture commune.

Le savant d'hier était homme de culture, le scientifique d'aujourd'hui est homme de technique. Les hommes de science du XVIIIe siècle étaient aussi philosophes (D'Alembert), écrivains (Buffon) ou hommes politiques (Condorcet). Mais après le divorce progressif entre science et philosophie au cours du XIXe siècle, seuls d'épisodiques débats, associés aux rares ruptures épistémologiques de la science contemporaine, ont permis de renouer le dialogue – par exemple lors de la naissance de la théorie quantique, qui a vu une grande confrontation sur l'idée de déterminisme, marquée par de célèbres échanges entre Bohr et Einstein.

Si aujourd'hui les avancées scientifiques donnent lieu à débat (intelligence artificielle, génétique, etc.), c'est plus en fonction de leur impact technique et social qu'autour d'enjeux intellectuels et culturels. Les chercheurs dans leur quasi-totalité ont délaissé le terrain de la réflexion philosophique et l'on peut parler d'une véritable déculturation de la science. Les savoirs s'accumulent, certes, mais sans que s'approfondisse leur maîtrise : on apprend beaucoup, mais on comprend peu...

Comment s'explique cette déculturation de la science ?

La science contemporaine vise l'actualité absolue. Dans une quête frénétique du nouveau, elle cherche mais ne re-cherche pas. Lorsque l'on se penche sur la production scientifique actuelle, celle que publient les « revues primaires », on constate que les références bibliographiques ne remontent guère au-delà de quelques années. Ainsi, les chercheurs n'ont-ils qu'une très courte mémoire de leur propre activité. De fait, à l'opposé de la formation des gens de culture (écrivains, artistes), celle des gens de science n'implique nullement la fréquentation des œuvres du passé. On peut être (et on est) physicien aujourd'hui sans avoir jamais pratiqué les textes fondateurs, sans avoir jamais lu Galilée, Newton, Ampère, ni même Einstein ou Jean Perrin.

Mais une science amnésique se condamne à la stagnation. Ainsi, dans les années 1960, la mécanique des fluides était considérée comme une discipline close, bonne pour les ingénieurs et les plombiers. La « physique moderne », relativité et mécanique quantique, l'avait, depuis le début du siècle, remisée au magasin des accessoires. Or les systèmes dynamiques, la turbulence ont connu un regain d'intérêt de la part des chercheurs. On a dû alors redécouvrir, avec un grand retard, des travaux oubliés, comme ceux réalisés par Henri Poincaré à la fin du siècle dernier. Au fond, on est en droit de s'interroger : la science ne doit-elle que chercher l'inconnu dans le nouveau ou doit-elle aussi re-chercher le méconnu dans l'ancien ?

Si la science se révèle incapable de se ressourcer dans la culture, elle court le risque de ne produire plus qu'une masse de résultats insignifiants, ou, pire, à la signification non maîtrisée. Car la découverte scientifique ne saurait être séparée du fonds culturel commun. Aussi est-ce bien dans un ressourcement culturel que l'on peut espérer trouver une issue aux impasses de la science actuelle. Mais, là encore, la confusion règne. La création artistique trop souvent fait sienne le paradigme de la recherche en confondant fins et moyens : le recours aux technologies nouvelles ne saurait garantir la scientificité ni la modernité des œuvres dans les arts plastiques, la musique, etc. Ainsi les relations arts-sciences restent-elles chargées d'ambiguïté.

On a pourtant l'impression que la vulgarisation scientifique ne s'est jamais si bien portée ?

Depuis les revues de « science populaire » jusqu'aux « fêtes de la science », la vulgarisation scientifique a connu de nombreux avatars et des justifications variées[1] : traduction de la science en langue commune (Fontenelle), traduction et propagation (Voltaire et Madame du Châtelet), diffusion des connaissances

1. Ph. Roqueplo, *Le Partage du savoir*, Le Seuil, « Science ouverte », 1976 ; J. Jacques et D. Raichvarg, *Savants et ignorants : une histoire de la vulgarisation scientifique*, Le Seuil, « Science ouverte », 1991.

de pointe (Diderot), croisade contre l'ignorance (Camille Flammarion), recherche d'un assentiment populaire aux efforts consentis pour la recherche (Perrin, Langevin), communication sociale (animations scientifiques de rue des années 1970), lacunes de l'enseignement scientifique de masse, partage du savoir et maîtrise démocratique du développement technologique, mais aussi élévation du niveau de formation des travailleurs pour répondre aux exigences du marché et réconciliation de la population avec l'industrie (mouvement de culture scientifique et technique des années 1980)... Aujourd'hui, beaucoup d'efforts de communication sont certes consentis par les institutions scientifiques et les grands organismes de recherche, mais ils ressemblent souvent plus à des opérations de promotion de leur image de marque qu'à de véritables projets de partage du savoir.

Mais c'est maintenant au sein même de la recherche que se fait d'abord sentir le besoin d'une véritable culture scientifique : la réappropriation par la science de son passé et de son contexte de production est devenue une nécessité vitale. Communiquer les résultats de la recherche ne doit plus se borner à une « vulgarisation » par les (prétendus) « savants » en direction des (soi-disant) « ignorants », mais permettre au chercheur de contrôler son degré de compréhension et au besoin de faire son examen de conscience... et de science. L'idéal de la connaissance scientifique reste bien son intelligibilité par un public qui dépasse le cercle restreint des spécialistes du domaine.

Mais la science contemporaine ne rencontre-t-elle pas des difficultés essentielles pour partager ses savoirs ?

Certes, les objets que manie la science « de pointe » ne sont plus à la portée directe des profanes. Leur étude et leur perception même exigent une instrumentation sophistiquée. Ils ont perdu tout lien direct avec les représentations courantes : abstraction croissante, ordres de grandeur qui dépassent l'entendement commun. Or, dans le domaine scientifique, toute acquisition de connaissance passe par un *faire*. Comme la musique, la science est une pratique. La pratique populaire de la science se limite aujourd'hui essentiellement aux sciences d'observation (sciences naturelles, astronomie) et l'on n'a jamais rencontré de physicien des particules amateur. En revanche, il existe toujours un tissu bien vivant de musiciens amateurs qui pratiquent la musique « classique » et qui, malgré la scission entre musique « contemporaine » et musique « populaire », assurent l'entre-deux social nécessaire à la création musicale. Mais après tout, la notion de musique classique, et l'idée de répertoire, ne datent que du XIXe siècle. Si l'on file la métaphore, il faudrait aujourd'hui inventer une *science classique*, constituée d'un corpus de savoirs et de pratiques contextualisés.

Le paradoxe actuel de la vulgarisation scientifique, c'est qu'on parle plus de trous noirs et de Hawking que du système solaire et de Galilée (dont le principe de relativité reste pourtant aussi paradoxal que sa révision einsteinienne !). Les grandes révolutions scientifiques du passé n'ont pas été assez intégrées à la culture commune. Il faut donc rendre au public ces grandes œuvres, et constituer un véritable répertoire de la science (classique), à lire et à interpréter... Mais, comme en musique, les grandes œuvres scientifiques doivent être resituées dans leur contexte. La musique demande à être *jouée*, la science aussi. À titre d'exemple, dans son livre *Galilée, Newton lus par Einstein*[1], Françoise Balibar fournit aux idées de la physique moderne sur l'espace et le temps une véritable introduction culturelle, un guide de lecture qui réactive des textes classiques, et dépasse largement le cadre usuel des introductions didactiques.

Est-ce dans ce cadre que vous proposez de mettre l'accent sur la fonction de « critique de science » ?

Si les domaines de la culture – littérature, peinture, musique, etc. – sont acceptés pour tels, c'est évidemment parce qu'ils sont lieux de création, *et*, moins évidemment mais aussi profondément, parce qu'ils donnent lieu à critique. Le rôle du critique (littéraire, artistique, musical) est de donner sens à la création ou à l'interprétation des œuvres, de rendre compte d'une manière intelligible et sensible de leur signification. Or, la production d'idées nouvelles dans le domaine scientifique se fait *aussi* dans la confusion et la douleur. Mais ici, la dimension critique reste implicite et en tout cas interne au champ scientifique, et d'ailleurs cesse désormais de jouer convenablement son rôle régulateur. Dans le contexte actuel de la recherche, la fonction de critique de science demande à être explicitée, reconnue et stimulée.

C'est que la science ne saurait se réduire à une accumulation de connaissances. Il faut désormais mettre sous le mot « science », pour qu'il garde encore un sens, non seulement la production de connaissances nouvelles, mais le travail de réorganisation et de réflexion qui l'accompagne nécessairement, ainsi que les opérations de diffusion et leur retour social. En même temps que le travail d'innovation scientifique, doit se développer une fonction d'élucidation, de compréhension et de refonte. Les controverses qui accompagnent les avancées scientifiques doivent fournir en permanence un matériau pour la réflexion, qu'elle soit historique, épistémologique ou sociologique, sur la nature des rapports science/technique/société. Les exemples choisis par Collins et Pinch dans leur ouvrage[2] en donnent une bonne illustration.

Comment concevez-vous de ce point de vue le travail éditorial qui est le vôtre aux éditions du Seuil ?

Comme l'une des composantes de mon travail scientifique, indissociable de mes activités de recherche et d'enseignement. C'est dans le grand renouvellement d'idées du début des années 1970 qu'est né ce projet éditorial, qui tend à

1. Dans la collection « Philosophies » aux Presses universitaires de France.
2. H. Collins et T. Pinch, *Tout ce que vous devez savoir sur la science*, Le Seuil, 1993.

dépasser la notion traditionnelle de vulgarisation, en ne se contentant pas d'une simple transmission des connaissances à sens unique, des « savants » vers les « ignorants ». Au fond, notre objectif est que le lecteur referme l'ouvrage avec plus de questions (mais si possible nouvelles !) qu'avant de l'avoir lu ; si tel est le cas, alors nos collections auront mérité la réputation d'ouverture, que revendique le titre de la première d'entre elles, « Science ouverte ». Au fil des ans, cette personnalité s'est affirmée, si bien que nous recevons de plus en plus de manuscrits correspondant à cette orientation, plus d'ailleurs que la collection ne peut raisonnablement en publier ! Heureusement, après nos efforts pionniers, nombre de nouvelles collections de littérature scientifique sont apparues ailleurs. Plusieurs partagent avec les nôtres l'ambition d'aller au-delà de la vulgarisation classique, ce qui a d'ailleurs conduit à l'apparition de nouvelles terminologies, mieux appropriées, je crois, à l'actuelle politique éditoriale ; ainsi, le Centre national des lettres a-t-il créé en 1983 une commission chargée de la « littérature scientifique »[1].

Comment concilier l'orientation critique que vous défendez, et donc la liberté de traiter des thèmes non consensuels, avec la nécessité de permettre au lecteur d'évaluer le statut des idées de l'auteur ? Et d'ailleurs, qui sont vos auteurs, et comment travaillez-vous avec eux ?

Il n'est pas question, bien sûr, de se cantonner aux idées admises, et de refuser le débat sur des voies nouvelles. Encore faut-il veiller à ce que le texte fasse explicitement la distinction entre les connaissances admises par la communauté scientifique, et les hypothèses ou conceptions propres à l'auteur. Prenons l'exemple de l'ouvrage de Francis Hallé, *Un monde sans hiver*. L'auteur, éminent botaniste, propose dans son livre une théorie originale de l'influence de la géographie sur les sociétés humaines, en particulier dans les zones tropicales. Dans la mesure où les conceptions qui y sont développées n'ont pas encore fait l'objet d'un débat au sein du milieu scientifique, elles sont très clairement présentées comme des hypothèses. Alors peut s'instaurer avec le lecteur une relation satisfaisante.

De façon générale, nous poussons les scientifiques à s'exprimer de manière personnelle, à trouver un style qui les dégage (souvent à leur grande satisfaction !) des contraintes académiques conventionnelles ; c'est d'ailleurs la condition pour qu'ils puissent expliciter le statut de leur discours. Aussi les manuscrits que je reçois donnent-ils souvent lieu à un important travail de remodelage. Avant que le manuscrit ne devienne livre, plusieurs aller et retour sont néces-

1. L'élargissement au champ de la culture scientifique des missions du CNL, par la création de cette commission, et son appellation même, sont dues à Jean Gattégno, et témoignent de l'ampleur de sa vision et de l'efficacité de son action à la Direction du livre et de la lecture du ministère de la Culture. Je tiens à lui en rendre personnellement hommage ici. [J.-M. L.-L.]

saires entre l'éditeur et l'auteur. Mais le travail de réécriture revient entièrement à l'auteur et aucune tierce personne n'y intervient.

Il existe depuis longtemps deux « familles » d'écrivains scientifiques : ceux qui viennent de la recherche et ceux qui viennent du journalisme. Les auteurs issus de la recherche sont pour la plupart des chercheurs confirmés. Certains ont des responsabilités institutionnelles comme Michel Crozon (auteur de *La Matière première*). Mais nous avons également publié de jeunes chercheurs comme Jean-Gabriel Ganascia en intelligence artificielle *(L'Âme-machine)*. Le recrutement de ces auteurs-chercheurs s'élargit heureusement de plus en plus aux scientifiques qui n'ont (pas encore !) de grande notoriété publique ni de haute position hiérarchique. Pour l'éditeur, la principale difficulté avec cette « famille » est de les faire écrire en dehors de leur communauté. Il s'agit souvent au départ pour eux comme d'une sortie en impesanteur, hors de leur milieu naturel.

Avec les auteurs issus de la presse, se pose un autre problème : ils ne se prêtent pas facilement aux exigences de l'écriture « au long cours », et ont du mal à adopter un rythme éditorial, qui suppose un investissement de temps sur une période longue. Ce que nous pouvons souhaiter, aujourd'hui, c'est qu'émerge un écrivain scientifique du troisième type, assurant la continuité entre le monde de la recherche et celui du journalisme. Marcel Blanc *(Les Héritiers de Darwin)* en fournit un exemple. Mais il ne faudrait surtout pas s'en tenir à des catégorisations trompeuses. Si l'on reprend la comparaison avec le monde musical, c'est d'une considérable diversité d'origines professionnelles, d'intérêts et de sensibilités, que nous avons besoin pour mettre en écriture la science.

Il y a place dans l'écriture de vulgarisation à la fois pour le profane qui porte le questionnement « naïf » du public et pour le chercheur patenté qui souhaite nouer un contact durable avec le public. Les nouveaux venus de l'écriture scientifique peuvent s'inspirer de l'exemple inégalé de Stephen Jay Gould. De ses ouvrages, l'intérêt des contenus, leur mise en contexte historique et sociologique, la qualité de l'écriture font des chefs-d'œuvre de littérature scientifique. Réunir le meilleur des États-Unis (la qualité technique) et le meilleur de l'Europe (l'ampleur culturelle), c'est la prouesse de Gould.

Pensez-vous qu'à l'heure de la télévision, du CD-ROM et du multimédia, le livre perde de son importance et devienne un objet culturel de second plan ?

Je suis au contraire persuadé que le livre n'a jamais eu autant d'importance. La montée en puissance de l'écran ne fait que renforcer le rôle de l'écrit. C'est là d'abord un aspect fondamental de la culture de notre temps : le livre, ne serait-ce que parce que nous le connaissons et savons l'utiliser depuis si longtemps, est seul à nous donner la liberté sans laquelle il n'est pas de pratique culturelle véritable. Les technologies nouvelles le sont trop, et nous les maîtrisons si peu, et, au surplus, sont l'enjeu de tels intérêts économiques, que nous ne savons ni ne pouvons que très rarement en faire un usage qui mérite le nom de culture.

Cela n'est que plus vrai dans le cas de la science, où, il ne faudrait pas l'oublier, l'écrit joue toujours un rôle fondateur dans la production même du savoir, comme dans sa diffusion. D'ailleurs, moins encore que dans d'autres secteurs, la télévision ne nous offre en matière de science de quoi alimenter notre soif de savoir et de comprendre. Beaucoup déplorent la faible présence de la science sur nos antennes ; mais au vu des rares émissions, sporadiquement relancées, ce regret n'est guère fondé. Mieux vaut se réjouir de la multiplication et de la diversification de la littérature scientifique destinées à un large lectorat, et agir pour que ces livres trouvent effectivement leurs lecteurs. C'est pourquoi les bibliothèques sont et restent les lieux de rencontre entre la culture et la science, par *excellence*.

Bibliographie

Jean-Marc Lévy-Leblond, *L'Esprit de sel (science, culture, politique)*, Le Seuil, « Points-Sciences », 1984.

Mettre la science en culture, ANAIS, 1986.

« La science en manque », *Le Magazine littéraire*, n° 239-240, mars 1987.

« Un savoir sans mémoire », *Le Genre humain*, 1991.

« Mutations dans la recherche », in *L'État des sciences et des techniques*, La Découverte, 1991.

« En méconnaissance de cause », *Le Genre humain*, n° 26, 1993.

La vulgarisation scientifique entre traduction et rhétorique

La bibliothèque, acteur et mémoire de la vulgarisation

On a parfois fait de la vulgarisation une fille des moyens modernes de communication de masse. La littérature contemporaine sur la vulgarisation scientifique laisse volontiers croire qu'elle est une entreprise récente, œuvre des seuls journalistes. Le troisième homme, celui qui s'interpose entre le savant et l'homme de la rue, est un personnage quasi mythique, probablement créé par la sociologie empirique des médias dans les années cinquante, puis revendiqué par les professionnels eux-mêmes[1]. En quelque sorte, l'idée du médiateur, capable de traduire la science, serait née avec le développement des mass media. Cette opinion n'est pas tout à fait erronée puisque la radio, le cinéma, et plus encore la télévision ne se sont fortement développés qu'après la Seconde Guerre mondiale.

Mais pour ce qui est du livre, de l'imprimé et de la presse, les spécialistes du XIXe siècle se sont empressés de faire remarquer que la vulgarisation a connu, près d'un siècle auparavant, un essor sans précédent. Pourtant, fixer la date de naissance de la vulgarisation au milieu du XIXe est déjà faire preuve d'une vision singulièrement réductrice et a-historique. Sans parler par exemple de la publication de l'*Encyclopédie* (ouvrage que beaucoup d'observateurs considèrent comme une entreprise de vulgarisation), rappelons que Fontenelle a publié ses *Entretiens sur la pluralité des mondes habités* deux siècles plus tôt[2].

---

1. Pour une présentation succincte des positions de Lazarsfeld et Katz, voir L. Sfez, *Dictionnaire critique de la communication*, 2 t., PUF, 1993.

2. Sur Fontenelle vulgarisateur, voir la remarquable thèse de linguistique consacrée à l'analyse du discours de vulgarisation : M.-F. Mortureux, *La vulgarisation scientifique au XVIIIe siècle à travers l'œuvre de Fontenelle*, Didier-Érudition, 1985.

Le terme *vulgarisation* (du verbe *vulgariser*) est cependant daté de 1852[1]. C'est-à-dire, grosso modo, du début de la période qui va du milieu du XIXe siècle à la Première Guerre mondiale, période qui correspond à une véritable explosion de la vulgarisation. Le mot est ainsi attesté dans la langue au moment du siècle où les activités de vulgarisation ont connu, au plan de l'imprimé, un essor considérable.

Il est évidemment impossible de proposer, dans un court texte, une description satisfaisante de ce continent immense et peu exploré. Signalons cependant que, si jusqu'à présent ce patrimoine était délaissé, un ouvrage, qui deviendra sans doute une référence, *La Science pour tous*, l'a décrit de manière assez précise.

Dans ce livre, bien illustré et rempli d'informations, Béguet et les auteurs qu'il a réunis parviennent sans aucun doute à donner une idée des différentes facettes de la vulgarisation entre 1850 et 1914[2]. Il faut dire que lors de cette période la vulgarisation est partout : elle occupe des feuilletons réguliers dans la presse bourgeoise ou populaire en plein développement ; elle donne naissance à des revues spécialisées, comme *Le Cosmos*, *La Nature,* ou encore généraliste comme *Je sais tout*[3] ; apparaissent aussi des collections d'ouvrages comme la célèbre Bibliothèque des Merveilles de l'éditeur Hachette.

Mais la vulgarisation revêt aussi d'autres formes : elle est la vedette des expositions universelles comme celle de 1889[4] ; elle accompagne le développement de l'École publique ; enfin et surtout elle inspire et influence tous les artistes : il suffit de penser à Jules Verne et, sur un tout autre plan, à *Bouvard et Pécuchet*, les deux héros de Gustave Flaubert[5]. Si beaucoup de textes ont été produits, il faut souligner que l'imagerie n'est pas moins riche. Les techniques de gravure, puis différents procédés de reproduction lithographiques et photographiques se succèdent ou coexistent pour produire une abondante iconographie.

Cette rapide énumération laisse deviner que cette période nous a légué un patrimoine considérable, d'autant que les tirages de la presse comme des livres de cette période (l'édition est en pleine expansion) atteignent des chiffres non

1. Dictionnaire *Le Robert de la langue française*, vol. 9.
2. B. Béguet, « La vulgarisation scientifique en France de 1855 à 1914 ; contexte, conceptions et procédés », *in* Béguet (édit.) *La Science pour tous*, 1990, pp. 6-29, Bibliothèque du CNAM.
3. F. Colin, « Les revues de vulgarisation scientifique » *in* Béguet (édit.), *La Science pour tous*, pp. 71-95, Bibliothèque du CNAM, 1990. La revue *La Science et la Vie* est née en 1913. *Cf.* D. Jacobi et C. Condé, « Un survol du contenu de *La Science et la Vie* entre 1913 et 1932 », *Cahiers d'Histoire et de Philosophie des sciences*, 24, pp. 83-97, 1988.
4. B. Bensaude-Vincent, « La science populaire, ancêtre ou rivale de la vulgarisation ? », *Protée*, 16, nº 3, pp. 85-92.
5. J.-C. Beaune, « La vulgarisation scientifique ; l'ombre des techniques » *in* Jacobi et Schiele (édit.), *Vulgariser la science ; le procès de l'ignorance*, Champ Vallon, 1988, pp. 47-81.

négligeables. Il est remarquable que l'âge d'or de l'imprimerie et de l'édition coïncide exactement avec cette explosion de la vulgarisation.

Certaines bibliothèques, qui peuvent aujourd'hui encore montrer les ouvrages et les collections de cette période, sont ainsi la mémoire d'une entreprise extraordinaire et ambiguë de diffusion des sciences. Il n'est pas rare en effet d'interpréter la vulgarisation au XIXe comme l'exact reflet d'un siècle marqué par la tyrannie de la rationalité ou l'idéologie de la raison. Le succès de la vulgarisation au XIXe ne serait que le reflet de la place occupée par l'idéologie scientiste dans toute la vie intellectuelle.

Les conceptions scientifiques ont certes trouvé un terreau favorable dans la République qui a mis en place l'École publique laïque et obligatoire et créé la Ligue de l'enseignement pour éduquer en dehors de l'école. La science et la technique apparaissent incontestablement, aux yeux des dirigeants et des intellectuels, comme les clés du progrès. La vulgarisation a sans doute rencontré alors plusieurs des conditions nécessaires à son épanouissement : une vie scientifique intense, un public de mieux en mieux instruit et disponible, des médias nouveaux et multiples, des vulgarisateurs de talent.

Cette interprétation fait cependant peu de cas du rôle essentiel de la science et de l'écho qu'elle a alors rencontré. Au moment où les grandes puissances finissent de se partager les empires coloniaux et prospectent les derniers espaces inexplorés de la planète, seule la science permet d'imaginer de nouvelles frontières. L'*Astronomie populaire* de Camille Flammarion n'est pas seulement un ouvrage de vulgarisation. Il marque aussi un déplacement des priorités : de la vieille planète Terre aux nouveaux espaces cosmiques que la raison et l'intelligence vont permettre de découvrir. La science au XIXe est aussi une formidable machine à faire rêver les hommes.

Quelle science dans la bibliothèque ?

Toute bibliothèque de vocation générale contient des ouvrages scientifiques. Il est facile d'admettre cet aphorisme... à condition que l'on réponde à cette simple question : qu'est-ce qu'un ouvrage scientifique ?

La question peut paraître saugrenue. Et, il y a encore une quinzaine d'années, certains linguistes, par exemple, ont proposé assez naïvement de faire des discours scientifiques une catégorie spécifique, un peu comme le sont les récits[1].

1. Sur les typologies de textes, voir J.-C. Beacco, « Les genres textuels dans l'analyse de discours », *Langages*, n° 105, 1992.

On sait aujourd'hui qu'il n'en est rien. Les ouvrages scientifiques constituent en fait un ensemble flou.

Dans cet ensemble, il est prudent de distinguer trois pôles : celui des discours scientifiques primaires (écrits par des chercheurs pour d'autres chercheurs) ; puis celui des discours à vocation didactique (comme les textes des manuels d'enseignement scientifique) ; et enfin le pôle que l'on peut appeler l'éducation scientifique non formelle (vulgarisation, presse, documents de culture scientifique...), pôle dont seul il sera question ici[1]. Les manuels, comme les traités réservés aux spécialistes, sont classés dans des bibliothèques spécialisées (bibliothèque universitaire, centre de documentation à caractère pédagogique...).

Pour examiner les différents traits qui séparent les diverses catégories d'ouvrages de science dans les bibliothèques, il est nécessaire de rappeler les facettes qui caractérisent les discours scientifiques produits par les chercheurs et les savants, lorsqu'ils présentent des résultats de recherches à d'autres spécialistes. C'est ce que l'on appelle des textes scientifiques primaires (par référence à la catégorie de revues spécialisées qui les publient).

Ces textes ésotériques offrent des caractéristiques très stables, aujourd'hui bien connues. On note d'abord que le texte scientifique spécialisé est ordonné selon un plan standard. *Introduction, matériel et méthodes, résultats, discussion et conclusion* s'enchaînent de manière immuable. Ce plan s'appuie sur un modèle canonique, dit *expérimental.*

En second lieu, le chercheur qui écrit se montre particulièrement prudent. Il prend beaucoup de précautions pour justifier ses méthodes et la qualité des résultats qu'il a obtenus. Il se garde de toute affirmation péremptoire. Il ne généralise pas au-delà de son tout petit domaine d'investigation... Bref, l'écriture inclut ce qu'on pourrait appeler une série de précautions élémentaires reliées à la méthode expérimentale.

Enfin, curieusement, et en tous cas pour les textes écrits en français, les chercheurs n'apparaissent pas dans leurs textes. Un auteur peut en effet facilement être au centre d'un écrit. Pensons à un texte autobiographique où *je* (celui qui écrit) est le héros dont le texte parle. La science, dans les textes des spécialistes, semble se parler seule. Les protagonistes humains (le chercheur-auteur, ses concurrents, ses collaborateurs, les lecteurs pour qui il écrit...) sont – au moins en apparence – écartés ou volontairement oubliés. Celui qui écrit se cache derrière *on* ou *nous*. Ou bien encore, il utilise les formes verbales passives grâce auxquelles les choses semblent agir seules.

Enfin le choix des mots – même si ce n'est pas la seule particularité des textes scientifiques – les distinguent de la langue de tous les jours : les textes scientifiques mobilisent obligatoirement des terminologies. Ce caractère est de loin le plus connu, au point que l'on a pendant longtemps pensé que les difficultés

1. Sur le concept d'éducation non formelle, voir D. Jacobi et B. Schiele, « La vulgarisation scientifique et l'éducation non formelle », *Revue française de pédagogie*, n° 91, 1990, pp. 81-111.

des textes scientifiques spécialisés tenaient exclusivement (ou presque) à l'usage de celles-ci[1].

La science ainsi publiée l'est par des chercheurs et pour d'autres chercheurs. À de rares exceptions, on ne la trouve donc pas dans les bibliothèques publiques à vocation généraliste. Les manuels scientifiques, destinés quant à eux à l'usage des enseignants et de leurs élèves, n'ont pas à y figurer nécessairement. Un ouvrage prendra plus facilement place dans une bibliothèque publique s'il appartient au pôle de la vulgarisation. Est-il pour autant facile à lire ?

La littérature de vulgarisation scientifique et la question de la lisibilité

Nous avons souligné que les textes scientifiques mobilisent obligatoirement des terminologies. Les ouvrages de vulgarisation peuvent-ils se dispenser de le faire ? La réponse est non. D'où le soupçon qui pèse sur l'ensemble de cette littérature : elle recourrait en permanence à des termes qui rendraient leur contenu peu compréhensible ou même rébarbatif ! Pourtant personne ne discute de l'efficacité des terminologies et, avec elles, de celles des langues scientifiques spécialisées. Mais cette efficacité n'est possible qu'au sein de petites communautés sociolinguistiques d'experts : les scientifiques qui travaillent dans un même domaine de spécialité et qui les mobilisent à des fins professionnelles.

Par contre, on sait que, dans une perspective de sociodiffusion, à destination d'un plus grand nombre d'interlocuteurs non spécialistes ou novices, ces terminologies cessent d'apparaître comme un excellent vecteur communicationnel pour se muer en obstacles. Ce paradoxe conduit à les accuser de devenir des sortes de jargons, peu compréhensibles.

Il faut savoir cependant que les terminologies propres aux discours scientifiques spécialisés ont toujours fasciné les linguistes. Nommées autrefois vocabulaires spécialisés, les terminologies ont donné lieu à une multitude d'exégèses, les unes savantes et documentées, d'autres plus spéculatives. La genèse de ces terminologies, leurs propriétés sémantiques, leur stabilité diachronique ou au contraire leur stratification, leur logique taxinomique ont été tour à tour vantées et explorées.

Au-delà de ses règles de création, le terme scientifique présente une autre propriété que les lexicologues ont soulignée. Dans les limites de son domaine

1. Pour une description fine et exhaustive des caractéristiques du discours scientifique, voir : R. Kocourek, *La Langue française de la technique et de la science*, La Documentation française, 1991.

de spécialité, il tend à s'autonomiser du texte. Son signifié est relativement indépendant de son environnement linguistique immédiat. D'où probablement la tentation d'inférer qu'en ces termes seuls réside la difficulté d'un texte scientifique spécialisé.

Comment mesurer les difficultés communicationnelles des langues de spécialité ? Même s'il s'agit d'une théorie quelque peu naïve, il n'est donc pas tout à fait inexact d'estimer que les termes scientifiques spécialisés représentent un obstacle. Mais comment repérer dans un texte ou un discours ces termes difficiles qu'on appelle souvent des néologismes ? Plusieurs voies s'offrent au linguiste. La première, malgré son absurdité, est encore intuitivement utilisée : l'observateur se fie à son propre « sentiment néologique » qu'il généralise en quelque sorte à un ensemble d'interlocuteurs. Il peut ainsi souligner les mots qui lui paraissent difficiles.

La seconde, plus empirique, est bien entendu d'analyser le fonctionnement des termes ou des lexies spécialisées en discours. Les occurrences et les emplois d'un terme pivot permettent de vérifier son autonomie lexicale et, en même temps, d'enregistrer les différents traits référentiels qui en construisent la valeur sémantique. Pour faire apparaître les propriétés des termes, comparativement à celles des mots de la langue commune, il est indispensable, en effet, de recenser leurs emplois en discours[1].

Dans ce cas, on est conduit à observer la nature du cortège linguistique qui est utilisé avec un mot, comme avec un terme scientifique spécialisé. On appelle *cotexte* aussi bien la phrase qui enchâsse le terme pivot que la série des mots qui avant (cotexte gauche) précède le pivot, ou après (cotexte droit) suit celui-ci. Le sens que construit le lecteur résulte toujours du traitement de cet ensemble, lui-même inséré dans un contexte d'emploi (thème, type de discours, situation de communication, nature des interlocuteurs).

Même pour analyser des discours scientifiques vulgarisés, il est nécessaire de mieux contrôler la variable contexte de communication. Les vulgarisateurs n'emploient pas les termes scientifiques spécialisés de façon identique. Est née ainsi une nouvelle approche dans laquelle les linguistes ont, soit comparé finement des discours qui vulgarisent des concepts de même nature, soit contrasté des discours, produits par le même scripteur, mais pour deux catégories différentes de lecteurs, soit encore construit des corpus de textes (parlés ou écrits) produits par plusieurs auteurs dans des contextes de communication distincts, mais qui se proposent d'exposer les mêmes concepts scientifiques[2].

Cette nouvelle direction de recherches a apporté plusieurs nuances aux pre-

---

1. Pour des exemples de ce type d'approche, voir D. Candel, « Le discours définitoire ; variations discursives chez les scientifiques », *in* S. Moirand *et al.* (édit.), *Parcours linguistiques de discours spécialisés*, Berne, P. Lang, 1993, pp. 33-44. M.F. Mortureux, « Néologie lexicale et énonciation personnelle dans les discours scientifiques », *Linx*, n° spécial, 1991, Paris 10.
2. D. Jacobi, *Textes et images de la vulgarisation scientifique*, Berne, P. Lang, 1987.

mières et apocalyptiques descriptions des maladresses et des excès de la vulgarisation. Il n'est pas rare, par exemple, que les spécialistes eux-mêmes (s'adressant à d'autres spécialistes ou à des lecteurs cultivés mais non experts du domaine de recherche présenté) éprouvent le besoin de mobiliser des synonymes, qu'ils définissent les termes qu'ils utilisent ou les reformulent. La souplesse et la labilité de ces emplois contredisent assez souvent les descriptions idéales des qualités des langues scientifiques spécialisées[1].

Par ailleurs, on sait que les experts et spécialistes, dans le cas des sciences de la vie, usent fréquemment de termes, syntagmes et lexies métaphoriques ; ou ne répugnent pas à insérer les termes scientifiques dans des analogies. Enfin et surtout, lorsqu'ils sont conduits à s'exprimer, à l'oral ou à l'écrit, devant des auditoires hétérogènes ou des publics de non spécialistes, ils recourent à leur tour à des mécanismes de reformulation tout à fait semblables à ceux des journalistes ou des vulgarisateurs ; bref ils se situent alors dans cette situation de médiation qui, croyait-on, était l'apanage du troisième homme.

Les méthodes qui ont permis de repérer, recenser, analyser et catégoriser les discours scientifiques ont du coup, elles aussi, évolué. Par exemple, une plus grande attention a été apportée à la construction et à la délimitation du corpus. On a pu ainsi mettre en évidence des différences significatives entre différents types de discours de vulgarisation.

Ces différences, qui on le voit ne sont pas secondaires, pourraient à elles seules faire l'objet de longs développements. Plus généralement, plusieurs linguistes se sont employés à faire apparaître un certain nombre de régularités qui constituent des sortes d'invariants, toujours mobilisés par des scripteurs, soucieux d'assurer un accès minimum au sens des termes spécialisés. Le vulgarisateur, en produisant son texte, mobilise des termes scientifiques. Il ne peut pas tous les reformuler. Pourtant, ceux qui lui paraissent plus ésotériques, ou peut-être qui sont plus essentiels à l'intelligence du message, sont munis d'équivalents sémantiques.

Le vulgarisateur met en œuvre, soit par anticipation, soit après l'occurrence du terme pivot (ou de la lexie complexe ésotérique) dans le discours, un travail de reformulation. Cette reformulation est donc un mécanisme dans le discours (reformulation intradiscursive). Elle est réglée par l'auteur lui-même (auto-reformulation). Le scripteur revient sur son texte pour apporter une précision à caractère sémantique. J'ai pour ma part déjà publié beaucoup d'exemples, extraits des principales revues françaises de vulgarisation scientifique, qui illustrent et décrivent quelques uns de ces mécanismes de reformulation[2].

1. *Cf.* Kocourek, *op. cit.*
2. Voir les contributions de la première partie des *Actes du colloque* : S. Moirand *et al.* (édit.), *Parcours linguistiques de discours spécialisés, op. cit.*

Les ressources et les mécanismes de reformulation

Une idée revient tel un leitmotiv sous la plume de tous ceux que préoccupe la vulgarisation. Métaphores, comparaisons et analogies sont les préceptes de base d'une communication efficace. Pour juger du bien-fondé de ce credo, il faut revenir sur la nature des terminologies. Les lexicologues ont décrit fréquemment leurs caractéristiques formelles. Ils se sont en particulier attachés à différencier les règles de création de deux grandes catégories de néologismes : morphosyntaxiques et sémantiques[1]. Pour résumer cette question, il est plus facile de prendre deux exemples[2].

Le terme *phéromone* a été proposé pour désigner une substance chimique volatile, émise par certains insectes, et qui stimule ou provoque des réactions comportementales chez des insectes de la même espèce. Le mot *phéromone* est un néologisme construit en prenant appui sur le grec. Sa forme exhibe son caractère néologique.

Le terme *période* correspond lui à la seconde veine. Dans la langue de tous les jours une *période* est un espace de temps plus ou moins long. Mais pour un géologue (*période* houillère de l'ère primaire), pour un historien d'art (la *période* bleue de Picasso), pour un physicien (la *période* d'un pendule), pour un astronome (la *période* d'un astre), pour un biologiste (la *période* de l'ovulation), pour un électricien (la *période* du courant alternatif) etc., le mot *période* acquiert un sens précis, stable, spécifique du domaine. La relation au temps et à la durée est encore perceptible dans certains de ces termes spécialisés. Mais elle ne l'est plus du tout dans d'autres. Toutes ces acceptions de *période* peuvent être qualifiées de néologismes sémantiques.

Il va de soi que les ressources de vulgarisation ne peuvent pas être utilisées de façon identique pour l'une et l'autre catégorie de néologismes. La première commande le recours à l'étymologie et à la paraphrase à caractère définitoire. *Phéromone* est un néologisme morphosyntaxique. Il a été construit à partir de deux racines grecques : *hormone* (de horman = exciter) et du préfixe *phéro-* (de phéro = transporter). Les substances volatiles, émises par un insecte femelle, et qui – à de longues distances – attireront les mâles, s'appellent des *phéromones sexuelles*. Et dès que le lecteur rencontre le terme *phéromone* dans un texte, il ne peut pas l'interpréter dans un sens différent de celui-ci.

Dans le cas de *période*, les choses sont plus compliquées. Avec un néologisme sémantique, l'axe métaphorique est grand ouvert. Est-ce plus facile pour autant d'en faire partager le sens ? Par opposition avec les mots de la langue commune,

1. L. Guilbert, *La créativité lexicale*, Larousse, 1975.
2. Voir D. Jacobi, « Les terminologies et leur devenir dans les textes de vulgarisation », *Didaskalia*, 1993 ; *Recherches sur la communication et l'approche des sciences et des techniques*, n° 1, pp. 69-84, Paris, INRP.

les termes scientifiques sont monosémiques ou monoréférentiels. Il ont un seul sens et renvoient à un unique référent (cas d'éléments observables avec les sens) ou à une seule notion ou un seul concept. On dit des termes scientifiques qu'ils obéissent à la règle de biunivocité : chaque concept est désigné par un seul signe et un signe ne peut renvoyer qu'à un seul et même concept. Toutes ces caractéristiques formelles et sémantiques expliquent donc pourquoi les termes scientifiques sont toujours pourvus, dans tous les dictionnaires, de la même définition. Cette définition – complexe au besoin – est la seule possible. Un terme dénomme et désigne sans ambiguïté : il monosémise. Ceci a une conséquence très importante : la synonymie est interdite. Tout autre mot « proche » ou « voisin » ne peut recouvrir le signifié plein d'un terme scientifique. Autant de qualités qui peuvent devenir rapidement encombrantes.

Un nouvel exemple nous servira d'illustration :

> *La cartographie détaillée d'une quinzaine de massifs d'ophiolithes à travers le monde a montré qu'il y avait ophiolithe et ophiolithe.*

Cette phrase, en apparence paradoxale, est extraite d'un texte de vulgarisation publié par un chercheur (Adolphe Nicolas) dans *La Recherche*[1]. Comment peut-on proposer à un public plus large que le cercle des géologues cette opposition imprévue ? Non seulement le lecteur non spécialiste ne sait pas ce que sont des ophiolithes, mais de plus il comprend que les ophiolithes ne sont pas des séries homogènes.

Il ne peut s'aider d'un dictionnaire de langue, car le terme *ophiolithe* est absent d'un dictionnaire de langue habituel. Aussi le vulgarisateur est-il contraint de le reformuler en combinant désignation et définition. Ces deux procédés sont ceux dont disposent les vulgarisateurs et qui constituent la base de leur répertoire métalinguistique. Le terme pivot, qui appartient à la langue des spécialistes, est donc *ophiolithe*. Le scripteur peut le munir, pour le mettre en évidence vis-à-vis du reste de l'énoncé, de guillemets français. Ce signe de ponctuation est un élément paralinguistique utile pour signaler un décalage lexical. Le terme pivot *ophiolithe* peut aussi être introduit par un verbe à fonction métalinguistique comme *nommer, désigner, dire, appeler*, etc. Ces verbes permettent d'opérer la reformulation tout en attirant l'attention du lecteur sur le fait qu'on effectue, à son intention, ce travail métalinguistique. La tournure sera du type : *On nomme « ophiolithe » une série géologique...*

Comment est reformulé le terme *ophiolithe* dans la revue ? Sous une forme paradoxale, avec *fragments d'océans* ; de manière moins elliptique avec *plancher des océans*. Dans *fragments d'océan* est sous-entendu *fragments* [du fond] *de l'océan*. Parmi les reformulations les plus explicites, on trouve *Fragments, morceaux* ou, plus poétiquement, *épaves de lithosphère (océanique)*.

1. A. Nicolas, « La dynamique des dorsales océaniques », *La Recherche*, n° 239, 1992.

Mais c'est alors *lithosphère* qui peut faire obstacle. *Croûte* ou *plaque* pourraient sans difficulté remplacer *lithosphère*. Mais le scripteur ne juge pas utile de le faire. Et il faut attendre l'évocation des *ophiolithes* repérées dans les chaînes montagneuses pour qu'une définition très explicite précise à la fois leur composition minérale (*pierres vertes*) et leur origine (*émissions volcaniques* sur le fond de l'océan).

Les reformulations ainsi accumulées tissent un ensemble hétérogène. Tour à tour les *ophiolithes* sont présentées comme *fragments, épaves, morceaux*. Mais l'art du vulgarisateur n'est-il pas également de faire rêver ? Ces *épaves échouées* répondent à la belle ouverture du texte : *La tectonique des plaques est fille des mers*. Ces grandes plaques rigides qui, inexorablement, se meuvent, de façon complexe, tout au fond de l'immensité des océans, ont fait basculer la géologie. Avec la tectonique des plaques, les géologues, à leur tour, tentent d'interroger de grandes énigmes quasi métaphysiques.

Traduction ou reformulation ?

Toutes les descriptions de la vulgarisation prennent appui sur une opposition entre la langue scientifique spécialisée et la langue ordinaire ou langue commune. On peut se demander si cette opposition ne s'inscrit pas dans les pas de l'opposition pensée scientifique *versus* pensée commune. Ces travaux sont tous dérivés de la notion de rupture épistémologique qui s'inspire des conceptions bachelardiennes sur l'esprit scientifique[1]. Quand, à leur tour, les linguistes se sont intéressés aux discours scientifiques, il ne se sont pas écartés, eux non plus, du modèle bachelardien. Ce dernier en fait tend à hypostasier la véritable nature de la science et, finalement, un certain renouvellement des points de vue n'est devenu possible que lorsque les recherches sur la vie dans les laboratoires, ou encore le tournant radical de l'ethnométhodologie, ont permis de porter un nouveau regard et d'embrayer d'autres types d'analyse.

Cependant cette voie, qui a heureusement permis de construire la notion de vocabulaires scientifiques et techniques, a montré ses limites : elle ne tient pas assez compte de la diversité des situations de communication. Ce que l'on qualifiait de discours scientifique et technique regroupait, pêle-mêle, des textes de spécialistes (assez rarement) destinés à d'autres spécialistes, des manuels d'enseignement secondaire et des textes de vulgarisation (beaucoup plus fréquemment). Il est évidemment abusif dans une bibliothèque de nommer *livres de science* des genres aussi différents.

1. G. Bachelard, *La Formation de l'esprit scientifique*, Vrin, 1973.

Les ouvrages et les revues de vulgarisation prétendent concerner un large public parce qu'ils utilisent une langue adaptée. C'est pourquoi on a souvent comparé le travail du vulgarisateur à un travail de traducteur : il réécrirait la science, exposée par les chercheurs dans un jargon incompréhensible, avec les mots de tous les jours. Cette image, séduisante, est-elle exacte ? Notons qu'elle suppose chez les spécialistes une attitude perverse : pour parler science, ils refuseraient la langue commune. La recherche d'une hypothétique culpabilité est dénuée de sens : si la science aime à fabriquer des mots nouveaux, c'est que les mots usés et polysémiques de notre langue commune semblent comme incapables de dire les concepts et les théories scientifiques. Et en remplaçant les termes scientifiques par des synonymes approximatifs, on ne peut que déformer, transformer, réduire, caricaturer, bref dénaturer la science.

Les termes scientifiques sont donc nécessaires. Les vulgarisateurs ne disposent que d'une étroite marge de manœuvre pour les reformuler. Pourtant, le travail de reformulation est souple, labile, peu visible à première vue. Le vulgarisateur dispose de diverses ressources comme la substitution, la définition, la comparaison, l'analogie... Et, si de plus c'est un bon journaliste, il peut les combiner et les assembler à sa guise pour expliquer de façon claire... sans ennuyer les lecteurs.

Vulgariser est une entreprise qui se situe au cœur d'une contradiction : comme le scripteur se propose de faire connaître le sens des notions et des concepts spécialisés construits par les sciences, il est contraint d'utiliser les termes et les lexies des langues de spécialité ; mais, en employant dans son texte des termes spécialisés, il redoute – à juste titre – que les lecteurs ne puissent en comprendre le sens ; pour prévenir les difficultés d'accès au sens des destinataires, le vulgarisateur met en relation les termes scientifiques avec des mots de la langue commune.

Mais la vulgarisation pose avec insistance une question quasi insoluble : les mécanismes de reformulation parviennent-ils effectivement à opérer un accès sémantique ou un partage du sens ? Il est *a priori* difficile de l'admettre : si l'équivalence entre terme spécialisé et fragments reformulés en langue commune était effective, cela reviendrait peut-être à mettre en cause l'utilité ou la pertinence de la langue de spécialité ! Mais n'est-ce pas cette tension, cette volonté de tenter, malgré tout, d'accomplir une tâche théoriquement impossible qui constitue les vertus de la rhétorique de vulgarisation ?

Daniel JACOBI

Le discours de vulgarisation du journaliste

Les travaux d'analyse formelle des discours de vulgarisation, publiés dans les principales revues de vulgarisation, ont montré que, sans que ces derniers puissent constituer une rhétorique propre, leurs auteurs modifient toujours dans la même direction les discours ésotériques des spécialistes.

Le plan canonique emprunté au *modèle expérimental* est abandonné sans hésitation. Cela est facile car ce plan est une structure arbitraire, rigide et qui ne correspond que d'assez loin à la logique de la découverte et de l'investigation. Présenter des faits scientifiques ou des découvertes peut sans difficulté se faire selon une autre structuration. Celle-ci est fréquemment inductive (des faits à leur interprétation).

Mais certains vulgarisateurs adoptent sans hésiter des structures narratives, qu'il s'agisse de celle du fait divers (raconté au présent à un lecteur pris comme témoin d'un événement qui se déroule sous ses yeux) ou de celle du conte. Le héros du récit de vulgarisation est le savant et il triomphe (provisoirement) des énigmes et des pièges de la connaissance, au terme de multiples complications et rebondissements.

En second lieu, que deviennent la prudence et le scepticisme du chercheur ? La section *matériel et méthodes* (qui conditionne la qualité des résultats obtenus) est tout simplement supprimée car jugée trop technique. Affirmation et généralisation sont sollicitées et rendues possibles par le fait qu'il ne s'agit plus d'une publication légitime. Par conséquent les raccourcis et les simplifications trouvent leur justification dans ce changement de contexte. Et il sera facile, en cas de contestation, de faire remarquer qu'il s'agit d'un raccourci journalistique.

Le journaliste est aussi très soucieux de personnaliser la science et il va chercher par tous les moyens à ré-introduire les acteurs dans le récit scientifique. La science redevient une affaire d'hommes, avec leur grandeur comme avec leurs faiblesses. La découverte scientifique fournit les matériaux et les ingrédients d'un récit dont les savants sont les héros et non plus une science anonyme et impersonnelle qui *se parle seule*.

Le stratagème le plus fréquent est celui de l'entretien. Les deux protagonistes humains (le chercheur-auteur, le candide-journaliste) parlent la science avec la langue de tous les jours et pour aborder des questions qui nous préoccupent tous et depuis toujours. Le ton de l'échange et de la parole détendue sont soulignés par des photographies de reportage qui montrent le laboratoire, l'appareillage utilisé. Parfois des objets ou des échantillons qui affichent comme des preuves. Le chercheur est lui aussi photographié en plan américain, vêtu de sa blouse et parfois devant un tableau où se lisent des formules.

Le ton familier et l'apparence détendue ne sont pas les seuls paramètres mobilisés. De ce registre proche, ils passent souvent lors de leur entretien à une dimension plus philosophique et même métaphysique, faisant ainsi de la science un puissant stimulant de la rêverie et de l'imaginaire.

Enfin les terminologies sont reformulées et rapprochées de la langue commune.

Les procédés littéraires du récit dans la vulgarisation scientifique écrite et télévisée

La vulgarisation scientifique écrite et audiovisuelle s'est beaucoup développée ces dernières années. Outre les revues mensuelles destinées à un public d'amateurs, les grands quotidiens offrent des pages journalières ou hebdomadaires qui rapportent les nouvelles du monde scientifique, offrent des tribunes aux savants et dissèquent les orientations et la politique des organismes de recherche. Dans la structure mosaïque des hebdomadaires à grand tirage, on trouve toujours une rubrique « sciences » ou « découvertes ». Le contenu de ces articles va du long récit d'une recherche et de l'avalanche de questions d'une interview jusqu'à la brève qui signale une publication dans une revue spécialisée, très souvent *Science* (USA) et *Nature* (GB). La télévision offre parfois une émission de 52 minutes sur un thème scientifique, mais ce mode d'expression est plutôt la spécialité des télévisions publiques anglo-saxonnes ou japonaises ; en France, la science se présente à la télévision sous une forme éclatée, parcelles exploitées dans des productions pour la jeunesse, les agriculteurs, les consommateurs, les investisseurs, les femmes, ou encore composante brève des journaux télévisés, ou saynètes pour rythmer un débat sur un plateau, ou encore reportage dans des émissions de journalisme d'investigation.

La nature des thèmes et des objets scientifiques montrés par la presse et la télévision est l'objet du présent travail. Il est évident qu'il existe un énorme décalage entre le contenu des articles primaires qui exposent à travers une « littérature » scientifique surabondante le travail des chercheurs et ce qu'il en paraît dans les médias. Ceux-ci ne donnent nullement un échantillonnage moyen, ils font un choix dans la masse, extraient ceci plutôt que cela. Le langage scientifique est protégé par sa composition éclatée en vocabulaire, symboles et formules, images et manipulation de chiffres[1]. Chaque spécialité a ses codes et

1. Paul Caro, *La Roue des sciences*, Albin-Michel, 1993.

un jargon, difficilement accessible même pour les praticiens de la discipline voisine. Cette masse de textes sibyllins offre une forte résistance à la vulgarisation, et très souvent celle-ci n'est possible que par l'action de personnalités échappées du sérail. De fait, le gros de la production scientifique est difficile à expliquer à un public large[1]. Pourtant, on observe que, dans quelques cas, des sciences particulières trouvent un écho dans le public au moins au niveau de leur surface.

On considère généralement que la vulgarisation scientifique est quelque chose comme la traduction dans une langue plus simple du discours scientifique. Le vulgarisateur faisant l'effort de dégager, pour le public, l'essentiel : il présente le sujet, la méthode et la signification des résultats. Un travail, donc, pédagogique, mais conduit dans un cadre plus souple et plus convivial que la sécheresse scolaire. L'examen des textes et des films montre qu'il s'agit d'autre chose. Les choix du vulgarisateur ne sont pas innocents : il va chercher dans la science quelque chose qui se prête à un récit avec des ressorts dramatiques capables de retenir l'attention du lecteur et du téléspectateur. Mieux, s'il s'agit d'un texte ou d'une présentation longs, il s'efforce de trouver un thème dans lequel une *succession* de ressorts dramatiques puisse être exploitée, montée de façon à tenir en haleine, capter l'intérêt, coller l'œil au texte ou à l'écran. Nous ne sommes donc pas dans la pédagogie ou la traduction, mais dans la littérature. Plus précisément, dans un genre de littérature populaire et éphémère qu'on lit ou qu'on écoute avec avidité, et qu'on oublie, mais qui laisse dans la culture une trace subliminale. Ainsi fonctionnent les récits traditionnels : les contes et légendes, les anecdotes, les fables, les gestes, les mythologies. C'est par ce processus que la science rentre dans la culture, ce qui explique le décalage noté par toutes les enquêtes entre la connaissance exacte des composantes scientifiques d'un problème et l'image populaire, souvent émotionnelle, que s'en font les gens (par exemple, dans le cas du trou d'ozone ou de l'effet de serre).

La structure du récit dans les contes et légendes traditionnels a été analysée avec précision par les folkloristes[2]. Ils distinguent les acteurs du récit, les motivations qui les animent, les moyens qu'ils emploient, les lieux où se déploie l'action, les temps qu'elle embrasse. Souvent, la psychologie, voire la psychanalyse, offrent leurs points de vue pour comprendre symboles et situations[3]. Quelquefois, les analyses montrent que des récits savants anciens, œuvres de poètes ou de théologiens, ont été transformés et exploités par l'imagination populaire (*Amour et Psyché* est l'exemple classique)[4]. Dans ces cas, des histoires complexes à valeur morale ou symbolique correspondent aux canons du récit

1. John Miller « Scientific Litteracy : an Updated Conceptual and Empirical Review », *Preprint*, European Conference on the Future of Scientific Culture, Lisbon, Portugal, November 1993.
2. Vladimir Propp, *Morphologie du Conte*, Le Seuil, 1965 ; Michèle Simonsen, *Le Conte populaire*, PUF, « Littératures Modernes », 1984 ; Pierre Pégu, *L'Archipel des contes*, Aubier, 1989.
3. Angélo Brélich in *Histoire des religions*, tome I, « La Pléiade », Gallimard, 1970, p. 21.
4. Mircea Eliade in *Histoire des littératures*, tome I, « La Pléiade », Gallimard, 1955, p. 7.

folklorique séducteur, ce qui leur donne une chance d'être colportées, d'être assimilées par la culture commune. Des mécanismes de ce genre sont à l'œuvre aujourd'hui à travers la presse de vulgarisation scientifique écrite et audiovisuelle.

Sur le modèle des analyses des folkloristes, je vais tenter de présenter une classification des principaux procédés littéraires utilisés par les auteurs. Naturellement, ce n'est pas là un moyen détourné de porter un jugement péjoratif sur le travail des journalistes scientifiques. Au contraire. Il est facile de remarquer que les plus fameux d'entre eux sont ceux qui manient avec le plus de dextérité ces procédés littéraires, en alignant quelquefois une dizaine d'affilée dans un même « papier » ! Ils savent d'instinct que c'est ainsi qu'on passionne le lecteur, et leur travail est évidemment essentiel à la diffusion du savoir, puisqu'il est clair que de tout temps, le journalisme a été plus efficace que l'école pour faire connaître les progrès de la science au public[1]. En effet, si les procédés littéraires forment le cadre qui capte l'attention, leur contenu scientifique profite d'un vecteur pédagogique agréable qui permet d'apprendre et de comprendre des éléments réels de science. Toutefois, on va voir qu'il ne s'agit que d'une vue *partielle* de l'activité scientifique.

Les procédés littéraires identifiés ont été répartis en quatre grandes catégories. À l'intérieur de chacune, on donne un certain nombre d'exemples. La liste n'est nullement limitative. Expérimentalement, on peut constater à la lecture des journaux que pratiquement n'importe quel article de science, à l'exception de ceux qui traitent de questions politiques ou institutionnelles, rentre dans l'une ou l'autre des catégories citées, les meilleurs articles en exploitant plusieurs. Il s'agit ici des articles de la grande presse et des magazines hebdomadaires, et non de ceux que l'on trouve dans les revues mensuelles de vulgarisation proches du monde de la recherche comme *Pour la Science* ou *La Recherche*. Cependant, l'examen montre que quelques catégories décrivent aussi bien, à l'occasion, les motivations des chercheurs eux-mêmes...

Les figures humaines

Elles dominent le récit lorsque sa composition est centrée sur un personnage, autour duquel l'histoire est articulée. Plus que le contenu scientifique, c'est la manière dont se comporte le personnage qui compte, l'attention du lecteur ou du spectateur est focalisée sur lui. Il s'agit souvent de personnes vivantes.

1. Spencer R. Weart, *Nuclear Fear : a history of images*, Cambridge, Harvard University Press, 1988.

La figure du « Guide »

Le « Guide » introduit l'ignorant au monde de la science. C'est une figure ancienne et classique, celle qu'exploite Fontenelle dans les *Entretiens sur la pluralité des mondes* de 1686, livre qui fonde la vulgarisation scientifique comme genre littéraire. Souvent le « Guide » s'adresse à cette époque à des « Dames » (modèle sexiste de l'innocent qu'il faut éclairer). L'archétype littéraire du procédé est Dante conduisant Virgile aux Enfers. Le « Guide » peut être considéré comme un « initiateur », mais très souvent, il se contente de montrer, il explique peu. Le « Guide » n'est donc pas une figure de professeur ou de pédagogue. C'est bien ainsi effectivement que fonctionnent les présentateurs *(anchormen)* des grandes émissions télévisées de plateau qui rassemblent et font parler des spécialistes. Quelquefois, le « Guide » est aussi un savant célèbre qui se propose comme exemple, souvent vis-à-vis des enfants (version favorite moderne de l'« innocent », public auquel le « Guide » s'adresse).

Les « Pères fondateurs »

Ils ont établi une vérité que personne avant eux n'avait imaginée. L'archétype est évidemment Einstein, image fondamentale du savant qui crée une rupture et dont l'œuvre est une source infinie de commentaires. Sa parole est d'évangile, quoi qu'il dise. Beaucoup de prix Nobel, peut-être moins essentiels, sont aussi présentés sous ces couleurs.

Les « Héros transgresseurs »

Dans beaucoup de récits scientifiques, journalistiques ou télévisés, le personnage central est un héros, un savant qui a accompli un exploit. Il a découvert quelque chose parfois contre l'avis de ses pairs. L'exemple type est celui de Müller et Bednorz, découvrant la supraconductivité à haute température critique dans des oxydes métalliques (un phénomène que les physiciens n'ont toujours pas réussi à théoriser...). C'est un thème classique des récits héroïques : le Héros se soumet aux épreuves et revient d'un voyage difficile (*Orphée aux Enfers*, ou *Jason et la Toison d'or*).

Le « Détective »

Le « Héros » est à la recherche de l'explication d'une énigme, il collectionne les indices et les interprète. Le thème, classique à la télévision (notamment la série « Horizon » de la BBC), permet de passer d'une branche de la science à l'autre, d'un laboratoire à un autre, et ainsi de voyager autour du monde (ce qu'exploitent les télévisions à cause des belles images associées... si bien que le thème scientifique devient parfois juste un prétexte à l'errance géographique, comme Ulysse...).

Le « Savant fou »

C'est un thème classique de la romance, très présent dans les films et les bandes dessinées. L'archétype littéraire est Faust. Le « Savant fou » viole les règles du monde et acquiert du pouvoir sur les processus naturels, ou encore il utilise son savoir pour tricher. Cette figure se rencontre dans l'actualité en arrière-plan des inquiétudes sur les manipulations génétiques, ou dans les histoires de fraudes et de falsifications dans les laboratoires. Le « Savant fou » peut être aussi l'illusionniste (« trickster ») du folklore (le « Coyote », des récits des Indiens d'Amérique du Nord). Sa caricature est à l'œuvre dans les séries télévisées comme Batman, où les bons comme les méchants disposent de laboratoires...

Le « Savant combattant »

Il s'agit d'un « Héros » qui n'a pas encore acquis le statut de « transgresseur » et qui lutte pour établir sa vérité, et souvent contre des confrères. Figure parfois pathétique et touchante de l'Homme seul contre tous, affrontant épreuves sur épreuves imposées par des méchants. C'est parfois une figure de cette « science pathologique » décrite par Irving Langmuir lorsqu'un savant établi, reconnu, accouche d'une théorie fantastique qui louche vers l'irrationnel. Mais il peut s'agir d'un chercheur en lutte avec un objet très difficile et qui doit aussi affronter des difficultés administratives. Par exemple, dans des récits de lutte contre le sida, on trouve comme un écho des efforts de Thésée cherchant à éliminer un Minotaure, dévoreur de jeunes gens, caché dans un Labyrinthe.

La figure de « Gulliver »

C'est une figure associée aux changements d'échelle que permettent les instruments modernes qui obtiennent des images de l'infiniment petit ou de l'infiniment grand. La technique vidéo permet aisément d'insérer des personnages dans des paysages décalés, par exemple dans une évocation d'un corps vivant. Il y a donc là aussi exploitation du thème du voyage comme décor en suivant les aventures d'un personnage. Procédé d'un emploi très fréquent dans les documentaires scientifiques ou dans les légendes des clichés photographiques. Le thème se prête bien aussi à l'image calculée (et par exemple à la conception d'un présentateur « virtuel »).

La figure du « Prêtre »

Il s'agit cette fois d'un décalage qui permet de centrer l'attention sur le vulgarisateur lui-même, en tant que conteur qui rapporte des histoires à connotations sacrées (celles qui exploitent les mythologies décrites plus loin). Il a un rôle d'intermédiaire entre deux mondes. Quelquefois, ses caractéristiques physiques deviennent un facteur essentiel de son audience. S'il est infirme, atteint d'une maladie gravissime, il devient un personnage assimilable aux multiples intermédiaires entre le monde des humains et l'Autre Monde que sont dans les contes les nains, les boiteux, les aveugles, etc., dont la figure archétypale est le roi-pêcheur des romans de la Table-ronde.

La figure du « Savant victime »

Elle est plus rare, car elle nécessite d'être lue dans le cadre d'un contexte historique, donc *a posteriori* (sinon, c'est une figure « combattante »). L'archétype est Galilée, mais le cas n'est pas vraiment fréquent dans la science...

Les figures surhumaines

Il ne s'agit plus de personnages humains ou alors il s'agit de personnages sublimés par une symbolique opérative forte : ce sont plutôt des choses ou des animaux. Leur intervention dans les récits journalistiques ou télévisés suppose de la part du lecteur ou du spectateur un certain degré de croyance. Et de fait, ils sont capables de susciter des réactions émotionnelles fortes qui vont bien au-delà du contenu scientifique formel, ou même du plaisir esthétique et de la simple curiosité.

Les « fées »

Les « fées » font des miracles. On les rencontre dans les histoires médicales. La figure de Pasteur est devenue celle d'une « fée », celle d'un « Père fondateur » qui a une efficacité pratique miraculeuse. Ce type de figure pèse très fort sur le monde moderne car elle est associée au pouvoir d'éliminer d'un seul coup une nuisance. Les grandes réussites de la médecine en face des maladies à cause unique, tuberculose, syphilis, etc. ont contribué à la forger. Elle est si bien ancrée que l'opinion ne comprend plus pourquoi on n'arrive pas à éliminer ces maladies qui ont, elles, des causes multiples et complexes comme le cancer et le sida. Les charlatans exploitent souvent ce décalage dans les colonnes de la presse à sensation.

Les « sorciers »

C'est l'inverse des « fées ». Esprits mauvais, ces figures collectives indifférenciées inventent des armes terribles ou jouent avec le génome. Elles sont perçues comme des menaces anonymes (différence avec le « Savant fou » qui est, lui, un personnage identifié). Elles disposent d'un pouvoir que nul ne peut contrôler. Elles sont fréquemment désignées comme bouc-émissaires. Quelquefois, un transfuge s'échappe de cette confrérie et devient un « Héros » qui exhibe ses remords...

Les « bons démons »

Il s'agit de substances matérielles, des produits chimiques naturels, des médicaments (la pénicilline) ou des vitamines. Elles sont cachées pour aider dans la Nature, en particulier dans les aliments. Elles aident celui qui peut les reconnaître (c'est la théorie des « signatures » de l'époque préscientifique). Elles correspondent dans le folklore des bénédictions aux statues des saints et aux sources sacrées. Les magazines féminins et les journaux populaires en font un grand usage sous l'habillage scientifique.

Les « mauvais démons »

Juste l'inverse des bons. Ils sont cachés dans les décharges industrielles pour nuire aux gens, ce sont des poisons insidieux et invisibles, dispersés dans la terre, dans l'air, dans l'eau ou dans la stratosphère, comme la dioxine ou les déchets radioactifs. Les exemples sont très nombreux. Ces récits créent de véritables problèmes émotionnels, qui peuvent aller jusqu'à l'hystérie collective.

Le « Génie dans la bouteille »

Comme Gulliver, il est associé aux changements d'échelle, mais, dans son cas, il ne s'agit pas seulement d'un voyage mais de manipuler des forces terribles capables de libérer d'un seul coup une colossale énergie. Cette force cachée a été immédiatement associée à la vulgarisation de la radioactivité (d'où l'invention de la « bombe atomique » par les romanciers avant 1914 !). Les histoires de source d'énergie, notamment pétrolières, exploitent souvent ce thème, toujours en filigrane derrière la description du progrès technologique. Il est souvent présenté dans ce cas comme un « bon » Génie.

Le « Maître des animaux »

Le thème est classique en ethnologie. Il s'agit d'un transfert de savoir et de sagesse vers l'animal. Cela nous ramène à un temps où hommes et animaux étaient égaux, mais nous avons abusé de nos droits, les animaux sont plus sages et savent comment utiliser la Terre. Certains sont proches de nous, nous avons eu des alliances avec eux (totems). Dans les contes et dans les fables, la figure de la sagesse animale est largement exploitée. Les séries pour enfants y font un large appel, de même que les récits écologiques. Le dauphin, par exemple, est un animal emblématique (l'ours et le loup aussi).

Moyens, lieux, temps

Moyens, lieux, temps définissent les décors et les heures dans lesquels les histoires arrivent, et les outils utilisés par les protagonistes, humains ou surhumains, pour parvenir à leurs fins. Si les panoplies sont très variées, les lieux et les temps sont beaucoup plus stéréotypés.

L'être artificiel ou automatique

Ils sont légions : robots, androïdes, machines intelligentes, ordinateurs pensants, avions de combat, produits de l'ingénierie génétique, êtres vivants brevetés, handicapés mentaux capables d'opérations mathématiques fantastiques, cerveaux manipulés par des drogues, etc. Beaucoup de ces « machines » sont le résultat de la capacité d'imiter ou de simuler dont l'homme a toujours fait preuve. En Occident surtout, l'idée de l'Homme-machine (le Golem) s'est enracinée depuis longtemps comme thème à la fois scientifique et littéraire (et politique ?). Elle semble toujours d'actualité avec l'Homme neuronal, la biochimie ayant remplacé la mécanique comme explication ultime. L'avènement du « virtuel » aujourd'hui relance le thème grâce à la possibilité de « palpation » des images sur l'écran pour le savoir... ou même, pour... l'amour... !

Les outils

Ce sont des objets qui prouvent une puissance ou qui en sont l'emblème. Souvent, des armes ou des véhicules : fusées, sous-marins, avions, camions, satellites. Ils combinent d'ordinaire plusieurs technologies. Ils étendent les capacités physiologiques humaines. On les admire. Ces machines ne sont pas autonomes comme les « êtres » de la catégorie précédente : elles dépendent d'un Maître. On les trouve souvent dans les musées des sciences comme totems exhibant le pouvoir de la science. On rencontre de très nombreux objets fantasmatiques dans les films à ressorts dramatiques techniques (films style *James Bond* ou séries TV). Au niveau culturel, ils associent pouvoir et technologies d'avant-garde, et leur glorification est un procédé courant de la propagande institutionnelle.

Les communications : action à distance 1

Le premier mode de communication repose sur l'image des rayons. Image construite sur le modèle de la lumière et qui relève de celle, archétypale, de l'éclair. Le laser en est l'incarnation moderne. Il est soit une arme mortelle (le rayon de la mort), soit un moyen utile et/ou esthétique d'agir à distance, de la médecine au spectacle. La radioactivité fonctionne pareillement.

Les communications : action à distance 2

Cette fois-ci, on exploite l'image d'un champ tridimensionnel qui agit dans toutes les directions et qui n'a donc plus l'unidirectionnalité des rayons. Le magnétisme est le principal exemple, mais le son et la musique aussi. Les « vibrations » entrent dans cette catégorie, comme les messages portés par des effluves moléculaires (parfums, phéromones). Si bien que, très souvent, de merveilleuses histoires bordent l'irrationnel...

Les communications : transport à distance

La description de la possibilité d'un transport instantané d'un point à un autre à travers l'espace (ou le temps) est un classique de la science-fiction depuis son début (les voyages dans la Lune au XVIIe siècle). L'efficacité du transport est un thème récurrent de louanges pour la technologie moderne avec ses avions et ses trains rapides. On ne s'en lasse pas. Le véhicule de transport est quelquefois étrange et va dans des endroits inédits (ballons, sous-marins). Très souvent, un moyen de transport de fantaisie est utilisé entre les séquences par l'animateur de « shows » scientifiques à la télé (par exemple ceux de la RAI). C'est l'équivalent des machines de théâtre.

Les communications : sexe

Ce problème physiologique et social est toujours très intéressant pour lecteurs ou téléspectateurs. La vulgarisation scientifique, pudique, utilise très souvent les sociétés animales pour le mettre en scène, avec bien sûr un clin d'œil discret...

Les formules magiques

Très classiques dans les contes de fées ! Dans la vulgarisation scientifique, ce sont d'auto-évidentes merveilles dont le pouvoir explicatif est universel. Par exemple, $E = MC^2$..., mais on peut en trouver d'autres, par exemple dans les (rares) histoires qui traitent de chimie.

Les forces symboliques cachées

Elles sont surtout condensées dans les nombres, nombres sacrés, rationnels ou non, nombre d'or, etc. Mystère respectable auquel les chercheurs eux-mêmes succombent spontanément. Par exemple, la théorie quantique à travers l'arithmétique et la théorie des groupes est devenue une numérologie. Les formes géométriques, triangles, cercles, icosaèdres, jouent souvent le rôle d'explications ultimes (par exemple en chimie...).

La loi primaire absolue, le germe initial, la cause universelle

C'est aussi une tentation forte pour les chercheurs qui la transfèrent avec d'autant plus d'enthousiasme aux journalistes. L'idée est de découvrir la formule ultime qui explique le monde. C'est en gros l'image archétypale de la pierre philosophale incarnée éventuellement dans la plus élémentaire des particules élémentaires, ou dans la force unifiante qui contient toutes les autres (la « grande unification » de la physique). C'est une spécialité de l'esprit occidental de croire que tout dérive nécessairement d'une cause unique... Le coût économique des instruments scientifiques nécessaires pour le vérifier est colossal, la justification des dépenses, notamment via les journalistes, met largement en scène « la nécessaire recherche de la cause ultime ».

Les lieux sacrés

On n'y entre pas sans montrer les marques extérieures du respect. C'est ainsi que sont présentés les laboratoires, endroits désordonnés mais où des gens pensent et travaillent sérieusement dans un esprit concentré et méditatif, isolés de la société, comme reclus dans une église. Dans ces lieux, pas de sexe ou de fantaisies ! On n'y trouve que peu de femmes et s'il y en a, elles n'ont aucun sex-appeal ! (par exemple, dans les séries scientifiques télévisées anglaises ou américaines « Nova » ou « Horizon »).

Les trésors cachés

Très liés à la quête du « détective », ils entrent dans de nombreux récits d'aventure qui impliquent souvent de remuer beaucoup de terre. Classiques dans la presse, comme dans les séries TV, pour tous les champs scientifiques, mais surtout bien sûr pour l'archéologie ou la préhistoire. Les trésors cachés sont aussi de nos jours les éléments en trace, ou les isotopes, qui permettent de retrouver l'histoire du passé, celle du climat, en analysant par exemple les couches de glaces accumulées aux pôles. Ils contribuent à la révélation de drames inconnus (l'iridium dans la couche d'argile à la limite crétacé-tertiaire). Dans presque tous les cas, ce sont des témoins qui font revivre un passé perdu, ils sont présentés comme des machines à remonter le temps.

Le désert

C'est le décor favori de la vulgarisation scientifique, celui qui occupe le plus de surface imprimée. Traditionnellement, c'est un endroit sacré, en dehors du monde, où l'on vient se purifier, que ce soit une immense étendue de sable ou une forêt difficile à pénétrer. Là dominent la Nature et ses forces sauvages. On y apprend à apprendre. On y est initié. On y reçoit la révélation. Quelquefois, on y rencontre des monstres. Les déserts modernes sont les hautes montagnes, les grottes et les gouffres, les forêts tropicales, les saharas, les îles et les extrémités glacées, polaires, du monde, la haute atmosphère, l'espace, etc. On y envoie des expéditions scientifiques suivies par les médias (mais on ignore généralement que les agences de voyages proposent aussi à leurs clients de les emmener au pôle Sud ou ailleurs...). Les océans et le fond des mers sont d'autres exemples de « déserts » peuplés d'êtres ou de phénomènes étranges (comme les « black smokers »). Le voyage scientifique au « désert » est la « pièce de résistance » de la vulgarisation.

Les composantes mythologiques de base

Les mythologies sont des contes fantastiques qui ont à travers cultures et civilisations un certain nombre d'archétypes en commun. Elles fournissent une collection de situations qui sont de puissants ressorts dramatiques et qui permettent à la vulgarisation scientifique, par transfert, d'exercer une forte attraction sur le public, pour peu que, d'une manière adroite, la problématique moderne soit substituée à la thématique ancienne.

Les métamorphoses

Les métamorphoses sont le signe de pouvoirs magiques largement exploités par les personnages de contes et légendes. Leur mystère inspire la crainte. Et quand la science propose des affaires semblables, elle excite au moins la curiosité, on le voit lorsqu'il s'agit des problèmes de l'évolution (les parentés singe-homme par exemple), des affaires transgéniques ou du charme suranné, mais toujours bien vivant, de l'alchimie (dont l'accomplissement serait la transmutation radioactive...).

Les monstres

L'idée est répandue que pour s'établir sur la Terre, l'Homme a dû affronter des monstres (un cliché des histoires « préhistoriques »). Ceux-ci sont surtout des animaux, mais quelquefois ils sont imaginaires (ou symboliques ?) comme les dragons. Tout ce qui donne du corps aux monstres fait fortune : c'est le cas des dinosaures ou des insectes géants.

Les fatalités

Vieille séduction de la prédiction, de la prophétie, thème éternel qui marque les « Héros » dont le destin est « écrit ». La science contribue à ces écritures par la théologie de l'entropie, ou par la mort annoncée du Soleil.

Les malédictions

Elles sont la sanction d'un comportement mauvais ou irrégulier. Si les Dieux ont été négligés, alors la Nature peut les venger. La tradition est ancienne, c'est celle du Déluge, des histoires apocalyptiques de fin du monde, exprimées de nos jours par la pollution ou l'hiver nucléaire. Ces histoires provoquent de fortes réactions émotionnelles (alors que les « fatalités » laissent froid). Par exemple, le trou d'ozone ou l'effet de serre, que l'on croit provoqués par l'imprudence humaine, sont compris comme des attaques sauvages sur l'Œuf cosmique ou l'Œuf primordial (la Terre) et elles sont perçues d'une manière physiologique, ventrale, et non pas comme un problème scientifique.

Les catastrophes

Quand elles sont provoquées par l'Homme, ce sont plus ou moins des malédictions, mais beaucoup sont purement naturelles : inondations, tremblements de terre, éruptions volcaniques, tsunamis, tornades, etc. Elles soulèvent un intérêt passionné parce qu'elles brisent la continuité du quotidien. Même si l'on n'est pas concerné, on imagine la rupture : leur annonce, leur récit excitent. Contrairement aux malédictions, dont l'accomplissement est rejeté dans un futur plus ou moins éloigné, elles peuvent survenir à tout moment.

Le Paradis perdu

C'est la nostalgie de l'Âge d'or, du bon vieux temps, quand tout était mieux. C'est un sentiment général, classique, généralement peu conforté par la science historique. Il faut quand même tenir compte de cette humeur psychologique qu'exploitent beaucoup les écomusées et tous les lieux où sont présentées les technologies anciennes (qui ne laissent plus apercevoir la crasse et la sueur). Tout ce qui est ethnologique profite de l'engouement pour « le bon sauvage », la bonne vie des tribus primitives. On y distingue le souci de dissiper la peur du déracinement, la perte de l'identité collective à travers une amnésie du passé.

Les histoires d'origine

Ce sont les récits de création, la crème du gâteau de la vulgarisation scientifique, là où s'exercent les meilleurs talents, ceux des astrophysiciens, des préhistoriens, des biologistes. Ce sont les morceaux de science les plus vulgarisés. Ils se substituent quelque part aux récits religieux traditionnels plus ou moins démodés. Ils contiennent quelques leçons dures de science, mais aussi, ils peuvent flirter dans l'équivoque avec le surnaturel.

Le langage

Outre les situations dramatiques dont les composantes les plus communes sont inventoriées ci-dessus, la vulgarisation scientifique exploite aussi le langage, paramètre évidemment essentiel de la qualité littéraire. Le langage de la vulgarisation est très efficace s'il est suffisamment poétique. Il offre une belle illustration de la théorie des phénoménologues contemporains selon laquelle un langage est d'autant mieux accepté qu'il est plus flou, qu'il laisse se glisser plus d'imaginaire *entre* les mots[1]. C'est tout à fait ce qui caractérise la poésie, que chacun entend et comprend grâce à ses clés personnelles. Il arrive que des mots

1. F.G. Asenjo, *In Between : An Essay on Categories*, Washington DC, University Press of America, 1988.

rendent très populaire un corpus scientifique difficile et obscur, ou du moins très technique et spécialisé, parce qu'ils ont la capacité de créer dans l'esprit une foule d'images variées.

Vide
Chaos
Quarks
Big-Bang
Fractales
Dinosaures
Trous noirs
Non-équilibre
Matière noire
Effet papillon
Électron libre
Attracteur étrange
Structures dissipatives
Théorie des catastrophes

La vulgarisation profite de cette ingénieuse invention de vocabulaire qui laisse supposer l'existence de sens cachés sous les formules verbales, élément de mystère et, en même temps, explication ultime (en effet, « théorie des catastrophes », n'est-elle pas une expression infiniment plus séduisante que la prosaïque « théorie des singularités des équations différentielles » qu'elle est au fond ?)

Le rôle des clichés littéraires dans la zone crépusculaire sciences/parasciences

Les folkloristes ont examiné le langage des récits fantastiques des parasciences, en particulier les récits d'enlèvement par des occupants de soucoupes volantes[1]. L'analyse des situations du comportement des héros, des temps, des lieux, des éclairages, etc. montre la parenté de ces histoires avec les contes traditionnels. Il s'agit de folklore en formation. Or, une grande partie des clichés qui s'y déploient sont tout aussi bien exploités pour mettre en scène des récits scientifiques. Et quand, de plus, on observe que les parasciences, pour faire admettre leurs thèses, imitent les tics du langage scientifique, on est obligé de

1. Bertrand Meheust, *En Soucoupes Volantes : vers une ethnologie des récits d'enlèvements*, Imago, 1992.

constater que du discours éclairé de la vulgarisation au délire de la parascience écrite ou télévisée, il y a une continuité dans le maniement du langage et la présentation des situations dramatiques. Tout cela est apparenté à une famille de littératures populaires profondément enracinées dans un fond psychologique imaginaire culturel traditionnel. En général, le public ne peut pas faire la différence entre les types de production, entre les sources scientifiques et les sources fumeuses : il traite tout sur le même pied d'égalité, car du point de vue du récit, les formes sont les mêmes.

Cette équivoque de base entre le savoir et le non-savoir, due à la communauté du véhicule de diffusion, est un problème de base pour une société de plus en plus menacée par la montée d'un irrationnel romanesque, dont le principal défaut est de mettre en doute la qualité de l'éducation et de considérer que la science des savants est une connaissance « inférieure » parce qu'elle ne sait pas « expliquer » les parasciences comme l'astrologie ou la transmission de pensée, dont les affirmations sont considérées comme reposant sur des faits établis.

Conclusion

Beaucoup d'histoires imprimées dans la presse ou dans les livres ou présentées à la télévision font appel à l'un des procédés décrits ou, le plus souvent, à une combinaison de plusieurs. On pourra le vérifier aisément. C'est souvent très bien fait, cela plaît au lecteur, les journalistes savent écrire pour le public de leur journal, ils ont avec lui des connivences, ils ont un style, une position vis-à-vis des institutions et des chercheurs, une audience et une crédibilité[1]. Quelques journalistes sont d'authentiques scientifiques.

Il reste que la vulgarisation scientifique comme genre littéraire *ne peut transmettre le parfum que d'une faible partie de la connaissance produite par les chercheurs*. La plupart des recherches ne se prêtent pas à une description qui rentre dans l'un ou l'autre des procédés littéraires cités, même avec des distorsions considérables. En conséquence, la partie de la science qui se prête au jeu bénéficie d'un éclairage public disproportionné par rapport à son importance réelle (mesurée par exemple par le nombre de chercheurs impliqués), et c'est cette partie de la science, et elle seule, qui pénètre la culture, parce qu'elle est en résonance avec des images mythiques traditionnelles. La diffusion du reste, réfractaire à la présentation spectaculaire, ne peut donc reposer que sur le succès de la didactique.

---

1. Suzanne de Cheveigné et Eliséo Véron, « La science sous la plume des journalistes », *La Recherche*, n° 25, mars 1994, pp. 322-324.

Dans une société qui dépend énormément de la technologie, mais dans laquelle l'action des politiques est avant tout le reflet de l'opinion publique, la question peut être très sérieuse sur le plan humain comme sur le plan économique. Il semble qu'il faille inventer des voies pour la diffusion de la science qui s'écartent des clichés du ghetto littéraire de la vulgarisation écrite ou audiovisuelle, comme du sec ghetto scolaire de la didactique.

Paul CARO

Encyclopédies, bibliothèques et formalisation du savoir

> « Je distingue deux moyens de cultiver les sciences :
> l'un d'augmenter la masse des connaissances par des découvertes,
> l'autre de rapprocher les découvertes et de les ordonner entre elles
> afin que plus d'hommes soient éclairés et que chacun participe
> selon sa portée à la lumière de son siècle. »
> Diderot, *Encyclopédie*, art. « encyclopédie ».

Il est arrivé à certains ethnologues de soutenir que la mort d'un vieux sage africain était une catastrophe de même nature que l'incendie d'une grande bibliothèque. Cette analogie ne saurait être que très partielle. Il s'agit bien dans les deux cas de la disparition d'un certain savoir par destruction du support matériel de ce savoir. Mais le savoir n'est pas de même nature selon qu'il est « implémenté » dans un sujet humain ou dans des instruments externes comme sont les livres. Je me propose d'évoquer brièvement cette question, en insistant sur la nature et les conséquences de l'*externalisation* du savoir dans les livres, les encyclopédies et les bibliothèques. Il s'agit à mon sens de l'un des problèmes intellectuels et techniques les plus fascinants du monde moderne et de l'un des points sur lesquels il faut juger toute épistémologie.

Savoir et formalisation

Considérons un sage, c'est-à-dire ce que l'on appelle aujourd'hui un *expert*. Que son savoir lui ait été transmis par un autre sage ou qu'il l'ait lui-même constitué au cours de sa vie, il est toujours le produit d'un lent processus par lequel le sujet connaissant totalise son expérience à chaque instant de sa vie. Le savoir est inséparable du vécu de cette vie, des contacts et des familiarités qui se sont constitués au fil des ans. L'habilité ou l'expertise tient autant à ce que nous considérons comme la connaissance des objets sur lesquels elle porte qu'à cette capacité d'aborder la nouveauté à partir de l'histoire d'une vie. Le sage est l'unique possesseur de son savoir ; si quelqu'un de sa communauté a besoin de recourir à ce savoir, il devra passer par lui. Dans ce contexte l'apprentissage est une relation vécue dans un milieu *ad hoc* où la maîtrise par quelqu'un de certaines opérations plus ou moins complexes est obtenue par « imitation », imprégnation et pratique, sous le contrôle de ceux qui les maîtrisent déjà et sans qu'il y ait besoin d'une représentation abstraite et totalement explicite de ce qu'il s'agit d'acquérir.

L'expertise n'est plus aujourd'hui un mode privilégié de connaissance et nous comprenons assez mal comment elle fonctionne. Les formes de savoir-expert sont largement dévalorisées, sauf en ce qui concerne l'artiste ou le chercheur, parce qu'ils doivent affronter la nouveauté et la singularité. Mais si l'on suit, par exemple, l'évolution des études de médecine, on remarque une constante progression de la part du « savoir scientifique » aux dépens de l'expérience professionnelle, c'est-à-dire de ce que nous considérons comme expertise.

Le savoir scientifique est, depuis les Grecs, quelque chose de très différent de l'expertise du sage. Il n'est pas attaché à un individu (du moins en droit), il est transmissible sous forme de propos explicites et il est conçu comme ne devant s'appliquer qu'à l'universel. Le savoir scientifique est un savoir formel, dont le lieu de conservation privilégié est toujours externe à l'individu, c'est le livre et, plus généralement, ce sont les bibliothèques. On a toujours considéré ces deux dernières propriétés – le *formalisme* et l'*externalité* – comme accessoires. Je crois qu'elles sont essentielles.

Si l'on n'a pas insisté sur ces propriétés du savoir, c'est peut-être parce que, jusqu'à une date récente, on n'a jamais été préoccupé par le passage d'un savoir individuel, interne au sujet, à un savoir externe, objectivé dans des mémoires et des protocoles externes (et par conséquent collectifs). Or, ce passage est le point essentiel de cette industrie moderne qu'est la construction de systèmes-experts. Il s'agit de parvenir à des traitements mécaniques de l'information qui soient l'analogue d'un traitement par un expert humain (par exemple, un logiciel qui fournisse des diagnostics médicaux). L'idée de base est de « transférer » le savoir de l'expert dans la machine. Pour externaliser le savoir de l'expert, il faut le « formaliser », c'est-à-dire le *mettre en forme*, le rendre explicite, stable, transmissible et indéfiniment reproductible[1]. Pour construire un système-expert, on commence toujours par des séances d'élicitation du savoir d'un expert humain de façon à le « représenter », à le réduire à des règles explicites. Certains auteurs soutiennent la thèse selon laquelle l'expertise humaine n'est pas totalement formalisable, car trop ramifiée ; autrement dit, la formalisation laisse toujours un résidu.

Le modèle de la formalisation, mis en lumière par la construction de systèmes

---

1. H. M. Collins, *Experts artificiels. Machines intelligentes et savoir social*, Le Seuil, 1992.

experts, permet de concevoir le développement intellectuel de l'humanité comme un processus continuel d'externalisation et d'objectivation. Nous sommes passés des sages aux livres, des livres aux bibliothèques et aux encyclopédies ; nous aboutissons aujourd'hui aux banques de données. À chaque fois se pose la question de parvenir à gérer l'externalisation et son rapport au sujet humain.

Il existe un processus historique à long terme qui joue un rôle particulier dans l'externalisation et/ou formalisation du savoir individuel. Il s'agit du développement des technologies linguistiques. La première, bien connue, est l'écriture. La seconde est la construction de grammaires et de dictionnaires ; celle-ci, en Occident, a d'abord eu lieu pour le grec et le latin, puis, à partir du XVIe siècle, sur le modèle des deux premières, pour toutes les langues du monde. L'ensemble constitue un processus de réduction, de formalisation et d'externalisation du savoir linguistique des locuteurs humains. Les grandes langues de culture, notamment, ont été dotées d'un « outillage » (manuels en tous genres, grammaires, dictionnaires, etc.) considérable.

La pensée scientifique est impossible sans écriture. les sciences modernes de la nature n'auraient pas été possibles, sinon dans leur origine, du moins dans leurs conséquences sociales, sans la promotion des vernaculaires au statut de langues de culture savante. La science médiévale, en effet, est une affaire de clercs, elle peut avoir pour vecteur une langue abstraite (une variété de latin) et différente de celle de la vie de tous les jours. La nouvelle science diffuse dans la société et met en cause une masse de chercheurs encore jamais atteinte. L'un des phénomènes les plus représentatifs de la science moderne est le mouvement des Lumières : à l'idée d'un progrès de l'humanité apporté par le développement scientifique et culturel se trouve jointe l'idée que ce progrès doit être distribué dans toutes les couches de la société. L'*Encyclopédie* de d'Alembert et Diderot (1751-1772) se conçoit seulement dans une société monolingue où le savoir doit être propriété commune. Il fallait donc qu'elle soit précédée par un « outillage » considérable de la langue française.

L'impact de l'imprimerie

Pline dans la Préface de son *Histoire naturelle* déclarait qu'il « faut avant tout atteindre ce que les Grecs nommaient *tês enkuklios paideias* ». On trouve là l'idée d'un parcours encyclopédique de l'étudiant qui s'efforce d'apprendre toutes les disciplines. Le livre en est le témoignage, on peut évidemment le considérer comme une encyclopédie. Mais l'idée sous-jacente n'est pas celle d'une encyclopédie, d'un objet externe au sujet humain. Le savoir qui est dans le livre est simple formalisation de ce que peut totaliser un sujet. Les *Sommes* médiévales, quoique plus amples, auront la même structure. L'idée qu'un sujet puisse « posséder » tout le savoir se poursuivra fort longtemps. On la retrouve, sous forme fantasmatique il est vrai, encore à la Renaissance sous des figures comme celle de Pic de la Mirandole. Pourtant, la fin du XVe siècle voit apparaître le néologisme « encyclopédie », pour désigner un genre littéraire et, plus spécialement, tout ouvrage appartenant à ce genre. L'encyclopédie est un concept moderne ; il désigne un objet et non plus l'acquisition d'une aptitude.

Il y a là un changement profond dans le statut du savoir et un progrès dans son externalisation. Nous pouvons largement le relier au développement de l'imprimerie, au déclin du latin et au nouveau statut que procure aux langues européennes leur « outillage ». Nous pensons qu'il est plausible de faire l'hypothèse selon laquelle « outillage » des vernaculaires et imprimerie font partie de la même révolution techno-linguistique[1] et qu'elle est homogène à la naissance de l'encyclopédisme.

Il est également possible de rattacher à l'imprimerie une certaine évolution du fonctionnement cognitif. L'écriture manuscrite, comme la micro-informatique aujourd'hui, tend à ne pas dissocier le processus de production intellectuelle du texte et celui de sa réalisation matérielle. Le mode privilégié d'historicisation du savoir, c'est la permanence du texte à quoi s'ajoutent, par couches successives, gloses et commentaires ; l'innovation est noyée dans un processus indéfini d'accrétion. Le savant médiéval est « un nain juché sur l'épaule des géants ». Il est symptomatique de voir, avec le développement de l'imprimerie, le scoliaste, type du savant antique et médiéval, disparaître progressivement des disciplines scientifiques. Avec l'imprimerie, écrire et publier sont nécessairement des activités différentes. Plus que ne l'avait jamais fait aucun atelier de copiste, l'atelier de l'imprimeur finit par disjoindre la production intellectuelle du texte et sa reproduction matérielle, qui sont, au départ, fortement liées. D'un côté, on recomposera indéfiniment le même texte ; de l'autre, il faudra fournir aux imprimeurs, qui les achètent, des produits frais. L'innovation théorique devient une valeur, un nouvel équilibre se crée lentement entre les acquis, dont l'institution et la permanence se fragilisent, et les idées neuves qui sont peu à peu surévaluées : le progrès devient une contrainte de la production intellectuelle.

Avec l'imprimé la croissance du savoir change de dimension. Les livres nouveaux s'empilent dans les bibliothèques. Les bibliothèques de la fin du XVIIe siècle (celles dont Leibniz rêve l'organisation) n'ont plus rien à voir avec quelque chose comme le cabinet de Montaigne. Dans la tour où l'écrivain médite, les livres sont à portée de la main : Montaigne les possède, les connaît, les annote. La Bibliothèque royale, qui s'organise aux XVIIe et XVIIIe siècles, dépasse largement ce formalisme familier et artisanal. À cette dernière il faut des spécialistes, des lecteurs royaux, des acheteurs de manuscrits et d'ouvrages, etc. Personne, en tant qu'individu, n'en domine l'ensemble. D'où le premier grand

1. S. Auroux, *La Révolution technologique de la grammatisation*, Liège, Mardaga, 1994.

problème épistémologique de la modernité : comment relier l'aptitude individuelle, la sagesse, et le savoir formalisé et externalisé ?

L'encyclopédie moderne et les technologies documentaires

À la question que l'on vient de poser la première réponse a été celle de Descartes. Pour le philosophe, il s'agissait de nier totalement l'externalité et de ramener la diversité du savoir à la constitution de la subjectivité humaine. Aucun besoin de livres. En partant de premiers principes qu'il trouvait dans sa propre méditation, tout esprit humain pouvait dérouler la chaîne des raisons, déduction infinie des connaissances. En installant la théorie de la science (l'épistémologie) dans la théorie du sujet, Descartes barrait la route à la compréhension de l'autonomie des savoirs. Paradoxalement, le savoir cartésien, insensible aux différences individuelles, est entièrement explicite et formalisé. Autrement dit, le fonctionnement cognitif du sujet humain est analogue au modèle déductif que l'on trouve dans les livres.

Or, le savoir ne fonctionne pas simplement comme cela. Il est soit tacite et dispersé dans des compétences individuelles, soit explicité et dispersé dans des livres. Il peut également reposer sur des codes et des conventions qui rendent sa maîtrise individuelle à peu près coextensive à ce que l'on trouve dans les livres. En tout état de cause, s'il est vrai que les individus peuvent maîtriser plus ou moins de connaissances selon les cas, il est clair que la croissance (exponentielle, comme celle des livres) de la masse des connaissances rend impossible à quiconque sa domination totale. Le *tout* du savoir n'est pas susceptible d'appartenir au sujet de la connaissance. Dans ces conditions, le problème crucial n'est pas de posséder une connaissance, mais d'y avoir accès.

La façon la plus simple pour ménager cet accès est de construire une *représentation* et la façon la plus simple de construire cette représentation peut sembler de disposer d'une théorie de la répartition des connaissances (une classification des sciences, par exemple). Diderot a été l'un des premiers à remarquer les limites de ce type de représentation :

> L'univers soit réel, soit intelligible a une infinité de points de vue sous lesquels il peut être représenté et le nombre des systèmes possibles de la connaissance humaine est aussi grand que celui de ces points de vue (art. « encyclopédie »).

L'autre façon est évidemment de construire un *analogon* du *tout*, c'est-à-dire une représentation détaillée, qui soit un objet (comme l'est une bibliothèque) mais à une échelle différente. Nous retrouvons la véritable question de l'encyclopédie et de sa place dans le fonctionnement cognitif de la culture moderne. Diderot a apporté à ce problème une solution technique particulièrement efficace et épistémologiquement très profonde[1] :

– rédaction d'articles qui sont de petits traités spécialisés et qui ne sont pas ordonnés linéairement (utilisation de l'ordre alphabétique) ;
– recours à des *experts* pour chaque domaine de connaissance, ce qui signifie la fin de la juridiction du sujet individuel sur l'ensemble du savoir (après Diderot on ne rencontre plus guère de compilation encyclopédique de quelque intérêt qui soit le fait d'un seul auteur) ;
– renvois entre articles pour assurer un ordre de consultation et une complétude formelle (principe : si un article est tellement isolé qu'il n'est pas un nœud dans l'arbre des renvois, alors on doit le supprimer).

Dans les faits, Diderot a conduit à la formalisation quantité de savoirs qui n'existaient que dans les individus peuplant les ateliers d'artisans. On a souvent reproché aux planches de l'*Encyclopédie* d'être abstraites, de ne pas reproduire véritablement les conditions du travail dans les ateliers ; c'est oublier que le but de l'*Encylopédie* n'était pas de décrire ces conditions, mais d'en abstraire le savoir. On n'a guère remis en question les principes proposés par le philosophe, encore largement utilisés de nos jours, quoique les technologies informatiques permettent d'autres architectures.

L'histoire des encyclopédies a fini par faire naître un autre outil. On a d'abord eu les sommes médiévales, puis le discours synthétique de l'âge classique qui tentait d'enchaîner les connaissances, sous forme déductive, à partir de principes premiers. Sur ces formes discursives compactes et continues, se greffaient parfois des *index* ou des *lexiques* qui n'avaient de sens (n'étaient utilisables) qu'en référence au texte primitif. Dans l'encyclopédie alphabétique la liste des entrées est une liste de mots (Diderot pensait même que les mots d'une langue pouvaient constituer la liste des entrées d'une encyclopédie) ; on l'appelle aujourd'hui un *thesaurus*. Lorsque l'on a affaire à un vaste corpus informatisé l'interrogation suppose que l'on construise des séquences à partir de cette liste et, donc, que l'on donne des règles de construction pour ces séquences. On a alors affaire à *un langage documentaire*.

Il y a incontestablement une articulation entre l'encyclopédie et la documentation. Toutes deux sont des *représentations* de la diversité du savoir et toutes deux articulent la possibilité d'une maîtrise individuelle à l'ensemble de cette diversité. La documentation n'est cependant pas la solution au problème auquel s'efforçait de répondre l'encyclopédie. Soit une bibliothèque de dimension indéfinie ; supposez son fichier informatisé et interrogeable avec un langage documentaire aussi parfait que possible ; admettons même que les ouvrages ne

1. S. Auroux, *La Sémiotique des encyclopédistes*, Paris, Payot, 1979, pp. 313-325 ; S. Auroux, *Barbarie et philosophie*, Paris, PUF, 1990.

soient plus des livres de papier que des magasiniers doivent aller chercher sur des kilomètres de rayonnages, mais des fichiers numériques dont je puis disposer quasi instantanément sur l'écran de mon ordinateur dès que je connais leur adresse. Il est pourtant certain que je ne pourrais atteindre et dominer que de petites portions de cette immensité parce que je suis limité par mon temps de lecture et mes capacités d'assimilation. Le tout du savoir, dès qu'on l'envisage dans son objectivité externe (et il n'a pas d'autre objectivité), est incommensurable à la compétence individuelle. L'encyclopédie a pour fonction de réduire cette incommensurabilité ; il serait illusoire de penser qu'elle la puisse faire disparaître.

L'encyclopédie ouverte

Comme on l'a vu, les dictionnaires et les grammaires sont des « outils » semblables à des systèmes experts qui formalisent des connaissances implicites des experts humains. Dans ces conditions, il n'y a aucune chance pour que le système parvienne à la même ramification que celle qui correspond au savoir de l'expert humain. Mais il se trouve que ce dernier peut intérioriser les processus formalisés, c'est-à-dire apprendre à parler comme le formulent dictionnaires et grammaires. Le succès de l'intelligence artificielle provient avant tout de ce que l'homme peut simuler les machines !

Le savoir humain correspond donc à trois types de réalités : l'expertise individuelle, ce que l'on acquiert et totalise dans l'expérience (ce peut être l'expérience d'une pratique scientifique) ; des savoirs formels qui peuvent être maîtrisés par les individus (on peut admettre que le calcul en est le type élémentaire) ou être exposés dans des livres ; l'ensemble des savoirs qui se trouvent stockés dans des mémoires externes (principalement sous forme imprimée, mais on peut penser que la situation est en train de changer). Deux choses sont sûres. La première est une trivialité à laquelle la philosophie classique a accordé trop de place : il n'y aurait pas de savoir sans les individus humains. La seconde est moins répandue et n'a été entrevue que par des philosophes comme Leibniz et Diderot : il n'y aurait pas de savoir sans la construction d'instruments externes. Il faut lever les doutes métaphysiques qui pèsent sur l'intelligence artificielle ; si l'expertise individuelle n'est pas quelque chose qui peut se formaliser sans perte, l'intelligence, celle qui produit la science et nos réalisations techniques, est déjà, par nature, largement artificielle : elle n'existerait pas sans instruments externes à l'individu (cela commence dès que l'on utilise des règles et des compas). Ce n'est pas un hasard si nous réussissons parfaitement à simuler mécaniquement les capacités calculatoires de l'homme et pas ses capacités perceptives : les premières sont déjà largement artificielles et liées à des instruments (fût-ce minimalement comme les tables de multiplication), tandis que les secondes sont naturelles et liées au corps/sujet humain. Les capacités linguistiques constituent l'articulation entre les deux ; ce que l'on en formalise dans les dictionnaires et les grammaires, voire dans les systèmes de traitements automatiques, n'est donc qu'une abstraction.

Par le processus de formalisation nous avons peu à peu construit un environnemement qui est en quelque sorte une extension des capacités cognitives de l'individu. Aujourd'hui, sans nos bibliothèques et sans un travail constant de reformulation et de formalisation, notre savoir ne pourrait tout simplement plus fonctionner. Il faut évidemment construire des encyclopédies ; on ne peut s'en contenter. De l'encyclopédisme classique nous avons hérité le fantasme de la totalité. Un tout est clos et fini, comme l'est justement l'encyclopédie traditionnelle. C'est par là qu'elle devient obsolète. La totalité ne peut exister une fois pour toutes ; seules peuvent exister dans la durée d'immenses institutions qui seraient des instruments de *totalisation.* Il faut ouvrir nos encyclopédies et nos bibliothèques. Les nouvelles techniques permettent incontestablement d'aller dans cette direction (par exemple en mettant à dispositon des textes numérisés et des postes de lecture assistée par ordinateur). Elles transforment l'accès aux mémoires externes en une appartenance à un réseau interactif.

Il ne suffit pourtant pas d'être branché sur un réseau pour maîtriser l'information qui y circule. Chacun d'entre nous est, en effet, rapidement débordé par le flux de l'information. Ce phénomène n'est pas nouveau, il avait déjà frappé les sociologues de la science (Merton, de Solla Price) confrontés il y a une trentaine d'années à l'inflation de la masse des articles scientifiques. Ils avaient remarqué que les contacts interpersonnels étaient un moyen efficace de surmonter cette inflation. C'est ce qu'ils ont nommé le phénomène du « collège invisible » : des scientifiques de haut niveau s'accordant mutuelle reconnaissance échangent les informations sur leur travail et filtrent ainsi ce qui est important et ce qui ne l'est pas. Le problème est de généraliser ce processus à l'ensemble du savoir, tout en lui gardant une dimension acceptable.

Par nos instruments scientifiques, nos livres, nos bibliothèques et nos encyclopédies nous avons ajouté aux virtualités de l'individu, nous avons mis le monde extérieur au service de notre intelligence et de notre intériorité. Il est sans doute temps de mettre l'individu au service de nos instruments externes, je veux dire de les intégrer directement aux dispositifs matériels. Aujourd'hui, les bibliothèques ne peuvent se concevoir essentiellement comme des moyens de *conservation* (un rôle qu'au reste Diderot reconnaissait même à l'encyclopédie), elles doivent s'adjoindre des personnels qui diffusent et rassemblent le savoir ; elles doivent aussi être des forums où s'échangent et se confrontent les expériences cognitives. Donner un lieu à l'unité du savoir humain ne relève pas du fantasme : sans l'idée d'unité le savoir se fractionne indéfiniment et, d'un côté, les experts humains deviennent comme les membres de tribus rivales, tandis que de l'autre, les bibliothèques deviennent inutilisables. L'avancée des techniques de production et de communication des connaissances fait que le besoin est moindre d'un corps de *conservateurs*, et plus considérable celui d'un collège visible d'individus voués à l'interaction cognitive.

La forme minimale de la représentation

D'une certaine façon nous avons toujours tendance à concevoir l'ouverture de l'encyclopédie dans les limites posées autrefois par Diderot. Il s'agit certes de relier des experts et des savoirs externes formalisés, mais nous parvenons difficilement à envisager qu'en dehors de l'expertise ou de la formalisation le savoir puisse posséder une autre nature. Le sens du mouvement des Lumières était véritablement de poser l'accès universel au savoir comme un horizon social parfaitement envisageable. Nous devons à cette utopie le développement de l'école. Le fait que le savoir soit formalisable rend la chose crédible. Sa condition de possibilité est pourtant extrêmement contraignante. On peut l'exprimer ainsi : il faut que toutes les représentations du savoir soient homogènes entre elles, qu'il n'y ait pas de rupture qualitative entre, par exemple, un article novateur en physique des particules et la ligne ou la demi-ligne qui finit par lui correspondre dans la plus simple des encyclopédies. Or, la question est bien là : s'agit-il véritablement du *même* savoir (et aussi du savoir de la *même* chose) ?

Depuis le savoir de l'expert, son expression formalisée dans un article de revue technique, différents exposés des résultats obtenus, jusqu'à la demi-ligne de l'encyclopédie, nous avons une chaîne de *diffusion* du savoir. L'organisation efficiente de l'encyclopédie suppose que chacun puisse théoriquement remonter cette chaîne jusqu'aux environs de sa source. Ce n'est pas cette possibilité qui est en question ; nous pouvons et nous devons y apporter des réponses techniques. Le problème est ailleurs et il est double. D'abord, il existe encore dans nos sociétés des êtres humains qui n'ont la possibilité de remonter *aucune* chaîne de diffusion, et peut-être même pas celle de se situer au bout d'aucune chaîne. Ensuite, chacun de ceux qui sont susceptibles de remonter vers les sources (éventuellement pour en devenir une) ne peut remonter qu'un nombre relativement restreint de chaînes. Cela signifie que pour chacun d'entre nous il existe des points ultimes, indépassables, dans notre accès au savoir.

La situation soulève des questions difficiles. Nous sommes tous des ignorants. L'ignorance d'un mathématicien de haut niveau dans le domaine, disons, de l'histoire de la Chine, est-elle de même nature que celle de celui qui ignore tout ? L'inculture radicale est-elle de même nature que l'inculture partielle ? Nous pensons généralement qu'il n'en est rien. D'un côté, nous admettons qu'il faut faire reculer l'ignorance radicale. De l'autre, nos conceptions du savoir postulent qu'il y a des points privilégiés dans sa structure globale. Dans le vieux modèle métaphysique de l'arbre des connaissances, la racine de l'arbre rassemble ces points (il s'agit de ce que l'on appelle les « premiers principes »). Dans un modèle en treillis multidimensionnel comme celui que suggère l'encyclopédie moderne, on peut toujours admettre que certains nœuds sont des points de passage plus fréquentés que d'autres. Qu'il n'y ait pas d'absolu n'implique pas qu'il n'y ait pas de généralité !

Le problème peut être posé dans des termes différents. Quel que soit notre niveau de culture, nous gérons une partie de nos connaissances non pas comme le stock lui-même des connaissances, tel qu'il peut exister dans la bibliothèque/encyclopédie totalisante (et externe), mais à l'aide simplement de représentations de ces connaissances. Il est clair que ces représentations sont elles-mêmes gérées à partir de trois éléments : le langage courant, l'univers perçu ou vécu et les autres connaissances dont nous disposons en propre. Je puis très bien me représenter la théorie de la relativité à l'aide d'une formule simple du genre « pour la physique moderne, le temps est relatif ». Mais si je suis tenté d'interpréter cette formule sur la base de mon expérience subjective de l'attente et du projet, de l'occupation et de l'ennui, je suis irrémédiablement conduit au contre-sens ! La question est la suivante : quel est le type de représentation qui n'engendre pas de distorsion dans la gestion cognitive du savoir représenté ? Si l'on admet qu'il faut une réponse qui vaille pour tous les hommes, cela revient à déterminer quelle est la forme minimale admissible dans la représentation du savoir.

D'une certaine façon, nous venons de toucher le problème traditionnel de ce que l'on appelle « la vulgarisation ». La vulgarisation est ordinairement conçue comme une façon d'abaisser le niveau de codification des connaissances afin d'accroître le nombre des sujets « qui sont au courant ». Je ne suis pas sûr que cela épuise la question. La vulgarisation ainsi conçue est une forme vide d'invention et, par conséquent, son intérêt cognitif n'est pas direct. Ce dont nous avons besoin c'est inventer et installer dans notre familiarité une forme de représentation *admissible* des connaissances qui soit en cohérence avec la pratique de notre vie quotidienne. Il y a là un double enjeu. D'un côté, il faut parvenir à déterminer ce qui est admissible. De l'autre, il faut inventer de nouvelles formes de représentation. Comme l'un des points les plus communément dominés est le monde perçu, les nouvelles techniques d'imagerie informatique nous font largement progresser dans ce qu'il est possible de donner à voir. Nul (à l'exception des experts concernés) ne peut construire une représentation « admissible » de ce qu'est un trou noir si on lui donne une page d'équations. La situation est entièrement changée si l'on parvient à construire un modèle en images. Ce qui est en question c'est la possibilité du retour des savoirs scientifiques – donc abstraits, formalisés et externalisés – dans la sphère des capacités représentatives ordinaires des individus.

Sylvain Auroux

La jambe de Lavoisier ou l'histoire des sciences dans la culture scientifique et technique

L'affiche du mois du patrimoine écrit 1993[1] montre, au premier plan, la jambe d'un personnage du XVIIIe siècle. Il s'agit de celle de Lavoisier, empruntée à une peinture de David. La célèbre jambe de Cyd Charisse, surgissant sur l'écran de *La Belle de Moscou*, était certes plus esthétique que le membre inférieur du père de la chimie moderne. Elle aurait cependant moins facilement trouvé place, malgré l'imagination débridée des publicistes, dans la présentation d'une manifestation consacrée aux fonds d'histoire des sciences dans les bibliothèques.

L'histoire est ici, par l'une de ses images, un moyen pour attirer le spectateur. Si le fragment de tableau n'avait pas sollicité son regard, peut-être aurait-il ignoré la dite manifestation.

Le livre historique – fût-il largement romancé – peut jouer à cet égard, et bien au-delà, le même rôle que l'affiche.

Les habitués des librairies et des bibliothèques savent que les ouvrages historiques y sont nombreux. Biographies, essais, études thématiques, romans témoignent du goût du public pour l'histoire.

Ce sont les romans d'Alexandre Dumas qui ont fait aimer l'histoire à des générations de lecteurs. Il ne faut certes pas en rester aux aventures de d'Artagnan ou à celles de Joseph Balsamo (alias Cagliostro). Le récit des pérégrinations de Balsamo et de son contemporain Mesmer[2] peut mener à des ouvrages

1. Organisé par la ville de Roanne, par la FFCB et l'ARALD.

2. Le XVIIIe siècle a été très riche en Europe sur le plan scientifique. C'est une époque où la science était « à la mode ». Cette vogue a eu des aspects très positifs. Nombre d'ouvrages de bonne vulgarisation ont été publiés, les gens cultivés se pressaient aux cours publics donnés par différentes personnes (l'une des plus connues en France a été l'Abbé Nollet, par ailleurs auteur de plusieurs livres), des scientifiques comme Buffon ont joui d'une très grande notoriété... Mais cet effet intéressant a son envers, qui est la célébrité acquise par quelques charlatans, dont les

plus savants comme la biographie de cet autre contemporain, Antoine de Lavoisier.

L'esprit curieux est alerté et il cherche à s'informer au-delà de la vie des héros de romans.

Par ailleurs, même si leur rédaction est différente de celle des ouvrages strictement scientifiques, il est des œuvres qui dépassent l'anecdote historique et ouvrent à la connaissance de diverses composantes de la science. *La Vie de Galilée* de Brecht a pour cadre le procès de 1633, fait au savant florentin par l'Église[1]. Sa lecture permet cependant d'accéder à la perception du contexte scientifique et même à la compréhension de questions de physique et de cosmologie[2]. *Le Procès des étoiles*[3] est le récit d'un voyage mouvementé. Il introduit aussi quelques aperçus de différents problèmes qui préoccupaient les savants du XVIIIe siècle (la mesure de la Terre, sa forme exacte ; les difficultés liées à la multiplicité et à la disparité des unités de mesure avant l'adoption du *Système métrique* par la Convention...).

Éveiller la curiosité scientifique du public peut donc être l'une des fonctions de l'histoire des sciences. Partant, elle mène à l'interrogation sur les questions scientifiques elles-mêmes et donc à leur approche par la vulgarisation. Ce n'est pas – loin s'en faut – sa seule vertu.

---

plus célèbres sont Cagliostro et Mesmer. Les pratiques (fort lucratives) de ce dernier ont donné naissance à une sorte de philosophie ésotérique – le « mesmérisme » – dont plusieurs Girondins de l'époque révolutionnaire ont été les adeptes (voir R. Darnton, *La Fin des Lumières. Le mesmérisme et la Révolution*, Perrin, 1968).

1. B. Brecht, *La Vie de Galilée*, in *Théâtre complet*, t. III, Éd. de l'Arche, 1959.

2. L'emprisonnement de Galilée, et le procès que lui fit l'Inquisition, ont été officiellement motivés par la publication de son livre *Dialogue sur les deux grands systèmes du monde* (1632 – trad. fr. au Seuil, Paris, 1992). Il y défend *le système* cosmologique *héliocentrique*, proposé par N. Copernic, en 1543, en contestant *le modèle géocentrique*, retenu depuis le Ve siècle avant J.-C. et englobé dans le dogme catholique.

L'apport galiléen inclut aussi la mathématisation du langage des sciences (principalement celui de la physique, au départ), la pratique de l'expérimentation, l'introduction de la mesure dans la démarche scientifique, et le refus du principe d'autorité. La réflexion de l'homme sur la nature en est bouleversée. Ce qui deviendra la science moderne naît à cette époque.

Cette « révolution scientifique » se situe dans le cadre d'une transformation complète de la société, qui touche aussi bien ses structures économiques et sociales que sa manière de penser, donc l'idéologie socialement dominante. L'un de ses aspects est la remise en cause, en Europe, de la primauté culturelle de l'Église. La réaction de cette dernière contre Galilée est à comprendre dans ce contexte.

La littérature relative à Galilée est très abondante. Outre la pièce de Brecht, qui constitue une intéressante introduction historique, on peut citer :

– pour les adolescents (mais aussi pour les adultes) : J.-P. Maury, *Galilée, le messager des étoiles*, Gallimard, coll. « Découvertes », 1986.

– pour un public cultivé : W. Shea, *La Révolution galiléenne*, Le Seuil, 1992.

3. F. Trystram, *Le Procès des étoiles*, Seghers, 1979. Le livre relate l'expédition de L. Godin, P. Bouguer, C. de La Condamine et J. de Jussieu au Pérou, pour y mesurer un arc du méridien terrestre.

L'accès à une culture

Il est loisible de s'initier à une théorie scientifique dans un but utilitaire – « utilitariste », écrivait Paul Langevin qui regrettait cette tendance fréquente de l'enseignement français[1]. L'accumulation rapide de connaissances depuis deux siècles incite de plus en plus à se conduire ainsi. Pourquoi s'inquiéter des savoirs du passé, s'interroger sur l'évolution qui a conduit au stade actuel, se soucier du contexte dans lequel elle s'est produite, alors que ce dont on a concrètement besoin, c'est du bagage d'aujourd'hui !

À la « science-outil », je préfère la « science-culture ». Si l'importance de la première et sa nécessité sont incontestables, il n'est pas concevable qu'un scientifique, ni le simple citoyen utilisateur, vivent dans un environnement entièrement constitué de « *boîtes noires* ». Une fois maîtrisée son utilisation, il est souhaitable de comprendre le principe de l'engin, les raisons de son fonctionnement (ou tout au moins savoir que ces raisons existent et situer le domaine où elles résident). Il faut également connaître ses implications, ses dangers éventuels, etc. Le mode d'emploi ne suffit pas. L'histoire retrouve ici une place dans une démarche qui n'est pas immédiatement utilitaire.

L'effet « plan incliné »

La pièce de Brecht, évoquée plus haut, n'est pas un traité de mécanique ni d'astronomie, même si elle évoque certains aspects de ces sciences. *Le Procès des étoiles* est un roman d'aventures qui ne saurait être catalogué comme un ouvrage de métrologie ou de géophysique.

Il est d'autres cas où l'histoire constitue *le vecteur* d'une meilleure compréhension ou *d'une approche plus facile parce que progressive.*

De l'interprétation littérale et médiévale de la Bible, de multiples penseurs ont déduit, presque sans discontinuer jusqu'au XIXe siècle, la conception dite « fixiste » des espèces vivantes. Celles-ci auraient été créées telles que nous les connaissons actuellement et n'auraient pas changé. Le grand anatomiste G. Cuvier la défendait encore avec talent au début du XIXe siècle, de même que l'astronome allemand Mädler quelques décennies après et que les fondamentalistes américains encore aujourd'hui. En cinquante ans, de Cuvier à C. Darwin[2], l'on

---

1. P. Langevin, « La Valeur éducative de l'histoire des sciences (1926) », in *La Pensée et l'action*, Éd. Sociales, 1964, pp. 193-208. Voir du même auteur : *La Valeur humaine de la science* (1934), *ibid.*, pp. 135-152 ; *L'Esprit de l'enseignement scientifique* (1904), *ibid.*, pp. 179-190 ; *Contribution de l'enseignement des sciences physiques à la culture générale* (1931), *ibid.*, pp. 209-231.

2. Il existe aujourd'hui plusieurs histoires de la biologie dans l'édition française et de nombreux ouvrages sur l'évolution, sur Darwin, etc. Dans le domaine de la vulgarisation, l'un des maîtres est resté Jean Rostand, dont les livres figurent dans la plupart des bibliothèques. Son *Esquisse d'une histoire de la biologie*, Paris, Gallimard, 1968, est constamment rééditée.
On recommandera aujourd'hui très vivement les œuvres de S. J. Gould (*Le Pouce du Panda, la Malmesure de l'homme, le Sourire du flamand rose*, etc.).

est passé *d'un fixisme* qu'il était encore assez risqué de contester à *un évolutionnisme* dominant. Comment comprendre un tel saut quand on sait la lenteur des changements de mentalité ? L'histoire nous permet de l'analyser et, en même temps, de refaire tranquillement le chemin parcouru. Il est souvent plus commode de grimper le long d'un plan incliné que de monter d'un seul bond à la même hauteur.

Le parcours de la *paléontologie*, et celui de l'« histoire naturelle » en général, favorisent nos avancées dans l'intelligence de ce processus. Sans les reprendre en détail, citons la reconnaissance des fossiles comme des traces de plantes et d'animaux disparus par Léonard de Vinci et Bernard Palissy au XVIe siècle, les travaux des contemporains de *L'Encyclopédie* (de Diderot et d'Alembert) et en particulier ceux de Buffon[1], les esquisses de C. Bonnet, les classifications systématiques du Suédois Carl von Linné (partisan du *fixisme*)... Avec le XIXe siècle apparaît la première théorie vraiment *transformiste*, celle de J. B. de Lamarck[2]. Il est violemment contré par G. Cuvier dont les recherches, paradoxalement, alimenteront ensuite pour partie la thèse évolutionniste[3].

La continuité des idées scientifiques n'est cependant qu'apparente. Il y a effectivement des périodes de changements réguliers, mais elles sont entrecoupées de modifications brusques. En langage hégélien (ou marxiste), nous dirions qu'un « saut qualitatif » relie deux épisodes de « progrès quantitatifs ». L'historien des sciences américain T.S. Kuhn le traduit en écrivant qu'une période de crise succède à une « science normale », laquelle crise est résolue par une « révolution scientifique »[4]. En reprenant ma métaphore précédente, je dirais que le « plan incliné » se termine par une « marche d'escalier », qu'il faut franchir pour aboutir à un nouveau « plan incliné ».

Ces « révolutions », ces « ruptures », font partie de l'évolution des sciences et une perspective historique est nécessaire à leur compréhension. Dans l'exemple précédent, le *darwinisme* marque incontestablement une mutation de la pensée biologique, tout comme les œuvres de Copernic et de Galilée traduisent une révolution de l'astronomie et de la physique.

Un « laboratoire épistémologique »

L'idée d'une progression pédagogique via l'histoire des sciences débouche sur une interrogation relative à la *didactique*.

Nous avons là l'exemple d'un mot (identifiant un concept), resté inchangé,

1. Voir : J. Roger, *Buffon, un philosophe au Jardin du Roi*, Fayard, 1989.
2. Voir : M. Barthélémy-Madaule, *Lamarck ou le mythe du Précurseur*, Le Seuil, 1979.
3. C'est l'un des exemples – ils sont nombreux dans l'histoire des sciences – de gens qui, adeptes d'une conception révolue, contribueront néanmoins au changement auquel ils sont eux-mêmes hostiles.
4. T.S. Kuhn, *La Structure des révolutions scientifiques*, Flammarion, 1983.

alors même qu'il désigne un domaine d'étude qui s'est à ce point transformé depuis trente ans que le sens du terme en est complètement modifié.

C'est principalement en tant qu'adjectif qu'il était utilisé il y a quelques décennies. Un discours « didactique » était non seulement clair mais encore plutôt schématique. La réforme de l'enseignement des mathématiques à la fin des années soixante[1], les modifications des programmes de sciences physiques ensuite, les problèmes posés par l'enseignement du français, etc., ont bouleversé le paysage éducatif : « La didactique d'une discipline, écrivent S. Johsua et J. J. Dupin, est la science qui étudie, pour un domaine particulier [...] les phénomènes d'enseignement, les conditions de la transmission de la "culture" propre à une institution... et les conditions de l'acquisition de connaissances par un apprenant. Le point d'entrée dans cette problématique, c'est la réflexion sur les savoirs[2]. »

Cette réflexion porte certes sur l'état présent de ces « savoirs », mais aussi sur la façon dont ils se sont constitués – donc sur leur histoire – et sur les différentes manières dont les réalités, dont ils prétendent rendre compte, ont été appréhendées au cours des temps. L'histoire de la science (ainsi, d'ailleurs, que celle de son enseignement) fait donc partie intégrante du bagage du didacticien.

Inspirée pour partie par les idées d'Auguste Comte – et, davantage encore, par celles de Haeckel[3] –, *la thèse d'un parallélisme*, entre la formation individuelle de l'esprit scientifique de la petite enfance à l'âge adulte et son évolution historique de la préhistoire à nos jours, a été retenue au cours des premières décennies du XXe siècle par plusieurs auteurs notables[4]. Jean Piaget l'a longtemps illustrée avant de nuancer ses positions à la fin de sa vie[5]. Elle n'est plus, aujourd'hui, jugée crédible[6]. Il n'empêche que des formes de raisonnement qui furent jadis à la base des développements de tel ou tel savant ou philosophe se retrouvent actuellement chez des enfants, des adolescents ou des adultes dé-

---

1. Improprement baptisée « introduction des mathématiques modernes ». Elle a été très largement abandonnée depuis. Il en reste – entre autres – un vocabulaire qui ne facilite guère l'apprentissage de la discipline.
2. S. Johsua, J. J. Dupin, *Introduction à la didactique des sciences et des mathématiques*, PUF, 1993, pp. 2-3.
3. Haeckel, disciple de Darwin, auteur de la « Loi biogénétique fondamentale », très controversée, qui prétend ériger en principe universel la formule : « l'ontogénèse récapitule la phylogénèse ». (« *Ontogenèse* [1876] : développement de l'individu depuis la fécondation de l'œuf jusqu'à l'état adulte ; *phylogenèse* [1874] : mode de formation des espèces, développement de l'espèce » [Dict. *Robert*]).
Voir : G. Canguilhem, G. Lapassade, J. Piquemal, J. Ulmann, *Du développement à l'évolution au XIXe siècle*, rééd., PUF, 1985, pp. 22-46 (1re éd. : 1962) ; D. Raichvarg, « La didactique a-t-elle raison de s'intéresser à l'histoire des sciences ? », *ASTER*, n° 5, 1987, pp. 3-34.
4. Notamment Paul Langevin.
5. J. Piaget, R. Garcia, *Psychogenèse et histoire des sciences*, Flammarion, 1983.
6. J. L. Martinand, « Histoire et didactique de la physique et de la chimie : quelles relations ? », *Didaskalia*, n° 2, déc. 93, pp. 89-99 et D. Raichvarg, *op. cit.*

pourvus de culture scientifique. Il en est ainsi, par exemple, de l'explication du mouvement des projectiles, similaire dans les réponses de nos enfants et dans les théories de Jean Buridan, philosophe et physicien du XIVe siècle, créateur de la physique de l'*impetus*[1]. A. Giordan en cite plusieurs exemples en biologie, notamment à propos de la digestion et de la reproduction[2].

Ces analogies, même quand elles ne sont que ponctuelles et la persistance de certains « obstacles épistémologiques » d'une génération à l'autre[3], conduisent à affirmer que l'histoire des sciences est un « laboratoire épistémologique » pour le didacticien... et pour le scientifique lui-même[4].

La didactique des sciences s'est principalement intéressée à leur enseignement dans un cadre « académique » – c'est-à-dire à l'école, au collège, au lycée et à l'université. La définition citée prend cependant en compte « les conditions de la transmission de la culture... », scientifique en l'occurrence. Par ailleurs, il n'est spécifié nulle part que les formes d'acquisition de connaissances doivent être uniquement de type scolaire. Ceci étant, ce que l'on pourrait appeler « la didactique de la vulgarisation » est sans doute moins développé – ou plutôt moins formalisé – que ne l'est celle qui se préoccupe de l'enseignement classique. Elle n'en existe pas moins. Il faut lui rattacher les réflexions conduites sur les musées scientifiques, les travaux de D. Jacobi, de même qu'une partie de ceux de D. Raichvarg et de Giordan[5]. Cette didactique existe donc, peut-on dire en paraphrasant un titre connu, nous l'avons rencontrée !

L'histoire des sciences est aussi, par conséquent, un « laboratoire épistémologique... » pour l'auteur qui s'interroge sur la vulgarisation. Instrument pour le vulgarisateur, aide à l'éveil scientifique, moyen d'approche progressive de sujets complexes, l'histoire est *un lieu de travail* pour le théoricien de la vulgarisation.

Un antidote au dogmatisme ?

L'un des graves défauts de la diffusion des connaissances scientifiques (notamment sous ses formes scolaires... et universitaires !) est son dogmatisme, que Langevin dénonçait au début du siècle[6]. Le terme est plus souvent appliqué à

1. F. Halbwachs, « Les fondements psychologiques de la mécanique prégaliléenne », *Cahiers du séminaire d'histoire et de sociologie des idées et des faits scientifiques*, Univ. de Provence, nº 7, 1974 ; J. L. Martinand, *op. cit.* ; E. Satiel, L. Viennot, « What do we learn from similitaries between historical ideas and the spontaneous reasoning students ? », *in* P. Linjse (éd.), *The Many Faces of Teaching and Learning Mechanics*, Utrecht, GIREP/SVO/UNESCO, 1984.
2. A. Giordan, G. de Vecchi, *Les origines du savoir. Des conceptions des apprenants aux concepts scientifiques*, Neuchâtel-Paris, Delachaux et Niestlé, 1987.
3. G. Bachelard, *La Formation de l'esprit scientifique*, Vrin, 1938.
4. *Cf.* A. Giordan (dir.), *Histoire de la biologie*, t. I, Tec. et Doc., 1987, p. 11.
5. D. Jacobi, B. Schiele, *Vulgariser la science. Le Procès de l'ignorance*, Seyssel, Champ Vallon, 1988 ; P. Laszlo, *La Vulgarisation scientifique*, PUF, « Que sais-je ? », 1993.
6. *Op. cit.*

la religion et à la philosophie politique qu'aux sciences. Il y est cependant au moins aussi pertinent. Il vaut également pour la vulgarisation.

Une discipline scientifique est, pour paraphraser une autre formulation de Langevin, « ... une chose vivante[1] ». Elle n'est jamais achevée, mais peut à tout moment se transformer. Une théorie, retenue aujourd'hui, est susceptible d'être remise en cause demain, totalement ou partiellement. Un modèle, parfaitement opératoire à une époque, sera caduc quelque temps après. Il est toujours approximatif, jamais complètement identifiable à la réalité qu'il cherche à représenter (il y parvient d'ailleurs, mais seulement en partie).

Une présentation dogmatique résulte de la relation d'une théorie, d'un modèle, considérés comme des descriptions exactes et intangibles de « la » vérité. « Dire le vrai » n'est pas l'objectif des sciences, qui tendent vers la réalité par approximations successives... et sans jamais l'atteindre.

Le dogmatisme résulte quelquefois de l'idéologie du temps. Au XIXe siècle, par exemple, la physique était considérée comme un ensemble presque terminé. L'édifice était en place, les soubassements étaient tout à fait stables, les lois fondamentales resteraient valables éternellement. Le *scientisme* ambiant confortait ces croyances. Les sciences et leurs applications technologiques allaient régler tous les problèmes en suspens. Les déclarations de savants abondent sur le sujet. Le chimiste français M. Berthelot affirmait qu'il ne restait presque plus rien à découvrir en science, le physicien anglais Lord Kelvin envisageait pour la physique un avenir radieux, tout au plus légèrement obscurci par « deux petits nuages ». Quand ceux-ci ont « crevé », peut-on dire en reprenant la métaphore, le premier a conduit à l'hypothèse quantique, le second a contribué à faire naître la théorie de la relativité. Le calme apparent préludait donc à l'une des révolutions conceptuelles les plus importantes de l'histoire des sciences.

Le dogmatisme peut avoir d'autres causes : l'accumulation de connaissances qui incite à parer au plus pressé, faute de temps ; la compétence insuffisante du conférencier ou de l'enseignant, etc.

L'histoire est un antidote possible au dogmatisme. Ce n'en est pas le seul. Tout apprentissage de l'esprit critique contribue à former à l'exercice du « doute philosophique », que Claude Bernard retenait parmi les « grands principes » de la méthode expérimentale[2].

1. « Nous assistons à un moment particulièrement important du développement de cette chose vivante qu'est notre raison. Elle n'est pas donnée *a priori*, elle n'a pas les cadres rigides qu'on croyait pouvoir lui imposer autrefois. Reflétant toujours mieux le monde extérieur, cette raison évolue, s'insinue de plus en plus près de cette réalité que nous connaissons et que nous dominons toujours davantage » (P. Langevin, « la physique moderne et le déterminisme », *La Pensée*, n° 1, avril-mai-juin 1939, p. 14).

2. C. Bernard, *Introduction à l'étude de la médecine expérimentale* (1865), rééd., Paris, Garnier-Flammarion, 1966, p. 71.

Concepts de base et principes d'évolution

À un moment donné de l'histoire, une discipline scientifique (ou une sous-discipline, ou une théorie) est – provisoirement – construite sur quelques « concepts de base », sur une méthode, dont découlent quelques « lois » corollaires. Le tout constitue en substance ce que T.S. Kuhn baptise un « paradigme »[1]. On pourra préférer le nommer « modèle » dans certains cas.

Une présentation pédagogique – qu'elle relève du domaine scolaire ou de celui de la vulgarisation – ne distingue pas obligatoirement ces ingrédients fondamentaux. On peut communiquer un savoir utilisable, ou expliquer le fonctionnement d'un objet technique, en passant parfois sous silence le sens profond de l'ensemble.

L'étude d'un manuel de mécanique rationnelle, par exemple, permet d'apprendre à résoudre des problèmes dans ce domaine. A-t-on, pour autant, vraiment « compris » cette mécanique ? Ce n'est pas certain. Quelques lectures complémentaires – par exemple, celle du livre de F. Balibar, *Galilée et Newton lus par Einstein*[2] – paraissent pour le moins utiles (sinon indispensables) à cet égard.

S'agissant de l'appréhension approfondie d'une science, il est décisif de bien saisir le concept de modèle et d'analyser son mode d'évolution. D'une manière générale, nous commençons par nous faire, d'une quelconque réalité, une représentation figurative. C'est ce que le physicien et didacticien F. Halbwachs appelait un « modèle-image »[3]. Les sciences évoluant, le modèle se complète petit à petit en intégrant des équations, des lois, etc. De concret au départ, il devient de plus en plus abstrait, jusqu'à être – à un stade suffisant de son évolution – impossible à figurer. On peut citer *l'atome*, petite sphère insécable, des philosophes de l'Antiquité aux chimistes du XIXe siècle inclus, sorte de « système solaire miniature » vers 1910, aujourd'hui ensemble scientifique complexe. Il n'est certes pas interdit de le dessiner, à condition de comprendre que l'on ne montre pas, ce faisant, la « photographie » d'un atome réel mais une représentation, traduisant tout au plus certaines des caractéristiques de cet atome. De la même manière, les chimistes organiciens figurent les atomes – ou les ions – de structures complexes par de petites boules colorées, en ne prétendant donner qu'une représentation de ces échafaudages, non la copie exacte de la réalité.

À l'occasion de ces considérations sur le concept de modèle, nous retrouvons certains des obstacles à l'apprentissage des sciences, notamment *la polysémie* de certains termes et l'obstacle que constitue la représentation « spontanée ».

Qu'est-ce qu'un modèle dans le langage courant ? « Ce qui sert ou doit servir d'objet d'imitation... » (*Petit Robert*). D'autres significations existent, mais celle-là étant la première perçue, elle reste dans l'esprit. Il s'agit d'un processus

---

1. T.S. Kuhn, *op. cit.*
2. F. Balibar, *Galilée, Newton lus par Einstein*, PUF, 1984.
3. F. Halbwachs, *La Pensée physique chez l'enfant et le savant*, Neuchâtel, le Griffon, 1974, p. 44.

assez proche de celui que G. Bachelard qualifiait « d'expérience première »[1]. Quand la personne perçoit un phénomène, *elle s'en construit* mentalement une explication, une première « représentation ». Celle-ci perdure, alors même que l'intéressé a pris connaissance (à l'école ou ailleurs) de l'interprétation socialement (scientifiquement s'il s'agit d'un fait qui relève des sciences) admise. « L'expérience première » de Bachelard se traduit par la formation de ce que Durkheim appelait une « pré-notion »[2].

L'étude de cette démarche, à propos d'un savoir précis, relève de la didactique. Autant que l'enseignant, le vulgarisateur se doit de la prendre en compte. La formation des « modèles », leur succession dans le cours de l'évolution des sciences lui sont obligatoirement familières.

Il n'est pas certain que, même en ayant un niveau élevé de culture scientifique, l'individu puisse se libérer totalement des « modèles-image » initiaux. J. Piaget écrit que « ... la tendance dominante de l'esprit [est] d'assimiler toute réalité nouvelle à des schémas antérieurs...[3] ». N'a-t-on pas, par ailleurs, en quelque sorte « besoin » d'une figuration concrète, voire matérialisée, de l'« objet scientifique » ? Le physicien sait qu'une particule est un ensemble compliqué, qu'il ne peut représenter que par une série de caractéristiques, de propriétés mathématisées... Pour autant, quand il y pense, ne conserve-t-il pas malgré tout, dans l'idée, une sorte de petite boule ?

Quoi qu'il en soit, et quelles que puissent être sur ce sujet les réponses des physiciens comme des psychologues, je ne crois pas que la vulgarisation, elle, puisse se passer de modèles de ce type. Il vaut sans doute mieux se figurer l'atome comme il est dessiné sur la plupart des documentaires scientifiques et des brochures et comprendre quelques-unes de ses propriétés, que d'en ignorer tout, en ne l'imaginant que comme une réalité mystérieuse et terrible. Le vulgarisateur sait ce qu'implique la démarche de modélisation. Il serait préférable qu'il puisse aussi le faire saisir par ses lecteurs ou son public, mais c'est peut-être beaucoup demander.

Les sciences dans les sociétés

Aussi bien Langevin, dans les textes cités plus haut, que Louis de Broglie[4], insistent sur la part de la connaissance des sciences et de leur histoire dans *la culture générale* de l'homme du XXe siècle. La remarque vaut, *a fortiori*, pour l'individu qui vivra au XXIe.

---

1. G. Bachelard, *La Formation de l'esprit scientifique* (1938), rééd., Paris, Vrin, 1980. C'est l'un des plus grands classiques de la didactique des sciences. Certains chapitres ont vieilli, mais l'essentiel reste très intéressant. La réflexion vaut pour la vulgarisation comme pour l'enseignement.
2. E. Durkheim, *Les Règles de la méthode sociologique* (1895), rééd., PUF, 1963, pp. 15-18, cité par P. Bernoux in *La Sociologie des organisations*, Le Seuil, 1985, p. 22.
3. J. Piaget, *Introduction à l'épistémologie génétique, 2 : La Pensée Physique*, PUF, 1974, p. 188.
4. L. de Broglie, « Intérêts et enseignements de l'histoire des sciences », in *Sur les sentiers de la science*, Albin Michel, 1960, pp. 335-381.

Il n'est plus possible de séparer, notamment en ce qui concerne le fonctionnement des sociétés, les sciences des technologies. Les innovations techniques sont aujourd'hui, le plus souvent, des applications de travaux scientifiques antérieurs, très récents pour certains d'entre eux. À l'inverse, la plupart des recherches scientifiques ne pourraient être entreprises sans l'aide *d'objets techniques* sophistiqués. L'ordinateur en fournit aujourd'hui un exemple saisissant. Même si on ne l'aime pas, le terme « technosciences » caractérise bien la situation contemporaine.

Ce mode de relation bi-univoque, entre les sciences et les techniques, s'est instauré progressivement au XIXe siècle au cours de la première Révolution industrielle. Il serait toutefois erroné de penser qu'une coupure existait auparavant entre ces deux secteurs de l'activité humaine. La forme des rapports était différente de ce qu'elle est de nos jours, mais elle n'en existait pas moins. La mécanique d'Aristote dérive bel et bien d'observations relatives à différents outils, dispositifs et mécanismes, quelquefois très anciens (le levier, la roue, etc). Il en est de même de celle d'Archimède. Si l'optique a considérablement progressé au XVIIe siècle, c'est en partie parce que les artisans opticiens ont, depuis le XIIIe siècle, fabriqué et amélioré les lentilles correctrices de la vue. L'apparition de l'imprimerie, au XVe siècle, a été déterminante dans le déclenchement de la « Révolution copernicienne »[1] comme – toutes proportions gardées – celle de l'informatique l'est en ce moment dans la mutation en cours.

Des constatations analogues sont relatives aux influences réciproques des sciences et des philosophies. Elles existent pendant l'antiquité grecque, comme pendant le Moyen Âge aussi bien musulman que chrétien. De l'essor de la mécanique, à partir de Galilée au XVIIe, est née la philosophie « mécaniste » qui apparaît chez Mersenne, Descartes, Newton, etc., et transparaît dans *la philosophie naturelle* du XVIIIe. *Le positivisme* d'Auguste Comte dérive certes du *système industriel* de Saint-Simon et de la déchristianisation populaire au XIXe siècle, mais aussi des contradictions de l'évolution des sciences à la même époque. Et quel est le système philosophique qui, de nos jours, pourrait faire abstraction de la relativité, des quantas, de l'évolutionnisme, de l'apparition de la génétique, etc. ?

Nous pourrions poursuivre cette énumération. Les transformations des sociétés au cours du temps, qu'elles aient été progressives ou brutales, sont à traiter comme celles de systèmes complexes, dont les sciences sont des composantes de plus en plus importantes. Leur histoire est indispensable à la compréhension de ces changements, compréhension qui est un des éléments de toute culture tant soit peu générale.

Jean ROSMORDUC

1. Voir L. Febvre et H. J. Martin, *L'Apparition du livre*, rééd., Albin Michel, 1971.

III. La production

Panorama de l'édition scientifique

Les chemins de la communication scientifique

En adoptant le modèle de la diffusion, on a pu représenter la communication scientifique comme la propagation d'un savoir à partir d'un centre de production vers une périphérie de socialisation[1].

Production primaire

La production de connaissances scientifiques passe toujours par l'écrit, que le support soit imprimé ou électronique[2]. C'est au sein des organismes de recherche publics et dans les universités que s'effectue l'essentiel de la production primaire en France : thèses, communications de congrès, articles de revue qui alimentent les banques de données nationales ou internationales.

L'originalité du mécanisme éditorial réside dans le contrôle par les pairs dans le domaine de recherche concerné. La publication dans une revue spécialisée sanctionne un travail de recherche original. Les chercheurs de tous les pays s'efforcent d'accumuler les publications, si possible dans des revues prestigieuses comme *Science* ou comme *Nature*. Le directeur de *Nature*, ancien journaliste scientifique au *Manchester Guardian* et physicien de formation, décrit le phénomène dans les termes suivants : « Dans l'atmosphère de compétition intense qui règne aujourd'hui, publier dans un journal comme *Nature* représente pour un chercheur un enjeu vital, dont dépendent la progression de sa carrière

1. Paul Caro en a schématisé les différentes instances sur un mandala tibétain (*La Roue des sciences*, Albin Michel, 1993).
2. Pour les évolutions affectant les véhicules de la communication scientifique, on se reportera aux articles de Philippe Lazar et de John Maddox respectivement dans *Le Monde* des 21 juin et 28 octobre 1994.

et l'obtention de crédits. Or, nous devons renvoyer plus de 90 % des articles qui nous sont soumis. Nous en recevons chaque semaine environ 200 [...]. Et nous n'en publions que dix-sept ou dix-huit[1]. »

Les deux hebdomadaires publient des articles dans tous les domaines de la recherche fondamentale[2], des comptes rendus de recherche, des études critiques. L'éditorial, la chronique et le courrier des lecteurs apportent des éclairages politiques ou économiques et une tonalité polémique, qui n'affleurent pas dans les articles de fond.

L'actualité scientifique primaire se trouve disséminée dans les milliers de périodiques internationaux, pour la plupart anglo-saxons, qui couvrent des domaines très spécialisés. Les articles publiés dans les revues les plus importantes sont signalés dans des revues de sommaires. Certains sont mentionnés dans les synthèses bibliographiques annuelles spécialisées. Chaque domaine possède son « gotha » de périodiques, qui comprend, par exemple en médecine, *The Lancet, The New England Journal of Medicine* et le *Journal of the American Medical Association* (JAMA).

C'est également en anglais que les éditeurs internationaux publient les monographies destinées aux chercheurs. Quand un éditeur spécialisé publie en français un ouvrage de recherche, son tirage dépasse rarement 800 exemplaires. Le bilan dressé en 1986 par le Bureau d'information et des prévisions économiques est toujours valable : « La diffusion des monographies et des périodiques primaires francophones est généralement inférieure au seuil de rentabilité[3]. »

Enseignement et secteur professionnel

La transmission institutionnelle des connaissances scientifiques et techniques s'effectue dans une deuxième étape, instituée dans l'enseignement. Les supports édités (traités, précis, manuels, aide-mémoire, recueils d'exercices, etc.) consignent la science « faite », celle qui s'est sédimentée et recueille un consensus dans la communauté scientifique. Débarrassée de sa gangue de production, la science y est présentée sous une forme épurée, comme un outil prêt à l'emploi.

La production issue du pôle professionnel (entreprises, centres techniques, associations professionnelles, institutions) comprend des articles, des rapports, des normes, des brevets, des annuaires et répertoires.

Si le pôle recherche comprend recherche fondamentale et recherche finalisée, les laboratoires de recherche-développement des grandes entreprises appartiennent au pôle professionnel. Les logiques propres de ces deux pôles leur confèrent une autonomie qui ne les empêche pas de communiquer entre eux.

Dans le domaine technique, une zone de contact importante existe entre le pôle enseignement et le pôle professionnel.

---

1. « Entretien avec Michel de Pracontal », *Le Nouvel Observateur*, 12 mai 1994.
2. À l'exclusion des mathématiques.
3. *La Communication scientifique et technique et ses médias (hors médical)*, BIPE, 1987.

Au sein du pôle enseignement, il convient de distinguer l'édition universitaire de l'édition scolaire. En dehors des traités consacrés par la tradition (le *Rouvière*, par exemple), le manuel universitaire a du mal à concurrencer le polycopié-du-cours et à résister au photocopillage. Du côté du manuel scolaire, on assiste à une évolution sensible de son rôle et son contenu[1].

La vulgarisation

Dans une échelle de socialisation des connaissances, le pôle enseignement occupe une place intermédiaire. S'ouvre ensuite l'espace de la vulgarisation, en contact étroit avec le monde des médias mais aussi avec le secteur de l'édition jeunesse. Ses contours éditoriaux sont flous. Si l'on insiste sur l'aspect non finalisé de la vulgarisation, on en exclura les livres pratiques et les ouvrages de référence. Si au contraire on l'assimile à tout ce qui concourt à l'éducation informelle, de la découverte à l'autodidaxie, alors on y inclura des catégories plus larges d'ouvrages à caractère scientifique : dictionnaires encyclopédiques, ouvrages parascolaires, manuels d'utilisateur (pour les produits grand public), guides de reconnaissance, beaux livres, etc.

Les périodiques destinés aux chercheurs ou au public professionnel se distinguent aisément, en général, des magazines visant un public large. Mais il existe aussi une frange intermédiaire de revues pour amateurs avertis (en informatique, électronique, astronomie, géologie, zoologie, etc.). Les revues de sociétés savantes et les revues d'associations peuvent se rattacher selon le cas à l'un des pôles précédents ou au domaine amateur.

Quant aux revues généralistes *La Recherche* et *Pour la Science*[2], on peut se demander où les situer dans la diffusion de l'actualité scientifique. Ni magazines de grande vulgarisation ni revues primaires, ces mensuels offrent au public initié un panorama de l'activité scientifique sous ses différents aspects.

Si l'on suit l'analyse de Claude Cherki sur *La Recherche*[3], on doit diviser le public de ce genre de revue en trois catégories :
– le public d'origine (chercheurs et universitaires) ;
– les gens qui sont professionnellement en contact avec la science ou la technique ;
– un public hétérogène de curieux de la science, désireux de s'informer « à la source ».

Ce type de revue permet au spécialiste de se tenir au courant des avancées dans d'autres domaines que le sien propre. De ce point de vue, on peut le ranger sous le vocable de haute vulgarisation. Face au morcellement des connaissances, il donne une image rassurante de l'unité du savoir.

---

1. Se reporter à l'encadré page 191.
2. *Pour la Science* est la version française du *Scientific American*.
3. « L'aventure de *La Recherche*, la presse scientifique en France », *Esprit*, n° 9, septembre 1989.

Toutefois, ces revues ne consacrent qu'une part très limitée aux innovations techniques et au secteur industriel, à la différence des magazines de haute vulgarisation nés le siècle dernier comme *La Nature*. On regrettera d'autant plus la disparition de *Science et technologie* (ex-*Sciences et techniques*), qui avait fait le pari de toucher à la fois les scientifiques et les professionnels d'entreprise.

Le secteur des revues de vulgarisation reste très actif en France. Mais la concurrence est vive dans un marché relativement étroit. Certaines tentatives avortent au bout de quelques mois. Citons le cas des revues *Explora*, *Scientifica*, *Science nº 1*. D'autres titres cherchent à élargir leur cible comme *L'Argonaute* devenu *Science et nature*. Certains offrent des services complémentaires, par exemple sur Minitel, pour fidéliser leur clientèle.

Au total, on dispose d'un éventail important de titres de périodiques, s'adressant à des publics et couvrant des centres d'intérêt variés. En comparaison, l'édition de livres de vulgarisation paraît encore lacunaire.

La diffusion de l'actualité scientifique

Comment circule l'information entre la production primaire et les supports édités pour un large public ? De même que les applications commercialisées suivent de plus en plus près les innovations des laboratoires, les délais séparant la publication de recherche et l'actualité scientifique de vulgarisation ont tendance à se réduire pour se rapprocher de la périodicité du support. Quelques exemples illustreront ce propos.

Dans son édition du 25 juin 1993, *Le Monde* propose un article assez fouillé intitulé « Le théorème de Fermat enfin résolu ? ». À peine plus d'une journée s'était écoulée depuis la fin du séminaire d'Andrew Wiles – spécialiste de la théorie des nombres – à Cambridge. Dans son numéro d'août 1993, *Science et vie* titre « Fermat enfin vaincu ». En septembre 1993, l'article publié dans *La Recherche* reste prudent et celui de mars 1994 conclut : « S'ils peuvent être menés à leur terme, les travaux de ce mathématicien seront le point d'orgue d'une saga de trois siècles et demi. » Son auteur signe également l'article paru dans *Universalia 1994*.

Le Monde du 18 décembre 1993 annonce qu'une équipe française a franchi une nouvelle étape dans la course aux supraconducteurs à température ambiante. Un compte rendu et l'article des chercheurs français étaient paru dans *Science* le 17 décembre.

Dans certains cas, la presse quotidienne devance la publication de recherche. Dans son édition du 15 décembre 1993, *Le Monde* annonce une nouvelle explication du « mystère de la matière noire[1] », avant même la publication dans *Astronomy and astrophysics*.

Un dernier exemple, celui d'une molécule banale, propulsée au devant de la

1. C'est-à-dire la matière dispersée entre les étoiles.

scène de la recherche en neurophysiologie. Le monoxyde d'azote, gaz polluant de formule NO, jouerait un rôle essentiel dans la régulation neuronale et donc dans la mémoire, le sexe, les défenses immunitaires, etc. Des centaines d'articles de recherche ont été consacrés à ce composé en 1992, ce qui lui a valu le titre de molécule de l'année (*Science* du 18 décembre 1992).

En février 1992, *La Recherche* présente dans la rubrique *actualité* une synthèse bibliographique intitulée « du gaz entre les neurones ». Au mois de juin « NO » fait la couverture de *Science et vie*. Dans un article sceptique (« L'affaire du gaz dans le cerveau »), les journalistes mettent en cause l'empressement des équipes de recherche américaines (la course au Nobel), l'emballement de la « machine médiatique », et les hésitations des scientifiques à critiquer ouvertement les « stars » de la recherche.

Pour la Science publie en juillet 1992 un article d'une de ces vedettes de la neurophysiologie (« Les fonctions biologiques du monoxyde d'azote »).

Fin janvier 1993, le CNRS organise un colloque national sur le sujet. *Le Monde* en rend compte le 3 février, dans un excellent article de vulgarisation intitulé « Conte de fées chez les molécules ».

Ces exemples témoignent de la place occupée par la presse de vulgarisation, mais aussi par la presse d'information générale dans l'actualité scientifique. Une demande se généralise actuellement dans le public : « savoir, comprendre, découvrir ». Aussi assiste-t-on à une évolution dans la presse quotidienne vers un journalisme de pédagogie. Le supplément scientifique de *Libération* en fournit une illustration[1].

Depuis la floraison de revues de vulgarisation des années 1870[2], on connaît l'importance des périodiques dans la diffusion sociale de l'information scientifique.

La nouveauté réside dans le télescopage des canaux de validation traditionnels avec les médias (affaire de la fusion froide, « mémoire de l'eau »). Le public y gagne une meilleure transparence de la production scientifique au prix d'une certaine confusion entre les acteurs. Juste retour de l'autonomisation de la science par rapport à la société ?

Les livres

Le secteur de l'édition de livres de vulgarisation, lui, n'est pas soumis aux mêmes contraintes d'actualité. « Il ne faut surtout pas partir de l'actualité pour concevoir des livres », déclare Odile Jacob[3]. Cependant, et même dans le do-

---

1. *Cf.* Dominique Leglu, « Eurêka, le cahier de *Libération* », *Échos d'ACORD*, n° 24-25, décembre 1992.
2. *Cf.* Daniel Raichvarg et Jean Jacques, *Savants et ignorants : une histoire de la vulgarisation scientifique*, Le Seuil, 1991, pp. 95-106.
3. « Odile Jacob préserve son indépendance », *Livres Hebdo*, n° 5, 1.2.91.

maine scientifique, on peut estimer avec Patrice Cahart que le journalisme a déteint sur le livre[1]. L'importance du travail éditorial varie considérablement d'un titre à l'autre.

Des ouvrages à caractère journalistique, liés à l'actualité scientifique ou technique (avancées de la recherche, prouesses techniques, catastrophes technologiques, « affaires ») sont souvent publiés dans des délais très brefs.

Certains titres sont des transcriptions d'émissions de radio, des recueils d'articles publiés dans une même revue, ou des recueils de chroniques. Ils tentent de laisser une trace durable de productions éphémères. Les entretiens radiophoniques de Jacques Lacarrière avec Albert Jacquard, par exemple, ont été publiés sous le titre *Science et croyances.*

Mais certains ouvrages sont construits *a priori* sous forme d'entretiens menés par un journaliste[2] ou par un écrivain. Dans le cas des *Conversations sur l'invisible*, Jean-Claude Carrière a fait un travail de réécriture à partir des entretiens avec Michel Cassé et Jean Audouze.

Les éditeurs proposent aussi des dialogues entre des personnalités scientifiques d'horizons différents. Dans *Matière à pensée*, le neurobiologiste Jean-Pierre Changeux et le mathématicien Alain Connes confrontent leurs conceptions de la connaissance et de l'esprit.

Que la forme reste proche de l'oral n'empêche pas le lecteur d'entrer dans le débat d'idées. Ainsi, nous partageons l'avis porté par l'épistémologue Jean Largeault sur *Paraboles et catastrophes* de René Thom : « Ce petit livre est une extraordinaire réussite en vulgarisation. »

D'une manière générale, lorsque l'on souhaite renouveler un questionnement, ou bien lorsque s'ouvrent de nouvelles problématiques dans des champs hétérogènes (environnement, sciences cognitives), on fait appel à des spécialistes reconnus dans leur domaine respectif. Que ces derniers participent à un colloque ou que l'on rassemble des contributions, l'ouvrage collectif s'impose alors, même si l'on vise un public plus large que celui des universitaires.

Deux exemples en 1990 : *Science et philosophie, pour quoi faire ?* (Le Monde éditions) ; *Quelles langues pour la science ?* (La Découverte). Citons aussi *Le Magasin des enfants* publié sous la direction de Jacques Testart.

Les collections Converssciences (l'Harmattan) et Sciences en société (Autrement) comprennent plusieurs ouvrages collectifs à caractère interdisciplinaires ou bien de réflexion sur la science en général. Ces ouvrages ont malheureusement une diffusion limitée. Ils s'adressent à un public intermédiaire, relevant peut-être de la 3e catégorie évoquée plus haut.

Plus proche de l'édition littéraire, on trouve les ouvrages d'auteur.

---

1. Patrice Cahart, *Le livre français a-t-il un avenir ?*, La Documentation française, 1987.
2. Par exemple : *Faut-il brûler Descartes ? Du chaos à l'intelligence artificielle : quand les scientifiques s'interrogent* de Guitta Pessis-Pasternak paru à La Découverte en 1991.

Pour un scientifique il peut exister plusieurs voies d'écriture, selon qu'il privilégie tel ou tel propos :

1. Transmettre des connaissances acquises à un niveau déterminé. Sur un même sujet, on aura une gamme d'ouvrages de vulgarisation très étendue, par exemple :
– niveau sensibilisation : *Le Système solaire* de Isaac Asimov chez Hachette (Bibliothèque de l'univers) ;
– niveau initiation : *Le Soleil et les planètes* de Bernard Hagène chez Pocket ;
– niveau amateur : *Voyage dans le système solaire* de Serge Brunier[1] chez Bordas ;
– niveau spécialisé : *Le Système solaire* de Thérèse Encrenaz et Jean-Pierre Bibring (InterÉditions/Éditions du CNRS).

2. Élaborer une synthèse d'un domaine de recherche, comme a représenté *L'Homme neuronal* pour la neurobiologie : « la rédaction du livre a été pour moi l'occasion d'approfondir mes recherches et de m'intéresser à des questions qui dépassent mon propre travail de laboratoire » affirme Jean-Pierre Changeux[2].

3. Informer le public, éventuellement alerter ou rassurer l'opinion. Citons *Voici venu le temps du monde fini, Le Désir du gène, La Vérité sur l'effet de serre.*

4. Raconter une découverte, la replacer dans son contexte historique, sociologique (*La Double Hélice* de James Watson, sur la découverte de la structure de l'ADN).

5. Faire œuvre littéraire.

Ce dernier propos est rarement explicite. Certains ouvrages sont l'aboutissement d'un travail sur la langue comme celui d'Ivar Ekeland sur les mathématiques du hasard et... une saga islandaise. Le biologiste Jacques Ninio, devant sa page blanche, prend Queneau pour modèle. On rencontre plus fréquemment la réflexion philosophique au détour d'une page de vulgarisation, « philosophie spontanée », idéologie, voire mystique du scientifique.

Des ouvrages d'auteur représentent parfois de véritables sommes, comme *La Malle de Newton* de Loup Verlet ou *Le Chiffre et le songe* de Jacques Blamont. Le *Dictionnaire de mathématiques élémentaires* de Stella Baruk, lui, est le résultat d'un travail de longue haleine qui s'est étalé sur quatorze années.

Les ouvrages d'auteur trouvent souvent leur place dans les collections de vulgarisation généralistes. Celles-ci constituent aujourd'hui un secteur original de l'édition au même titre que l'édition scientifique pour la jeunesse. Un retour en arrière permettra d'apprécier l'évolution de la production.

---

1. Rédacteur en chef de *Ciel et espace*, Serge Brunier n'est pas à ranger dans les auteurs scientifiques au sens strict.
2. « Le projet scientifique : entretien avec Jean-Pierre Changeux », *Préfaces*, nº 2, mai-juin 1987.

Analyse de la production

L'essor des collections de vulgarisation

Pendant les années 1950 et 1960[1], l'édition de vulgarisation n'est guère active. À destination d'un large public, on trouve quelques encyclopédies comme celle dirigée par Louis Leprince-Ringuet chez Larousse ou des suites comme *Le Monde des sciences* (Time Life). Mais leur facture reste assez traditionnelle.

Les rares collections de vulgarisation ne touchent qu'un public limité, déjà intéressé aux travaux des scientifiques. Leur projet tourne autour de la célébration de la science et la figure du savant y occupe une place centrale (« Savants du monde entier » chez Seghers, « Classiques de la science » chez Armand Colin).

C'est aussi l'époque ou Albert Ducrocq, ingénieur et journaliste, veut communiquer, par le livre et par la radio, son enthousiasme prophétique pour un nouvel âge d'or technologique.

Le livre reste le mode de communication de savants prestigieux comme Jean Rostand. À la fin des années 1950, on peut lire aussi les récits du monde sous-marin de Jacques-Yves Cousteau et ceux des expéditions vulcanologiques de Haroun Tazieff. Pour ce dernier, la vulgarisation sert à la fois à instruire le public et à le sensibiliser à l'intérêt des recherches engagées. C'est une nouvelle fonction de la vulgarisation faite par les scientifiques : rallier à leur cause le maximum de citoyens en leur donnant non seulement la connaissance de base mais en espérant qu'ils vont peser dans le débat économique et politique lié aux choix scientifiques. À la même époque, les beaux livres de Rachel Carson sur le milieu marin expriment la nouvelle sensibilité à l'écologie. Du côté de l'initiation à la physique moderne, Dunod publie la série des *M. Tompkins* de George Gamow et ses ouvrages de vulgarisation sur l'astrophysique.

Des astronomes comme Evry Schatzman et Paul Couderc s'efforcent de préciser pour le grand public la distinction entre la science et d'autres modes de pensée comme la métaphysique, la religion ou l'ésotérisme. Paul Couderc publie en 1958 aux Presses universitaires de France dans la collection « Que sais-je ? » *L'Astrologie*, dans lequel il réfute les prétentions scientifiques de cette pratique[2]. Depuis sa création, la collection « Que sais-je ? » diffuse largement de nombreux titres scientifiques. Mais la plupart n'ont d'autre visée que pédagogique. Parmi les auteurs, on relève les noms de Jean Rostand et de François Le Lionnais[3].

En fait, c'est d'abord la révolution du poche qui amène des changements dans

1. On se reportera à l'*Histoire de l'édition française*, tome 4, Promodis-Éditions du Cercle de la Librairie, 1986, pour la période antérieure.
2. Le même éditeur a publié en 1989 et 1992, dans la même collection et sous le même titre un ouvrage favorable à l'astrologie, sans y mentionner le livre de Paul Couderc !
3. Fondateur de l'Association des écrivains scientifiques de France.

l'édition de vulgarisation : collection « Microcosme » au Seuil – dont *Le Rayon de la science* – ou collection internationale « L'univers des connaissances », chez Hachette.

Les essais sont publiés dans des collections de poche généralistes : « Idées », « 10/18 », « Le Livre de poche », « Petite bibliothèque Payot », « Médiations », « J'ai lu ». On y trouve les livres de réflexion philosophique d'un Jean Rostand ou d'un Robert Oppenheimer et les rééditions des essais de Henri Poincaré, Werner Heisenberg, Erwin Schrödinger, Niels Bohr, Bertrand Russel. Alors que les ouvrages scientifiques d'Albert Einstein ou de Louis de Broglie sont publiés par un pilier de l'édition spécialisée (Gauthier-Villars), leurs livres de vulgarisation paraissent chez des éditeurs ouverts aux « humanités ». Ainsi, *L'Évolution des idées en physique*, d'Einstein et de Leopold Infeld, paru d'abord dans la « Petite bibliothèque Payot », sort l'année suivante dans la « Nouvelle bibliothèque scientifique ». Cette collection, qui a pris la place de la « Bibliothèque de philosophie scientifique[1] » chez Flammarion, en 1962, reste dominée par les sciences humaines.

Cinq ans après son prix Nobel et dans la tradition des « savants-philosophes », Jacques Monod publie, en 1970, *Le Hasard et la nécessité*, au Seuil.

Cette année-là, la revue *Atomes* qui avait été rachetée par Le Seuil, devient *La Recherche* : « Nous voulions [...] à la fois traiter l'actualité, faire un effort de communication de l'information grâce à un travail d'écriture et fournir une réflexion sur la science » se souvient Claude Cherki[2]. Et, deux ans plus tard, naît la collection « Science ouverte ». Son titre annonce un programme ambitieux, qui rompt avec une vision triomphante de la science et avec une conception univoque de la vulgarisation[3]. Les articles et documents rassemblés par Alain Jaubert et Jean-Marc Lévy-Leblond dans *(Auto)critique de la science* expriment bien le climat dans lequel se construit la collection. Parmi les premiers titres, on trouve *L'Encerclement* de Barry Comoner, *Les Biocrates* de Gerald Leach, *Échec et maths* de Stella Baruk, *Le Partage du savoir* de Philippe Roqueplo, et aussi deux livres sur les psychotropes.

La critique de la « société technicienne » s'accompagne d'une remise en cause du pouvoir des « technocrates » et des « mandarins ».

Alors que le succès de *L'Homme, cet inconnu* reposait sur les oracles d'un prix Nobel, les grands médecins des années 1970, comme Jean Bernard ou Jean Hamburger n'hésitent pas à faire part de leurs incertitudes et de leurs doutes dans des livres de réflexion et de témoignage.

Dix ans plus tard, le paysage de l'édition scientifique publique a changé. Le mouvement de culture scientifique et technique est institutionnalisé. La Direc-

1. C'est dans cette collection que furent publiés, au début du siècle, les ouvrages philosophiques de Henri Poincaré.
2. « L'aventure de *La Recherche*, la presse scientifique en France », *Esprit*, n° 9, septembre 1989.
3. *Cf.* Jean-Marc Lévy-Leblond, p. 108.

tion du livre et de la lecture crée une commission *Littérature scientifique* au Centre national des Lettres. On assiste alors à une floraison de collections de vulgarisation. Fayard, Laffont, Belfond, Denoël, La Découverte créent des collections de vulgarisation généralistes au début des années 1980. Bientôt la plupart des éditeurs de littérature générale disposent d'une collection de vulgarisation, sans toujours avoir élaboré un véritable projet éditorial.

De plus, ni la connaissance de l'édition, ni la qualité de scientifique ne suffisent pour faire un directeur de collection de vulgarisation. Comme le dit Maurice Caveing, président de la Société française d'histoire des sciences et des techniques, « c'est quelqu'un qui a la tâche fort lourde de transformer un chercheur en auteur » et « qui doit faire de la direction d'auteur au même titre qu'un cinéaste fait de la direction d'acteur[1] ».

Aussi certaines collections s'essouffleront-elles rapidement. Parmi les collections éphémères, citons « Les Chemins du savoir » (Casterman), « De la science » (Complexe), « Présence de la science » (Denoël), « Quatre éléments » (Hachette), « Science en clair » (Hachette), « Sciences et techniques d'aujourd'hui » (Larousse), « La grande aventure de » (Larousse).

Odile Jacob crée la collection « Le temps des sciences » chez Fayard en 1982. Au *Traité du vivant* de Jacques Ruffié, un volume de près de 800 pages, et à *L'Homme et le sel* de Philippe Meyer, succèdent l'année suivante une dizaine de titres, dans des domaines variés (géologie, paléontologie, neurophysiologie, anthropologie, médecine, génétique). Parmi eux, *L'Homme neuronal* sera élu livre de l'année 1983. Jean-Pierre Changeux se dit « le premier surpris du retentissement qu'il a eu dans le grand public » dans la mesure où le livre était « destiné à un public relativement averti et déjà informé[2] ». Le directeur de collection actuel distingue les ouvrages proposant un panorama d'une discipline et les ouvrages plus spécialisés permettant aux chercheurs « de mieux comprendre ce qu'il advient dans les disciplines voisines »[3]. Il cite dans cette 2e catégorie *Matière-Espace-Temps : la logique des particules élémentaires* de Gilles Cohen-Tannoudji et Michel Spiro. On rapprochera de cette catégorie les titres de la *Nouvelle Encyclopédie des sciences et techniques* publiée conjointement par la Fondation Diderot et Fayard. En régime de croisière, « Le temps des sciences » accueille deux nouveaux titres par an.

Odile Jacob abandonne la direction de la collection pour monter sa propre maison d'édition, à dominante scientifique. Son projet : « Créer un espace d'ouverture et de tolérance accessible à ceux qui réfléchissent aux progrès de la connaissance. Scientifiques et philosophes s'y retrouveraient...[4] » Les livres de souvenirs de scientifiques éminents (Louis Néel, Anatole Abragam, Jacques

1. *L'édition scientifique française, op. cit.*
2. « La vulgarisation scientifique : dossier », *Préfaces*, n° 2, mai-juin 1987, pp. 81-83.
3. *Ibid.*, p. 114.
4. *Ibid.*, pp. 111-113.

Friedel) apportent des éclairages « de l'intérieur » sur le fonctionnement de la recherche contemporaine.

En dehors des ouvrages publiés dans des collections « Science », « Médecine » ou encore « Guide », elle se dote d'une collection de poche diffusée par Le Seuil.

À la « Nouvelle bibliothèque scientifique », Louis Audibert reconnaît que « les ouvrages sont souvent difficiles, mais [qu']ils répondent à une demande permanente[1] ». Il s'agit là d'une caractéristique générale de l'édition française de vulgarisation. On dispose de peu d'ouvrages d'initiation scientifique pour les adultes, à la différence de la situation de l'édition anglo-saxonne. La plupart des titres disponibles à ce niveau sont des traductions, comme les livres de type « Comment ça marche ? ».

Si l'on reconnaît à l'histoire des sciences un rôle essentiel dans la vulgarisation des sciences fondamentales, alors on ne peut que se réjouir du développement des collections dans ce domaine. Une dizaine d'éditeurs généralistes renouvellent le paysage des traditionnels « maîtres de la science », très marqué, auparavant, par l'édition spécialisée. Ils publient des histoires plurielles d'une discipline, des biographies, des textes classiques destinés à un public plus large que celui des spécialistes. Ces ouvrages reflètent l'évolution du champ : impact de la sociologie des sciences et de l'histoire des pratiques, développement de courants non normatifs dans l'épistémologie. Ainsi, les biographies de scientifiques ne s'attachent plus à célébrer les grands personnages mais participent de la « critique de science ». Citons *Berthelot (1827-1907), autopsie d'un mythe* de Jean Jacques.

On trouve les « classiques » dans les collections « Epistémé » (Bourgeois), « Culture scientifique » (Dunod), « Sources » (Le Seuil)[2] ou dans des collections plus généralistes comme « Champs » (Flammarion) et « Savoir » (Hermann).

L'édition jeunesse renforce encore son secteur vulgarisation en proposant des ouvrages souvent écrits par des scientifiques et susceptibles d'intéresser le public adulte. Gallimard jeunesse occupe une place de choix avec les collections « Découvertes » (séries *Sciences, Techniques, Histoires naturelles*), « Les yeux de la découverte », « Passion des sciences ». Gallimard étudie des projets pour le secteur éducatif.

De son côté, l'édition scolaire diversifie sa production en se lançant dans la vulgarisation. Cette évolution est renforcée par l'élargissement du parascolaire qui amorce une jonction entre édition scolaire et édition jeunesse.

Dans le secteur éducatif, Belin mérite un traitement à part avec ses six col-

1. *Ibid.*, p. 118.
2. La collection prend acte de la nécessité pour la science moderne de se *ressourcer* en retrouvant et en exposant ses racines. Elle a publié par exemple aussi bien des *Œuvres choisies* d'Einstein en six volumes, que la *première* édition française du *Dialogue sur les deux grands systèmes du monde* de Galilée.

lections de vulgarisation, auxquelles viennent s'ajouter celles de l'éditeur Pour la Science qu'il diffuse. La direction de Belin présente l'ensemble des collections généralistes comme homogènes. Ses meilleurs succès par collection sont indiqués en annexe 2.

Les organismes de recherche scientifique se sont également lancés dans l'édition de vulgarisation. Le BRGM[1] propose trois collections et les presses du CNRS ont créé *CNRS-Plus* en 1988.

Quant à la Cité des sciences et de l'industrie, elle coédite deux collections de vulgarisation homogènes, mais de profils très différents. « Questions de science » est publié chez Hachette sous la direction de Dominique Lecourt. Il s'agit d'ouvrages courts (en moyenne 120 pages) entièrement textuels. Chacun des ouvrages est ouvert par une introduction historique rédigée par le philosophe. Lorsque l'ouvrage embrasse une discipline, l'exposé comprend trois parties : état de la recherche, applications, incidences politiques culturelles et sociales. Mais plusieurs titres traitent de sujets plus limités ou transversaux *(Les Constantes universelles, L'Eau).*

À l'opposé du parti-pris austère de « Questions de science », la collection « Explora », chez Pocket, utilise l'iconographie, la fiction et la mise en page pour accrocher l'attention du public. Ces livres, au format de poche, de 128 pages, couvrent des sujets assez larges. Les rédacteurs (scientifiques pour la plupart) s'efforcent d'assurer une bonne lisibilité des textes dès le niveau du lycée. Munis d'un glossaire et d'un index, les livres apportent une quantité d'information substantielle tout en autorisant une lecture de butinage. Ils représentent donc typiquement des documents d'initiation pour tous publics. La collection s'enrichit de huit à dix titres par an.

Un des auteurs, Joanna Pomian, explique : « Une introduction à une discipline, comme c'est le cas de mon livre sur l'intelligence artificielle[2], n'est pas comparable à un essai ou simplement à un article. » Elle indique les règles du genre :

– Identifier ce qui est essentiel et ne s'en tenir qu'à cet essentiel.
– Introduire les notions pas à pas et les illustrer par des exemples tirés de la vie quotidienne.
– Définir les termes techniques, éviter le jargon, rechercher la clarté et la simplicité de l'expression sans fausser le sens des notions.
– Se garder de tout sensationnalisme.

La collection traite à part égale l'image et le texte. Les schémas et les photographies n'ont pas toujours le même rôle : pour 60 à 70 % les images collent au texte ; pour 30 à 40 %, elles apportent un contrepoids esthétique.

Si l'on compare différentes collections de poche, on voit bien que la part de l'image est directement liée au niveau de la collection. L'image reste dominante dans la collection « Découvertes », qui lui a donné un nouveau statut. En re-

1. Bureau de recherches géologiques et minières.
2. *L'Intelligence artificielle*, Pocket, 1993.

vanche, la collection « Dominos », qui s'adresse à un public de niveau bac à bac+2, mise sur un texte d'auteur et n'utilise l'image qu'en cas de nécessité. L'accroche principale repose d'ailleurs sur l'actualité du sujet, sur l'adhérence aux préoccupations de nos contemporains.

Essentiellement textuelle, la collection « Points-Sciences » prend le relais de « Science ouverte » en proposant au format de poche et à des prix plus bas les titres qui ont le plus grand écho. Elle accueille aussi des inédits, comme *Une histoire des techniques* de Bruno Jacomy ou le *Petit Guide du ciel* de Bernard Pellequer.

Malgré un tassement par rapport aux années 1980, l'édition scientifique de vulgarisation se porte bien au début de la décennie suivante. Des collections continuent de se créer, comme « Sciences en société » (Autrement), « Culture scientifique » (Dunod), « Figures de la science » et « La légende de » (Flammarion), « Frontières de l'invisible » (Hachette), « Science, histoire et société » (PUF), « La dérivée » (Le Seuil), « Passion des sciences » (Gallimard Jeunesse), « Armillaire » (La Découverte), « Comprendre » (Syros).

Les tendances qui s'en dégagent enrichissent le paysage de la vulgarisation scientifique : mise en contexte de la science, (re)découverte de textes classiques, développement du beau livre scientifique, retour à la narration et rencontres art/science.

Enfin, la volonté d'explorer des formes neuves de partage du savoir et de débat sur ses enjeux a conduit à créer la collection « La Dérivée », qui propose des romans scientifiques illustrés destinés au lectorat le plus large, jeune en particulier. En format album, ces livres sont l'œuvre commune et originale d'un écrivain, d'un scientifique et d'un illustrateur en étroite collaboration. *Le Rêve de Lucy*, de P. Pelot, Y. Coppens et T. Liberatore, mettait en scène le lointain passé de l'humanité et de ses ancêtres australopithèques ; *L'Enfant de l'absente*, de T. Jonquet, J. Testart et J. Tardi, pose le problème des nouvelles formes de procréation humaine technicisées ; *L'Homme aux dinosaures*, de J.-P. Andrevon, S.J. Gould et J. Cadelo, reprend sous une forme novatrice la fascination publique des dinosaures.

Les encyclopédies et ouvrages de référence

C'est à l'*Encyclopédie* de Diderot et d'Alembert qu'on peut faire remonter l'origine de l'édition française dans ce domaine. Cet énorme travail de diffusion des connaissances et des savoir-faire a ouvert une large voie à ce type de publications. Relayée au XIXe siècle par des personnalités comme Pierre Larousse, cette tradition s'est aussi affirmée dans des disciplines scientifiques particulières sous l'impulsion de savants intéressés par la vulgarisation et l'éducation du public comme Camille Flammarion en astronomie. Dans la première moitié du XXe siècle et surtout après la Seconde Guerre mondiale, le déclin du français comme langue scientifique internationale et la montée de l'anglais ont entraîné pour l'édition française ou francophone un affaiblissement dans ce domaine, avec un recours accru aux traductions et adaptations pour satisfaire un marché encore actif grâce à un intérêt croissant pour les sciences de la part d'un public de plus en plus large, en particulier chez les jeunes pour qui semblait s'ouvrir un monde en développement scientifique et technique sans limite. L'information scientifique et technique est d'abord diffusée dans les encyclopédies et dictionnaires généraux, qui consacrent une place importante et croissante à ces sujets. Remarquons que le système des renvois est une préfiguration de la navigation textuelle permise par les logiciels d'hypertexte.

L'*Encyclopædia Universalis* est un outil fondamental d'information depuis plusieurs décennies. Les articles scientifiques sont d'une qualité et d'un niveau particulièrement élevés. Ils sont rédigés par des spécialistes de premier plan et bien souvent, hélas, inabordables pour le non-initié, en particulier dans les sciences « dures », et cela malgré la qualité de la rédaction et les informations bibliographiques qu'ils contiennent. Pour la dernière édition, près de 120 collaborateurs de la rédaction sur 380 sont des scientifiques, traitant parfois d'un domaine très étroit, ce qui témoigne de la place prise par les sciences pures ou appliquées dans le savoir moderne et dans sa diffusion.

Les dictionnaires encyclopédiques et encyclopédies Larousse sont accessibles à un public plus large tout en conservant une haute qualité générale. De nombreux ouvrages, alphabétiques ou systématiques, ont été publiés depuis le XIXe siècle. Parmi les plus récents, l'encyclopédie systématique *Théma*, publiée en 1992, offre deux volumes consacrés aux sciences sur les cinq qu'elle comporte. De même, le *Mémo*, panorama encyclopédique en un volume destiné au grand public, est organisé en vingt chapitres, dont sept consacrés aux sciences, ce qui illustre bien, comme pour l'*Encyclopædia Universalis*, la croissance actuelle de la part qui leur est consacrée.

L'Encyclopédie *Clarté*, publiée de 1970 à 1982 par les Éditions Techniques, fait suite à *L'Encyclopédie française* et comporte huit volumes consacrés aux sciences et techniques sur trente au total.

Ce bref aperçu fait apparaître l'intérêt grandissant des éditeurs d'encyclopédies générales en faveur des sciences et techniques et leurs efforts pour les traiter de façon plus approfondie dans les ouvrages récents.

Quant aux ouvrages de référence scientifiques et techniques proprement dits, ils ont subi en une dizaine d'années une mutation profonde dans leur conception. Dans les années 1970, on trouvait sur le marché de l'édition française un ensemble de trois encyclopédies, de niveaux gradués et toutes traduites ou adaptées de publications étrangères : la *Grande encyclopédie Alpha des sciences et des techniques*, pour un large public, en particulier scolaire, l'*Encyclopédie scientifique et technique Lidis*, et l'*Encyclopédie internationale des sciences et techniques*, adaptée d'une encyclopédie américaine par un collectif de scientifiques français, ouvrage remarquable, destiné à un public déjà cultivé ou scientifique. En 1974, paraîssait *La Science au XXe siècle*, traduite et adaptée, sous la direction du vulgarisateur et journaliste scientifique Michel Rouzé, d'une encyclopédie systématique soviétique dont les articles avaient été rédigés par d'éminents spécialistes.

Alphabétiques ou systématiques, tous ces ouvrages se voulaient réellement encyclopédiques. Dans le deuxième cas, leur plan était calqué sur les classifications traditionnelles des sciences et leur conception les rapprochait plutôt de manuels. Maintenant obsolètes ou épuisés, ils ont parfois fait l'objet d'une réimpression mais non d'une mise à jour ou d'une réédition. Sans doute à cause de l'étroitesse du marché francophone, aucun éditeur ne pouvait consentir l'investissement considérable nécessaire, tant matériel qu'intellectuel, et ceci pour une rentabilité douteuse, qui marque les limites d'un projet éditorial de référence pour le marché français. Devant ces difficultés, certains éditeurs ont renouvelé leurs produits, cherchant à mieux s'adapter aux possibilités du marché en sélectionnant les sujets les plus porteurs d'information et d'innovation. *La Science au présent*, publiée par les éditions de l'*Encyclopædia Universalis* en 1992, est l'exemple de ces mutations éditoriales. L'ouvrage fait le point sur les évolutions et les progrès scientifiques ou techniques récents les plus significatifs, sans prétendre à la couverture encyclopédique du domaine. Le plan classique par discipline a été abandonné au profit d'un découpage par grandes fonctions, fondamentales ou appliquées, des activités de recherche : observer, produire, diffuser, etc. Cette présentation est basée sur les progrès récents de la muséologie scientifique, mis en œuvre par exemple à la Cité des sciences et de l'industrie. Elle permet de regrouper par thèmes les concepts ou les outils interdisciplinaires nouveaux. Les points forts du développement scientifique et technique contemporain sont mieux perçus et mis en valeur, tout en laissant voir les correspondances et les passerelles interdisciplinaires. À ce plan nouveau sont associées toutes les aides pédagogiques traditionnelles : renvois, bibliographies, index.

D'autres publications récentes conservent cependant une facture traditionnelle, telles le *Dictionnaire des sciences*, paru chez Hachette en 1990. Plus classique encore dans sa conception, le *Panorama encyclopédique des sciences*, publié chez Belin en 1993 sous la direction de Roger Caratini, est l'aboutissement actuel d'une série d'encyclopédies rédigées par ce même auteur, ce qui a sans doute permis cette tentative éditoriale. Il serait intéressant de pouvoir comparer son impact commercial et éducatif dans le grand public ou le public cultivé à celui de *La Science au présent*.

Quant à *L'Europe scientifique : recherche et technologie dans vingt pays*, publiée par la Foundation Scientific Europe en 1993 et diffusée par les éditions du CNRS, c'est un ouvrage de prestige qui dresse un bilan de l'activité des grands centres de recherche en mettant l'accent sur les retombées économiques.

Les annuaires

Si plusieurs lancements ont été tentés depuis une quinzaine d'années, aucune de ces expériences n'a atteint les objectifs initiaux des éditeurs, mais elles témoignent de leur volonté de rechercher des formules nouvelles sur le marché et de s'adapter aux particularités de l'information scientifique.

En 1976, Solar publie le *Livre d'or de la science*. Sous la direction du journaliste scientifique Albert Ducrocq, plusieurs scientifiques et vulgarisateurs présentent au grand public un panorama des principaux événements scientifiques de l'année. Une nouvelle édition paraîtra en 1977 mais le projet ne sera pas poursuivi au-delà. En 1983, un projet analogue, beaucoup plus ambitieux par son niveau et son ampleur, voit le jour aux éditions La Découverte/Maspero : *L'État des sciences et des techniques*, annoncé comme un annuaire. Malgré un succès commercial certain, il faudra attendre 1991 pour voir paraître une nouvelle édition, sous la direction de Nicolas Witkowski[1]. Sans doute à cause de l'énorme travail que demande la mise à jour d'un tel document, le projet initial d'un annuaire s'est transformé en parutions espacées (l'éditeur vise une périodicité de cinq ans), qui tentent de rendre compte de l'évolution des principales disciplines scientifiques et de leurs interactions avec la société.

L'Agence Jules Verne a publié en 1991 et 1992 un *Almanach* destiné à intégrer la culture scientifique dans la vie quotidienne. Poursuivi en 1993 et 1994 malgré la disparition de l'Agence, il tente d'apporter un ton nouveau à la vulgarisation scientifique pour mieux l'intégrer à la vie quotidienne : plusieurs dizaines de scientifiques et de journalistes, quelques écrivains et dessinateurs y présentent une chronique de l'actualité scientifique. On retrouve chaque mois un dossier d'une dizaine de pages et une enquête de deux pages sur des sujets très variés, accompagnés de courtes rubriques régulières, traitées dans un style vivant et souvent humoristique : minéralogie, environnement, « gastrochimie », objets quotidiens, histoire des sciences, etc. L'ensemble constitue une mine d'informations sérieuses ou anecdotiques sur la science en marche et son intégration dans la culture générale. Un index thématique et un index des noms propres facilitent l'utilisation. L'iconographie concourt à la vivacité de la présentation et renforce la lisibilité de l'ouvrage, en particulier auprès des adolescents.

Enfin, entre 1990 et 1992, Roger Caratini a publié chaque année une synthèse des principaux articles scientifiques parus l'année précédente dans trois cents périodiques de recherche. C'est *L'Année de la Science*, qui faisait le point sur les nouvelles découvertes et les recherches en cours pour les thèmes scientifiques et médicaux les plus cruciaux et les plus évolutifs. Cette synthèse, complétée par un glossaire, une bibliographie et un index, s'adressait au public cultivé ainsi qu'aux étudiants et spécialistes qui veulent se tenir au courant d'autres disciplines que la leur.

---

1. Cette édition comprend les contributions de 200 spécialistes.

L'UNESCO qui publiait depuis 42 ans une revue éditée en anglais, espagnol et français *(Impact : Science et société)*, a décidé de la remplacer par un *Rapport mondial sur la science* publié tous les deux ans[1].

Les outils de sélection

Le plus important et le plus rapide est *Livres Hebdo*, édité par les Éditions professionnelles du livre, ainsi que ses compléments *Livres de France* et *Livres du mois*. Outre sa liste de nouveautés de la semaine, la revue contient parfois des dossiers thématiques dont quelques-uns chaque année sont consacrés aux sciences ou à la médecine. Les données de *Livres Hebdo*, classées maintenant par ordre alphabétique des rubriques, sont également disponibles sur la base bibliographique *Électre*, interrogeable par auteur, titre ou sujet.

La *Bibliographie nationale française*, éditée par la Bibliothèque nationale, fournit, classées selon la CDU, les notices des ouvrages reçus au Dépôt légal. Malgré le délai de catalogage, ces notices permettent de suivre l'ensemble de la production éditoriale.

Les catalogues d'éditeurs constituent eux aussi une source d'information très importante. On peut distinguer quelques grands éditeurs généralistes qualitativement importants, mais pour lesquels le catalogue de vulgarisation scientifique n'est qu'une petite fraction du catalogue général : éditions du Seuil, Fayard, éditions Odile Jacob, Flammarion, Belin, etc. On trouve, d'autre part, un grand nombre d'éditeurs sectoriels, dont le catalogue se limite à une discipline ou à un secteur particulier. L'exemple le plus caractéristique est celui de la micro-informatique, dont le développement à partir de 1979-1980 s'est accompagné d'une véritable explosion éditoriale.

Plusieurs revues bibliographiques publient des listes de nouveautés ou des analyses de livres, souvent avec l'indication du niveau de l'ouvrage et du public visé. Citons *Les Livres : bulletin bibliographique mensuel*, édité par le Centre national de documentation pédagogique, qui donne l'analyse en 100 mots environ d'une sélection d'ouvrages et en évalue la qualité, ainsi que l'ensemble mensuel de *Bulletin de nouveautés* publié par France-Édition à Paris, dont les sections « sciences et techniques » et « informatique » présentent une sélection d'ouvrages d'éditeurs français, avec une analyse très courte (en français et en anglais), plus proche d'un signalement de catalogue d'éditeur que d'une véritable analyse.

De même, les revues de vulgarisation scientifique et les revues techniques professionnelles sont des sources bibliographiques très précieuses : *La Recherche* publie chaque mois une liste de livres reçus et des analyses bibliographiques d'une vingtaine d'ouvrages (presque tous de niveau recherche ou spécialisé) ;

1. La première édition est parue en 1994.

Science et vie et *Sciences et avenir* publient également des analyses d'ouvrages de vulgarisation avec une indication de niveau et de public. Les revues sectorielles des différentes disciplines scientifiques ou techniques contiennent très souvent des listes ou des comptes rendus d'ouvrages sur la spécialité. Ces données permettent de suivre les parutions intéressantes avec le point de vue particulier au domaine et de découvrir des livres plus rapidement et de façon plus détaillée que par les publications pluridisciplinaires.

Enfin, il est nécessaire pour le bibliothécaire d'une section scientifique, même en lecture publique, de suivre l'actualité et les nouveautés importantes de l'édition scientifique anglo-saxonne, en s'appuyant sur des revues comme *Nature* en Grande-Bretagne, *Science*, publiée par l'American Association for the Advancement of Science, ou *Choice*, revue professionnelle destinée aux bibliothécaires des « Colleges » américains. Elles publient des analyses de livres scientifiques (de toutes disciplines pour *Choice*) qui contiennent des informations sur l'auteur, sur la qualité et le niveau de l'ouvrage, ainsi que sur son environnement éditorial récent.

Les sujets phares et les autres

Si l'on consulte l'index d'une encyclopédie scientifique, on trouve un grand nombre d'entrées qui pourraient donner lieu à un travail plus approfondi de vulgarisation. Force est de constater qu'en dehors du parascolaire (des « Bibliothèques du travail » aux « Que sais-je ? »), l'édition n'aborde qu'une partie limitée des sujets importants pour la divulgation des connaissances scientifiques.

De plus, la production se concentre sur les sujets les plus porteurs et délaisse les autres. Les lecteurs qui s'intéressent au monde animal trouveront facilement des livres sur la vie des ours mais aucun sur les crevettes. En nombre de titres, la famille des ursidés écrase l'ordre des crustacés décapodes[1] ! Certes, il existe des ouvrages sur la pêche des crustacés et beaucoup de livres de recettes à base de crustacés. Mais pour ce qui est de leur biologie, il faut se contenter des encyclopédies de zoologie... ou aller regarder un film de Jean Painlevé.

Les distorsions de la production éditoriale par rapport au champ scientifique ne sont pas moins manifestes au niveau disciplinaire. On dispose d'une pléthore d'ouvrages de vulgarisation en astronomie et astrophysique, en neurobiologie ou en génétique. À côté de cela, la vulgarisation en mathématiques se cantonne le plus souvent dans le domaine des jeux mathématiques (il s'agit pour l'essentiel de traductions). D'une manière générale, les disciplines scolaires sont peu *vulgarisées* par le livre, comme si les manuels pouvaient remplacer la vulgarisation[2]

1. Du homard au bernard-l'ermite en passant par les crevettes (qui comprennent 3 000 espèces).
2. *Cf.* l'encadré, page 191.

ou comme si l'enseignement avait à jamais dégoûté des sciences le grand public... et les éditeurs.

Pour le public, les mathématiques sont synonymes de formules absconses. Quant à la chimie, elle est immanquablement associée aux produits toxiques et à la pollution. Le monde de l'édition de vulgarisation devrait d'autant plus s'ouvrir à ces disciplines.

Or, lorsque Lionel Salem[1] a proposé le manuscrit de *Molécule la merveilleuse*, les éditeurs lui ont répondu que cela n'entrait pas dans leurs collections ou que le public visé n'était pas celui auquel ils s'adressaient. Finalement, InterÉditions l'a publié et le livre a reçu un accueil très favorable[2]. La même expérience s'est renouvelée avec *Les Plus Belles Formules mathématiques*. On suivra l'auteur dans son jugement que l'édition témoigne d'une certaine frilosité et d'une peur à s'engager. Mais il estime que ce défaut n'est pas propre à l'édition française[3].

Des mots comme radioactivité ou nucléaire font peur. Les éditeurs de vulgarisation évitent de publier sur ces sujets.

Le secteur des techniques est mal aimé en France et la production, si l'on met à part le secteur des livres pratiques, en souffre. Le meilleur moyen de parler des objets techniques pour un public large ne semble pas de les prendre « de front » mais de les rattacher à une aventure humaine et d'en exploiter les dimensions esthétiques ou spectaculaires. La collection « Des objets font l'histoire » (Casterman) illustre cette démarche.

À l'inverse, les éditeurs affectionnent certains mots : secret, découverte, vérité, mystère, fin. Et il existe des « valeurs sûres » de l'édition de vulgarisation. Citons, pêle-mêle, Einstein et les dinosaures, les « origines » et le cosmos, les volcans et la Terre « malade ».

Certains éditeurs cultivent le goût du public pour le mystère et pour l'irrationnel. La collection « L'esprit et la matière » aux éditions du Rocher s'ouvre aux gnoses modernes et aux parasciences. Les auteurs, scientifiques pour la plupart, y recherchent de nouveaux syncrétismes aux marges des sciences constituées. Les sociobiologistes y publient en faisant assaut de scientificité. Certes, *L'Homme bioculturel* du journaliste Yves Christen s'appuie sur un nombre impressionnant de références bibliographiques (500, soit autant que *L'Homme neuronal*). Mais on n'aura garde de le placer sur le même plan que l'ouvrage d'Edward O. Wilson, dans la même collection, dont l'essentiel traite, en détail, des sociétés animales[4].

L'éclectisme d'Albin Michel peut dérouter : à côté de livres de vulgarisation

1. Lionel Salem est directeur de recherche au CNRS. Il a fondé le laboratoire de chimie théorique de la faculté d'Orsay et a été professeur à Harvard. Il a publié le *Dictionnaire des sciences* chez Hachette.
2. L'ouvrage a reçu le prix Glaxo en 1979.
3. *L'Édition scientifique française, op. cit.*, p. 33-34.
4. Edward O. Wilson, *La Sociobiologie*, 1987.

et de livres critiques[1], le catalogue propose des titres favorables aux parasciences.

Évolution de quelques secteurs de l'édition scientifique et technique

Trois exemples illustreront l'activité des éditeurs français dans le domaine de l'information du public en sciences et techniques.

• *Écologie et environnement*

C'est dans les années 1960-1970 que commencent à apparaître les problèmes de pollution et les menaces que l'industrialisation et la société de consommation font peser sur l'environnement. C'est la période d'alerte de l'opinion et de prise de conscience générale, avec les éditions Alternatives, Syros ou Édisud (collections « Énergies alternatives » et « Technologies douces »), très actives sur ces sujets et des éditeurs plus généraux comme Fayard (collection « Écologie »), Laffont (« Réponses/Écologie »), Le Seuil (« Science ouverte »). Ces ouvrages, destinés au grand public, sont complétés par de nombreuses revues, parfois sous forme de « fanzines » proches de la presse « underground », comme *Survivre et vivre*. Leur font écho des ouvrages plus savants, comme le rapport du Club de Rome ou bien des ouvrages techniques sur les principales sources de pollution, ou encore des rapports détaillés sur certaines catastrophes écologiques (naufrage du Torrey Canyon par exemple). Ces derniers titres sont publiés plus particulièrement par l'édition anglophone. À partir de 1974, à la suite des « chocs pétroliers » successifs, se développe un mouvement d'intérêt pour l'utilisation des énergies renouvelables, en particulier dans l'habitat. Né surtout dans les revues écologiques, ce mouvement est relayé par certains éditeurs, comme Édisud, qui publient des ouvrages destinés aux bricoleurs désireux d'installer un chauffe-eau solaire, une pompe à chaleur ou une éolienne. Très vite, ces méthodes de construction et d'installation révèlent leur insuffisance pour obtenir des appareils valables techniquement et économiquement. D'autres éditeurs, déjà familiers de l'édition technique comme Masson ou Pyc, reprennent la question avec une deuxième génération d'ouvrages beaucoup plus techniques, destinés aux architectes, ingénieurs et artisans installateurs qualifiés. Freinées déjà par les difficultés techniques rencontrées, ces activités ont presque disparu depuis la grande baisse du prix du pétrole commencée en décembre 1986.

À la fin des années 1980, un regain d'intérêt et d'inquiétude pour les problèmes écologiques globaux comme l'affaiblissement de la couche d'ozone ou l'effet de serre, entraîne une relance de l'édition, avec l'apparition de nouveaux éditeurs comme Équilibre ou Sang de la Terre à Paris, ou encore Ulisse à Ivry.

---

1. Dominique Terre-Fornacciari, *Les Sirènes de l'irrationnel : quand la science touche à la mystique*, 1991 ; *La Pensée scientifique et les parasciences*, 1993.

Chaque année est publié chez Economica *L'État de la Planète*, sous la direction de Lester R. Brown. Edward Goldsmith, fondateur de la très importante revue anglaise *The Ecologist*, est traduit et publié chez Stock *(Rapport sur la planète Terre)* et aux Éditions du Chêne *(Cinq mille jours pour sauver la planète)*. Les grandes collections interdisciplinaires de vulgarisation publient des ouvrages consacrés aux différents aspects de l'écologie : pollutions, risques planétaires, sources d'énergie, politique mondiale et développement.

• *Biologie et médecine*

Outre les ouvrages spécialisés, les éditeurs proposent au grand public quatre types de publications dans le domaine de l'information médicale : ouvrages de référence ; livres sur la politique de santé ; livres de réflexion sur la médecine, qui sont souvent des biographies ou des autobiographies de praticiens éminents ; enfin collections et ouvrages de pratique thérapeutique.

Pour les ouvrages de référence, les dictionnaires pour étudiants et praticiens peuvent être utilisés par le public. Sur la politique de santé, il faut rappeler la publication en 1988 par La Découverte de *Santé et médecine : l'état des connaissances et des recherches*, sous la direction de Claire Brisset et Jacques Stoufflet. Pour les ouvrages pratiques, l'apparition des nouvelles thérapeutiques dites médecines douces a entraîné la multiplication des éditeurs et des collections. Beaucoup de ces éditeurs étaient déjà présents dans le domaine de l'ésotérisme (Dangles, Trédaniel, Similia, etc.) et l'extension de leur catalogue vers les médecines naturelles traduit certaines convergences entre les modes de pensée des adeptes des deux sujets, en particulier une certaine méfiance ou hostilité envers la science « officielle ». Mais le public intéressé par les médecines douces a dépassé celui de l'ésotérisme et la demande d'information a été très importante : un effet de mode a produit une amplification réciproque de la demande et de l'offre, avec, pour les bibliothèques, des problèmes délicats de sélection pour éviter de diffuser les méthodes dangereuses ou charlatanesques. La vague de publications est maintenant retombée après quelques années de pratique souvent décevante de ces nouvelles thérapeutiques. Pendant la même période, les nombreuses collections de vulgarisation médicale des éditeurs déjà établis dans ce domaine continuaient à prospérer et des collections nouvelles de qualité, comme « Ouverture médicale » chez Hermann ou « La santé au quotidien » chez Odile Jacob montraient le dynamisme de ce secteur de l'édition.

• *Micro-informatique*

Dans une première phase, à partir de 1979, apparaissent des livres de micro-informatique dite domestique, qui donnent des conseils d'utilisation des matériels et logiciels de l'époque, peu performants ct dcstinés essentiellement aux activités de loisir. Cependant le marché se développe, la production atteignant certaines années 500 titres, la plupart sans intérêt formateur général, simples modes d'emploi de matériels ou de petits programmes à recopier. À côté de collections chez des éditeurs techniques ou universitaires comme Eyrolles et

Dunod, apparaissent là aussi de nouveaux éditeurs : CEDIC/Nathan, Édimicro, Éditests, PSI, Micro Application, Sybex, filiale d'un éditeur américain. Des éditeurs spécialisés dans l'électronique d'amateur étendent leur catalogue, comme les Éditions Radio, les Éditions techniques et scientifiques françaises ou les Éditions Marabout en Belgique, qui incluent des sous-collections de micro-informatique dans leur collection « Marabout Service » : ouvrages au format de poche à l'excellent rapport qualité-prix. Cependant, les matériels et les logiciels deviennent de plus en plus puissants et la micro-informatique devient « professionnelle » : des applications nouvelles diverses sont accessibles sur micro-ordinateur pour les besoins des entreprises, grandes ou petites. Si le nombre de titres publiés diminue légèrement, leur niveau technique s'élève fortement, de même que le prix moyen, multiplié par deux entre 1985 et 1990. Livres et revues s'adressent à des professionnels non informaticiens qui ont besoin de l'informatique pour leur travail. Dans l'édition, regroupements et fusions se multiplient : Éditests se replie sur les revues de la maison-mère, le groupe de presse Tests ; PSI et les Éditions Radio sont maintenant reprises par Dunod, qui continue simultanément ses publications de niveau universitaire. Enfin des sciences ou des techniques nouvelles se développent sous l'impulsion de la concurrence industrielle et commerciale entre les constructeurs de matériel ou entre producteurs de logiciels : sciences cognitives, réalité virtuelle ou multimédia représentent de nouveaux espoirs, y compris pour les éditeurs.

Les deux marchés

L'édition scientifique, technique et médicale (STM) représente environ 6 % du chiffre d'affaires de l'édition en France[1]. Certaines caractéristiques (pérennité, tirages, part de l'édition de poche, exportation) la distinguent des autres secteurs de l'édition (sciences humaines et sociales, livres pratiques, etc.).

L'évolution de la production STM fait apparaître une augmentation régulière du nombre de titres et du chiffre d'affaires depuis 1988.

Le nombre de titres publiés s'élève à environ 3 500 par an[2]. En 1992, le secteur scientifique et technique a fourni 1 954 nouveautés, 634 nouvelles éditions, 930 réimpressions. Sur l'ensemble des titres, 172 ont été publiés au format de poche.

Cette relative santé ne doit pas cacher les faiblesses structurelles du secteur. On produit deux fois moins de titres scientifiques en France qu'en Grande-Bretagne, qu'en Allemagne ou qu'aux États-Unis. Le nombre de titres édités

1. Près de 814 millions de francs en 1992.
2. Pour les livres pratiques, le chiffre est d'environ 3 000.

est loin de représenter la part de la recherche scientifique française dans le monde (5 % de la production scientifique mondiale).

De plus, il y a une baisse tendancielle des tirages comme le montre l'évolution des tirages moyens :

1970	1976	1981	1986	1992
4 600	3 900	3 500	3 300	2 500

Le marché francophone est exigu et les capacités d'exportation ou de cession de droits sont faibles.

Les éditeurs STM sont au nombre d'une centaine, issus du secteur public comme du secteur privé. Quinze éditeurs réalisent 80 % du chiffre d'affaires. Les plus importants sont Masson (339 titres en 1993), Dunod (339 titres en 1993), Eyrolles (98 titres en 1993), Sybex (126 titres en 1993). Il n'existe pas en France de groupe de taille internationale comme Springer, Elsevier ou Pergamon.

En 1991, le président du SNE déclarait : « Les éditeurs scientifiques constatent que leurs ouvrages dans l'ensemble font l'objet d'une demande plus soutenue. Mais il faut aussitôt corriger cette affirmation en remarquant que ce sont les ouvrages de vulgarisation qui bénéficient de cette tendance alors que les ouvrages plus proches de la recherche voient au contraire leur marché se restreindre[1]. » De fait, le tirage moyen des ouvrages de vulgarisation a doublé entre 1981 et 1992. D'après le responsable du secteur sciences de Masson et président du groupe STM au SNE, la progression du chiffre d'affaires de l'édition scientifique, en 1993, reposerait avant tout sur les livres de vulgarisation[2].

Mais quelle est donc la part, en nombre de titres, de l'édition de vulgarisation dans les statistiques STM et dans les statistiques générales de l'édition française ? On ne dispose d'aucune statistique concernant le livre de vulgarisation. Celui-ci se répartit dans plusieurs rubriques (STM, livres pratiques, dictionnaires et encyclopédies, beaux livres). La seule façon d'y voir plus clair consiste à répartir la production scientifique[3] d'une année par niveau et par domaine. L'examen des *Livres de l'année*[4] donne comme nombre de titres « tout public » par rapport au nombre total dans la discipline, les chiffres suivants :

Mathématiques	2 sur un total de 268	soit 0,75 %
Astronomie	26 sur un total de 32	soit 81 %
Physique chimie	7 sur un total de 111	soit 6 %
Sciences de la Terre	22 sur un total de 72	soit 30 %
Sciences de la vie	152 sur un total de 237	soit 33 %

1. *L'Édition scientifique française, op. cit.*, p. 17.
2. « Les jours difficiles de l'édition STM », *Livres Hebdo*, n° 120, pp. 33-40.
3. À l'exclusion des parasciences.
4. Année 1991.

Une répartition plus détaillée et pour l'ensemble des domaines est fournie en annexe 1.

Pour la plupart des éditeurs scientifiques, la part de la production de vulgarisation est faible voire inexistante. Masson, par exemple, estime qu'elle est inférieure à 10 %, l'éditeur se consacrant pour environ 50 % aux 1er-2e cycles et le restant s'adressant au 3e cycle et à la recherche[1].

Les gros bataillons de la vulgarisation viennent de l'édition généraliste. Les ouvrages bénéficient de tirages plus confortables : autour de 5 000, et plus pour les livres au format de poche (« Découvertes » Gallimard tire à 20 000 ; « Points sciences » tire à 8 000). À titre de comparaison, le tirage moyen des livres pratiques atteint 10 000, celui des livres scolaires, 12 000.

Cette analyse conduit à distinguer deux marchés : celui de l'édition spécialisée (universitaire et professionnelle) et celui de l'édition de vulgarisation disséminé sur un grand nombre d'éditeurs et de secteurs.

L'édition de vulgarisation connaît des succès de librairie comme ceux de littérature générale. Stephen Hawking et Hubert Reeves ont vendu leurs livres à plusieurs centaines de milliers d'exemplaires en France[2].

Dans les meilleures ventes 1990, on note *Le Contrat naturel* de Michel Serres (60 000 exemplaires), *La Diététique du cerveau* de Jean-Marie Bourre (55 000 exemplaires) et *Le Tour du monde d'un écologiste* de Jean-Marie Pelt (56 300 exemplaires). À la même époque, *La Statue intérieure* de François Jacob s'était vendu à 200 000 exemplaires et *Biologie des passions* de Jean-Didier Vincent à 80 000 exemplaires.

Parmi les ouvrages de référence, citons les succès de l'*Atlas d'astronomie* publié par l'Encyclopædia Universalis (150 000 exemplaires) et du *Dictionnaire des mathématiques élémentaires* de Stella Baruk (30 000 exemplaires en un an et demi).

Au début 1994, deux livres édités par Odile Jacob figuraient parmi les meilleures ventes : *Les Nourritures affectives* de Boris Cyrulnik et *La Vie à fil tendu* de Georges Charpak et Dominique Saudinos.

Francis Agostini et Michel Béthery

1. *L'Édition scientifique et technique, op. cit.*, pp. 64-65.
2. Stephen Hawking a vendu dans le monde un million et demi d'exemplaires d'*Une brève histoire du temps*.

Les aides à l'édition de vulgarisation

La commission de Littérature scientifique et technique (LST) du Centre national du Livre (CNL) attribue des aides à la publication d'ouvrages de vulgarisation originaux et des aides à la traduction. Créée en 1983, sous la présidence de Jean-Marc Lévy-Leblond, la commission dispose aujourd'hui d'un budget de 400 kF de prêts (dits avances remboursables) pour promouvoir la vulgarisation « de qualité » :

- réédition de classiques (Lamarck) ;
- biographies (dans la collection « Un savant, une œuvre », par exemple) ;
- études à la croisée de l'art et de la science (première édition française du traité de géométrie d'Albrecht Dürer) ;
- travaux dans le domaine des sciences cognitives ;
- ouvrages scientifiques à caractère philosophique.

Parmi les nouveaux titres, on trouve :

- *Science ou justice ? : les savants, l'ordre et la loi* (Autrement) ;
- *La Foudre* (Masson) ;
- *Histoire de la diversité.*

La réédition de l'*Histoire universelle des chiffres* de Georges Ifrah dans la collection « Bouquins » a également bénéficié d'une aide.

En 1993, la commission a reçu 37 demandes en publication et 28 demandes en traduction. Un peu moins de la moitié des dossiers sont retenus.

En ce qui concerne les traductions, les aides consistent en subventions à fonds perdus. Elles concernent l'anglais à près de 85 %, l'allemand à 15 % et d'autres langues pour quelques titres. Parmi les traductions récentes, citons *La Mémoire : de la molécule à l'esprit* de Steven Rose, *La Grande Théorie* de John Barrow et *L'Ordinateur et l'esprit* de Johnson-Laird.

Le CNL aide également des revues comme *Tangente.*

Annexe 1. – Répartition de la production annuelle (1991)

	Gén.	Math.	Astro.	Phys.	Terre	Biol.	Techno.	Info.	Santé	Agri.	Total	%
Tout public	108	2	26	8	22	178	34	8	313	395	1 094	*30*
Jeunesse	24	9	24	29	56	201	37	4	24	31	439	*12*
Scolaire	0	139	0	13	10	6	13	32	1	0	214	*7*
Étudiant	0	86	0	46	6	17	2	10	43	0	210	*6*
Professionnel	0	17	5	18	19	41	68	603	364	139	1 274	*36*
Recherche	0	13	1	18	14	6	1	7	30	12	102	*3*
« SHS »	231	11	0	9	1	2	0	1	1	0	256	*7*
Total	363	277	56	141	128	451	155	665	776	577	3 589	*100*

Gén. Généralités (interdomaine, histoire, philosophie)
Math. Mathématiques
Astro. Astronomie, astronautique
Phys. Physique, chimie
Terre Sciences de la Terre (y compris Paléontologie)
Biol. Biologie, environnement
Techno. Technologie (non compris Gestion), Bricolage
Info. Informatique, électronique
Santé Corps humain, médecine (y compris médecines parallèles)
Agri. Agriculture, jardinage, animaux familiers, alimentation

Annexe 2. – Les succès chez Belin

Collections	Titres
Sciences d'avenir	*Les Mathématiques*
Bibliothèque pour la science	*Le Cerveau* *Les Molécules de la vie* *La Magie des paradoxes* *La Dérive des continents*
L'univers de la science	*Les drogues et le cerveau* *Les Puissances de dix* *Le Monde des particules*
Regards sur la science	*La Relativité* *12 clés pour la biologie*
Toute la science en BD	*La Géométricon* *L'Informatique* *Le Big bang*
Nouvelles Flores	*La Flore de Bonnier (1896)*
Un savant, une époque	*Darwin* *Einstein* *Mendel*

Annexe 3. – Les prix de vulgarisation scientifique

Chaque année, plusieurs prix sont décernés en France à des auteurs, des muséologues et autres acteurs de la culture scientifique pour des travaux de vulgarisation. Les plus anciens sont le prix Jean-Rostand (Association des écrivains scientifiques de France) et le prix Jean-Perrin (Société française de physique). Le prix D'Alembert a été créé en 1985 par la Société mathématique de France. Le prix Roberval a été créé en 1987 par l'Université technologique de Compiègne et le conseil général de l'Oise. Son prix *grand public* récompense un ouvrage de réflexion sur les rapports de la science et de la technologie avec la culture et la société.

En 1990 ont été créés le prix Nature (fondation Électricité de France), le Grand prix de littérature scientifique de la ville de Montreuil[1] et le Grand prix des lecteurs de *Sciences et avenir.*

---

1. Ce prix a disparu avec la suppression de la Mission d'action culturelle scientifique de la ville de Montreuil (1994).

Ouvrages sélectionnés pour le prix Jean-Rostand 1994

Michel Biezunski, *Histoire de la physique moderne*, La Découverte.
◆ Sylvie Joussaume[1], *Climat d'hier à demain*, CNRS Éditions / CEA.
Hervé This, *Les secrets de la casserole*, Belin.
Daniel Raichvarg, *Science et spectacle*, Z'Éditions.
Florence Raulin-Cerceau, *Vie et mort des espèces*, Pocket.
Gilles-Éric Seralini, *L'Évolution de la matière*, Pocket.
Laurent Nottale, *L'Univers et la lumière*, Flammarion.

Ouvrages sélectionnés pour le prix Roberval 1994

Jacques-Marie Bardintzeff, *Volcans*, Armand Colin.
Claude Bienvenu, *La Saga de l'énergie*, Pocket.
Gilles Bouvenot et Éveline Eschwege, *Le Médicament*, Pocket.
Gilles-Éric Seralini, *L'Évolution de la matière*, Pocket.
Sylvie Joussaume, *Climat d'hier à demain*, CNRS Éditions / CEA.
Le Livre mondial des inventions, Compagnie 12.
Bruno Latour, *La Clef de Berlin*, La Découverte.
Isabelle Stengers, *L'Invention des sciences modernes*, La Découverte.
Marc Albouy, *Du Titanic à Karnak : L'aventure du mécénat technologique*, Dunod.
Ariel Blocker et Lionel Salem, *L'Homme génétique*, Dunod.
◆ Jacques Arsac[2], *La Science et le sens de la vie*, Fayard.
Gérard Rabinovitch, *Almanach des sciences 94*, Hachette Référence.
Pierre Laszlo, *La Parole des choses ou le langage de la chimie*, Hermann.
Louis Beriot, *À bas la crise*, Plon.
Christian DeBresson, *Comprendre le changement technique*, Presses de l'Université d'Ottawa.
Yves Jeanneret, *Écrire la science : Formes et enjeux de la vulgarisation*, Presses universitaires de France.
Daniel Rouach et Joseph Klatzmann, *Les Transferts de technologie*, Presses universitaires de France.
Henri Atlan et Catherine Bousquet, *Questions de vie : Entre le savoir et l'opinion*, Le Seuil.
Michel Rochas et Jean-Pierre Javelle, *Comprendre la météorologie*, Syros.
Daniel Raichvarg, *Science et spectacle*, Z'Éditions.

1. Lauréat du prix Jean-Rostand 1994.
2. Lauréat du prix Roberval 1994.

Les manuels scientifiques se tournent vers la vulgarisation

Le marché du manuel scolaire scientifique, considérable, vit au rythme des changements de programmes et dépend étroitement des enseignants-prescripteurs. La concurrence est très vive entre les éditeurs. Pour l'année 1993, Hachette a estimé sa part de marché à 48 % en sciences physiques, Bordas à plus de 50 % en biologie, et Nathan à plus de 30 % dans l'enseignement technique et professionnel.

Le manuel scolaire scientifique a considérablement évolué en 15 ans dans ses contenus et dans ses fonctions. Le Comité national des programmes est conscient de l'excès de formalisme de l'enseignement scientifique. Aussi a-t-il décidé en 1993 de modifier les programmes pour redonner sa place à l'observation, à une démarche de découverte et à l'approche historique.

Les nouveaux manuels partent de l'environnement quotidien des jeunes, peuplé d'objets technologiques (baladeur, moto, etc.) et de produits de consommation courante.

Les premiers permettent, à partir du fonctionnement en situation, de remonter au phénomène élémentaire et au concept (par ex. du baladeur à la loi de Laplace) ; les seconds introduisent les questions de consommation, de sécurité et d'environnement (par ex. étude des informations figurant sur les catalogues, les étiquettes, les factures).

Les manuels de biologie restituent certaines images essentielles, visionnées par ailleurs dans une séquence audiovisuelle.

Protocoles, textes scientifiques et illustrations constituent la partie référence du manuel scientifique. Mais leur fonction diffère selon la discipline. Dans le domaine de la biologie, le manuel est le compagnon de tous les instants de l'élève en classe. En mathématiques et en physique-chimie, le manuel scolaire est l'outil pour le travail à la maison.

Les professeurs de sciences font de plus en plus appel à d'autres sources que le manuel. La diversification des supports pédagogiques s'accompagne d'un allègement du volume des manuels et du renforcement de l'aspect documentaire de la pédagogie. Les « livres du professeur » fournissent un environnement bibliographique à plusieurs niveaux.

Manuels scientifiques et ouvrages parascolaires tendent à composer avec la vulgarisation. Le secteur parascolaire aborde des thèmes interdisciplinaires dans des livres attractifs (par ex. collection « Jour après jour » chez Hachette).

Cette évolution pourrait inciter la bibliothèque à faire une place aux productions pédagogiques parmi les documentaires scientifiques[1].

1. Informations recueillies auprès de MM. Dominique Dumur (Hachette) et Guy Perilleux (Nathan).

L'auteur de cet article, Francis RUMPF*, nous a quittés le 5 mai 1994.*

*Chargé à la Direction de l'information scientifique et technique et des bibliothèques (*DISTB*) de l'audiovisuel scientifique, Francis* RUMPF *était diplômé de l'*ESPCI*, docteur d'État, ingénieur principal de physique nucléaire (*IN2P3*).*

Francis RUMPF *a contribué pendant 20 ans, au laboratoire de l'accélérateur linéaire d'Orsay, à la recherche fondamentale en physique des particules.*

Il fut, en 1982, rapporteur du groupe de travail sur l'audiovisuel scientifique lors des Assises de la Recherche.

Mis à disposition cette année-là de la Mission interministérielle de l'information scientifique et technique, il n'a cessé depuis cette date, au ministère chargé de la Recherche, de développer l'audiovisuel scientifique à la télévision et la promotion des réalisations de culture scientifique en France et à l'étranger.

L'audiovisuel, la science et les bibliothèques

La culture scientifique et l'audiovisuel

L'importance prise par l'image dans notre civilisation et les facilités de diffusion offertes par les vidéocassettes et magnétoscopes et bientôt par les diverses catégories de vidéodisques ont amené bien des bibliothèques à se muer en médiathèques. Elles ouvrent des services de consultation sur place ou de prêts à domicile de documentaires ou de films. Parallèlement, nombreux sont les responsables culturels à se persuader que, désormais, les sciences et les techniques sont une partie intégrante de la culture.

Les films ou émissions scientifiques apparaissent comme d'irremplaçables outils pour toucher de vastes audiences, sensibiliser le public et notamment les jeunes aux objectifs, aux méthodes, aux acquis de la recherche et présenter ses acteurs, leur démarche, leurs conflits dans le passé comme dans le présent. Il ne s'agit nullement de fournir en quelques dizaines de minutes une connaissance qui ne peut être assurée que par des années d'études et de pratiques, mais de stimuler la curiosité et l'appétit des spectateurs à en savoir plus. Ainsi intéressés, une nouvelle émission sur le sujet, un article, un livre, une visite d'exposition, de musée ou de laboratoire leur permettront de développer leurs curiosités, de constituer des repères et de se forger des représentations sur les grands thèmes scientifiques qui affectent la vision de leur corps, de leur environnement naturel et technique, de l'univers. Les citoyens sont ainsi mieux armés pour peser sur certaines décisions politiques en mesurant mieux les conséquences économiques, sociales et éthiques du progrès scientifique.

La télévision a là à jouer un rôle culturel privilégié. Elle atteint des publics à domicile, que nul autre moyen ne peut approcher (un point de l'« audimat » représente 190 000 récepteurs soit plus de 400 000 spectateurs à une heure de grande écoute). Les projections dans des séances publiques n'atteindront jamais cette audience mais elles sont fondamentales parce qu'elles offrent une qualité de réception meilleure et, souvent, des possibilités de dialogue avec un spécialiste.

Les possibilités ouvertes par l'usage des vidéocassettes avec retours en arrière, visionnements multiples dans les bibliothèques ou à domicile sont encore d'un niveau supérieur. Le public des bibliothèques est très diversifié. Il importe de pouvoir satisfaire aussi bien l'écolier que le jeune étudiant en sciences en passant par tout le spectre qui compose le « grand public » adulte, du simple curieux à l'amateur de sciences ou au passionné d'un domaine de la connaissance.

L'audiovisuel scientifique

Le champ de la production audiovisuelle scientifique est très vaste. Chaque année, des centaines de films nouveaux sont réalisés par les services audiovisuels des universités, des grandes écoles, des organismes de recherche, des entreprises ou par les sociétés de production liées à la télévision.

On compte là quelques chefs-d'œuvre alliant un propos exigeant à la beauté, l'émotion ou l'humour. On ne citera dans la postérité du pionnier Jean Painlevé, auteur du *Vampire*, de *l'Hippocampe* et des *Amours de la pieuvre*, que *Naissance du cerveau* de Claude Edelmann, les dessins animés de Jacques Rouxel, les films animaliers de Jean-Marie Baufle et Gérald Calderon, *Parasites* de Bernard Dartigues, *Le Paradoxe des empereurs* de Thierry Thomas, *L'Arbre et la fourmi* de Jean-Yves Collet ou *Histoire de guêpes* de Jean-Philippe Macchioni, les séries de Jean-Pierre Cuny, *L'Aventure des plantes* avec Jean-Marie Pelt et *Les Inventions de la vie*. Beaucoup d'autres, sans mériter le titre de chefs-d'œuvre du cinéma, présentent de grandes qualités et apportent une information attrayante. Ils sont le fruit d'un travail de multiples spécialistes de l'image, du son, de la science, de la communication. Ils ont coûté cher, demandé du temps et de la réflexion aux auteurs et réalisateurs pour assurer à chacun l'approche de sujets complexes. Il serait dommage de ne pas en favoriser la diffusion.

Le cinéma est né des besoins de la recherche. Étienne-Jules Marey, Édouard Muybridge avaient ouvert la voie aux frères Lumière en inventant des appareils de prise de vues destinés à analyser le mouvement des animaux et de l'homme. Il fournit des outils de mémorisation et de conservation d'images qui permettent une exploitation différée ou des interprétations critiques et simultanées de phénomènes transitoires. Il mène à des découvertes qui seraient impossibles sans l'utilisation de ses techniques (emploi de rayonnements invisibles à l'œil, prise de vue ralentie ou accélérée, agrandissements, observations dans des lieux inaccessibles...). De nombreuses disciplines l'emploient dans les sciences de la nature, les sciences physiques, comme dans les sciences de l'homme et de la société.

Dans des montages commentés, les documents ainsi obtenus servent à communiquer les résultats de la recherche aux scientifiques, aux étudiants. Assorties d'explications, les mêmes séquences peuvent être employées dans des films ou émissions destinés au grand public.

Malheureusement, chez beaucoup de scientifiques, l'image n'a pas encore conquis le prestige de l'écrit, même dans des disciplines comme l'ethnologie où son apport semble indispensable. Le rôle de l'audiovisuel est limité dans les divers degrés d'enseignement et une certaine pénurie d'images de qualité est à déplorer dans bien des domaines (physique, chimie, mathématiques...).

Jean-Jacques Meusy, dans le numéro spécial de *CinémAction* « La science à l'écran »[1], ouvre un large spectre entre les documents de recherche, sur la recherche, pour les enseignements ou la vulgarisation en proposant la définition suivante du film ou du vidéogramme scientifique : « œuvre audiovisuelle qui permet l'acquisition ou la communication d'un savoir entrant dans le champ des sciences et qui témoigne d'une approche scientifique du sujet. »

Audiovisuel et grand public

Nous nous concentrerons ici sur l'analyse des réalisations qui peuvent intéresser les bibliothèques publiques, essentiellement les réalisations de vulgarisation en examinant les genres et les styles, les producteurs et les domaines scientifiques.

Genres et styles

• *Les films scientifiques* sur une expérience donnée, réalisés par un organisme de recherches en relation étroite avec des scientifiques, présentent souvent des prises de vue captivantes. Le plus souvent, ils sont destinés à des publics avertis (étudiants, chercheurs, agriculteurs, personnels médicaux...) mais parfois le commentaire ou les propos sont suffisamment clairs pour qu'ils puissent s'adresser à une audience bien élargie.

• *Les films éducatifs* ou didactiques destinés aux jeunes, s'ils évitent les écueils d'une démagogie bêtifiante ou d'une pédagogie pesante, sont aussi susceptibles d'intéresser des personnes curieuses plus âgées.

Certaines séries destinées aux étudiants peuvent intéresser un public motivé : celles sur la géographie de l'UAV de Saint-Cloud ou sur les couleurs de l'université de Rennes par exemple.

• *Les films industriels* produits par les entreprises pour leur promotion se caractérisent souvent par la qualité formelle de leur réalisation. Mais leur contenu

1. Jean-Jacques Meusy, « La Science à l'écran », *CinémAction*, n° 38, Éditions du Cerf, 1986.

technique est bien souvent gommé au profit d'une insistance publicitaire assez insupportable avec un commentaire grandiloquent et un style léché très marqué par les modes. Ils ont une durée de vie courte, leurs commanditaires les retirant assez vite de la circulation.

Cependant, certaines entreprises ont compris qu'elles peuvent se valoriser en réalisant des films moins promotionnels et plus informatifs. Ainsi, Henkel a réalisé *La Colle-adhésion cohésion* ou *Les Huiles venues du soleil* où les allusions au commanditaire sont extrêmement discrètes. De même, Sandoz soutient les films de Claude Edelman et les compagnies BP, Shell, Total offrent des séries destinées au grand public sur des sujets généraux, les avions, l'automobile, l'environnement, très éloignés d'une démarche commerciale. C'est là un réel mécénat culturel.

• La *télévision* disperse dans ses programmes une grande variété d'émissions. Des magazines réguliers quotidiens, hebdomadaires, mensuels, des séries thématiques, des documentaires isolés, des reportages ou des enquêtes intégrés dans des magazines culturels ou d'information, dans des émissions pour les jeunes, dans des magazines spécialisés sur la mer, la montagne, l'environnement, la santé voire la littérature. Ces productions peuvent être très brèves, 1 à 5 minutes, ou entrer dans les standards classiques de 13, 26, 52 minutes voire atteindre 90 minutes. La fiction peut être présente dans des séries de dessins animés pour les enfants ou des films de séries dramatiques inspirés de l'histoire des sciences.

La science faisant peur aux responsables de la programmation des télévisions françaises, il importe d'être original, novateur. Pour capter et retenir l'attention, raconter une histoire semble une recette assez généralement payante. Encore faut-il que celle-ci ne sacrifie pas à des à-côtés pittoresques artificiels qui masquent le propos, le déforment ou manifestent une frilosité devant l'explication. La recherche scientifique, activité humaine complexe, fait appel à de multiples types d'hommes et de femmes qui ne se réduisent pas aux rats de laboratoire maniaques ou aux « Savanturiers ».

Une mode s'est imposée consistant à enrober le contenu par une fiction plaquée d'autant plus maladroitement que le producteur dispose de peu de moyens économiques. Ainsi, par le passé, le CNDP s'ingéniait à employer de médiocres acteurs dans ses films pour enfants. Le même défaut touche aussi des émissions de télévision fort intéressantes (*L'Essor des biotechnologies* de Robert Chalut, *Fusion* de Jean-François Delassus) qui rivalisent autour du mythe de Prométhée ou *Les Aventuriers du froid* de Jean-Pierre Mirouze. Par contre, *Jambes de femmes* de Gérard Krawczyk, parodie de série noire à l'américaine qui traite de la circulation sanguine est une réussite remarquable tout comme *Une affaire mouche* de Jean-Marie Barbe consacré aux rapports de l'entomologie et de la police criminelle.

Cette volonté d'habillage clinquant, pour faire passer la pilule scientifique en amusant, prend une autre forme dans la série de quatre émissions de 52 minutes « Eurêka ! j'ai tout faux » d'Alain Robak, diffusée pendant l'été 1993 par

France 2 où un discours sérieux, précis, documenté qui porte sur l'histoire des sciences en cosmologie, géophysique, biologie ou médecine montre la succession des concepts reconnus puis dépassés. Là, chaque mot, chaque phrase du commentaire assez rapide sont illustrés par un collage de calembours d'images anachroniques empruntées souvent à des films de série B. Ou on écoute, ou on voit et là, le plaisir est de rire en voyant. Alors cet essai qu'il fallait peut-être tenter est aussi l'échec d'un certain recul honteux devant le sujet, plus original et audacieux certes, que la niaiserie consternante de certaines tentatives passées de la Cité des sciences ou du CNDP.

Un autre moyen d'intéresser à la science est d'en montrer les applications dans certaines activités très populaires auprès de publics qui se croient imperméables. La série « Palettes » d'Alain Jaubert consacrée à l'analyse des chefs-d'œuvre de la peinture avec toutes les méthodes possibles fait découvrir l'intérêt de l'optique, l'analyse chimique, l'utilisation des différents rayonnements pour l'expertise, ou la restauration des tableaux. Dans un tout autre registre, la série « Performances » du CNDP était dédiée aux apports des sciences et techniques aux sports.

• Les *documentaires*, les *portraits de scientifiques* ou les *séries thématiques* se prêtent particulièrement bien à une utilisation par les bibliothèques. Ils font généralement le point sur une question et ont une durée de vie assez longue. Les séries « Tours du monde, tours du ciel » (10 × 52 minutes) de Robert Pansard-Besson, Pierre Lena, Jean-Claude Pecker et Michel Serres, « Histoire naturelle de la sexualité » (6 × 52 minutes) de Gérald Calderon et André Langaney, « L'aventure des plantes » (26 × 26 minutes), « Des plantes et des hommes » (8 × 26 minutes) de Jean-Marie Pelt, Yves Kovacs, Christian Riberzani et Sylvain Roumette, sont des documents de référence.

Les films très courts doivent être regroupés en série pour être utilisables commodément. La série « Tous en chaîne » de Gabriel Turkieh ou les petits reportages réalisés par Thalassa « Diagnostics pour une eau littorale en bonne santé » sous la direction d'Yves Zeau forment des ensembles cohérents.

« Cuir, poil, plume » de Paul Terrel fait découvrir en 20 fois 6 minutes la diversité et les curiosités des comportements animaux à travers le monde. « Naturimages » (50 × 6 minutes) et « Petites histoires naturelles » (20 × 6 minutes) de Jean-Philippe Macchioni traitent aussi avec beaucoup de talent et de simplicité de l'éthologie et de l'écologie dans les Alpes ou le Jura à l'attention des enfants, mais pour le plaisir des adultes également.

• Le charisme du professeur Jean Bernard et la densité de son propos sur l'éthique médicale rendent passionnante l'émission de 52 minutes de Marie-Claude Schaeffer malgré une forme très sommaire (cadrage fixe sur l'orateur)

Le portrait de Ilya Prigogine *Temps retrouvé* réalisé par l'équipe Sciences de Paul Danblon à la Radiotélévision belge ou *Les Supraconducteurs ou l'étrange invention du Docteur Muller* de Dominique Pignon sont également captivants.

Le Vieil Homme et le désert de Karel Prokop est une magnifique illustration de la démarche scientifique souvent jalonnée d'échecs, où l'on suit la vaine quête d'une météorite du Sahara par le professeur Théodore Monod déjà octogénaire.

La présence, la personnalité de certains scientifiques devenus des vedettes de l'écran et de l'édition garantissent le succès de certaines émissions où ils parlent beaucoup sur un fond d'images. Il ne faut surtout pas bouder leurs prestations, qui sont toujours bien contées et instructives et ce même si le commandant Cousteau, Hubert Reeves ou Haroun Tazieff ont parfois tendance à dépasser leur domaine de compétence scientifique pour exprimer leurs opinions de citoyens avec l'aura médiatique qu'ils ont su acquérir. Leur grand talent de pédagogues, de poètes, leur enthousiasme donnent à des millions de spectateurs l'occasion de comprendre la complexité du cosmos ou de la Terre.

• En revanche des *enquêtes*, des *reportages* sont plus vite frappés d'obsolescence et de plus leur contenu peut être plus superficiel. Pourtant, ils ont souvent le mérite d'être attrayants et de favoriser la curiosité et le goût pour l'aventure scientifique. La série « Nova » réalisée pour les chaînes publiques PBS aux USA est un compromis excellent entre le documentaire et l'enquête et mériterait d'être diffusée en France.

La réutilisation de *magazines* comme *Archimède* sur Arte ou le nouveau mensuel scientifique sur France 3 pose généralement des problèmes si ceux-ci sont consacrés à des sujets sans rapport les uns avec les autres et s'ils empruntent beaucoup à l'actualité. Il est alors souhaitable, comme le font E = M6 et le CNDP, d'opérer des regroupements par thèmes des meilleurs sujets relativement brefs, dispersés dans les émissions d'une année pour l'édition des vidéocassettes.

Le magazine québécois *Omnisciences* a le mérite de regrouper à l'avance dans chaque émission de 26 minutes 3 courts métrages portant sur des sujets voisins sous un nom générique comme les mathématiques, la neuropsychologie ou les ressources de la mer...

Le mensuel *Savoir plus* articule désormais toutes ses rubriques autour du sujet central : les dinosaures, Dieu et la science, les nourritures de l'avenir, les espèces proliférantes, la climatologie...

Un autre inconvénient des magazines est souvent la part trop importante prise par les discours de l'animateur, d'un éventuel invité, candide ou non, ou d'un plateau de personnalités au détriment de l'image. Fréquemment ces réalisations deviennent assez vite peu supportables ou dépassées par leur côté raccoleur ou artificiellement ludique.

Toutefois, *Connaissance de la science*, réalisé pour TV5 par Joëlle Miau, donne en une heure l'état d'un champ de la recherche avec des reportages, les avis de scientifiques français, québécois, africains, et sa collection peut représenter une excellente documentation de base.

• La *fiction* : peu de films se déroulent dans le monde des sciences, il en est encore moins dont l'intrigue dramatique soit liée à la recherche elle-même, aux combats des scientifiques pour faire triompher leurs idées.

On peut bien sûr citer nombre de biographies de savants du passé (Louis Pasteur, M. Fabre, Marie Curie, Thomas Edison, Mitchourine, Pavlov...) réalisées par de grands cinéastes (S. Guitry, J. Epstein, G.W. Pabst, R. Rosselini, A. Dovjenko) et tout récemment les essais de l'« Encyclopédie audiovisuelle » diffusés par France 2 sur Darwin par Peter Greenaway ou sur Einstein par Michael Ritchie.

On n'oublie pas non plus ces films consacrés à un épisode historique comme *La bataille de l'eau lourde* de Jean Dréville ou *L'Étoffe des héros* de Philip Kaufman qui raconte la conquête spatiale aux États-Unis. Les véritables fictions comme *Mon oncle d'Amérique* d'Alain Resnais sur les recherches de psychologie expérimentale de Henri Laborit sont plus rares. Le film de Mikhail Romm *9 jours d'une année* réalisé en URSS en 1961 raconte la passion et les luttes d'un scientifique pour réussir une expérience de fusion nucléaire contrôlée au détriment des consignes de sécurité et de sa vie.

Le court métrage récent de Gilles Sevastos, *Le Dernier théorème* (35 minutes), est une fiction satirique sur les milieux scientifiques à propos de la démonstration du théorème de Fermat (ce film a précédé l'annonce d'une éventuelle démonstration par Andrew Wiles au printemps 1993).

Plus exceptionnels encore sont les auteurs imbibés de culture scientifique comme Peter Greenaway qui dans la plupart de ses films, et en particulier dans *ZOO*, brasse les thèmes de la science du vivant, l'évolution, la reproduction sexuée, l'hermaphrodisme, la gémellité, la mort et la décomposition des cellules et des individus en couplage avec ses obsessions mathématiques pour la symétrie, les nombres.

• Les *films ou séries dramatiques inspirés de l'histoire des sciences* sont trop rares en France. Il y eut en 1987 l'excellente série de Jean-François Delassus La « course à la bombe » que TF1 programma avant sa privatisation. La BBC avait réalisé la série « Microbs and Men » sur Pasteur, Semmelweiss, Koch, qui n'a jamais été diffusée en France. Quant à l'excellente reconstitution de la découverte de la structure de l'ADN *Life story* de Mick Jackson, elle a attendu six ans pour passer à la télévision dans notre pays. On attend toujours le premier tour de manivelle pour la série dont Denis Guedj a dirigé l'écriture des douze épisodes concernant les grandes étapes de l'histoire des mathématiques de l'Antiquité à nos jours ou *Dernier vendredi de septembre* qui doit nous montrer la détermination de la longueur du mètre étalon par Delambre et Mechain de 1792 à 1797 et dont le scénario fut classé premier parmi 300 en 1987.

• Des *séries de dessins animés* comme « Il était une fois la vie » (26 × 26 minutes) d'Albert Barille sur la biologie humaine, « Ordy » (52 × 26 minutes) de Daniel Damkin sur l'histoire des inventions, « Le bonheur de la vic » (20 × 5 minutes) de Jacques-Rémy Girerd sur la sexualité, « Le voyage en électricité » (26 × 5 minutes), « La douleur » (7 × 4 minutes) ou « Les Matics » (27 × 3 minutes) sur l'informatique de Jacques Rouxel constituent aussi un fond de base. Ces films d'animation savent amuser et fournir les métaphores, parfois un peu trop anthropocentriques, pour aborder des questions assez compliquées et abstraites.

Répartition par domaine

L'examen des catalogues des divers producteurs, des programmes de télévision montre un grand déséquilibre dans la production au profit des sciences de la vie, de l'ethnographie et de l'astronomie et au détriment notable de la physique et surtout de la chimie et des mathématiques.

Ceci s'explique par le goût du public en premier lieu, mais aussi par la plus grande tradition de création de films scientifiques en biologies humaine, animale ou végétale pour les besoins même de la recherche ou de la formation.

C'est aussi particulièrement le cas en ethnographie ou certaines séquences brutes même filmées dans des conditions difficiles suscitent un intérêt passionné par l'originalité des scènes qu'elles nous montrent. Les trois films de Bob Connolly et Robin Anderson, *First contact*, *Joe Leahy's neighbours* et *Black harvest*, grands prix du festival du Réel en 1983, 1989 et 1992, démontrent que la force des seules images sans discours peut déclencher une réflexion sur la nature et les problématiques de l'ethnographie. Ils montrent la rencontre des blancs et de la civilisation occidentale avec une population de Nouvelle-Guinée-Papouasie isolée jusqu'au début des années 1930. D'autres films valent aussi bien mieux que de longs discours. *Nawa Huni* de Patrick Deshayes et Barbara Keifenheim donne à voir les réactions et interprétations d'indiens d'Amazonie devant les images de la civilisation urbaine européenne. À lui seul, le cinéma dans les sciences de l'homme et de la société mériterait un article.

Mais on peut créer des images fascinantes en chimie comme en mathématiques (voir le numéro *Images* de la série « CQFD » produite par France 2 et le CNRS Images-média) c'est le manque d'habitude et de volonté de communication des chercheurs de ces disciplines plus abstraites, dont la vulgarisation nécessite par conséquent un travail d'explication plus imaginatif et prenant, qui s'ajoutent là à une méfiance du public pour expliquer cette carence.

Il faut donc signaler les efforts méritants et parfois réussis des équipes de mathématiciens et de vidéastes réunis par Jean-Michel Kantor pour la série « Mosaïque mathématique » (6 × 13 minutes). Le très beau numéro du magazine *Horizons* de la BBC, *Molécules avec lunettes de soleil* de John Lynch qui a remporté le grand prix aux 9e Rencontres internationales de l'audiovisuel scientifique en 1992 montre qu'on peut réaliser quelques chose de passionnant, de clair dans le domaine de la chimie, ici la création des molécules sphériques de carbone, les fullerènes composées de plus de 60 atomes et ressemblant à un ballon de football.

Laure Delesalle et les astrophysiciens Jean-Pierre Luminet et Marc Lachieze-Rey ont créé un superbe documentaire *Infiniment courbe* (52 minutes) qui à l'aide d'images de synthèse est une invitation à la compréhension de la relativité et du concept d'espace-temps.

Les producteurs

L'analyse des principaux commanditaires des films retenus dans l'édition de novembre 1992 de « 500 films scientifiques pour tous »[1] réalisés par neuf auteurs impliqués dans la diffusion des films scientifiques pour le grand public, provenant de la Cité des sciences et de l'industrie, du Palais de la Découverte, du CNRS Audiovisuel, de centres de culture scientifique et technique, de l'École polytechnique et des ministères chargés des Affaires étrangères et de la Recherche, permet d'avoir une idée de la répartition des catégories de producteurs.

Ces films sont sélectionnés pour leurs qualités d'information scientifique rigoureuse, actuelle et claire, leur valeur esthétique, attrayante voire belle et amusante et leur disponibilité en France et en langue française pour des prêts, des locations ou des achats de cassettes à prix raisonnables. Un souci de voir couvert l'ensemble du champ scientifique a aussi présidé, d'où le choix de films ou vidéogrammes classés en douze rubriques : archéologie/préhistoire, astronomie/espace, botanique/agronomie, écologie/environnement, énergie, ethnologie et sciences sociales, médecine/santé, physique/chimie/mathématiques, sciences de la terre, technologies, zoologie, divers.

Organismes de recherche et établissements d'enseignement supérieur [CNRS (16 %), SFRS (7 %), CEA, ORSTOM, CNES, ESA, INRA, ONERA, IFREMER, institut Pasteur, universités et grandes écoles (5 %)]	34 %
Chaînes de télévision françaises (associées à producteurs privés et souvent soutenues par des aides étatiques)	20 %
Producteurs étrangers	9 %
Grandes entreprises industrielles (BP, EDF, Henkel, Sandoz, Shell, Total,...)	8 %
Petites entreprises audiovisuelles	8 %
Associations culturelles	6 %
Centre national de documentation pédagogique (CNDP)	6 %
Ministères et autres établissements publics ou collectivités territoriales	6 %
Musées (CSI...)	3 %

La crise de certains services audiovisuels des organismes de recherche (CNRS, CEA, SFRS,...), qui réduisent le nombre de leurs productions à cause du coût de celles-ci et de l'exiguïté de leurs crédits souvent premières victimes des régulations budgétaires, tend à inverser l'ordre des deux premières lignes. Elle se

1. Betty Balmigère, René Blanchemanche, Dominique Cartier, Catherine Constant, Claire Lapeyre, Henri Ostrowiecki, Thierry Paturle, Francis Rumpf, Michèle Viaud, « 500 films scientifiques pour tous », DIXIT, IMAGICIEL, 1992.

conjugue pour cela avec le regain des émissions scientifiques dans les programmes de France 2, France 3, Arte et M6 depuis quelques années.

Pour l'instant, on assiste à un recul de la production par ces organismes d'images scientifiques sophistiquées qu'ils sont presque les seuls à pouvoir créer à cause de leur proximité des sujets, du temps nécessaire à mettre au point les techniques de prise de vue. Les spécialistes partant à la retraite ne sont pas remplacés et beaucoup de producteurs sont donc amenés à avoir recours à des séquences d'origine étrangère. Et les belles images du cinéma 16 ou 35 mm sont en voie de disparition.

Chaque organisme de recherche a sa politique audiovisuelle. Certains ont des services spécialisés qui peuvent produire des documents pour la recherche elle-même et réaliser des documents pour les publics diversifiés qu'ils souhaitent atteindre. Ils disposent ainsi d'une banque de séquences utilisables par les producteurs (CNRS, INRA, INRIA, ONERA et aussi BRGM, ORSTOM, CEA, INSERM, IFREMER). Plusieurs sous-traitent en commandant à des sociétés de production indépendantes quelques films par an sur les sujets qu'ils estiment les plus valorisants pour faire connaître leurs activités (CEA, CNES, ORSTOM, IFREMER).

Ils affirment une tendance à avoir de plus en plus recours à des coproductions avec des magazines télévisés (*E = M6*, *Fractales*, *Savoir Plus*...) pour garantir une meilleure diffusion et diminuer les coûts.

Le service du film de recherche scientifique (SFRS) lié à l'enseignement supérieur produisait naguère une dizaine de films par an et diffusait les meilleures réalisations des services audiovisuels universitaires, dont une bonne dizaine produit des documents de qualité dans le domaine qui nous intéresse (Nancy, Paris-VII, Paris-XI, Rennes...)

• Des *associations* de scientifiques produisent quelques films : l'ICS créé par Jean Painlevé, Imagiciel auprès de l'École polytechnique...

• Certains *centres de culture scientifique et technique* (à Bordeaux, Grenoble, Orsay, Pleumeur-Bodou, Rennes) produisent des films sur la recherche dans leur région ou bien des documents destinés à accompagner une exposition ou une manifestation.

• La *Cité des sciences et de l'industrie* produit chaque année des dizaines de films sur l'actualité scientifique ou sur les thèmes de ses expositions temporaires ou liés au renouvellement de l'exposition permanente. Certains sont réalisés par ses propres équipes, d'autres sous-traités.

Les autres *musées* ont une activité beaucoup plus irrégulière au cours de leurs opérations de rénovation.

• Le *ministère de l'Agriculture* est un producteur et un grand diffuseur de films.

D'autres ministères ont une activité épisodique (Culture, Défense). Il est à déplorer que le ministère des Affaires étrangères ait cessé de produire le magazine *Aujourd'hui en France* dont certains numéros étaient remarquables.

• Mais la plus grande part est produite souvent à l'initiative ou en tout cas à l'intention des chaînes de télévision par des dizaines d'entreprises de production audiovisuelle. Certaines sont très légères et n'emploient qu'une ou deux personnes autour d'un auteur-réalisateur, d'autres plus étoffées ont investi le champ du documentaire en général et s'intéressent parfois à sa branche scientifique. Quelques producteurs solides sont capables de produire des séries ambitieuses et des films de fiction. Toutes recherchent bien sûr la commande d'une chaîne de télévision, le soutien de l'État (CNC, ministères chargés de la Culture, de la Recherche, des Affaires étrangères, de l'Environnement, de l'Agriculture...) et tentent de monter des coproductions internationales.

Le budget est extrêmement variable selon le style et les techniques employés, la qualité des personnels techniques requis. Des films très valables sont l'œuvre d'un artisan isolé dans sa cuisine, d'autres font appel à des acteurs chevronnés et les coûts sont sans commune mesure.

Comment s'y retrouver ?

La multiplicité des producteurs, la dispersion des diffuseurs, la complexité des problèmes de droits, la non-homogénéité des catalogues rendent quelque peu malaisée la création d'une vidéothèque. Signalons cependant le catalogue des films Sciences de l'homme et de la société (1948-1992) du CNRS[1] et le catalogue 1992 du SFRS[2].

Dans un premier temps le recours à certains outils sera précieux, « 500 films scientifiques pour tous » permettra de sélectionner des documents expertisés et appréciés. L'actualisation de ce guide tous les deux ans lui permet de garder une utilité pratique même si certains renseignements peuvent avoir changé dans l'intervalle.

Les catalogues successifs du Festival international du film scientifique de Palaiseau[3] donnent chaque année une bonne idée de la production. Sur le plan français, en particulier, peu de productions valables échappent à son comité de sélection.

Plus fourni sur le plan international, plus attrayant, celui des Rencontres internationales de l'audiovisuel scientifique[4] est moins opérationnel.

L'ADAV (Ateliers de diffusion audiovisuelle)[5] a développé depuis l'automne 1992 son catalogue en faisant un gros effort en direction des films scien-

1. CNRS Audiovisuel, *Catalogue des films Sciences de l'homme et de la Société*, 1993.
2. Service du film de recherche scientifique (SFRS), *Catalogue 1992*.
3. Festival International du Film Scientifique, Palaiseau.
4. CNRS Image-Média, Rencontres internationales de l'audiovisuel scientifique.
5. ADAV, *Catalogue Sciences et Techniques*.

tifiques. Les droits pour une consultation et le prêt individuel ont été aujourd'hui acquis pour près de deux cents films. Cette centrale d'achats peut donc beaucoup faciliter le travail des animateurs de médiathèques même si certains producteurs préfèrent encore vendre leur cassettes une par une ou par leur propre circuit.

Plusieurs médiathèques municipales ont déjà créé d'importantes vidéothèques scientifiques, notamment à Palaiseau ; leur expérience peut certainement être intéressante.

Une vidéothèque scientifique doit disposer dès le départ d'un fonds important (au moins 100 titres) où l'ensemble des disciplines seront présentes. Les titres retenus, tout en étant représentatifs du niveau actuel de la connaissance ne doivent pas se périmer trop vite. Il paraît aussi nécessaire de recommander que tout le spectre des styles de films ou d'émissions apparaisse. En effet, la fonction de la vidéothèque est tout à la fois d'aguicher les appétits de publics non homogènes et d'apporter aux plus motivés une documentation déjà solide afin d'orienter leur travail, leurs réflexions, leurs recherches. Des fiches techniques, accompagnant chaque audiovisuel, précisant son contenu et sa forme, devraient renvoyer à d'autres portant sur le même thème ainsi qu'à des articles ou livres qui permettront aux usagers motivés d'approfondir leur appropriation.

Une actualisation permanente est à prévoir. Elle devrait enrichir le stock de quelques dizaines de nouvelles réalisations chaque année.

L'avenir sera marqué par l'utilisation banalisée des images de synthèse et surtout par les nouveaux supports numériques (disques compact, vidéodisques) et leurs possibilités de consultation interactive. « L'Encyclopédie audiovisuelle des sciences et des techniques » du CNDP, composée de 300 petits films de trois minutes qui se renvoient les uns aux autres, fournira bientôt une excellente expérimentation aux bibliothèques qui seront équipées[1].

La chaîne du savoir, de la formation et de l'emploi stimulera la production de bons documents dans toutes les allées du savoir. Elle facilitera sans doute aussi les échanges internationaux et donnera accès à des productions étrangères mal connues en France.

De son côté le ministère chargé de la Recherche continuera à acquérir les droits pour une utilisation dans les circuits culturels et éducatifs non commerciaux quand il subventionne des émissions scientifiques. Ceci facilite grandement l'accès des bibliothèques à des réalisations récentes attrayantes concernant la science qui se fait.

Francis RUMPF

1. Voir l'article qui suit de Guy Simonin.

Utilisation auprès d'un large public de productions pédagogiques

Introduction

« Qu'est-ce qu'un produit pédagogique ? » Chacun de nous garde des souvenirs de sa scolarité, de ses maîtres, de ses cahiers et de ses manuels scolaires. Mais se souvient-on des films, des diapositives ou des documents consultés pendant la classe, que certains enseignants utilisaient pour mieux nous faire comprendre les rapports qui existent entre le monde réel et ce qu'il était chargé de nous enseigner ? Et se souvient-on des documents consultés en bibliothèque, de ces étincelles de découvertes personnelles ou en équipe qui pouvaient jaillir et éclairer une partie de cours quelquefois obscure ?

Les productions pédagogiques se définissent par un contenu et une démarche d'acquisition de ce contenu. Une encyclopédie sans mode d'emploi n'est pas une production pédagogique. Avec un guide d'utilisation, elle le devient.

Les enseignants utilisent de plus en plus souvent, en plus de ces documents faits pour eux, des produits « grand public » comme des coupures de journaux, des émissions de télévision (documentaires, magazines, actualités,...). Ils y trouvent du neuf, de l'actualité, du vivant et cela constitue une bonne source de dynamisme et de motivation pour inciter les élèves à travailler pour acquérir des connaissances, ou des méthodes.

Parallèlement, on constate par des études d'usage en bibliothèque que le grand public n'a pas rompu complètement avec son besoin d'utiliser des produits pédagogiques. Certaines émissions éducatives de télévision, comme *Génération 3* sur France 3, attirent de plus en plus de personnes sorties depuis longtemps du système scolaire.

D'où vient ce besoin ? Qu'est-ce qui peut attirer le grand public dans ces productions souvent associées à la rigueur et au « pédagogique » ? N'y aurait-il pas un retour de balancier et une recherche d'intelligence et de compréhension du monde s'appuyant sur une forme de rationalité plutôt que sur le papillonnage ?

N'assiste-t-on pas actuellement à une fertilisation croisée des productions grand public et des productions pédagogiques ? Au mariage entre l'esthétisme et la rationalité ?

Trois constats

Les besoins du public changent

La société évolue et le foisonnement des découvertes, innovations et inventions est tel depuis un siècle qu'une bonne partie de la population est en rupture quasi totale avec le monde des sciences et des techniques notamment. Et pourtant, nous utilisons chaque jour des dizaines d'objets, de mots ou même de concepts scientifiques et techniques sans savoir ce qu'ils renferment vraiment.

Les enjeux de cette carence culturelle sont énormes : sans une culture scientifique et technique minimale, pas de réinsertion, pas de recyclage et pas d'autoformation possibles dans ces secteurs où les emplois sont de plus en plus mobiles. D'autre part, les grands problèmes actuels de société, d'environnement et de santé ne peuvent être clairement compris sans cette solide culture de base.

Il n'est pas étonnant par conséquent d'observer une modification de la demande et des usages du public envers sa bibliothèque ou face à son téléviseur. Une demande structurée de savoir, de connaissances et de méthodes d'acquisition émerge. Une chaîne publique du savoir, de la connaissance et de l'emploi a été constituée sur le réseau national. Beaucoup de maisons d'édition, en réponse également à ces nouveaux besoins, produisent de plus en plus de collections à caractère encyclopédique.

L'éducation informelle n'est pas structurée

À tout âge, on apprend beaucoup de choses par les médias : journaux, radio, télévision sont des sources de savoirs constamment actualisées qui se déversent régulièrement dans nos têtes. Les enseignants utilisent de plus en plus cet apport éducatif informel pour initier leurs cours et pour mettre à profit les grandes différences de connaissances qui peuvent exister entre les élèves. Ils bâtissent leur pédagogie sur un terrain qui n'est pas vierge du tout. Mais qu'en est-il des personnes qui ont depuis longtemps quitté le système éducatif ? Est-ce que certains domaines (plus particulièrement en science) peuvent être abordés sans un minimum de pré-requis et de connaissances fondamentales ? Un ouvrage ou un film conçu pour le grand public ne peut, à chaque fois, refaire le monde et repartir systématiquement de zéro. Les exemples en biologie moléculaire sont typiques : chaque fois qu'un auteur veut parler du génome, de génétique ou de biotechnologie, il doit souvent rappeler ce qu'est le code génétique et il est obligé d'abréger au risque de devenir fastidieux, ce qui fait qu'au bout du compte, sa présentation n'est vraiment satisfaisante que pour ceux qui savent déjà... Les documents traitant de physique des particules, d'astrophysique ou d'électronique notamment contiennent souvent ces mêmes ambiguïtés.

Les productions scientifiques pour l'école évoluent

L'introduction de l'audiovisuel dans les classes n'est pas récente. Déjà à l'époque des frères Lumière quelques expériences pédagogiques étaient entreprises et les pouvoirs publics envisageaient déjà avec beaucoup d'intérêt le développement dans les écoles de cet outil puissant.

Les productions écrites pédagogiques dans le domaine des sciences ont fait l'objet depuis l'invention de l'imprimerie de multiples éditions successives car elles se démodaient très vite. Ces productions pédagogiques ont comme particularité d'être définies pour une cible précise, avec des objectifs éducatifs bien déterminés.

D'abord, pour chaque niveau d'étude, des progressions sont proposées. Elles commencent par des observations ou des manipulations simples et aboutissent le plus souvent à des conceptualisations de plus en plus complexes (manuels scolaires).

Même si ce ne fut pas toujours le cas, les productions pédagogiques différencient nettement ce qui est de l'ordre :
- de l'observation ;
- du résultat expérimental ;
- de l'interprétation et de l'hypothèse.

La tendance actuelle de ces productions est de limiter au maximum les discours interprétatifs et de laisser à l'utilisateur la possibilité de travailler sur des faits, des expériences afin de se construire son propre savoir[1]. Celui-ci est amené à redémonter les lois, redécouvrir les concepts comme l'ont fait avant lui les inventeurs et les découvreurs. Au contraire, les productions de vulgarisation destinées au grand public se contentent souvent de faire une présentation des connaissances du sujet sans susciter cet effort de redécouverte.

La collection vidéo « Batiscience » du CNDP constitue un bon exemple de ces nouveaux produits pédagogiques (la science qui se « bâtit » et non pas qui « s'ingurgite », avec l'entonnoir du dogmatisme !). Une description plus détaillée est donnée dans la deuxième partie de cet article.

Enfin, une nouvelle race de produits pédagogiques est en train de naître : il s'agit des descendants des produits informatiques encore appelés « EAO » (en-

1. Voir encadré p. 191.

seignement assisté par ordinateur). Le développement récent des disques compacts interactifs (CDI, CD-ROM) permet la conception de nouveaux produits le plus souvent d'usage varié : usage collectif pour la classe ou individuel pour l'autoformation. L'exemple de l'Encyclopédie *IN SITU* des sciences et des techniques est développé ci-dessous.

Panorama des productions pédagogiques et de leur usage

Les nouvelles productions pédagogiques dans le domaine des sciences et des techniques

Beaucoup de programmes éducatifs étrangers peuvent être assimilés à des super-cours animés par des professeurs-animateurs au physique éblouissant et au dynamisme souvent aux antipodes de ce qu'un professeur lambda peut offrir quotidiennement à ses élèves. D'où le malaise.

Les productions scientifiques françaises pour l'école ne s'orientent pas dans cette voie-là. Elles contiennent d'abord beaucoup d'images, beaucoup de substrat sur lequel des élèves peuvent travailler et avec lequel les enseignants jouent pleinement leur rôle de « chef d'orchestre ».

• *Productions diffusées dans les médias* (sélection)

L'émission *E = M6* diffusée tous les quinze jours sur M6 le dimanche matin contient une grande quantité d'images intéressantes. Présentée avec dynamisme, elle peut servir de point de départ, de déclencheur aux enseignants du secondaire.

Dis Jérôme de Canal + présente typiquement ce qui est plus largement fait à l'étranger et qui est cité au début de ce paragraphe. J. Bonaldi est le grand frère débrouillard qui va vous épater, avec un certain talent, il faut le reconnaître.

Les émissions scientifiques diffusées sur les autres chaînes contiennent également de bonnes images de sensibilisation pouvant servir à illustrer certains propos (ex. *Thalassa*).

L'émission éducative *Génération 3*[1] coproduite par France 3 et le CNDP présente chaque matin lors des semaines consacrées aux sciences une approche différente. Avec l'animation de Marie-Laure Augry, des invités répondent aux questions d'élèves qui ont visionné les documentaires sélectionnés pour l'émission.

Chaque semaine, quatre heures sont ainsi consacrées à un thème précis. La

---

1. À partir du 14 décembre 1994, une nouvelle émission éducative produite par le CNDP sera diffusée sur la Cinquième, du lundi au vendredi matin. Elle a les mêmes objectifs et vise les mêmes publics que *Génération 3*.

sélection des problématiques, des documents présentés et des invités est faite de façon à favoriser aussi bien chez le grand public que dans une classe une progression dans l'acquisition des connaissances (sans prétendre à l'exhaustivité, loin de là !).

• *Productions du CNDP diffusées dans le système éducatif* (sélection)

L'hebdomadaire *Télescope*, coproduit par le CNDP et Télérama, donne une sélection des films et documentaires de la semaine pouvant avoir un intérêt didactique, des articles de fond sur certaines émissions, des suggestions d'activité et surtout un cahier central consacré à *Génération 3. Télescope* peut être utilisé par le grand public soucieux de bien utiliser la télévision pour entretenir sa culture générale.

Le bimensuel *TDC* remplit maintenant cette double fonction de donner aux enseignants et aux élèves une base de documents essentiels pour comprendre, pour travailler sur un thème et pour augmenter la culture générale d'un lecteur moyen autour de ce thème (le numéro sur « Les microbes et l'Homme » fait le point sur les dernières découvertes en immunologie mais propose un premier niveau de lecture simple présentant les bases sur lesquelles une bonne compréhension du monde microbien peut se bâtir).

Antarctica et *Erébus* avec le Dr J.-L. Étienne ont été produits à l'occasion des deux expéditions de 1992 et 1994. Ces documents servent maintenant de référence pour aborder les thèmes comme les milieux extrêmes (courants circumpolaires, banquise, glaciers), l'environnement polaire, l'historique des découvertes et la protection des terres australes...

La collection « Batiscience » (collèges-lycées) : avec vingt titres de « Biologie-Géologie » en cours de production et une vingtaine également en « Sciences de la Matière », cette collection offre de nouvelles possibilités aux enseignants : chaque titre de quinze à vingt minutes est découpé en séquences courtes (trois minutes environ) utilisables spécifiquement à un moment précis d'une démarche pédagogique :

– module de *sensibilisation* : pour lancer, motiver, questionner ;

– modules d'*analyse* : pour favoriser l'observation, l'analyse d'expériences. Ces modules sont des documents sur lesquels les élèves peuvent travailler. Les commentaires ne sont pas interprétatifs et l'enseignant garde son rôle de coordonnateur ;

– module de *synthèse* : une interprétation, des modélisations, une représentation actuelle du phénomène étudié, ce que l'on peut retenir (lorsque la vidéo permet d'affiner et d'améliorer cette représentation à mémoriser) ;

– éventuellement, module d'*ouverture* : en quoi le champ de connaissance étudié permet l'ouverture à d'autres horizons.

L'*Encyclopédie audiovisuelle des sciences et des Techniques IN SITU* (marque en cours de dépôt) : une démarche de réconciliation entre disciplines technologiques et disciplines scientifiques (physique, chimie, biologie, géologie), un ensemble de liens entre ces disciplines elles-mêmes. Les films de trois minutes

sont conçus pour explorer, expliquer un mot clé, un objet ou un concept scientifique et technique. Ils sont utilisables par un enseignant dans sa classe pour :
- faire un rappel ;
- donner une définition vidéo d'un mot ;
- montrer des applications d'un concept ;
- donner des représentations animées d'un phénomène ;
- explorer un objet ou un système technique.

Dans sa version CD-ROM, cette encyclopédie est un outil d'autoformation : l'utilisateur passe une sorte de contrat lorsqu'il entre dans le programme – le pari de comprendre. À tout moment, il peut se tester et le programme le renvoie sur la bonne séquence, sur une information complémentaire ou sur une activité adéquate. Cette version permet une double utilisation :
- usage collectif sur TV (avec carte de sortie d'ordinateur). Le maître peut avoir accès à toute image ou à toute séquence quand il le veut.
- usage individuel (en tutorat, en autoformation ou en recherche personnelle) par l'interactivité du CD-ROM ou du CDI (voir le projet plus détaillé ci-dessous).

Du bon usage de l'audiovisuel scientifique

Tous les enseignants qui ont commencé à introduire l'audiovisuel en classe ont pu constater l'extraordinaire pouvoir didactique de l'image et savent à quel point l'audiovisuel est un outil à double tranchant. Avec un documentaire TV ou avec un vidéogramme long prêté par la cinévidéothèque et passé intégralement ; les conditions favorables à une utilisation pédagogique ne sont pas réunies, bien au contraire. D'autant plus que cette utilisation dépend souvent des possibilités de réservation de *la* salle audiovisuelle de l'établissement.

En fait, les véritables apports de l'audiovisuel en classe ne sont réalisés que lorsque celui-ci est au service d'une démarche, d'une progression pédagogique, et non l'inverse.

À quel moment d'une démarche pédagogique peut-on utiliser des aides audiovisuelles ?

Pour simplifier, cinq étapes importantes ont été choisies :
- sensibilisation par l'évocation d'une problématique ;
- analyse de phénomènes ou d'expériences ;
- synthèse et représentation des résultats interprétés ;
- ouverture à d'autres champs de connaissance et généralisation des concepts ;
- évaluation des acquis.

Sensibilisation

Afin de motiver des élèves, en partant de leurs références, de leurs représentations, il s'agit de susciter des questions qui leur permettront de s'investir davantage. Beaucoup de documentaires télévisuels (Cousteau, Tazieff, J.-M. Pelt...) peuvent avoir ces qualités.

Pour ces documents, il est indispensable de sélectionner les séquences courtes qui posent la bonne question et de ne pas se contenter de poser la question. Il faut profiter de cette envie d'aller plus loin pour engager les étapes suivantes.

Analyses

Il existe plusieurs types de documents audiovisuels scientifiques pouvant être analysés par des élèves :
– présentation d'expériences difficiles à faire en classe, de montages expérimentaux à critiquer, de résultats... ;
– observations de phénomènes naturels : l'audiovisuel permet des observations facilitées grâce aux instruments optiques (zoom, rapprochement ou grossissement) et grâce aux images accélérées (croissance de plantes) ou ralenties (trajectoires, par ex.).

Synthèses

L'audiovisuel peut permettre de faire évoluer les représentations qu'ont les élèves de phénomènes, lois, concepts scientifiques à partir des analyses faites antérieurement. La force de l'audiovisuel actuellement réside dans la possibilité d'un aller et retour entre des phénomènes ou des objets réels et une schématisation par infographie et image de synthèse qui donne du sens à la complexité du réel. L'exemple type est la superposition de vecteurs de forces sur une image réelle d'un mobile. Les représentations animées permettent également certains déblocages (ex. : la nouvelle série de mathématiques appliquées de TV Ontario).

Ouverture

Sont classés dans cette rubrique tous les documents qui permettent à la classe une ouverture à d'autres regards et à d'autres champs de connaissances. Par exemple, l'étude des systèmes de refroidissement des moteurs par aillettes peut ouvrir sur l'étude des régulateurs thermiques biologiques (comme les oreilles d'éléphant !) ou sur celle des diffuseurs de chaleur des réfrigérateurs ou radiateurs, et conduire à la notion d'échanges thermiques... L'exemple type de documents d'ouverture est *L'œuf sous la main*, vidéo produite par la CSI présentant les différentes facettes complémentaires des questions d'éthique posées par la Fivette (point de vue de la mère, du psychologue, du médecin, du juriste...).

Évaluation

Les travaux d'analyse et de synthèse élaborés à partir de vidéogrammes peuvent être réalisés dans des exercices d'évaluation. Toute image brute d'observation de phénomène ou d'expérience peut être montrée à une classe avec voix off coupée, par ex. avec la question : « Comment interpréter ces images ? Permettent-elles de répondre à la question ?... »

Fertilisation croisée des produits pour le grand public et des produits pédagogiques

Les contraintes et les spécificités des productions pédagogiques

Les productions audiovisuelles pédagogiques sont souvent conçues comme des éléments très incomplets et parcellaires venant en aide à l'enseignant qui, lui, garde constamment son rôle de chef d'orchestre. Bien utilisé, le document pédagogique a une fonction très précise que nous avons classée dans le paragraphe précédent. À la différence d'un document conçu pour le grand public, le document pédagogique cerne davantage un propos, une étude précise. Ainsi, les films courts sur la vie animale ne présentent qu'une fonction vitale d'un animal (le vol du pigeon, la reproduction du criquet) alors que les séries animalières diffusées sur TF1 ou sur Canal +, par exemple, présentent souvent un panorama complet mais désordonné de la vie d'un animal (ex. : la vie de l'ours brun).

Les productions pédagogiques sont souvent insérées par séquences courtes dans un cursus de programme. Elles nécessitent des pré-requis de connaissances déjà assimilées dans les classes précédentes et ne prétendent pas clore le sujet, loin de là.

Les contraintes et les spécificités des productions pour le grand public

À l'inverse, les productions télédiffusées sur les chaînes sont souvent plus longues (26 ou 52 minutes), avec un propos qui est toujours centré autour d'une histoire complète relatée avec un début et une fin cohérente.

L'histoire est racontée par quelqu'un qui sait (François de Closet ou J.-M. Pelt, par ex.) et l'on ne s'embarrasse pas de laisser émerger des questions ou de les laisser quelque temps sans réponse. Il faut rassurer, ne pas lâcher le téléspectateur et surtout ne pas le mettre dans une situation embarrassante de recherche active. Là est la grosse différence entre les productions pour le grand public et les productions prévues pour un usage pédagogique. Une question se pose néanmoins : pourquoi le genre « enquête policière » qui se rapproche tant d'une bonne démarche pédagogique est-il si peu utilisé dans les productions scientifiques ? Aurait-on peur de faire réfléchir le téléspectateur pour lui faire acquérir activement quelques connaissances scientifiques ?

Un exemple de production mixte : *IN SITU*, multimédia encyclopédique des sciences et des techniques

Le projet est prévu d'emblée pour le double usage :
- collectif (pédagogique) ;
- individuel (autoformation du grand public).

Il part du principe que les objets quotidiens ou le vocabulaire scientifique très médiatisé de notre environnement peuvent servir de porte d'entrée à l'initiation des sciences et des techniques. Il s'agit de proposer à la fin de chaque film des films plus techniques ou plus conceptuels afin de répondre au désir de curiosité amené par le premier film d'accroche (comme *Caméscope*, par ex.).

Les différents parcours possibles sont organisés de façon à ce que les principaux concepts fondamentaux de la série soient expliqués.

IN SITU

Exemples de parcours arborescents exploratoires

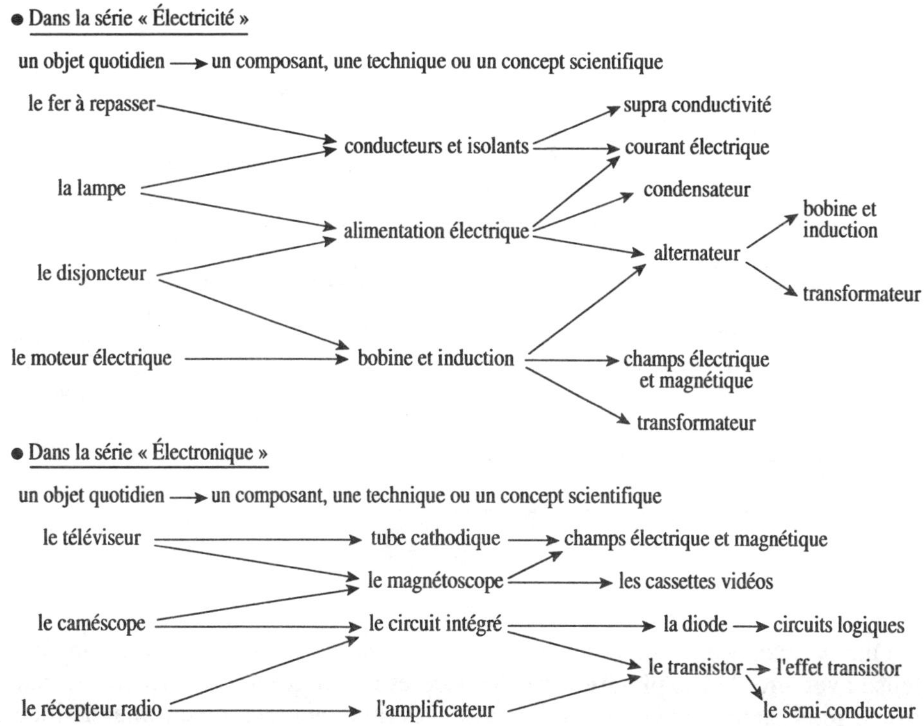

De film en film, d'objets en technique et de technique en concepts, chaque utilisateur peut avoir un éclairage différent et complémentaire des aspects fondamentaux inclus dans chaque série.

Il a de plus la possibilité à tout moment soit de faire une incursion dans l'abstraction des concepts scientifiques ou soit de revenir à l'explication de l'une de leurs applications.

Par exemple, l'amplification électronique est traitée dans trois films objets (Récepteur radio – Téléviseur – Amplificateur) et dans deux films plus conceptuels (Transistor – Effet transistor). De même, le concept d'induction électromagnétique est abordé au moins dans trois films objets (Moteur – Transformateur – Alternateur) et dans deux films concepts (Bobine et induction – Champs électrique et magnétique).

C'est cette possibilité de va-et-vient permanent entre de l'abstrait et du concret, entre des concepts et leurs applications qui constitue la force de cette encyclopédie.

• Dans la série « Exploration spatiale et univers »

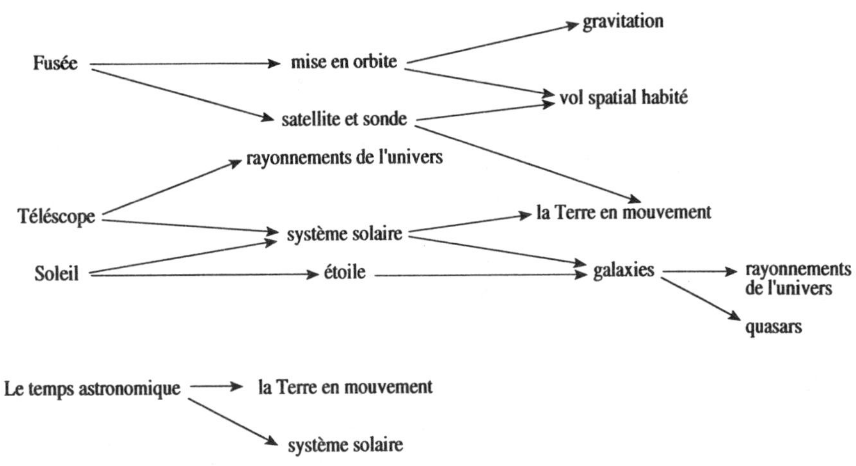

Quelques concepts fondamentaux sont essentiels pour comprendre la fabuleuse aventure de l'exploration de l'espace et l'astronomie : les forces de réaction, l'impesanteur, la gravitation, le vide, les rayonnements électromagnétiques, la vie et la mort des étoiles. Le film *Vol spatial habité* permet ainsi d'aborder l'impesanteur et les protections des cosmonautes vis-à-vis du vide et des rayons cosmiques notamment.

• Dans la série « Environnement et protection de la planète »

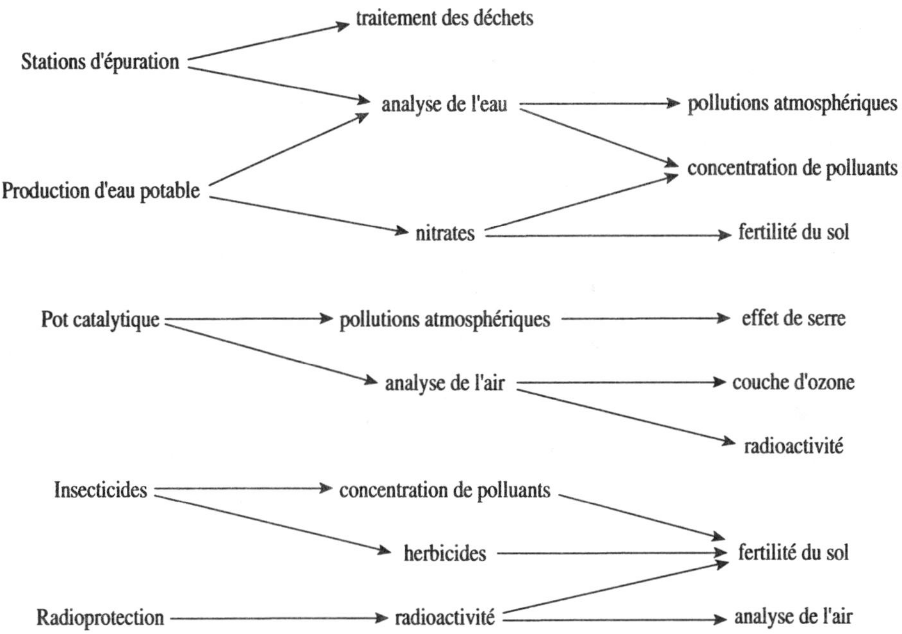

À l'opposé, le film *Rayonnements de l'univers* resitue l'ensemble de la gamme des rayonnements perçus : des rayonnements fossiles du Big-Bang aux rayons cosmiques directement ou indirectement captés sur la Terre. Les techniques d'exploration spatiales sont autant développées que les objets et phénomènes naturels. L'équilibre sciences et techniques est ainsi respecté, comme dans l'ensemble de cette encyclopédie.

Les mécanismes biologiques et physicochimiques impliqués dans les menaces et les protections de l'environnement sont expliqués à partir de notions très médiatisées et souvent mal comprises : effet de serre, couche d'ozone, radioactivité.

Des concepts fondamentaux comme l'oxydoréduction (abordée dans *Analyse de l'eau* et *Production d'eau potable*) ou comme la nutrition végétable (abordée dans *Fertilité du sol* et *Nitrates*) doivent être compris pour que cette éducation à l'environnement soit faite sur des bases solides.

Guy SIMONIN
Novembre 1994

Technologies de l'information et vulgarisation

« Les sciences et les techniques occupent une place centrale dans notre société où elles nous sollicitent de façon permanente lors de nos activités quotidiennes professionnelles, domestiques ou de loisirs. Les lieux, organismes ou événements qui leur sont consacrés pour une meilleure information des publics sont nombreux et en pleine évolution [...]. Les technologies contemporaines de l'information et de la communication offrent de nouvelles possibilités de diffusion des savoirs à de vastes publics : mutualisation des collections par les réseaux électroniques, accès rapide et varié à des masses importantes de données, simulation d'expériences ou cheminements propres à travers des textes, des images et des sons. »

Ces lignes – rédigées par Roland Bertrand et Francine Fontanel à propos de l'évolution des musées des sciences et des techniques[1] – peuvent être reprises, à quelques variantes près, pour l'ensemble des lieux de diffusion de la culture scientifique et technique, en particulier pour les médiathèques qui, dans la mouvance des technologies optiques et électroniques de l'information, sont entrées depuis plusieurs années dans l'ère du multimédia et de l'interactivité.

Cette transition, toutefois, ne doit pas nécessairement être pensée sur le mode de la rupture. Au contraire, dans certains cas les « nouvelles » technologies renforcent la cohérence de leurs missions et de leurs logiques d'usage.

Ainsi les technologies de l'information et de la communication (TIC) permettent-elles :

– non seulement de faciliter la « lisibilité » des collections ou des fonds documentaires, en améliorant leur accessibilité pour le public ;

1. Jean-Émile Tosello-Bancal, Philippe Collier, Introduction de *Banques de données, banques d'images et multimédias interactifs pour les musées, les expositions et les bibliothèques scientifiques*, Paris, À Jour, 1993.

– d'enrichir et de diversifier les modes de communication avec ce(s) même(s) public(s)
– de mettre à la portée du plus grand nombre des méthodes et des techniques de recherche scientifique, favorisant ainsi l'émergence de nouveaux modes d'appropriation et de partage des connaissances.

Là ne s'arrête pas sans doute l'intérêt des TIC pour ces institutions : en particulier dans les musées, les TIC ont fait émerger un nouveau type d'œuvres originales (que l'on pourrait qualifier de néo-expôts : hologrammes, imagerie de synthèse, etc.) destinées à s'intégrer dans les collections muséales avec des problématiques – originalité, conditions de restitution du dispositif initialement conçu par le créateur, modes de présentation, etc. – quelque peu décalées par rapport au traitement des objets matériels.

Les TIC permettent également de réaliser des objets virtuels proposés en substitution de l'œuvre originale (appelons-les des « pseudo-expôts » : *visite interactive de la villa La Roche de Le Corbusier* sur CD-ROM), ou permettant de restituer une œuvre, dans son état initial aujourd'hui disparu (par exemple *reconstitution en images 3D de l'abbaye de Cluny*), leur apport fondamental dans ce contexte étant lié aux manipulations actives offertes au public.

On se limitera toutefois à une approche de ces technologies sous l'angle des trois axes précédemment définis, en essayant d'illustrer leur apport à la vulgarisation scientifique et technique à partir d'exemples de produits commercialisés internes aux musées ou aux médiathèques.

À un premier niveau, l'impact des TIC en matière de vulgarisation scientifique peut être évalué en termes pratiques de simplification pour l'utilisation des ressources offertes au public (repérage des documents, consultation sur place ou à distance, prêt etc.) et de diversification de ces mêmes ressources (variété des supports proposés à l'utilisateur), ces objectifs étant d'ailleurs parfaitement conciliables avec l'amélioration de la gestion interne des ressources d'un établissement (organisation des fonctions d'acquisition, de catalogage, d'indexation, etc. par des systèmes informatiques intégrés assurant également une interface avec l'utilisateur).

À quoi tient cette ubiquité ?

Il ne s'agit pas de gloser ici sur l'intérêt – réel – des catalogues informatisés de bibliothèques accessibles « en ligne » ou sur CD-ROM, ou sur les problèmes qu'ils peuvent parfois poser pour le public en termes d'apprentissage des procédures de manipulation, mais plutôt de montrer comment un outil de gestion ou un outil de recherche scientifique peut servir à des fins de *divulgation élargie* de l'information, c'est-à-dire de montrer quel type de continuum existe entre l'univers du « spécialiste » de l'information et celui du « grand public ».

Quelques exemples empruntés à des contextes variés peuvent en fournir l'illustration : on ne retiendra toutefois que des exemples de dispositifs susceptibles d'approches à des niveaux différents (outil de gestion/de découverte/de recherche scientifique), tel le système de gestion électronique de documents mis en place par la Bibliothèque publique d'information du centre Georges-Pompidou.

Pour permettre un traitement plus rationnel des dossiers documentaires thématiques réalisés jusqu'alors de façon traditionnelle (découpage/collage) à partir de quelques 2 400 périodiques et revues, la BPI a choisi de faire développer un système de gestion électronique de documents qui permet non seulement de démultiplier les possibilités de consultation pour chaque dossier (quinze postes de consultation ayant été mis en place) mais encore d'ouvrir les recherches en recourant à un thésaurus ou en utilisant des combinaisons d'interrogation en logique booléenne. À terme la banque de données (textes et images en noir et blanc dans l'immédiat) sera également accessible à distance par Minitel et les documents pourront être reçus par télécopie.

Autre exemple de médiation plurielle (grand public/professionnel) à des stocks d'informations hétérogènes, les différentes banques de données produites par le ministère de la Culture, accessibles désormais en mode vidéotex (3614 – code d'entrée générique : JOCONDE).

Conçues à l'origine sur système informatique centralisé pour la gestion interne des données documentaires sur les œuvres du patrimoine artistique national (JOCONDE : peintures conservées dans une soixantaine de musées, CARRARE : sculptures du Moyen Âge à nos jours dans une vingtaine de musées), ou encore sur les fonds d'archives concernant la politique culturelle de la France du XIXe et du XXe siècles (ARCADE), ces banques de données illustrent bien la dérivation d'un outil scientifique vers un dispositif de divulgation destiné à un public élargi (éditeurs, enseignants, étudiants ou public d'« amateurs »...). Pour JOCONDE par exemple, l'interrogation de la banque de données qui demandait jusqu'en 1992 – date d'ouverture des accès vidéotex – la maîtrise de systèmes descriptifs des œuvres d'art fondés sur l'utilisation d'outils professionnels (thesaurus iconographique de François Garnier), est désormais possible pour tous les publics à partir de sept critères (iconographie, siècle, auteur, ville, titre, école, domaine) proposés en menus guidés selon la logique d'accès arborescente de ce type de service.

Le « grand public » peut ainsi disposer de l'ensemble des données scientifiques collectées par les responsables des collections, au rythme même de leur insertion dans la banque de données.

Pour ces différents services, les informations disponibles sont désormais utilisables à différents niveaux : le travail d'organisation professionnelle des données (classification des collections, analyse descriptive et contextualisation des objets, vocabulaires d'indexation, formats de description, etc.) acquérant une lisibilité nouvelle du fait de leur synthèse sur un vecteur de diffusion orienté vers le « grand public ».

Cette lisibilité n'est pas nécessairement liée à un travail de ré-écriture ou de reformulation de l'information (de reformatage des données du « produit scientifique » vers le « produit grand public »), elle dépend plutôt de la qualité des outils proposés pour guider et faciliter la consultation d'un même support d'information, dans des contextes d'usage différents.

Chacun à leur manière, les exemples précédents illustrent la capacité des TIC à *intégrer* des structures d'information hétérogènes et à *combiner* des traitements gradués d'un même stock de données initiales dans une optique de divulgation élargie.

Ce faisant, les TIC nous renvoient en définitive au fonctionnement de la médiathèque ou du musée lui-même, qu'elles révèlent comme *dispositifs hypermédias*, permettant de tramer des liens complexes entre des registres d'informations hétérogènes selon des modes de présentation, « des parcours de navigation » personnalisés.

Lié à ce premier registre, un deuxième mode d'incidence des nouvelles technologies sur les médiathèques et les musées peut être étudié sous l'angle de l'*enrichissement des modes de communication* avec le (les) public(s), grâce aux dispositifs « ludico-pédagogiques » (bornes interactives ou postes de consultation de banques d'images par exemple), qui fleurissent dans un grand nombre d'institutions (pour les seuls musées des sciences et des techniques, en excluant le cas – atypique – de la Cité des sciences et de l'industrie, une enquête informelle permettait d'en dénombrer plus d'une vingtaine en juin 1993).

La plupart des dispositifs auxquels on fait allusion se composent d'un ou plusieurs écrans (télévision, écran tactile d'ordinateur), d'un clavier ou d'un Minitel, d'un magnétoscope ou d'un lecteur de vidéodisque et d'un ordinateur raccordé dans certains cas aux réseaux de télécommunications pour permettre soit la mise à jour des informations par téléchargement (ex : la borne Météo du musée de la Mer de Biarritz) soit la consultation de banques de données distantes.

La mise à disposition publique de ce type d'équipement dans les expositions ou les musées permet de répondre à plusieurs types de préoccupations.

On pourra ainsi :

– faciliter l'orientation d'un visiteur en lui proposant différents parcours selon ses préoccupations ;
– compléter son information en lui permettant de naviguer librement dans un contenu multimédia, soit pour approfondir un sujet particulier, soit pour découvrir la richesse de collections dont seule une partie minime est exposée ;
– permettre au public par l'intermédiaire de jeux ou de questions-réponses de tester ses connaissances sur un sujet donné.

Ceci sans compter l'utilisation à distance de services d'informations pratiques sur les expositions par exemple, consultables pour l'instant par Minitel, et bientôt de véritables parcours de visite véhiculés par l'intermédiaire des réseaux câblés jusqu'aux postes de télévision interactifs.

Globalement trois modes d'interactions gouvernent ces dispositifs :

– jeu : mode de découverte ludique ;
– apprentissage : mode d'acquisition de connaissances selon un processus faisant l'objet de validations successives ;
– contrôle/test : mode d'évaluation des connaissances.

Ces trois modes étant, bien entendu, la plupart du temps étroitement combinés.

Fondés sur l'imbrication des technologies audiovisuelles et informatiques, ces dispositifs préfigurent d'une certaine façon ce que sera prochainement notre équipement multimédia domestique issu de la fusion de la télévision, de l'informatique et des réseaux de télécommunication.

Plutôt que sur l'évolution de ces métissages technologiques on peut s'interroger sur leur apport réel en termes de vulgarisation scientifique et – pour reprendre notre propos de début – sur leur fonction.

Tout en mesurant les risques liés à une généralisation excessive (chaque réalisation ayant sa finalité propre) on peut remarquer que ces dispositifs interactifs sont pour la plupart conçus comme des *dispositifs de médiation* – réelle ou symbolique – par rapport à un espace de référence (le musée, la bibliothèque).

Dans le cadre des musées ou des centres de culture scientifique par exemple, ce sont bien des objets de médiation réelle – devant favoriser la découverte, l'appropriation, etc. – qui dans certains cas fonctionnent sur un plan métaphorique (dans le centre Océanopolis de Brest, par exemple, le dispositif interactif simule un naufrage en rade de Brest et permet ensuite la découverte des fonds sous-marins dans un environnement futuriste qui n'est pas sans rappeler les fictions de Jules Verne : la borne interactive comme nouveau Nautilus), ou encore induisent un rapport métonymique au musée (on pourrait citer le cas de l'espace Albert-Kahn à Boulogne-Billancourt où le dispositif interactif constitue – à l'exception des expositions temporaires – la seule matérialisation visuelle des collections photographiques et filmiques pour le « grand public » : partie du musée, le dispositif interactif le représente en totalité).

Mais, quel que soit leur rapport au musée, ces objets de médiation soulèvent un certain nombre d'interrogations : en particulier celle liée à l'universalité du discours/du parcours muséal.

Quel public privilégier (visiteur-touriste, public scolaire, chercheurs...), quel type de relations choisir (didactique, ludique...), quelles informations transmettre, quel niveau d'interactivité proposer lorsque l'on met en place de tels dispositifs ?

Pour l'heure, ces outils de médiation sont le plus souvent utilisés sur le mode du tutorat éducatif (pour les bornes interactives, du moins, y compris dans les applications « ludiques ») orienté vers une forme de vulgarisation scientifique fondée sur l'expérimentation.

Force est de constater que la plupart du temps cette expérimentation fonctionne en « boîte noire » : l'utilisateur est rarement mis en situation de comprendre – *a fortiori* de maîtriser – les technologies qu'il emploie pour découvrir un phénomène ou un espace scientifique, il est simplement mis en situation de manipulation guidée.

Pourtant, l'approche expérimentale des œuvres (au sens large du terme : images, textes, ou tous types de dispositifs combinatoires de données numérisées), rendue possible grâce aux manipulations interactives sur des ensembles virtuels, permet de proposer au plus large public un rapport à l'information scientifique fondé sur l'apprentissage de méthodes (analyse d'une problématique, décomposition des étapes de résolution d'un problème, arborescence de la recherche, etc.) similaires à celles employées dans la recherche scientifique.

Certains établissements toutefois ont déjà résolument opté pour une utilisation pédagogique des TIC, par exemple dans le cadre d'*ateliers* liés à une structure d'exposition permanente ou temporaire (on pourrait parler dans ce cas de musée-atelier, voir le projet d'atelier multimédia d'Orsay), ou/et dans l'espace d'un *laboratoire* d'expérimentation des TIC (on pourrait ainsi qualifier l'espace de consultation des didacticiels de la Cité des sciences et de l'industrie de médiathèque-laboratoire).

Le musée d'Orsay, par exemple, a conçu un didacticiel *Apprendre à voir* destiné à sensibiliser le public aux concepts et à la pratique de l'analyse picturale autour de trois notions fondamentales : la lumière, la couleur et la structuration de l'espace. En l'état actuel, un tableau du peintre Corot *l'atelier de Corot, ou jeune fille pensive, une mandoline à la main*, célèbre pour ses clairs-obscurs accentués, peut être étudié à partir d'un scénario interactif proposant, à partir de choix opérés sur l'image numérisée du tableau (retrouver quelle est la partie la plus éclairée, définir l'échelle des valeurs d'une couleur donnée, etc.), de découvrir les méthodes de création picturale.

Dans cette optique le didacticiel devient pré-texte à la lecture des œuvres dans l'espace muséal, d'autres notions d'environnement (contexte historique de la création du tableau, biographie du peintre, etc.) apportant également un enrichissement considérable à la découverte autonome des collections.

Au-delà de cet apport réel, on pourrait également, sur le plan symbolique, pointer une autre fonction de ces dispositifs interactifs : donnant accès à des images et à des informations, ils permettent certes l'acquisition de connaissances, mais ils véhiculent aussi en définitive l'image de l'institution qui les offre au public, ils l'informent sur sa modernité.

Objets de *médiation*, les TIC sont alors également objets de *médiatisation*, « produits d'appel » utilisés pour inciter à découvrir un établissement ou à prolonger sa visite.

Dans cette seconde fonction – de communication vers le public et de prise en charge d'une image emblématique – les TIC nous renvoient à une économie générale du musée/de la médiathèque, ou plus exactement à l'organisation des fonctions pédagogiques en leur sein.

Quel équilibre trouver, par exemple, entre la logique propre au « musée-atelier », ouvert à l'expérimentation sur les œuvres, aux manipulations interactives (banalisées de surcroît par l'habitude des outils électroniques domestiques), et le musée physique lui-même dont les règles d'usage pourront sembler singulièrement contraignantes par comparaison avec le musée virtuel.

Dans le cas du « musée-atelier », l'emploi des technologies informationnelles crée – à la mesure des problèmes qu'elles soulèvent – un type nouveau de laboratoire de recherche pour les équipes muséales, offrant non seulement un ban test pour les expérimentations technologiques, mais permettant aussi d'approfondir l'étude des publics, de mieux apprécier les modes d'aperception des œuvres, de repenser les stratégies d'exposition, etc.

Dans un troisième temps, nous retiendrons cette notion de médiathèque ou de musée-laboratoire (qui renvoie au dispositif d'ensemble de la recherche scientifique articulée en réseaux) pour repérer l'apport des TIC en matière d'aide à l'acquisition, par tous les publics, de méthodes de travail scientifiques.

Cet apport peut être évalué sur trois axes complémentaires : partage des ressources, transfert des connaissances et mise en commun des compétences.

Sur ce registre, d'ailleurs, musées et médiathèques font partie d'un mouvement d'ensemble de la recherche scientifique dont les méthodes heuristiques et les modes de production ont été fortement bouleversés par l'évolution rapide des technologies informationnelles, depuis la création des banques de données documentaires en ligne dans les années 1970 jusqu'à l'arrivée en force des nouvelles possibilités offertes par les méta-réseaux de télécommunication (INTERNET et RENATER en France).

– Partage des ressources : les banques de données diffusées par les serveurs commerciaux ou les centres de calcul des universités, jusqu'ici accessibles par l'intermédiaire des seuls réseaux de télécommunications internationaux deviennent plus aisément interrogeables à partir d'un simple raccordement à un site intégré aux réseaux de recherche.

L'accès aux banques de données, souvent peu convivial, peut-être grandement facilité par l'implantation, sur ces réseaux, de dispositifs d'aide au repérage des sources d'information ou encore d'aide à la consultation des données.

L'extraordinaire pluralité des banques de données distribuées « en ligne » au niveau mondial (quelque 5 500 fichiers commercialisés début 1994, auxquels s'ajoutent une kyrielle de produits diffusés sur des modes divers par le monde universitaire), nécessite des outils d'assistance pour le tri et la sélection des sources.

Les serveurs GOPHER disponibles sur INTERNET, en regroupant l'offre par ensembles thématique ou spatial (ensemble des ressources disponibles sur un même site), facilitent ce travail pour l'utilisateur occasionnel, comme, par exemple, celui qu'a ouvert le ministère de la Culture pour offrir un accès international à ses ressources documentaires (JOCONDE dans un premier temps, et bientôt plusieurs autres banques de données sur le patrimoine culturel français).

La consultation de ces sources d'information peut, elle aussi, se trouver simplifiée pour un public peu versé dans les techniques documentaires : chaque serveur GOPHER clarifie l'utilisation des commandes nécessaires pour interroger les ressources auxquelles il donne accès (écrans guidés, fonctions d'aide, etc.), de plus l'utilisateur peut passer d'un serveur GOPHER à un autre de façon transparente.

D'autres interfaces – comme WAIS – permettent de rechercher des documents à partir de mots libres sur un ensemble de sites où sont implantés des serveurs de ce type. Des documents de structures différentes (bibliographiques, texte intégral, photos indexées, etc.) sont simultanément recherchés sur l'ensemble des sites : l'utilisateur recevant en retour l'ensemble des documents sélectionnés.

– Transfert des connaissances et mise en commun des compétences : là encore les réseaux électroniques démultiplient de façon extraordinaire les échanges au sein du « village planétaire ». Les messageries, les revues électroniques et les groupes d'études thématiques (forums de discussion) permettent d'entrer – sans être confronté aux filtres académiques imposés par les formes traditionnelles de la communication (comité de rédaction, « referees », etc.) – dans une communauté intellectuelle élargie, régie par des règles souples (une liste de discussion électronique est simplement gérée par un modérateur qui accueille les nouveaux « entrants » et assure une certaine régulation des flux de messages au sein du groupe).

Ce rapide inventaire montre le potentiel considérable des nouvelles technologies pour faciliter les transferts d'informations et de connaissances.

Bien sûr, on doit tempérer quelque peu ces effets d'annonce : l'abondance d'informations n'est pas toujours gage de qualité (parmi le grand nombre de banques de données disponibles certaines peuvent s'avérer décevantes en termes de contenu ou de structure : faiblesse au niveau de l'indexation, ou au niveau de l'analyse des documents), la masse de données reçues via les messageries électroniques peut également engendrer une perte de temps considérable imposant des tris et des lectures fastidieux pour retrouver l'information utile, etc.

Ces imperfections – réelles – n'invalident pas le fait que de nouveaux modes d'usages de l'information, des comportements de communication différents sont en cours de développement tant dans les pratiques individuelles que dans le cadre des institutions chargées de la conservation et de la divulgation des patrimoines culturels scientifiques et techniques.

Autour du couplage des technologies des télécommunications, de l'informatique et de l'audiovisuel, s'organise la rencontre entre la demande, de plus en plus affirmée, d'un accès individualisé au savoir de la part du (des) public(s), et une offre de biens culturels qui excède l'espace autarcique des seules institutions chargées de leur conservation et de leur valorisation, ou plus exactement une offre que les institutions culturelles ne peuvent prendre en charge que par une stratégie de mise en commun de leurs ressources propres.

De cette rencontre naît sans doute l'émergence d'une nouvelle économie culturelle dont les enjeux débordent très largement la sphère des échanges marchands et des alliances industrielles que l'on peut constater depuis plusieurs années entre les groupes dominants des secteurs concernés (édition, cinéma, télévision, informatique, câblo-opérateurs, ...). Ces enjeux doivent certainement être pensés en termes de mutations sociales et de rapports politiques – rapports de force – entre pays industrialisés autour de quelques thèmes majeurs : pluralité des cultures, pluralité des langues véhiculaires des savoirs, pluralité des sources d'information, des supports et des modes disponibles pour y accéder.

Dans ce contexte, musées et médiathèques sont eux-mêmes confrontés à la logique de développement des technologies de l'information, logique de marché bâtie sur des enjeux politiques, industriels, et sur des cadres réglementaires.

De ce fait, *hic et nunc*, les choix ne sont pas totalement ouverts : l'utilisation des TIC dans le cadre des musées et des médiathèques présente un grand nombre d'avantages, elle impose aussi certaines contraintes (adoption de normes communes, gestion des flux de données, création d'outils de repérage au sein de l'hyper-espace informationnel, etc.).

À certains égards, ces technologies complexifient certainement les problèmes auxquels sont confrontés les musées et les médiathèques (problèmes de choix technologiques, problèmes de personnels pour le montage de projets faisant appel à des compétences encore mal identifiées, problèmes économiques et juridiques, de choix budgétaires, de négociation de droits, etc.), mais elles sont également porteuses d'une dynamique forte capable de faciliter, au cœur de ces institutions, le partage et l'accès au plus grand nombre des formes nouvelles de notre mémoire collective.

Jean-Émile TOSELLO-BANCAL

Bibliographie

Les Nouvelles Technologies et leurs usages dans les musées : analyse de l'enquête « interactifs et musées », Direction des musées de France, ministère de la Culture et de la Francophonie, 1994.

Norbert Paquel, *L'Édition et les supports multimédias : marchés et perspectives*, À Jour, 1993.

Cécile Renault, *Musées, patrimoine culturel et multimédia interactif*, Quadrature, 1993.

Jean-Émile Tosello-Bancal, Philippe Collier, *Banques de données, banques d'images et multimédias interactifs pour les musées, les expositions et les bibliothèques scientifiques*, À Jour, 1993 (publié avec le soutien de la mission Musées MESR).

Commission des communautés européennes, *Principaux événements et développements sur le marché des services d'information électroniques*, CEE, DG XIII, Luxembourg, 1993.

Signe Hoffos, *Multimedia and the interactive display*, British Library, 1992.

INTERNET : une communauté de ressources pour la vulgarisation scientifique

Le réseau INTERNET possède de nombreux atouts qui en font le pivot des développements à venir pour la diffusion de l'information scientifique. Créé à l'origine pour la communauté scientifique, le réseau mondial d'ordinateurs INTERNET est en train de s'élargir pour devenir le premier maillon de « l'autoroute de l'information » qui irriguera bientôt l'ensemble des pays développés.

Les applications décrites ici sont les prémices des futurs systèmes de navigation interactive dans le cyberespace qui emprunteront bientôt le réseau câblé pour pénétrer les foyers. L'utilisation du réseau par les écoles et les bibliothèques est balbutiante au moment où ces lignes sont écrites. Mais les mois et les années qui viennent verront les savoir-faire acquis dans ces lieux publics se généraliser et s'étendre. Non seulement le réseau est un moyen d'accéder à des ressources de vulgarisation scientifique, mais l'apprentissage par le plus large public du fonctionnement du réseau est en lui-même un acte de diffusion de la science et de la technologie. On peut souhaiter que les bibliothèques deviennent des nœuds du réseau et qu'elles participent à la banalisation d'un outil qui rapproche les hommes et possède une puissance inégalée dans la diffusion de la connaissance.

Le réseau INTERNET

Le réseau INTERNET doit être abordé sous deux aspects indissociables :

• C'est un réseau technique : font partie de l'INTERNET tous les ordinateurs connectés qui partagent le « protocole IP ». Cette norme permet à chaque ordinateur membre du réseau de se connecter à n'importe quel autre ordinateur de l'INTERNET.

• C'est un réseau de service et d'échange : profitant de cette connectivité mondiale, des institutions publiques, puis maintenant des services commerciaux, ont bâti des applications qui permettent de diffuser l'information par la voie électronique : catalogues de bibliothèque, texte complets de documents, images, son et vidéo. Chaque serveur (université, bibliothèque,...) se contente de construire un service local... tout en bénéficiant de l'accès à des milliers d'applications semblables de par le monde. Cette communauté basée sur l'échange de services réciproques est souvent appelée « le cyberespace ».

Le réseau INTERNET propose plusieurs outils techniques qui forment la base pour le développement de services répartis. De nombreux documents décrivent ces outils[1]. Rappelons ici les grandes lignes :

• La messagerie électronique est la première application du réseau, son fluide vital. Le théorème de base *« quelqu'un doit savoir »* transforme la messagerie en un vaste réseau de compétences où un utilisateur peut lancer une question, comme une bouteille à la mer, et obtenir des réponses claires et adaptées à son problème particulier. Pour éviter cependant de répéter toujours les mêmes réponses, les animateurs du réseau ont construit au fil des ans des « FAQ » (Frequently Asked Questions) qui constituent une mine de renseignements exposés clairement et destinés aux néophytes[2].

• TELNET permet de transformer son poste de travail en terminal d'un ordinateur distant. L'utilisation publique principale est la connexion à des catalogues de bibliothèques[3].

• FTP (File Transfert Protocol) permet de déplacer un fichier entre deux ordinateurs[4]. Application publique principale : le *FTP anonyme* qui permet d'aller chercher sur des serveurs des articles de journaux électroniques, des logiciels du domaine public ou des livres numérisés.

• GOPHER permet de travailler en mode client-serveur : votre ordinateur se connecte à un système distant le temps d'obtenir une information (un menu pour naviguer, un texte, une image, un son...) puis se déconnecte et propose la consul-

---

1. Ed. Krol, *The Whole INTERNET : User's Guide & Catalog*, O'Reilly, 1992 ; Daniel Dern, *The INTERNET Guide for New Users*, Mac Graw Hill, 1994 ; John R. Levine, Carol Baroudi, *INTERNET pour les nuls*, Sybex, 1994 ; Élizabeth Cherhal, Françoise Renzetti, Serge Rouveyrol, « INTERNET ou la recherche interconnectée », *Bulletin des bibliothèques de France*, n° 38(4), 1993, pp. 8-12.
2. Les FAQ sont archivés. Ils sont disponibles par FTP sur le serveur rtfm.mit.edu dans le répertoire : /pub/usenet/news.answers/internet-services.
On trouve de très nombreuses et très diverses informations dans les FAQ, depuis des explications concernant le fonctionnement du réseau lui-même jusqu'à des exposés sur le théorème de Fermat, l'état de la couche d'ozone ou le shamanisme.
3. Besoin d'une référence d'ouvrage : pensez à MELVYL, catalogue de l'université de Californie, 7 millions de références en ligne. Telnet library.ucop.edu.
4. Un guide concernant FTP est disponible sur le réseau : ftp ://ftp.sura.net :/pub/nic/network.service.guides/how.to.ftp.guide.

tation de cette information en mode local[1]... On parle d'un « espace GOPHER » pour décrire la capacité à naviguer entre les divers services sans avoir besoin de connaître la localisation de l'ordinateur. Les informations sont simplement présentées dans des menus hiérarchisés.

• WWW (World Wide Web) est l'application la plus évoluée à l'heure actuelle, car elle intègre toutes les autres applications ci-dessus dans un simple processus client-serveur de type « hypertexte[2] ». Au lieu de devoir suivre les branches d'un menu hiérarchique souvent peu adapté, WWW permet de repérer un simple mot dans chaque page d'information et d'un clic de souris vous transporter vers le service correspondant. Les « clients » WWW, dont le plus connu est MOSAIC, intègrent en général les outils pour recevoir de l'information multimédia.

La diffusion de documents électroniques

Le réseau informatique permet un changement dans le support de diffusion des documents. Les premières applications du réseau visent à offrir l'accès à l'information concernant les documents imprimés (catalogues de bibliothèques, banques de données...). Mais la capacité du réseau à promouvoir l'échange rapide d'informations, même volumineuses comme des images ou des vidéos, permet d'envisager la multiplication de nouveaux documents électroniques. Avec des conséquences déterminantes sur le rôle des bibliothèques pour banaliser ces documents et offrir à tous, dans des conditions d'égalité devant le savoir, les moyens de les consulter et de les utiliser.

• Le catalogue des bibliothèques est en train d'évoluer rapidement pour offrir divers services ou banques de données en complément aux informations locales[3]. Ces services permettent de mieux valoriser les informations contenues dans les périodiques. On trouve bien entendu des banques de données commerciales avec un accès réservé aux utilisateurs locaux. On trouve aussi des services collectifs proposés à tous les utilisateurs du réseau. La banque de données de ce type la plus achevée est UNCOVER, produite par un réseau de bibliothèques des États-

1. Rich Wiggins, concepteur de GOPHER à l'université du Minnesota, a écrit un article introductif : « The University of Minnesota's INTERNET GOPHER System : a Tool for Accessing Network-Based Electronic Information », *The Public-Acces Computer Systems Review*, vol. 4, n° 2, 1993, pp. 4-60 (pour obtenir une version électronique, envoyer les messages : get wiggins1 prv4n2 f = mail et get wiggins2 prv4n2 f = mail à l'adresse électronique : listserv@uhupvm1.uh.edu.
2. Hervé Le Crosnier, « Une introduction à l'hypertexte », *Bulletin des bibliothèques de France*, n° 4, 1991, pp. 280-294.
3. Une revue annuelle est consacrée aux études concernant les catalogues en ligne : *Advances in Online Public Access Catalog*, éditée par Marsha Ra, Meckler Pub., vol. 1 en 1992.

Unis[1]. Plus de 16 000 périodiques sont dépouillés, depuis les titres les plus pointus des disciplines scientifiques jusqu'aux périodiques destinés au grand public concernant la musique, le sport, l'archéologie ou l'architecture.

Un service plus spécifique est proposé en France par l'université de Caen, qui se limite aux articles des périodiques de vulgarisation scientifique de langue française[2]. 12 000 références depuis 1980 sont offertes à tous les utilisateurs du réseau, pour des articles présents dans la majeure partie des bibliothèques *(La Recherche, Pour la Science, Biofutur...).*

De nombreux centres documentaires constituent des banques de données très spécialisées[3]. On trouve ainsi des organismes publics et leur documentation spécifique (en France l'INRIA dans le domaine de l'informatique), des bibliothèques ayant des fonds très particuliers (par exemple la bibliographie spécialisée sur Beethoven de l'université de San-José, Californie[4]), ou des équipes de recherche qui partagent leurs références (GBASE, banque de données très pointue sur le génome de la souris)[5].

• La fiabilité du réseau et sa rapidité permettent la constitution de collections de documents électroniques. La distribution de tels documents (on parle de « ressources » dans le milieu de l'INTERNET) est entièrement électronique. Un utilisateur « fait venir » sur son poste de travail un document électronique. Il est libre alors de l'imprimer pour le lire (c'est généralement le cas pour les articles des journaux électroniques scientifiques), de le regarder directement à l'écran (les images bien sûr, et plus récemment les vidéos), ou de s'habituer à la « lecture électronique », avec annotation et sélection de passages (une voie d'avenir... qui reste encore minoritaire, les habitudes de lecture étant très profondément inscrites dans notre éducation). De ce point de vue, le réseau vient modifier l'univers de la distribution de l'information.

Les divers types de documents électroniques dessinent une bibliothèque virtuelle multimédia. On trouve ainsi :

– Des journaux électroniques, bâtis sur le modèle traditionnel des périodiques scientifiques, avec de plus en plus souvent un « comité de sélection par des spécialistes ». On commence à trouver des journaux électroniques dans tous les domaines de la recherche, même si l'informatique, les mathématiques et bien entendu les sciences de l'information et de la communication sont les plus re-

---

1. Pour accéder à UNCOVER : Telnet : database.carl.org. UNCOVER permet d'obtenir directement une copie des documents sélectionnés par fax, pour environ 50 F l'article, droit de copyright compris.
2. Pour accéder à ce service : Telnet : caen1.unicaen.fr, login : BIBLIOTHEQUE. Un article décrit cette expérience : Dominique Benoist, Hervé Le Crosnier, « Périodiques et lecteurs », *Bulletin des Bibliothèques de France*, n° 4, 1994, pp. 67-75.
3. Une liste des principaux services spécialisés de l'INTERNET est mise à jour régulièrement par Scott Yanoff : *Special INTERNET connections list.*
4. Beethoven Bibliography database : Telnet : sjsulib1.sjsu.edu, login : bib.
5. Genomic Database of the Mouse (GBASE). Telnet : morgan.jax.org, login : Guest.

présentées. Les journaux électroniques sont distribués par messagerie, ou en utilisant GOPHER et WWW. Ce dernier mode permet une distribution de documents présentés, notamment utilisant la description de page « PostScript » qui permet d'imprimer directement le texte avec sa typographie d'origine, les images et les graphiques.

– Des ouvrages du domaine public sous forme numérique. Plusieurs projets visent à constituer des collections de documents codés en ASCII ou en SGML pour un travail de lecture électronique. Le projet de numérisation de la Bibliothèque nationale de France rejoint ainsi les expériences de l'université d'Oxford (Oxford Text Archive[1]), des universités Princeton et Rutgers (CETH : Center for the Electronic Texts in the Humanities) ou du projet Gutenberg (qui choisit les textes en anglais sans codage des caractères diacritiques). Un service français est maintenu au CNAM par l'ABU (Association des bibliophiles universels)[2]. La question du droit d'auteur est centrale dans le développement de ce type de version électronique.

– Le texte complet de rapports de recherche, de prépublications[3], le texte intégral de nombreux documents administratifs ou législatifs, et bien entendu tous les documents permettant le fonctionnement du réseau et la normalisation des protocoles (les FAQ, les RFC[4]...). Des milliers de documents sont produits actuellement avec des traitements de texte, qui peuvent ainsi bénéficier facilement d'une plus large diffusion. Reste le problème de la description des documents et leur localisation dans le réseau. Les capacités techniques de WWW et les pratiques traditionnelles des bibliothèques devraient permettre d'avancer rapidement dans ce sens.

– Des images électroniques. La numérisation des images et la compression des données font chaque jour des progrès. Des collections entières de photographies, d'œuvres artistisques, de documents anciens sont aujourd'hui entièrement ou partiellement numérisées. Certaines sont dès maintenant disponibles sur INTERNET. Dès que la question du droit d'auteur sera résolue, gageons que le déve-

---

1. Oxford Text Archive regroupe plusieurs milliers de textes, dans toutes les langues (on trouve ainsi *La Chartreuse de Parme* de Stendhal en français, *De rerum natura* de Lucrèce en latin, et des textes en kurde, en malais ou en gaélique). Ftp : ota.ox.ac.uk.

2. ftp ://ftp.cnam.fr dans le répertoire /pub/ABU. On y trouve des versions sous Word 5 et en texte ASCII d'ouvrages très divers, allant de Fontenelle à Vian.

3. L'American Philosophical Association propose ainsi une collection de prépublications électroniques d'articles « à paraître » dans les principales revues philosophiques mondiales. Les prépublications sont ôtées de la collection après parution. Gopher : apa.oxy.edu.

4. Les FAQ (Frequently Asked Questions) sont produits pour répondre à des questions de base dans les disciplines les plus variées. Ce sont en général d'excellents documents introductifs. Les RFC (Request For Comments) sont plutôt les « documents internes » de l'INTERNET. Elles traitent de la normalisation du réseau, des nouveaux services qui peuvent être proposés et de leur évolution. Dans une fédération de réseaux comme INTERNET, les RFC jouent un rôle fondamental en permettant à tous de connaître les règles de fonctionnement et de suggérer des modifications. On peut obtenir une RFC par FTP sur le serveur ftp.inria.fr, dans le répertoire doc/networks/rfc.

loppement des expositions numériques sur le réseau[1] deviendra très rapide. Car les images ont depuis longtemps pris leurs aises sur les écrans.
– Des sons peuvent aussi être déplacés entre ordinateurs. On peut ainsi entendre les différents souffles des baleines, ou des valses viennoises.
– Enfin, dernier type de document en voie de généralisation, des textes composites (des extraits sonores ou vidéo en « citation » dans un journal électronique ; des simulations animées pour les journaux d'intelligence artificielle ou de météorologie) et des hypertextes (le document contient de nombreuses « ancres » qui permettent de joindre d'autres documents dispersés sur le réseau[2]).

Un réseau d'échange et d'entraide

Le réseau INTERNET est construit comme une fédération de réseaux, locaux, régionaux ou nationaux. Chaque participant peut se placer comme utilisateur des ressources proposées par d'autres, ou bien comme fournisseur d'information. La générosité dont ont fait preuve les premiers familiers du cyberespace permet aujourd'hui l'existence d'un vaste univers de ressources électroniques qui peuvent rendre des services inestimables à des groupes d'utilisateurs les plus divers. Un des enjeux pour les bibliothécaires est de faire vivre ce foisonnement d'initiatives qui permet l'adaptation à tous les types de publics.

Pour cela, l'organisation de collections électroniques est au centre du développement du réseau. Les bibliothèques virtuelles, dont la forme et les fonctions restent encore à définir, ont une place centrale à jouer : regrouper les ressources électroniques et y offrir accès suivant le niveau de compétence de l'utilisateur et le type de besoins qu'il exprime. Un travail que mènent chaque jour les bibliothécaires avec les documents imprimés.

Le réseau est aussi un vaste lieu de débat à l'échelle mondiale. Des groupes de discussion électroniques se multiplient, traitant des sujets les plus divers (de l'aéronautique aux amateurs de Michael Jackson, de la place des bibliothèques

1. Une très belle exposition de ce type est proposée par la Library of Congress et concerne le fonds d'incunables de la bibliothèque du Vatican. On peut le consulter par GOPHER, ou mieux encore par WWW : Gopher : marvel.loc.gov, choix Events, facilities, Programs and services/ puis Events and Exhibits/ puis Exhibits from LC.
2. Le langage HTML permet d'inscrire à l'intérieur d'un texte des « zones sensibles » qui contiennent en général l'adresse sur le réseau d'une ressource électronique (une image, un son, ou un autre texte...). Chaque « ressource » est décrite par un code de localisation dit URL : Universal Ressource Locator. Pour une introduction à HTML :
François Dagorn, Claude Gross, World-Wide Web. disponible par FTP sur le serveur ftp.urec.fr, fichier : /pub/reseaux/service-infos/www/docs/www.ps.Z.

sur le réseau[1] à la physique des hautes énergies). La messagerie permet de conserver le contact permanent entre les utilisateurs du cyberespace, et constitue un lien humain qui vient enrichir les services d'accès direct à l'information présentés succintement plus haut. De nombreuses questions peuvent ainsi être « diffusées vers les étoiles » et obtenir des réponses circonstanciées, ou devenir l'enjeu d'un débat collectif, ou même permettre des rencontres entre passionnés des mêmes sujets.

Ce caractère hybride du réseau INTERNET, à la fois réseau informatique et réseau d'échange de services et de compétences, en fait un nouveau lieu central de l'univers de l'information et de la documentation. Mais plus encore, le réseau est le nouveau lieu de l'écrit. Les langues ou les cultures qui ne parviendront pas à exister et s'imposer sur le réseau vont rapidement s'étioler et se faner, écartées de la nouvelle sève informationnelle. C'est là aussi un enjeu pour les bibliothèques françaises de permettre l'utilisation en France et en français du réseau mondial. Les textes sont souvent en anglais, qui est devenu la langue véhiculaire de la science, mais les moyens d'accès et de navigation doivent être francisés. La langue française doit aussi être active sur le réseau, dans des groupes de discussion par messagerie, mais aussi par des projets de documents électroniques et de services d'orientation francophone. Un pari de développement qui intègre le rôle traditionnel des bibliothèques et leur mission particulière de diffusion et de vulgarisation de l'information scientifique et technique.

Hervé LE CROSNIER
Juillet 1994

1. La liste de diffusion PACS-L regroupe plus de 8 500 bibliothécaires de par le monde (pour s'y adjoindre, envoyer le message : *subscribe PACS-L Votre Prénom Votre Nom* à l'adresse électronique listserv@uhupvm1.uh.edu).
La liste de diffusion en français BIBLIO-FR regroupe plus de 600 bibliothécaires francophones et diffuse une dizaine de messages par semaine (pour s'y adjoindre, envoyer le message *subscribe BIBLIO-FR Votre_Prénom Votre_Nom* à l'adresse électronique listserv@univ-rennes1.fr).

IV. Les bibliothèques saisies par la vulgarisation

Approche systémique de la vulgarisation en bibliothèque

Comment vulgariser et diffuser les connaissances scientifiques

La vulgarisation scientifique est un art et, comme en art, il y a une part relevant de la technique et une part de don. En peinture, les artistes partent d'un certain nombre de principes : l'harmonie des couleurs, la composition des formes, la référence aux grands anciens, et puis il y a la « patte » de celui ou de celle qui va intégrer l'ensemble. S'il possède un certain talent et après un sérieux travail, le vulgarisateur parviendra à faire passer des messages que les lecteurs considéreront comme particulièrement clairs, explicites, motivants. Par exemple, le modèle de la cellule « usine chimique miniature » se prête parfaitement à ce type d'approche.

Certains vulgarisateurs mettent l'accent sur la transmission de connaissances disciplinaires. D'autres préfèrent rester à la périphérie des sciences dures en insistant sur les contextes. La méthode que j'ai choisie est différente. Elle consiste à relier le contexte à l'apport de connaissances dans un aller et retour permanent. En effet seul un va-et-vient constant entre le niveau local et le niveau global, entre la vision d'ensemble et le nécessaire retour analytique permet d'approcher la compréhension du discours scientifique. Comme pour l'explication d'un moteur relié à l'ensemble de l'automobile, il convient de situer les structures et les fonctions de la cellule vivante dans l'ensemble du corps et même de relier l'organisme à son écosystème. La boucle est ainsi bouclée entre le moléculaire, le cellulaire, l'organisme et l'environnement.

Mon approche de vulgarisation est systémique et multimédia. Le travail de vulgarisation concerne à la fois le texte et les images. J'utilise le dessin et la bande dessinée, ainsi que les tableaux et les graphiques. Les questions, les anecdotes, les études de cas, les encadrés, les légendes de schémas constituent également des amorces, des clefs d'accès ou des rebonds pour la lecture.

En ajoutant au texte multimédia *écrit* de l'audiovisuel, sous forme de cassette, de vidéodisque ou de logiciel de simulation sur ordinateur, on élargit encore la palette offerte au « lecteur ».

Les risques du métier

On peut qualifier la vulgarisation de pédagogie de grande diffusion. Et comme en pédagogie, l'essentiel réside dans la relation qui s'instaure avec le destinataire. Le lecteur doit être constamment impliqué par la méthode employée. Il faut éviter que, à un moment donné, il se sente perdu sans la moindre « perche » pour repartir. Le vulgarisateur qui ne connaît pas bien le domaine qu'il traite ou qui fait quelques impasses risque de conduire son lecteur dans un vide conceptuel. C'est un des écueils les plus importants de la vulgarisation scientifique.

Un autre risque, souvent dénoncé par les scientifiques, est de créer, dans l'esprit du public, des représentations fausses. Personnellement, je n'hésite pas à me servir d'analogies, de métaphores, d'images, bien que « les généralisations soient toujours hâtives, les métaphores dangereuses, les analogies approximatives ». Mais en maniant ces éléments avec doigté et en les intégrant dans un tout, le vulgarisateur atténue les risques de contresens ou de mauvaise interprétation. Il ne parvient pourtant jamais à les éliminer totalement.

Cette approche est difficile et exigeante. Elle demande une méthodologie, une expérience et un savoir-faire qui s'évaluent au succès rencontré auprès des lecteurs, des auditeurs, etc.

Il faut distinguer cependant la responsabilité du vulgarisateur individuel, de celle de l'institution qui a une mission de vulgarisation (musée, centre culturel, bibliothèque). Si le vulgarisateur individuel se trompe plusieurs fois, cela se traduit par une baisse de crédibilité dans sa communauté scientifique ou vis-à-vis de ses lecteurs. Pour motiver son public sur des sujets qu'il juge intéressants, l'écrivain scientifique doit séduire tout en sacrifiant le moins possible la rigueur de l'exposé. Je prends ces risques lorsque j'écris des livres et j'en assume personnellement la responsabilité. En revanche, lorsque je participe à un travail collectif (expositions, colloques), j'engage la responsabilité de l'institution à laquelle j'appartiens. Dès lors, c'est l'exigence de rigueur qui prime.

De la même manière, lorsqu'on choisit des livres de vulgarisation pour un fonds de bibliothèque ou lorsqu'on programme des films de vulgarisation, la mosaïque des titres doit permettre d'assurer une véritable transmission de connaissances. Ce qui n'empêche pas d'essayer de séduire, de motiver et d'intéresser le lecteur ou le visiteur.

La naissance d'un livre de vulgarisation

Mon premier ouvrage de vulgarisation remonte à la fin des années 1960. Nous avions choisi, mon directeur de thèse et moi, la *chimie prébiotique* comme sujet de seconde thèse. Ce sujet m'a passionné et j'ai écrit un gros volume de texte comprenant près de cinq cents références. L'occasion de faire de la vulgarisation m'a été donnée par une rencontre fortuite avec Étienne Lalou. Il tournait une séquence d'un programme de télévision dans le hall de l'Institut Pasteur. Comme il m'a demandé ce que je faisais, je répondis : – « Je viens de finir ma deuxième thèse. » – « Sur quel sujet ? » – « La chimie prébiotique. » – « Qu'est-ce que c'est ? » – « C'est l'origine de la vie sur Terre. » – « Je suis directeur de collection au Seuil, est-ce que vous ne voudriez pas écrire un petit livre de vulgarisation ? » Je trouvai l'idée séduisante. Ainsi est né le livre *Les Origines de la vie* dans la collection « Microcosme »... et ainsi a débuté ma « carrière » d'écrivain scientifique.

En dehors des publications scientifiques, j'avais écrit un article intitulé *La Pré-vie* dans la revue d'Henri Laborit[1]. J'étais très influencé à l'époque par un grand chimiste américain, Melvin Calvin[2], qui utilisait le mot d'*évolution* (au sens darwinien) à propos des systèmes moléculaires. Cette idée de « phylogénie moléculaire » m'avait fasciné et j'avais imaginé dans mon article une sorte d'arbre généalogique des molécules, depuis les premières molécules prébiotiques jusqu'aux molécules complexes. Cette représentation arborescente, je l'ai reprise dans *Les Origines de la vie*.

Pour passer de la thèse au livre, le travail de vulgarisation s'est déroulé en plusieurs étapes. D'abord, il a fallu présenter les choses non pas de manière chronologique comme dans la thèse, à partir des publications recensées, mais en adoptant un fil conducteur plus attrayant. En dessinant le « portrait-robot » de la cellule la plus primitive, je me suis demandé : « Et si les systèmes vivants les plus simples ont ressemblé à cela, comment ont-ils pu apparaître sur la planète Terre ? ». La première étape a donc été de découper la connaissance du sujet d'une manière pédagogique. Le second effort a porté sur la visualisation. J'ai utilisé dans ce livre des dessins, des schémas, des petits croquis : l'électron qui descend en cascade d'une structure du vivant à l'autre et arrive à son niveau de base, les photons qui frappent la feuille et la chlorophylle qui joue le rôle de tremplin.

Une fois créées les illustrations, il a fallu procéder à leur montage, comme dans un film.

1. *Agressologie*, 1964.

2. Melvin Calvin a reçu le prix Nobel de chimie en 1961 pour la découverte des étapes photochimiques de la photosynthèse.

Comment se situer par rapport aux marges de la science ?

Pour garantir la rigueur des sélections, une grande bibliothèque scientifique doit disposer de conseillers scientifiques extérieurs, qui la soutiennent et lui accordent sa crédibilité institutionnelle.

De la même manière que la science avance par le jugement intrinsèque de la communauté scientifique nationale et internationale, il pourrait exister pour une grande bibliothèque une sorte de conseil d'orientation scientifique. La bibliothèque solliciterait des avis concernant certains titres ou certains auteurs.

On peut se demander, par exemple, s'il faut mettre à disposition du public des documents de grande diffusion donnant des interprétations en marge des positions couramment acceptées dans la communauté scientifique, comme l'extrapolation aux sociétés humaines du fonctionnement des sociétés animales, ou bien si la bibliothèque doit accréditer les spéculations sur la transmission de pensée, la réversibilité du temps, l'intelligence de l'électron, etc.

Ce type de décision doit être pris avec beaucoup de précaution. C'est le droit d'une maison d'édition, sous la responsabilité de son directeur de collection, d'ouvrir une collection consacrée aux phénomènes controversés ou aux marges de la science. La bibliothèque, elle, est tenue à une plus grande rigueur sur les contenus qu'un éditeur sur le marché commercial.

Dans tous les cas, la bibliothèque doit réfléchir à la manière de présenter ces rayonnages particuliers avec les mots qu'il faut pour les accompagner.

Approche systémique de l'organisation des connaissances

La bibliothèque traditionnelle s'est organisée autour des disciplines et des territoires de la connaissance sur un mode linéaire, analytique et encyclopédique.

Cette organisation n'est pas adaptée aux exigences de diffusion de la société contemporaine.

La pensée cartésienne nous a conduits à découper la complexité en un certain nombre d'éléments simples pour pouvoir agir sur eux et mieux comprendre leur organisation dans un tout. Or, ce faisant, on a « mis à plat » les connaissances. La bibliothèque scientifique et technologique n'a fait que retraduire cette mise à plat des connaissances sans permettre de voir la profondeur d'un domaine par rapport à l'autre.

Depuis longtemps, les bibliothécaires ont doublé l'organisation physique de la bibliothèque d'une organisation intellectuelle : le catalogue. Mais même dans sa version informatisée, le catalogue ne permet pas la découverte des secteurs ou des documents dans leurs rapports mutuels : les terminaux offerts à la consultation ne sont que des toutes petites lucarnes ouvertes sur cette immense base de connaissances que représente la bibliothèque électronique.

L'approche systémique

L'approche systémique permet de repenser l'organisation de la bibliothèque pour la diffusion des connaissances scientifiques. Elle peut aider à intégrer l'organisation physique et aussi l'organisation immatérielle de la base de données qu'elle constitue.

La systémique a été développée par l'école de Palo Alto dans les années 1960. Elle est fille de la cybernétique et de la biologie. La cybernétique peut se définir comme la science qui étudie les phénomènes de régulation au sein des machines. Régulations qui s'opèrent par un système de boucles d'informations placées à l'entrée et à la sortie de ces machines. La biologie va y adjoindre le concept d'homéostasie, du grec *homeos* (le même) et *stasie* (rester) : demeurer le même tout en changeant et conserver tout en transformant. À travers la régulation, on recherche donc le maintien d'un équilibre dynamique, compte-tenu d'une multiplicité de paramètres, de flux d'énergies et d'informations.

L'approche systémique, qui intègre ces deux notions, vient compléter l'approche analytique héritée de Descartes. Elle se concentre sur les interdépendances, les relations entre des éléments, la dynamique d'un système, son évolution dans le temps. Elle peut donc tout à fait s'appliquer à l'amélioration des catalogues informatisés.

Dans l'avenir, le catalogue de la bibliothèque deviendra un système d'information multimédia, présentant des couvertures de livres, des graphiques, etc. Ce sera un outil d'organisation systémique de l'espace documentaire, comprenant à la fois des références illustrées et leur présentation dynamique pour aider l'utilisateur à faire des liens entre les éléments de la base de connaissances. Il formera le noyau central de la bibliothèque virtuelle.

Les nouvelles technologies de l'image et de l'informatique permettront d'ajouter des dimensions supplémentaires au catalogue traditionnel. Une approche multidimensionnelle des sujets fournira au « lecteur-navigateur » une perception sensible, voire « émotionnelle » du réservoir de connaissances mis à sa disposition.

Les disques compacts interactifs (CD-ROM, CDI) représentent déjà une ébauche de ce que la systémique peut apporter à l'organisation analytique d'une grande base de données physique. Les CD proposent à tout instant des icônes sur lesquelles on peut cliquer pour choisir telle ou telle direction en se rappelant que tel sujet est lié à tel autre.

Certains programmes de navigation de type hypertexte proposent un graphe indiquant l'endroit où l'on se trouve et le chemin que l'on doit parcourir pour revenir à un carrefour central. L'utilisateur dispose donc d'une carte du territoire qu'il explore dotée de nombreux liens. Par exemple, dans l'excellent CDI de

Philips sur la Renaissance, le « navigateur-visiteur » part d'une place centrale (la *piazza*), d'où il peut faire ses choix et sur laquelle il peut revenir à son gré.

L'organisation physique

Comment l'approche systémique peut-elle apporter dans l'organisation physique d'une bibliothèque des éléments qui offrent au visiteur des réponses au compartimentage encyclopédique ? Pour répondre à cette question, nous prendrons une analogie, celle du cerveau.

Il n'y a pas, comme on le croyait jadis, des lieux de stockage dans le cerveau, où l'on rangerait de l'information avec une adresse, et qui y resterait une fois pour toutes, comme dans un ordinateur. Notre cerveau est un réseau dynamique en permanente interaction avec son environnement. Des secteurs entiers sont constamment recomposés en fonction des informations provenant de l'extérieur. Le cerveau doit être capable de mettre en relation des éléments rangés en différents endroits.

De la même façon, la bibliothèque organisée sous une forme systémique doit constamment rendre visibles au visiteur et à l'utilisateur les liens entre les différents éléments de la base d'informations. Cela suppose de réorganiser les connaissances au-delà des classifications disciplinaires. Les pôles autour desquels on peut restructurer les connaissances sont de trois types : les *opérateurs de transfert*, les *disciplines intégrantes*, les *thèmes intégrateurs*.

Certaines méthodes, techniques ou approches sont par nature des *opérateurs de transfert*. S'appliquant à différents domaines de la connaissance, elles permettent de transférer des savoirs et des savoir-faire d'une discipline à l'autre. Les mathématiques ou l'informatique en fournissent de nombreuses. On peut citer également l'analyse de systèmes et la théorie du chaos, qui sont des méthodes transversales utiles à toute une série de disciplines verticales.

Le second moyen s'appuie sur la dynamique des systèmes et leur évolution dans le temps. Imaginons que chacune des disciplines puisse être représentée comme une pyramide et que nous ayons en haut de la pyramide un secteur intégrant d'autres disciplines. Citons, comme exemple de *disciplines intégrantes*, la biologie, l'écologie ou la cybernétique.

Le secteur *biologie* se subdivise en au moins une cinquantaine de sous-disciplines. Les grandes divisions comprennent la neurobiologie, l'immunologie, la biochimie, la biologie moléculaire, la génétique, etc. Puis en descendant dans la pyramide, on accède à des étages plus spécialisés jusqu'à la base de la pyramide où l'on a les cinquante disciplines juxtaposées. On peut passer de l'une à l'autre en remontant d'un ou plusieurs étages dans la pyramide *biologie*. La différence avec les classifications traditionnelles tient au rôle intégrateur donné à la biologie. Dans ces classifications, en effet, on trouvera certaines de ces cinquante disciplines rangées dans d'autres rubriques que la biologie, par exemple en médecine, sous l'appellation *sciences précliniques*. À l'inverse, la biologie des populations sera rattachée à la pyramide *écologie* dans une perspective intégratrice. La pyramide *écologie* comprendra également la géologie, la géochimie, les relations océan-atmosphère, la météorologie, la physique du globe, etc., disciplines réunies par le concept écologique.

Il semble qu'une grande médiathèque puisse se servir de ces *disciplines intégrantes* comme points d'entrée pour motiver les lecteurs de telle manière qu'à leur propre rythme ils se déplacent dans une ramification croissante.

Dans l'organisation actuelle, cela n'est guère possible, car les accès à des disciplines situées en haut de la pyramide ne bénéficient pas de traitement particulier par rapport aux points d'entrée menant à des disciplines déjà spécialisées.

Certains grands thèmes intégrateurs, comme l'*évolution*, l'*information* ou les *langages*, peuvent également fournir des pôles de référence transdisciplinaires irradiant plusieurs secteurs les uns par rapport aux autres.

À ces moyens de réorganisation applicables dans la durée, on peut ajouter la possibilité de créer des entrées provisoires. Ces sortes de « pôles de synthèse » fonctionneraient comme de petites expositions temporaires. Il s'agirait de points de concentration autour des langages et autour des disciplines-carrefours avec renvois physiques et immatériels vers les lieux permanents où sont classés les domaines plus approfondis.

Images, écriture, interactivité

Une question récurrente dans l'enseignement – et peut-être aussi dans les bibliothèques – est celle des rapports respectifs du texte et de l'image dans la diffusion des connaissances. Les images ont longtemps été soupçonnées de détourner l'attention du lecteur ou de l'étudiant.

Aujourd'hui, les supports de communication scientifique font couramment appel aux différentes techniques d'imagerie. Partout, les images sont présentes. Elles représentent un langage complémentaire du langage descriptif ou du formalisme utilisé en mathématiques, en chimie, en physique ou en biologie.

Il ne s'agit plus de juxtaposer du texte, du graphique et des images pour illustrer un texte réputé difficile, mais de repenser l'ensemble comme un nouveau langage de communication multidimensionnel.

L'image joue souvent un rôle essentiel dans l'acquisition des connaissances scientifiques, même dans les sciences les plus formalisées. Un exemple réussi est fourni par la visualisation d'objets mathématiques dans un livre à caractère encyclopédique intitulé *La Symétrie du chaos*[1]. Dans ce grand livre, on trouve

1. Michaël Field, Martin Golubitsky, *La Symétrie du chaos : à la recherche des liens entre mathématiques, art et nature*, InterÉditions, 1993.

à la fois de magnifiques images de synthèse, des photographies de vitraux célèbres et des modèles de molécules complexes comme l'ADN. Mais l'intérêt premier de l'ouvrage réside dans l'adéquation des images au propos : donner une représentation d'une formule mathématique et montrer comment se transforme l'image lorsqu'on modifie un paramètre dans la formule. Les auteurs sont parvenus à traduire les concepts avec un réel degré de pertinence et l'on peut dire que c'est du grand art.

Un parcours de vulgarisation

Un livre entièrement consacré à l'iconographie ne saurait prétendre qu'à sensibiliser au domaine scientifique et technique, au même titre qu'une émission de télévision. Même si l'ouvrage est réussi, le lecteur ne passera pas automatiquement au niveau du « pour en savoir plus » en l'absence de relais. L'intervention de relais (bibliothécaires, animateurs, enseignants) doit être pensée, construite, en s'appuyant sur la systémique.

Pour construire un parcours de vulgarisation, il faudrait s'inspirer des grands cuisiniers qui imaginent la succession des plats pour un repas. Après l'album, qui en serait l'apéritif, il faudrait ménager une progression et une alternance entre les « plats ». Mais au « menu », il faudrait adjoindre la « carte » laissant un éventail de choix largement ouvert.

Du nouveau pour la lecture-écriture

Certains audiovisuels peuvent également jouer le rôle d'apéritif avant la lecture d'ouvrages « consistants ». Toutefois, ce serait une erreur de limiter l'utilisation de l'audiovisuel à une fonction de sensibilisation, préparant la lecture. D'une part, il existe une production spécialisée ; d'autre part, l'audiovisuel associé à l'informatique a modifié les processus mis en jeu dans la lecture et dans l'écriture.

Certains programmes éducatifs sur vidéodisques interactifs s'adressent aux jeunes ayant des difficultés de lecture. Ces programmes[1], qui combinent l'image et le texte, leur permettent de construire des mots en comprenant le rôle des lettres les unes par rapport aux autres, des phrases, de recréer du texte. Ce processus de fabrication de texte sur ordinateur, à partir d'images, de lettres et de mots, réinstalle le texte à sa vraie place par rapport à l'image. On voit donc que, paradoxalement, l'audiovisuel peut favoriser le retour au texte.

Certains logiciels du commerce permettent de composer ensemble des sons, des images et des phrases pour en faire un dessin animé comme on dirait « B-

1. À l'origine, programmes de télévision, comme *Sesame Street*, diffusé sur le canal public PBS (USA).

A-BA ». Il est difficile de dire si le multimédia représente un nouveau langage ou seulement une extension des techniques d'écriture existantes. En tout cas, les capacités inédites de l'informatique, et spécialement des logiciels hypermédias, ouvrent des voies nouvelles à la transmission des connaissances scientifiques. Rien n'empêche, par exemple, de transformer les jeux vidéo en « ludo-éducatifs » [1].

Du bon usage des différents médias

Peut-on transposer l'économie propre au livre à la bibliothèque devenue médiathèque ? En d'autres termes, peut-on passer du niveau du document individuel au niveau de la médiathèque ? Comment une collection multimédia doit-elle fonctionner pour le public de la vulgarisation ? À ces questions je répondrai par deux maîtres mots : complémentarité et dosage.

L'orientation du public doit tenir compte des modes d'accès à la connaissance qui diffèrent selon les individus et des contraintes inhérentes au cerveau.

Nous sommes, chacun d'entre nous, selon nos dispositions et nos capacités de mémorisation, plutôt des « visuels », des « textuels » [2]. Les « visuels » ont besoin de se rappeler des schémas, des couleurs, des formes. Les « textuels » préfèrent se couler à l'intérieur d'un moule séquentiel, linéaire, d'une phrase, de dates, de formules, pour retrouver le fil de leur mémoire.

De même, pour s'orienter dans une médiathèque à travers plusieurs médias, certaines personnes sauront de manière instinctive et naturelle doser les médias qui leur apportent des informations complémentaires. Telle personne consultera d'abord, au cours de sa déambulation, un livre très illustré, qui est déjà une première forme de multimédia. Jouant le rôle de panorama encyclopédique sur une question, ce livre lui permettra de parcourir rapidement un domaine de la connaissance en lui fournissant des repères. Elle sera ensuite mieux armée pour effectuer une recherche sur un thème particulier et choisir le média le mieux approprié. Une médiathèque bien organisée saura lui faire une offre complémentaire : film à visionner sur place, émission enregistrée ou livre de réflexion à emprunter à domicile, guide de reconnaissance à emporter sur le terrain, etc.

1. Joël de Rosnay, « Les navigateurs des hypermédias », *Transversales Science Culture*, février 1994.
2. J'ajouterai une nouvelle catégorie, celle des « hypertextuels ».

Des guides d'orientation-initiation

Face à ces opportunités multiples, la médiathèque doit aider ses visiteurs à doser convenablement les différents médias pour acquérir des connaissances selon leur voie personnelle. Pour trouver quelle complémentarité faire jouer sur un sujet donné, il faut disposer de guides d'orientation générale présentant à la fois l'organisation des thèmes et les croisements thème/média.

Les gestionnaires d'espaces multimédias ne doivent pas non plus négliger les contraintes inhérentes au fonctionnement du cerveau. Des recherches portant sur la complémentarité cerveau droit-cerveau gauche dans l'acquisition des connaissances indiquent certaines limites à la conception de dispositifs multimédias. Si l'on propose à une personne, de manière simultanée, du texte sur un écran et des stimulations visuelles de type bouton coloré à appuyer sur l'écran, un message sonore dans des écouteurs, et qu'on lui demande d'utiliser les touches du clavier et des dispositifs de commande de type joystick, pédale, touche, capteur, etc., on provoque la confusion. En effet, on joue alors à la fois sur le terrain du cerveau gauche – logique, séquentiel, analytique, linéaire – et du cerveau droit – global, émotionnel, synthétique, sensoriel. Confrontées à trop de sollicitations, les personnes sont perdues. Elles préfèrent s'installer à plusieurs devant un terminal multimédia dans une sorte de jeu interactif où on n'utilise que des joysticks, des boutons, des couleurs et des sons. Mais s'il existe à proximité de l'ordinateur une plaquette d'information, l'une d'elles ira volontiers s'asseoir un peu à l'écart, pour lire seule le texte.

Revenons à l'orientation générale dans la médiathèque. Je comparerai ici la bibliothèque à un gros système informatique avec ses matériels, ses logiciels et son personnel d'exploitation. Pour lancer la machine, il faut un programme d'initialisation et, pour le gérer, un système d'exploitation. Dans un lieu d'accès à la connaissance, il faut imaginer des « menus documentaires » permettant d'initialiser le processus d'appropriation des collections par le public. À ce niveau, orientation générale et initiation ne se distinguent pas. Les guides d'orientation-initiation pourraient se présenter sous forme de petits audiovisuels ou d'interactifs. Ils donneraient un aperçu de l'organisation en pôles intégrateurs et de la complémentarité des médias en évitant la grille encyclopédique. À un niveau d'orientation plus fin, le système devrait incorporer une fonction de navigation le rapprochant des logiciels hypertextes.

La bibliothèque de l'avenir entre réel et virtuel

Dans la société informationnelle, les données sont numérisées et circulent sur les réseaux en libre-service (réseaux de télévision interactive multimédia, réseaux de câble, réseaux Internet, réseaux conviviaux, etc.). La médiathèque va évoluer et intégrer ce processus. Ce sera donc dans les années à venir une illustration de la société informationnelle et numérique.

La numérisation des informations et leur circulation dans la société va s'accompagner d'un nouveau type de rapports entre les hommes, d'un nouveau type d'échanges, de commerce, de créativité intellectuelle et scientifique. En réaction à cette dématérialisation de la société, l'être humain va avoir un besoin accru de rematérialisation de ses échanges et de ses contacts.

Du réel et du virtuel

Même si nous pouvons accéder à des réalités virtuelles, notre corps, que nous habitons *hic et nunc*, est bien réel. Et même avec la dématérialisation, nous éprouverons la nécessité de déplacer ce corps pour aller à la rencontre d'autres corps, d'autres lieux et d'objets physiques.

La médiathèque se trouve au centre d'un paradoxe : ce lieu est celui de la dématérialisation totale avec une multiplication des accès à distance mais aussi le lieu de socialisation par excellence où chacun peut croiser le chemin de l'autre.

Il n'est pas exclu que ce que l'on appelle aujourd'hui bibliothèque ou médiathèque devienne un centre d'interaction, non seulement avec la connaissance mais aussi avec les autres, leurs parcours et leurs interrogations. La bibliothèque aurait cette fonction irremplaçable de carrefour de rencontres des expertises et des expériences multiples. Par exemple, elle organiserait des « forums » auxquels des gens se joindraient en en voyant d'autres déjà engagés dans l'exploration de nouveaux espaces de connaissance. Certains « forums » joueraient le rôle de bourse d'échange de compétences.

La nécessité de retrouver la relation avec un lieu réel ouvre un axe de réflexion pour les bibliothécaires : celui d'une coexistence harmonieuse entre la bibliothèque virtuelle et la bibliothèque réelle.

Du hasard et de la nécessité

Un inconvénient de la formalisation des systèmes d'information peut être, dans un premier temps, de perdre le côté aléatoire de la recherche. Les Anglo-saxons ont inventé le mot de *serendipity* pour désigner le phénomène de la découverte « au hasard ».

Quand on interroge une banque de données, il arrive qu'on ne ressorte rien en posant une question un peu fine et que l'on obtienne beaucoup de bruit en élargissant la recherche. La marge de manœuvre de la précision et la pertinence de l'équation de recherche se révèle parfois assez étroite. En revanche, on peut retrouver le flou qu'il y a autour des mots en se promenant dans les rayonnages de la bibliothèque. À condition d'être familier du lieu, on sait à peu près ce que l'on va y chercher. Mais l'intérêt de la déambulation réside dans la rencontre fortuite avec un titre dont on ne soupçonnait pas l'existence et situé en dehors du domaine que l'on avait délimité. Il faut sauvegarder cette possibilité de découverte au hasard, qui fournit des bifurcations pour l'esprit. Les systèmes virtuels doivent donc incorporer des éléments de bifurcation artificiels. Par exemple il faudrait laisser du « mou » entre les cloisons documentaires pour qu'en passant d'une rubrique à l'autre on découvre une référence à laquelle on n'avait pas pensé.

Le grand carrousel de la connaissance

La médiathèque accueillera de plus en plus des publics divers aux demandes variées. Elle devra être capable aussi bien de répondre à la demande d'un professionnel qui sait parfaitement ce qu'il vient y chercher, que de ménager la découverte aléatoire au visiteur qui vient « pour voir un peu ce qu'il y a d'intéressant ». C'est le propre d'une médiathèque que d'être ouverte aux deux bouts. Plutôt que de rechercher un terrain commun qui intéresse autant les uns et les autres, je pense qu'il vaut mieux organiser la médiathèque comme un grand carrousel en trois dimensions. Ce grand carrousel comporte, au centre, une sorte de noyau d'accès et de déambulation intellectuelle standard, avec des points d'entrée faciles, simples, intéressants, motivants pour le visiteur, un peu comme dans une exposition. Quand on va vers la périphérie de ce carrousel, on rentre dans des cases spécifiques, de plus en plus spécifiques au fur et à mesure qu'on se dirige vers la périphérie. Ce qui n'empêche pas le public initié de rentrer directement par le côté dans une case spécifique qu'il connaît déjà.

Points cardinaux virtuels

Quelle est la place de la médiathèque dans le grand réseau informationnel ?

Le développement des autoroutes de l'information s'accompagne d'une prolifération des réseaux qui multiplie à l'infini les possibilités d'itinéraires. Dès lors, la fonction d'orientation devient vitale sous forme de services, de guides, de boussoles, de méthodes, de savoir-faire, d'expérience... On peut espérer que les bibliothèques et les bibliothécaires prendront leur place aux « échangeurs » des autoroutes de l'information. De même qu'en navigation marine, on tient le cap à l'aide d'un gouvernail[1], qu'on pilote le bateau en tenant compte du vent,

---

1. « Kubernetes », en grec, qui a donné le mot cybernétique.

des courants, des récifs, et des autres bateaux, en s'orientant avec des cartes, des boussoles, des radars, des sonars, etc., de même il faudra s'orienter dans les espaces électroniques virtuels : revenir à son point de départ lorsqu'on aura bifurqué plusieurs fois, pour pouvoir repartir dans une autre direction, tenir compte des contraintes (peut-être que certains itinéraires seront bouchés, d'autres bloqués, d'autres à découvrir), essayer de peser les branchements pour éviter d'être d'un côté dans un « chou-fleur » extrêmement ramifié, et puis dans l'autre dans un cul-de-sac, etc. Dans toute cette navigation intellectuelle, il faudra être capable de hiérarchiser les niveaux, trier, sélectionner, ramasser quelque chose en cours de route dans sa « sacoche à informations », la déposer dans une « consigne » pour repartir explorer ailleurs...

Si le bibliothécaire du futur est un guide des hypermédias, il devra acquérir les compétences du type « hypertextuel global » par opposition à celles du « littéraire séquentiel ».

Retour sur la terre ferme

Port de la connaissance, la bibliothèque fournira aux « voyageurs » à la fois un point d'ancrage et un phare, pour reprendre des termes de navigation. Un phare pour éclairer loin devant, donner aux gens l'envie d'aller explorer de nouveaux territoires, et un point d'ancrage pour échapper au tourbillon médiatique. Après avoir montré l'intérêt pour la bibliothèque de s'intégrer aux réseaux technologiques, il n'est pas superflu d'insister sur son rôle stabilisateur. Lieu de permanence et de référence, lieu de retour et de convivialité, la bibliothèque doit pouvoir donner confiance à un public déstabilisé par l'invasion des techniques dans son environnement quotidien, et désorienté par l'éclatement des savoirs. Ce qu'on appelle culture, c'est précisément ce qui permet de réorganiser et réintégrer des éléments épars que l'on reçoit d'un monde éclaté pour en faire les éléments de sa connaissance personnelle. Orientation et sécurisation se conjuguent donc pour fonder le rôle social et culturel de la bibliothèque.

Il est en train de s'établir des mémorisations sociales, des temps différents de la mémoire sociale. La télévision est une espèce de mémoire à très court terme, sans passé ni futur. Elle n'a pas le temps de se référer au passé ou d'expliquer le futur. Dans l'instantané, la forme remplace le fond. Sur une même échelle, on peut situer la radio comme une mémoire à un petit peu plus long terme. L'écrit, dans la mesure où il se réfère implicitement ou explicitement à d'autres documents, constitue déjà une mémoire condensée. Le livre en est l'expression la plus aboutie. Les bases de données, constamment remises à jour, représentent une nouvelle forme de mémoire. D'une manière toute différente, l'exposition est aussi une forme de mémoire.

Mais la médiathèque, c'est la mémoire des mémoires. Ce lieu, tout en évoluant, reste un point de référence permanent. À cet élément sécurisant s'ajoute la disponibilité d'un personnel qualifié. Savoir que l'on va trouver des professionnels capables de vous guider, de vous aider à naviguer dans des corpus, fait de la bibliothèque autre chose qu'un lieu de permanence froid : c'est un lieu de référence humain, que chacun peut utiliser comme un outil pour aller plus loin dans ses propres chemins de la connaissance.

Cette permanence, qui s'inscrit dans les documents pérennes proposés au public, reflète une certaine sédimentation des idées. Mais la médiathèque doit également offrir une vitrine de l'actualité scientifique. Les banques de données vont devenir de plus en plus conviviales. Les publications électroniques vont toucher un public de plus en plus large. Des salles de consultation devront permettre aux visiteurs de s'informer rapidement des dernières avancées de la recherche et des dernières innovations. Ceux-ci auront donc, en permanence, la possibilité d'effectuer des aller et retour entre le bouillonnement de l'actualité scientifique et la partie sédimentée de la connaissance.

Le guide socratique du visiteur

L'idéal, pour le visiteur, ce serait d'avoir à sa disposition un bibliothécaire qui lui explique comment se servir de la logistique, qui l'aide à s'orienter, qui réponde à ses questions. Ce bibliothécaire jouerait le rôle de guide, pilote ou copilote, navigateur. Dans une bibliothèque qui accueille un très large public, cela paraît difficile. Mais si l'on s'inspire de l'exemple du téléphone et des messageries électroniques qui lui sont associées, on voit que l'on peut automatiser une partie du travail d'orientation du public.

Le public a non seulement les moyens de naviguer dans la base de connaissances, mais il a la possibilité, en cas de difficulté, de s'adresser à une personne en particulier qui va l'aider dans sa recherche. Dans la bibliothèque de l'avenir, on peut imaginer que le système d'information intègre non seulement des connaissances mais aussi une gestion dynamique des compétences disponibles au moment de sa consultation.

Pour les visiteurs qui viendraient en petits groupes, la bibliothèque doit pouvoir organiser, à la demande, des visites de découverte de courte de durée.

Le guide socratique de la bibliothèque électronique du futur, qui sera à la fois réel et virtuel, saura inciter les gens à explorer de nouveaux territoires, les conduire par la main vers des lieux de ressources, leur permettre d'exercer un certain nombre de méthodologies fondamentales pour acquérir les connaissances nécessaires.

Il lui faudra inventer une véritable *ergonomie cognitive* pour « catalyser » les réactions entre les publics et l'environnement documentaire.

Mais il devra aussi être capable d'apprendre des visiteurs qu'il conduira dans des espaces nouveaux : tenir compte de leurs réactions, s'appuyer sur leur expérience, en tirer des conséquences pour sa propre action. En d'autres termes, son expertise devra s'enrichir en permanence des flux d'informations qui s'échangent.

L'*ergonomie cognitive* du « média catalyseur » sera donc gouvernée par la systémique.

Petits programmes en boucle, menus documentaires, scénarios de visites, jeux-parcours, points d'entrée en carrousel, thèmes intégrateurs, catalogue hypermédia, l'imagination du bibliothécaire peut se donner libre cours pour susciter la curiosité scientifique et favoriser la construction d'itinéraires personnels d'appropriation des savoirs. Demain, le bibliothécaire sera un peu le chef d'orchestre du nouvel environnement cognitif.

Joël DE ROSNAY

L'espace des collections : des fonds scientifiques en projet

L'horizon de la collection

Les ouvrages scientifiques ont la réputation d'être coûteux et de devoir être fréquemment renouvelés. Il faut reconnaître que le prix d'un volume de traité[1] dépasse régulièrement le cap des 500 F. Cependant, les progrès réalisés dans les techniques d'édition mettent les ouvrages de vulgarisation scientifique, même très illustrés, à la portée d'un large public.

La rapidité d'évolution des connaissances ne laisse à la production éditoriale scientifique qu'une durée de vie courte. les manuels décrivant « la version *v* du logiciel *L* pour le matériel *M* » sont utilisés en attendant la version *w* ou bien la sortie d'un logiciel qui supplantera *L*. Mais pas plus que les traités disciplinaires, les guides d'utilisateur ne forment le *cœur de vulgarisation* de la bibliothèque publique.

Un autre handicap à la constitution d'un fonds scientifique réside dans la difficulté d'évaluer le niveau d'accès d'un document et donc le public qu'il peut toucher. Dans le domaine des sciences de l'homme et de la société, les livres écrits par des chercheurs ou universitaires peuvent intéresser à la fois les pairs et un public cultivé. En sciences et techniques, les barrières de la formalisation séparent nettement les ouvrages techniques ou les manuels universitaires des essais ou des livres de vulgarisation. Cependant, l'essor des collections généralistes[2] a ouvert aux ouvrages scientifiques de réflexion un champ analogue à celui existant pour les sciences humaines.

Enfin, la crainte de mettre dans les mains des lecteurs des documents entachés d'erreurs renforce les hésitations des bibliothécaires à se lancer dans la consti-

1. Traité en un volume, ou même, volume d'un traité comprenant plusieurs volumes.
2. *Cf.* Francis Agostini et Michel Béthery, page 170.

tution d'un fonds scientifique. La politique d'acquisition, surtout si elle repose sur une tradition prescriptive, s'accommode mal d'un domaine où toute erreur de sélection risquerait d'écarter le public d'une hypothétique vérité révélée par la science. Entre les certitudes positivistes et l'épistémologie anarchiste d'un Feyerabend[1], il existe un large terrain pour la sélection des documents scientifiques en bibliothèque.

Mais comment passer de l'horizon du document à l'horizon de la collection ?

Nous nous proposons de présenter des éléments de méthodologie, situés à plusieurs niveaux, pour constituer une collection scientifique en bibliothèque publique. La démarche adoptée fait retour sur les contenus. Elle fait appel à des dimensions nouvelles comme le propos d'un document et l'adéquation du médium au propos pour structurer la collection. Auparavant, nous développerons la problématique de la multidimensionalité de la collection en repartant de la définition de la bibliothèque.

La définition de la bibliothèque, comme « collection organisée de documents », exprime une visée de rationalité susceptible de rassurer le bibliothécaire confronté à la complexité. Elle décrit bien une réalité dans laquelle le document représente la brique élémentaire, le « quantum » d'action de la bibliothèque. Mais elle ne dit pas comment, à partir des briques élémentaires, on parvient à une collection.

Faut-il attendre du troisième terme – organisation – tout ce qui donne du sens à une collection ? et du sens pour qui ? L'absence de référence au destinataire – le public – en fait une définition « internaliste ». Implicitement, elle sera adaptée à la lecture publique en lui adjoignant une locution extensive de type « pour tous les publics ». Mais les publics risquent de déranger l'harmonie présumée de la « collection » : l'hétérogénéité des demandes, la variété des niveaux s'accordent mal avec la linéarité de la collection. Ajoutons un *s* à *collection* pour rendre compte de la structuration en supports (imprimés, audiovisuels, etc.), en publics (section jeunesse), en usages (salle de prêt, salle de consultation). Il reste que, dans la pratique, la collection se réduit souvent à son aspect matériel de rayonnages autour d'une même cote ou d'un regroupement de cotes. La prégnance du plan de classement, comme seul principe organisateur, se traduit alors par l'unidimensionalité de la collection.

La simple mise à disposition de collections sur le mode linéaire convient aux catégories du public qui maîtrisent l'organisation académique des connaissances et les systèmes classificatoires. Le public profane risque d'être découragé par le labyrinthe des rayonnages, si la bibliothèque ne procède pas à la mise en

1. « Pour ceux qui considèrent la richesse des éléments fournis par l'histoire et qui ne s'efforcent pas de l'appauvrir pour satisfaire [...] leur soif de sécurité intellectuelle, [...], pour ceux-là il devient clair qu'il y a un seul principe à défendre en toutes circonstances et à tous les stades du développement humain. C'est le principe : *Tout est bon.* » Paul Feyerabend, *Contre la méthode : esquisse d'une théorie anarchiste de la connaissance*, Le Seuil, 1979.

valeur des fonds et si elle ne cherche pas à structurer ses collections selon plusieurs dimensions.

La constitution de la collection peut s'analyser dans son volet *offre* comme dans son volet *demande*. Dans une logique de l'offre, une collection résulte de l'application d'une politique d'acquisition dans la durée. Dans une logique de la demande, la collection résulte de multiples interactions « élémentaires » centrées sur des titres particuliers (prêt, suggestion d'achat) ou sur des sujets recherchés par le public.

Tant que la taille de la collection ne dépasse pas un certain seuil, les deux volets peuvent communiquer par une interface qui est le bibliothécaire gestionnaire de la collection. Il lui suffit de mettre en relation ses deux « hémisphères » *interne* et *public*. À mesure que la collection croît et que les tâches se spécialisent, il devient nécessaire de mettre en place des interfaces pour l'observation, l'évaluation et la transmission vers l'espace des collections.

Une bibliothéconomie pour la vulgarisation scientifique doit s'appliquer à réduire la distance séparant les deux espaces : faire en sorte que les deux fonctions *interne* et *public* ne restent pas deux activités étanches, mais qu'elles se nourrissent mutuellement. Si l'on reprend la définition citée plus haut, que l'on y ajoute le pôle public et que l'on mette l'« organisation » au centre des trois pôles, on obtient le schéma suivant :

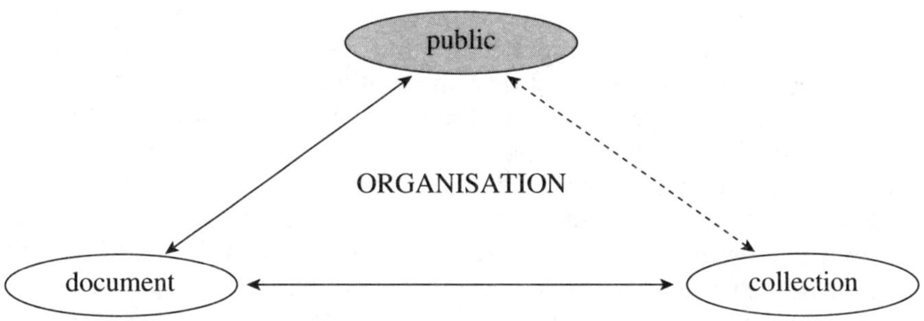

Les interactions élémentaires évoquées plus haut sont représentées par une double flèche reliant le public au document. Les relations symbolisées par la double flèche entre le document et la collection correspondent à la constitution courante de la collection à l'intérieur des différentes sections d'une bibliothèque publique. Celles qui figurent en pointillés sont les relations à construire pour offrir au public d'autres modes d'appréhension de la collection, dans une logique de promotion et de vulgarisation.

Du document aux contenus

Supports et médias

Les véhicules de la communication scientifique empruntent des voies diverses.

Une exposition réalisée par la médiathèque de la Cité des sciences et de l'industrie[1] avait tenté, dans sa partie introductive, de présenter au public *Les chemins d'une vulgarisation* autour des travaux du Professeur Jouvet sur le sommeil paradoxal. De l'article princeps publié dans une revue internationale à une bande dessinée de Francis Masse, on avait rassemblé des documents de tous niveaux faisant référence aux résultats de l'équipe de recherche de neurophysiologie de Lyon. Un article de *Elle* voisinait avec un traité publié chez Masson, des revues de vulgarisation avec les *Comptes rendus de l'Académie des sciences*.

Cette mise en scène de documents imprimés permettait de suivre les progrès de la recherche au cours d'une assez longue période, mais surtout les répercussions des évolutions de la connaissance dans les livres et dans la presse. Limité aux supports imprimés, ce panorama n'en donnait pas moins une idée de la variété des *médias* de la communication scientifique, intégrant des propos et des supports différents. Quelque temps plus tard, il se serait enrichi des deux ouvrages « grand public », un documentaire et une fiction, publiés par Michel Jouvet.

Nous définirons ici un *média* comme un ensemble de moyens mis en œuvre pour traiter un propos sur un support déterminé. Nous réservons le terme de *support* aux supports d'archivage et de conservation et utiliserons le terme de média en adoptant le point de vue de l'auteur : utiliser certaines techniques d'écriture pour traduire certains propos.

L'œuvre de Jean Painlevé permet d'étudier comment l'auteur construit des médias différents à partir d'un même support. Le fondateur de l'Institut du cinéma scientifique essayait toujours de réaliser trois versions de ses films : une version pour la recherche, une pour l'enseignement, une pour le public[2].

La version *recherche* était « brute », sans commentaire ; la deuxième version bénéficiait d'un travail de montage et d'un commentaire à but didactique ; la troisième était une œuvre de création : commentaire littéraire, qualité de la musique, choix des images, montage. Seule cette version était diffusée commercialement, dans les salles de cinéma. Un même auteur, doté d'un même support (le film), utilisait des moyens d'écriture différents, forgés spécialement pour ses desseins.

1. *La Science par la bande* (1989).
2. Jean Painlevé, « Scientifiques cinéastes et cinéastes scientifiques », *CinémAction*, 1986, n° 38, pp. 60-65.

La pertinence de chaque média s'évalue en regard du propos. Nous concentrerons notre attention sur les propos de vulgarisation : sensibiliser, alerter, informer le public, etc.

Les productions bien connues de J.Y. Cousteau, de H. Tazieff, des Krafft ou de J.M. Pelt, nous ont habitués au traitement d'un même propos sur plusieurs supports, donc sur plusieurs médias. Dans certains cas, il s'agit simplement de « produits dérivés » et la complémentarité entre médias est limitée.

Dans d'autres cas, un même propos donne lieu à des traitements différents et tous pertinents. Nous prendrons comme exemple le travail de vulgarisation réalisé par André Langaney autour des mécanismes de la reproduction sexuée. Lorsque celui-ci doit adapter pour la télévision le contenu de l'exposition *Histoire naturelle de la sexualité*, réalisée au Muséum national d'histoire naturelle, il s'adjoint les compétences du documentariste Gérald Calderon et il leur faut deux ans de travail. Une fois réalisée, la série de 6 × 52 minutes représente aussi bien un nouveau média qu'un nouveau contenu. Le film est aussi différent de l'exposition que celle-ci du livre du même auteur, *Le Sexe et l'innovation*, sur le même sujet. Autant de variations sur un thème, autant de médias qui fonctionnent différemment auprès du public et qui méritent un traitement autonome. Mais le propos reste le même dans ces différents médias : montrer à un large public la variété des modes de reproduction sexuée.

Ces exemples conduisent à élargir la notion de *contenu* à l'ensemble *sujet/propos/média*.

Des recherches en didactique font appel à la notion de *mise en scène scientifique*[1], qui rejoint celle de *média*. Il nous semble indispensable, aujourd'hui, que la bibliothèque intègre cette approche au traitement du document.

La distinction pertinente pour le traitement des documents scientifiques se situe entre la sphère des contenus au sens large et la sphère de l'identification bibliographique dans laquelle on retrouve le support au sens strict et les éléments de la description bibliographique.

Élargie au propos et au média, la sphère des contenus est aussi le lieu de la communication : Que veut-on dire ? À qui ? Avec quelle intention ? Comment s'y prend-on ?

De ce point de vue, la sphère des contenus relie l'espace des collections et l'espace de la médiation[2].

---

1. Alain Robert, « La mise en scène du savoir scientifique dans les livres documentaires », *ASTER*, n° 4, pp. 91-118.
2. *Cf.* Francis Agostini, p. 301.

Restituer les contenus

Le travail sur les contenus concerne l'indexation matière et, à un autre niveau, la politique d'acquisition. Là encore, nous pensons qu'une bibliothéconomie pour la vulgarisation scientifique doit faire communiquer ces deux instances. L'élargissement des contenus aux médias et aux propos ouvre des pistes communes pour le développement des collections et pour l'information du public au catalogue. Restituer les contenus dans leur richesse signifie multiplier les accès catalogue, mais aussi enrichir les notes qui peuvent aider l'usager à se repérer dans l'offre documentaire.

Typiquement, la demande de vulgarisation scientifique en bibliothèque porte sur les contenus : on cherche des documents sur un domaine plus ou moins précis à un niveau d'accès déterminé.

La notion de médias intégrant celle de niveaux d'accès, la demande se situe à l'intérieur de la sphère des contenus, à la croisée des chemins *sujets* et *médias*. On pourrait même représenter cette demande par un curseur qui se déplacerait entre un pôle *sujets* et un pôle *médias*, selon le niveau de la demande. Pour un professionnel ou un amateur chevronné, le curseur se trouve du côté des sujets[1] ; pour le profane, il se rapproche du côté médias. Cela se traduit dans les questions du public. Prenons comme exemple le domaine animalier. On a souvent des questions formulées de la manière suivante : « Je voudrais voir un film sur les animaux » ou encore « Je voudrais des contes sur les animaux pour un enfant de six ans ».

Une bonne partie du public entre dans la science par les médias (dans le sens défini plus haut). C'est pourquoi ce public appréciera de trouver des indications comme niveau d'accès, lisibilité, mode de lecture, forme et construction du document, sommaire ou résumé analytique, résumé critique, quatrième de couverture. À l'instar de la mise en valeur, le traitement du document peut traduire une volonté de promotion au sein des collections, refléter le projet qui accompagne sa mise à disposition dans la bibliothèque.

Les accès sujets

La préoccupation vulgarisatrice doit marquer la méthodologie adoptée pour l'indexation d'un document et pour la gestion des autorités. Il n'existe pas actuellement de liste d'autorité matière adaptée à la vulgarisation scientifique et aux dimensions culturelles des sciences. L'utilisation d'une liste d'autorité de référence permet de réduire les incohérences qui ne manquent pas de se développer dans un fichier matière. Les notes d'usage qui fournissent aux indexeurs des aides appréciables diminuent les risques de dispersion au catalogue.

1. Si l'on met à part les demandes de *recherche iconographique*, par exemple pour un illustrateur ou un publicitaire.

Mais une question demeure : comment assurer le meilleur accès à l'information compte tenu :
– des lacunes des référentiels disponibles pour l'information scientifique du public ?
– de l'hétérogénéité des publics ?
– des limites des systèmes actuels de catalogue public ?

Cette question, qui préoccupe tout gestionnaire d'autorités matière, se traduit tout d'abord par un souci éducatif : que l'index matière soit « à niveau », non des recherches de pointe, mais d'une culture scientifique « moyenne ».

On sait que le public ne range pas spontanément l'écologie dans les sciences. Il est vrai que dans le langage courant le terme recouvre plus souvent l'écologisme que la connaissance des écosystèmes de la biosphère. Mais il n'y a pas de raison d'assimiler le contenu d'un traité d'écologie scientifique et celui d'un essai d'écologie politique. L'indexation d'ouvrages au contenu bien délimité doit donc distinguer les deux aspects.

La question précédente amène également à réévaluer l'« unité » de contenu. L'orthodoxie dira qu'il faut indexer tout le document et rien que le document, sans dépouillement ni tendance au *systématique*. Les accès du catalogue traditionnel reflètent « simplement » la richesse du fonds et le niveau des collections. Malheureusement, rien n'est moins simple pour le public profane que d'accéder aux contenus par le catalogue. C'est pourquoi nous défendrons une vision plus dynamique de l'indexation matière.

D'une part, l'index matière peut servir à repérer les lacunes du fonds et à orienter certaines acquisitions. D'autre part, si la production ne permet pas de proposer une monographie sur un sujet scientifique d'intérêt « grand public », la politique documentaire doit assurer une couverture minimale sous une forme ou sous une autre. Intégration au catalogue d'un dossier sur le sujet, dépouillement *contrôlé,* exploitation en parallèle de banques d'articles permettent de réduire les silences du système documentaire.

Prenons l'exemple d'un ouvrage intitulé *Les Animaux chasseurs.* Indexer indépendamment du reste de l'offre conduira à *une* entrée à PRÉDATEUR[1]. Pour faire bonne mesure, on ménagera des renvois d'orientation à partir de CHASSE et de PROIE.

Nous préconisons d'aller plus loin. Si l'ouvrage traite *en détail* des chacals et des scorpions et que la bibliothèque ne peut rien proposer d'autre, sur ces sujets, qu'une encyclopédie, il semble nécessaire d'offrir les entrées CHACAL et SCORPION. On « gagnera » ainsi des entrées typiquement *grand public* et, de plus, on fera, par le catalogue, la promotion d'un livre qui traite d'un thème populaire mais tout de même bien circonscrit. On n'aurait bien entendu pas déployé les mêmes efforts pour un ouvrage réservé à un usage savant. Devant des sujets souvent demandés par le public mais non traités sous forme d'une monographie,

1. À la forme près.

on pourra, selon l'importance des parties qui leur sont consacrées dans d'autres documents, décider de multiplier les entrées à ces derniers. Il s'agit bien d'*adapter* des principes généraux d'indexation aux missions de vulgarisation, dans un environnement documentaire déterminé.

À l'instar des entrées d'une encyclopédie scientifique, le choix des têtes de vedette et des renvois représente une forme élémentaire de structuration de la connaissance. On devra donc chercher à se rapprocher des clés d'information nécessaires au citoyen de cette fin de XXe siècle.

L'exemple de l'ozone précisera notre propos. Au cours du mois de juillet 1994, le dispositif de surveillance de la qualité de l'air en Île-de-France a donné l'alerte à plusieurs reprises en signalant des taux d'ozone deux fois plus élevés que le taux maximum toléré.

Entre les informations sur la pollution atmosphérique et les effets médiatiques liés au « trou » d'ozone, le citoyen a de quoi être désorienté. Des spécialistes, comme Gérard Mégie et Gérard Mourier, s'attachent à fournir au public des explications à des phénomènes complexes. Certains journalistes cherchent également à favoriser la compréhension sans simplification abusive. Écoutons Roger Cans, qui a écrit plusieurs ouvrages consacrés à l'écologie (sous ses deux aspects) : « La combinaison de l'action du soleil, de l'air humide et de la pollution automobile déclenche un phénomène de photo-oxydation qui transforme l'oxyde d'azote des pots d'échappement en ozone. Autant la couche d'ozone stratosphérique peut être salutaire en limitant la pénétration des rayons ultraviolets du soleil, autant la couche d'ozone qui se forme à hauteur d'homme est néfaste pour les bronches, les poumons et les yeux sensibles[1]. »

Ajoutons à cela les propriétés antimicrobiennes de l'ozone mises à profit depuis longtemps dans le traitement des eaux. Selon son mode de formation, la molécule d'ozone (03) se présente donc sous un jour différent. L'index matière d'une bibliothèque cherchant à développer une orientation scientifique devra distinguer, au besoin, l'ozone *produit industriel*, l'ozone *polluant de la basse atmosphère* et l'ozone *composant de la haute atmosphère*. Les mécanismes à l'œuvre sont en effet profondément différents.

Il ne s'agit pas d'inclure dans l'index matière toutes les entrées d'une encyclopédie scientifique, mais les notions jugées indispensables pour structurer le domaine, tout en privilégiant les centres d'intérêt du large public.

Si l'index matière doit dans la mesure du possible refléter l'évolution des connaissances scientifiques, la liste autorité doit tenir compte de tous les termes médiatisés. Il s'agit souvent d'expressions journalistiques ne recouvrant pas un concept scientifique et sans définition rigoureuse. Comme ils constituent pour le public des entrées dans la science, ils méritent un traitement documentaire. Citons BÉBÉ ÉPROUVETTE ou MÈRE PORTEUSE, dans le domaine de la procréation médicalement assistée.

1. *Le Monde*, 14 juillet 1994.

Dans une perspective de diffusion large, on préférera sacrifier la précision d'une vedette complexe, c'est-à-dire comprenant de nombreuses sous-zones, pour regrouper certaines notions, quitte à indexer le document par plusieurs vedettes « simples ».

Les fonctionnalités du catalogue en ligne (recherche par mot du titre, voire par mot du résumé) conduisent à repenser l'indexation dans le cadre plus global des accès aux contenus.

L'index alphabétique de matière ne peut couvrir tout le champ des contenus. D'autre part, la succession d'écrans lors de la consultation de l'index impose à l'usager un découpage arbitraire. La notion d'*accès* ne se limite pas seulement aux zones indexées. Lorsque l'on traite des fonds comprenant un grand nombre de documents, on est amené à intégrer dans cette notion les *contraintes ergonomiques* du système.

Si des séquences alphabétiques de l'index matière autour d'un terme (par exemple AUTOMOBILE ou MICRO-ORDINATEUR) occupent plus de dix écrans, l'utilisateur risque de se décourager. À l'inverse, si cent ouvrages à caractère philosophique sont regroupés sous la vedette matière PHILOSOPHIE DES SCIENCES, on peut penser que l'on n'a pas poussé assez la recherche de pistes pertinentes susceptibles de motiver le lecteur. D'une manière générale, l'interactivité (certes limitée) du catalogue en ligne doit inciter les gestionnaires de bases importantes à rechercher la meilleure économie de consultation en optimisant le ratio du nombre de références au nombre de vedettes matière.

S'adresser à des publics variés suppose de faire coexister plusieurs niveaux de langue. On indexe « au niveau du document » : un guide de reconnaissance de fossiles n'est pas un traité de paléontologie. Mais dans les cas où l'on souhaite promouvoir un document susceptible d'intéresser un public plus large que sa cible éditoriale, on pourra ménager des accès de niveaux de langue différents. Ce procédé permet notamment de compenser des lacunes de l'offre documentaire.

Doit-on indexer de la même manière des médias différents traitant du même sujet ? Là encore tout dépend de la richesse de l'offre autour du thème. Si, par exemple, la bibliothèque dispose de peu de documents sur les maladies parasitaires et sur les maladies tropicales et qu'elle veuille promouvoir, au catalogue, un film sur le paludisme, elle pourra décider d'en enrichir l'indexation. Dans l'autre sens, elle cherchera à rendre compte d'une séquence exceptionnelle incluse dans un document plus général, au minimum dans un résumé analytique, au besoin doublé par l'indexation.

D'une manière générale, des critères d'environnement et des critères liés aux usages du public doivent se conjuguer avec les critères normatifs. En d'autres termes, à la cohérence formelle s'ajoute une recherche de cohérence avec les missions de divulgation large des contenus.

Les sujets les plus demandés, les sujets phares, devront être particulièrement bien balisés au catalogue. Un usager interrogeant à CLONE, à MANIPULATION GÉNÉTIQUE, ou à GÉNOME doit trouver une orientation au catalogue. De même, un silence à TROU D'OZONE ou FAIM DANS LE MONDE (indépendamment des formes retenues), laisserait penser que l'outil est inadapté.

En conclusion, la préoccupation vulgarisatrice conduit à adopter une approche pragmatique de l'indexation, fondée sur la probabilité d'usage d'une entrée, l'économie du fichier et la contextualisation de l'indexation[1]. Les études d'usages, par enregistrement automatique de sessions et par enquête, pourraient aider le bibliothécaire à piloter l'indexation « par l'aval ».

Des missions à la sélection

Au niveau global, la politique d'acquisition est la traduction documentaire des missions de la bibliothèque. Devant l'évolution de la demande du public, chaque établissement est conduit à préciser ses missions et ses objectifs. Dans le domaine scientifique, l'offre de service peut être structurée autour de quatre axes :
- information-documentation ;
- formation ;
- sensibilisation ;
- socialisation.

À ces quatre axes sont associés des objectifs stratégiques décrits en annexe 1.

Face aux tutelles et aux partenaires il est utile de disposer d'une charte[2] fixant les grandes lignes de l'action de la bibliothèque et d'un document de synthèse sur la politique d'acquisition. De tels documents fournissent des orientations générales mais non des réponses aux questions que se posent les bibliothécaires au quotidien.

On peut appréhender l'activité globale au public par des enquêtes et des statistiques déterminant de passer des objectifs stratégiques aux objectifs opérationnels. La structuration en collection permet également de dégager des objectifs intermédiaires, par exemple améliorer de 10 % le taux de rotation des ouvrages d'initiation.

1. Il ne faudrait pas que la récupération de notices dispense la bibliothèque du travail de contextualisation propre à chaque établissement.
2. La charte de la médiathèque de la Cité des sciences et de l'industrie est donnée dans Francis Agostini, « La politique du livre à la Médiathèque », *Bulletin des bibliothèques de France*, t. 37, n° 6, 1992.

Délimitation du domaine

Le domaine scientifique et technique n'est clairement défini que par rapport à l'institution scientifique elle-même. Les savoirs légitimés et sédimentés structurent les grands secteurs de la recherche et de l'enseignement. Mais la production éditoriale reflète aussi d'autres pratiques sociales et d'autres intérêts économiques. Ainsi, le « paranormal » – dont le marché est comparable à l'édition française dans son ensemble – produit une littérature abondante. Dans cette production, il faut distinguer la part qui se revendique de la rationalité de celle qui se rattache à la magie. Dans la première, se rencontrent aussi bien :

– les théories de scientifiques « en marge » de l'institution ;

– la publicité de prises de position hétérodoxes au sein de la communauté scientifique[1] ;

– la « propagande » en faveur d'idéologies et de pratiques sociales en quête de légitimité scientifique.

Qu'elles se présentent comme complémentaires ou comme alternatives, ces productions se situent toujours par rapport à la « science officielle ». Le mot même de parascience exprime une revendication de scientificité.

L'ébranlement causé par les révolutions dans les sciences de la nature a fait éclater les limites d'une certaine rationalité scientifique. Des philosophes se demandent si la rationalité n'est pas en crise[2]. Certains scientifiques n'hésitent pas à côtoyer les rivages des parasciences et il est difficile de faire la part entre la quête de connaissance positive et son envers. Car « ces glissements irrationnels, on les rencontre au détour de textes fort rigoureux[3] ».

Tous les scientifiques pourraient reprendre à leur compte l'exigence énoncée par le biologiste T.H. Huxley, en 1868 : « Il me semble extrêmement important de séparer nettement dans l'exposé les questions de fait et les questions d'interprétation[4] ». En fait, les controverses scientifiques ne sont jamais dégagées de l'idéologie. Mais si les productions primaires se gardent d'y faire allusion, les vulgarisateurs expriment les idéologies présentes dans le contexte culturel de la société. Cela n'est gênant que dans la mesure où la société investit les scientifiques d'un rôle d'expert, voire d'oracles[5].

Alors qu'une partie importante des recherches actuelles en physique et en astrophysique a un caractère hautement spéculatif, on ne s'étonnera pas que

1. Cette hétérodoxie sera, après coup, considérée comme manifestation d'une science pathologique ou bien comme le fruit d'une intuition géniale.

2. *Cf.* Jean-Toussaint Desanti, « La rationalité est-elle en crise », *Science et philosophie, pour quoi faire*, Le Monde éditions, 1990.

3. Pierre Livet, « Science et irrationalité », *La Science au présent*, Encyclopædia Universalis, 1992, pp. 514-517.

4. Cité par P. Thuillier dans « Requiem pour un Bathybius », *Le Petit Savant illustré*, Le Seuil, 1980.

5. *Cf.* Marie-Jeanne Husset, « Pierre-Gilles de Gennes : "Nous ne sommes pas des oracles" », *Science et avenir*, n° 538, décembre 1991.

certains auteurs scientifiques versent dans la métaphysique ou dans la gnose : « De temps en temps, la communauté scientifique élabore des produits comme la gnose de Princeton, qui sont au fond des contestations de la portée de l'explication scientifique[1]. »

Jean-Claude Pecker déplore par ailleurs que la littérature de vulgarisation s'envole parfois vers le lyrisme et fasse entrer dans la science bien des concepts nullement scientifiques : « Si Reeves est un merveilleux écrivain, s'il a fait plus que beaucoup d'autres pour répandre le goût des choses du ciel [...], n'a-t-il pas diffusé des idées plus métaphysiques que physiques [...] ?[2] »

L'hyperspécialisation conduit nécessairement le scientifique à sortir de son domaine étroit de compétence dès qu'il vulgarise. Au moins peut-on attendre de la part d'un biologiste qu'il s'abstienne d'interpréter les paradoxes de la mécanique quantique, sinon en prévenant le lecteur qu'il s'agit d'idées personnelles. Aux physiciens de donner leurs interprétations de la théorie quantique, même si certaines rejoignent les spéculations parascientifiques (Jean Charon, Costa de Beauregard, Brian Josephson).

Il est toujours dangereux de sortir de son domaine étroit de compétence pour proposer des interprétations générales. Mais c'est là le risque de toute poétique de la vulgarisation, pour reprendre l'expression d'Yves Jeanneret. On ne peut dénier aux scientifiques le droit de soutenir des idéologies. Tout au moins devrait-on refuser qu'un discours ne s'appuie pas sur une « autorité scientifique ». La recherche scientifique n'écarte-t-elle pas tout argument d'autorité ?

Entre les positions extrêmes, à savoir censurer tout ce qui sent le soufre d'une part, et donner un même statut aux parasciences qu'aux sciences « reconnues » d'autre part, il existe un espace d'intervention éducatif pour la bibliothèque.

Une option minimale consiste à ne retenir que les documents à caractère pédagogique et les documents qui présentent un intérêt historique, philosophique, littéraire, esthétique.

Une option plus « impliquée » consiste à faire apparaître une rubrique « controverses scientifiques » à l'intérieur d'un rayon *Science-Technique-Société*, qui permet de présenter ces productions sous le regard des sciences de l'homme et de la société.

Doit-on bannir de la bibliothèque les thèmes controversés, abordés par des scientifiques comme Yves Rocard (sourciers), Jean-Pierre Petit (OVNIS), Jean Heidmann (intelligences extraterrestres), Rémy Chauvin (intelligence animale), Fritjof Capra (physique et taoïsme), James Lovelock (Terre-Gaïa), etc. ? Doit-on écarter les tentatives des colloques de Cordoue et de Tsukuba parce qu'elles

1. Manuel Costa-Leite, « Le rejet de la science », *La Science au présent*, Encyclopædia Universalis, 1992, pp. 518-519.

2. *Cf.* l'introduction de Jean-Claude Pecker à la réédition par Dunod de *M. Tompkins* de George Gamow.

risquent d'augmenter la confusion entre le domaine de la science et celui de la spiritualité ?

Nous préconisons plutôt de faire leur place à ces ouvrages, mais de leur donner un statut différent dans la mise en espace et de faire ressortir leur nature particulière dans le traitement.

Entre une idéologie positiviste et la tentation des grandes synthèses scientifico-mystiques la voie est parsemée d'embûches. En ouvrant ses rayons aux différents courants de la littérature scientifique, la bibliothèque aidera le public à s'en faire une image moins monolithique.

Quant aux débats idéologiques suscités par les développements scientifiques et techniques, elle s'en fera l'écho en présentant des regards croisés sur la science.

La bibliothèque n'a pas à s'aligner sur des positions explicites de l'institution scientifique et elle doit présenter différents points de vue.

Elle n'a pas à écarter le « Que sais-je ? » du mathématicien Paul Deheuvels sur la recherche scientifique, sous prétexte que le CNRS a décidé de poursuivre l'auteur pour des formulations jugées outrageantes.

Elle mettra à disposition aussi bien les documents issus de l'écologisme radical que le texte de l'appel d'Heidelberg, qui avait dénoncé « l'écologisme irrationnel » en juin 1992[1] ou que le livre de Luc Ferry dirigé contre l'« écologie profonde ».

Critères d'évaluation et de sélection

Le souci d'exactitude ne doit pas paralyser le bibliothécaire désireux de constituer un fonds de documentaires scientifiques. Le critère d'exactitude fait implicitement référence aux savoirs universitaires ou professionnels. Il existe sous la forme de critère fort ou faible.

Adopter le critère fort consisterait à ne sélectionner que des documents au contenu « certifié exact ». Or les scientifiques eux-mêmes insistent sur le caractère relatif des vérités scientifiques. Ils préfèrent d'ailleurs parler de validité plutôt que de vérité.

Nous préconisons plutôt le critère faible : écarter les documents que les scientifiques sont unanimes à condamner comme entachés d'erreurs grossières. Le critère fort réduirait le fonds de vulgarisation à une peau de chagrin. Le critère faible laisse une place aux autres critères et notamment à l'évaluation auprès du public.

Le bibliothécaire prendra donc le risque d'acquérir des documents de vulgarisation partiellement inexacts, dans un domaine dit des « sciences exactes ».

---

1. Cet appel lancé au moment du sommet de Rio a été signé par plus de deux cents scientifiques dont cinquante-deux prix Nobel.

La production éditoriale se caractérise par un déséquilibre entre secteur universitaire et secteur général dans le domaine des sciences fondamentales. De plus, la répartition de la production est très inégale selon les sujets et selon les propos.

Il faut donc adopter, dans le domaine de la vulgarisation scientifique, des critères de sélection spécifiques. Dans un domaine fortement productif, on pourra comparer les différents titres disponibles sur le marché à l'aide d'une grille d'évaluation. Ailleurs, on favorisera particulièrement l'exploitation des documents existants.

Il n'existe pas d'équivalent francophone aux guides d'orientation bibliographique anglo-saxons, aux sélections scientifiques du *Library journal* ou encore aux critiques d'ouvrages de référence scientifiques publiées régulièrement dans *Reference librarian.* Certes les dossiers thématiques de *Livres Hebdo* fournissent des références dans les domaines scientifiques. Mais *Livres Hebdo* se cantonne en général au secteur universitaire ou n'aborde que les thèmes les plus porteurs[1].

À la différence des productions primaires qui sont centrées sur les résultats, on est en droit d'attendre des productions de vulgarisation une dimension de réflexivité : « Le texte fait-il apparaître le caractère construit de la connaissance ? Définit-il le cadre et les limites de l'analyse ? Formule-t-il les questions auxquelles une recherche vise à répondre ? Fait-il état de la diversité des points de vue ?[2] »

Il existe actuellement, dans toutes les disciplines, des ouvrages répondant à cette exigence. Mais la plupart des livres en français de ce type s'adressent à un public rompu à la lecture studieuse. Parmi les critères d'évaluation des documents scientifiques figure en bonne place la lisibilité.

La lisibilité des textes a été étudiée d'abord par les journalistes et les pédagogues. Différents indices de lisibilité ont été construits à partir du nombre de mots moyen des phrases et de la longueur des mots utilisés (indice de Fog, test de Flesch).

Un sociologue de l'université de Cornell a entrepris de mesurer la difficulté d'accès de la presse scientifique anglo-saxonne entre 1900 et 1990. Il conclut que la spécificialisation croissante des sciences et la concurrence entre les revues s'accompagne d'une plus grande complexité du vocabulaire dans les revues spécialisées comme dans les revues générales.

Il est probable qu'une étude consacrée aux supports francophones de communication scientifique, y compris de vulgarisation, donnerait des résultats semblables.

Dans le cas des manuels scolaires de sciences, la lisibilité est non seulement conditionnée par les paramètres évoqués plus haut mais aussi par la très haute

1. Les outils de repérage sont cités p. 179.
2. Yves Jeanneret, *Écrire la science*, PUF, 1994, p. 128.

densité d'information[1]. « Les ouvrages scolaires comme de vulgarisation scientifique combinent sous forme d'une superstructure complexe diverses composantes textuelles »[2] et le statut des textes aussi bien que les informations graphiques posent des problèmes de décodage.

La vulgarisation scientifique fait appel à différents types de textes : narratif, conversationnel, descriptif, explicatif ou argumentatif. D'un type à l'autre la densité d'information peut varier notablement.

L'analyse des documents de vulgarisation conduit à distinguer ceux qui supposent une lecture séquentielle de ceux qui s'offrent à une consultation aléatoire, comme les livres construits sur le mode de la double page. Les ouvrages permettant une lecture discontinue supposent la présence d'outils facilitant l'accès (table des matières, sommaire, glossaire, index).

L'organisation des ouvrages peut s'analyser au niveau global comme au niveau d'une séquence : caractères typographiques, formes de messages, réseaux de lecture possibles[3].

Le critère de pérennité est à moduler non seulement suivant la catégorie de document mais selon les disciplines : un recueil de chroniques sera éliminé plus rapidement qu'une compilation d'entretiens avec des scientifiques ; un dictionnaire d'informatique se périmera avant un guide du ciel.

Les critères intrinsèques de sélection pour la vulgarisation scientifique peuvent être rassemblés dans des listes récapitulatives comme celle donnée en annexe 2 ou dans des fiches du type fourni en annexe 3.

Pour faire de ces listes des outils de sélection, il est nécessaire d'y adjoindre des critères extrinsèques (état de la production, environnement dans la bibliothèque). Les facteurs entrant dans la sélection des documents audiovisuels à la médiathèque de la Cité des sciences et de l'industrie sont regroupés en annexe 4. Ces éléments se traduisent d'une manière particulière dans le domaine scientifique. Ainsi l'*originalité*, qui renvoie à l'écriture audiovisuelle, recouvre également la volonté de privilégier des documents qui donnent une image du fonctionnement de la science et des démarches des scientifiques.

La fiche d'évaluation *audiovisuel* de la médiathèque de la Cité des sciences et de l'industrie, qui intègre certains de ces éléments, suit le document depuis le repérage jusqu'à la programmation en salle. Elle sert notamment à constituer le fichier de présélection utilisé pour préparer les comités de sélection (*Cf.* annexe 5).

Parmi les paramètres entrant dans la présélection *audiovisuel* figure le propos du document. Parmi les différents propos qui se mêlent dans l'écriture d'un

---

1. *Cf.* Jean-Pierre Astolfi, « Les manuels scolaires », *La Science au présent*, Encyclopædia universalis, 1993.
2. Jean-Pierre Astolfi, Michel Develay, *La Didactique des sciences*, PUF, 1989.
3. *Cf.* Yvette Gindburger-Vogel, *Apprentissages scientifiques au collège et pratiques documentaires*, INRP, 1987, pp. 62-114.

audiovisuel scientifique, on a choisi de ne retenir que l'aspect dominant. Une liste de sept propos a été élaborée pour aider à remplir la fiche d'évaluation :
- Sensibiliser/Éveiller la curiosité
- Informer/Faire découvrir
- Témoigner
- Enseigner/Former
- Distraire/Plaire/Émouvoir
- Prévenir/Alerter ou bien Rassurer
- Promouvoir

On aurait pu inclure le propos Montrer/Faire visualiser mais on a considéré qu'il dépendait d'un propos plus général à choisir dans la liste précédente.

Une fois rassemblés les éléments d'information et d'évaluation, on applique un certain nombre de critères. Quatre critères centraux ont été retenus :
- adéquation du médium au propos ;
- écriture audiovisuelle ;
- pérennité ;
- représentation du sujet dans le fonds.

Les autres paramètres n'interviennent que dans une deuxième phase.

Développement des collections

La collection s'inscrivant dans la durée, une logique d'accumulation est présente dans toute bibliothèque. Les bibliothécaires défendent souvent la qualité de leur fonds en mettant en avant la variété des titres disponibles. Dans le circuit du document, le moment de la sélection est jugé primordial voire créateur alors que l'élimination revient symboliquement à défaire du construit. La succession des tâches bibliothéconomiques apparaît alors aussi linéaire que la collection en rayons.

Une bibliothéconomie pour la vulgarisation scientifique doit adopter une logique dynamique centrée sur la promotion et l'exploitation du fonds. La sélection des documents fait partie d'une chaîne continue comprenant la révision de l'opération initiatrice du cycle. Il faut autant justifier la conservation que l'élimination d'un document scientifique et technique à partir d'une certaine date.

Le documentaire scientifique ne trouve véritablement son sens dans la bibliothèque que dans le projet qu'elle lui donne, en rapport avec les contenus. Et ce projet se traduit dans la structuration des collections et des accès.

Assimiler la richesse des fonds à la diversité des titres et des sujets risque de faire négliger les questions liées aux accès et à l'exploitation des fonds par les bibliothécaires. À côté de l'encyclopédisme scientifique et technique, sur lequel nous reviendrons, la richesse du fonds scientifique pourrait signifier plutôt :

– variété des propos et des médias (*cf.* supra) ;
– variété des niveaux d'accès, de la construction, de l'écriture du document ;
– variété des modes d'exploitation (prêt, consultation, programmation) ;
– variété de la qualité des auteurs (scientifiques, journalistes, historiens, philosophes, écrivains, réalisateurs, etc.) ;
– variété des positions idéologiques des auteurs.

Le fond et le relief

C'est le catalogue qui assure la cartographie des fonds dans leur diversité. Tout utilisateur du catalogue a le loisir de se constituer une collection virtuelle, mais les limites actuelles des systèmes documentaires de bibliothèque ne permettent pas d'en faire un outil pour la découverte. Il est donc nécessaire d'imaginer d'autres dispositifs pour rendre perceptible le « relief » des collections, c'est-à-dire les dimensions supplémentaires par rapport à la linéarité du plan de classement. On entre alors dans une logique de promotion exploitant les outils de développement des collections[1].

Le couplage de la logique d'accumulation et de la tentation encyclopédique (posséder tout sur toutes les sciences et techniques) pourrait conduire à constituer des collections esssentiellement de niveau universitaire. La logique de promotion consiste au contraire à privilégier les documents de première approche tout en constituant une collection de référence pour l'information et la formation. Il est impossible de séparer la représentation des sujets dans le fonds du *niveau de la collection* (*cf.* infra). Certains sujets ne sont pratiquement pas vulgarisés et leur accès suppose un pré-requis universitaire. La bibliothèque peut décider de n'offrir aucun ouvrage de topologie algébrique, de prospection pétrolière ou d'imagerie médicale. En revanche, elle devra permettre au public de se faire une idée de ce qu'est la topologie, d'appréhender le pétrole comme roche, ou de se familiariser avec l'utilisation du scanner. Il faudra donc repérer les documents de vulgarisation pertinents, y compris ceux qui débordent le sujet, en jouant sur les différents médias.

L'obsolescence qui guette les publications scientifiques amène à délimiter, dans chaque domaine, un *pôle de référence*. Ce pôle comprend des documents structurés autour des savoirs scientifiques ou techniques de référence c'est à dire universitaires ou professionnels. Ils représentent les connaissances considérées comme acquises dans les différentes disciplines.

Il faut leur adjoindre les ouvrages de réflexion sur la science (épistémologie, histoire des sciences et des techniques, éthique de la recherche, sociologie des sciences).

L'ensemble de ces documents est caractérisé par la pérennité de l'information :

---

1. Pour ce qui concerne la mise en espace se reporter p. 309.

C'est le centre de ressources pérenne. À certains égards (qualité des accès, quantité d'information), les documents qui le composent se rapprochent des ouvrages de référence au sens strict.

Le maillage du fonds de référence

Le *pôle de référence* rassemble des médias différents : traités de spécialité, ouvrages de synthèse, « classiques » de la science, écrits de grands scientifiques, documents d'archives, rapports officiels, dictionnaires spécialisés, dictionnaires et encyclopédies « tout public », logiciels éducatifs, audiovisuels de formation, disques optiques compacts, etc.

Si l'on y ajoute un fonds de manuels, on aboutit à l'équivalent d'une section étude. C'est dans le *pôle de référence* que la question de la représentation des sujets se pose le plus nettement. Le développement incontrôlé du *pôle de référence* mènerait à la transformation de la bibliothèque en bibliothèque d'étude. L'important est donc de déterminer le niveau moyen de la collection.

Une collection visant des professionnels d'entreprise devrait comprendre des documents à renouveler fréquemment : études de marché, rapports techniques, annuaires professionnels. Compte tenu de leur coût, la bibliothèque publique hésitera à développer ces fonds.

Selon le degré moyen de spécialisation des titres, on aboutit à un « maillage » plus ou moins fin des connaissances. Eu égard à leur rôle spécifique, ce maillage du fonds différera suivant les médias. Pour la collection de monographies, on cherchera à définir un « maillage » couvrant tous les sujets jugés indispensables à l'information et à la formation de base. Pour les audiovisuels ou les didacticiels, le « maillage » sera plus lâche. Au critère de représentation des sujets, on superposera les autres paramètres cités plus haut.

Si la bibliothèque adopte un maillage fin pour le fonds de monographies, elle se trouve conduite à acquérir des ouvrages en langue étrangère.

C'est surtout pour la production secondaire (ouvrages de synthèse, ouvrages professionnels, ouvrages de référence) qu'il faut envisager des acquisitions en langue étrangère : les grands traités ne sont guère traduits, les délais de traduction de certaines « bibles » peuvent paraître prohibitifs et les clients professionnels exigent parfois l'édition originale. Certains domaines comme la géophysique sont peu couverts par l'édition française ou francophone.

Les œuvres des grands scientifiques et penseurs contemporains ne sont pas toutes disponibles en langue française[1]. L'acquisition des éditions en langue originale est justifiée pour les classiques de la science.

1. Par exemple, *The Self and its Brain* de Karl Popper et John Eccles n'était toujours pas traduit au moment de la mort de Popper.

Les critères déterminants de sélection des titres en langues étrangères sont donc :
– la qualité des auteurs (place dans l'histoire des sciences, place dans le champ scientifique contemporain) ;
– la qualité de l'édition et de l'appareil documentaire ;
– la possibilité de combler une lacune importante de l'édition francophone ;
– la pérennité du document.

Le coût des ouvrages publiés à l'étranger conduit à ne sélectionner qu'un nombre de titres restreint. On privilégiera les réussites éditoriales au détriment d'une représentation encyclopédique des sujets.

La barrière de la langue réduit considérablement l'usage à des fins de vulgarisation de ce type d'ouvrage. Seuls les ouvrages richement illustrés peuvent être proposés à un public peu familier des langues étrangères. Le domaine *science et art* et le secteur des albums pour enfants fournissent des titres qui répondent à la fois aux critères de sélection précédents et aux exigences de la vulgarisation. La possibilité de rentrer dans ces documents par l'image conduit la bibliothèque, dans ce cas, à élargir les acquisitions « grand public » à la production étrangère.

Dans les domaines en émergence comme les sciences cognitives, on acquerra aussi des ouvrages anglo-saxons. En revanche, certains domaines comme l'astronomie ou la médecine, bien couverts pas l'édition française (y compris l'édition de vulgarisation) ne nécessitent pas de recourir à l'édition étrangère. Les classiques de la vulgarisation étrangère, (George Gamow, Philipp Morrison, Carl Sagan, Martin Gardner, Stephen Jay Gould, etc.) sont disponibles en français.

Dans certains cas, on dispose en français d'équivalents ou d'homologues des titres anglo-saxons : *Les Secrets de la casserole* de Hervé This remplacera avantageusement *The Epicurean Laboratory : exploring the Science of Cooking* du catalogue Freeman.

Qualifications

Peut-on caractériser les médias avec assez de précision pour en faire une dimension du développement des collections ? C'est le parti pris par la médiathèque de la Cité des sciences et de l'industrie en définissant des « qualifications » pour les différents supports et en codifiant tous les documents entrant dans le fonds.

Il existe bien des *codes d'audience* dans les formats MARC. Mais cette codification privilégie une division en tranches d'âge, principe inadapté à la vulgarisation scientifique.

La médiathèque de la Cité des sciences et de l'industrie s'est inspirée des catégories de l'édition et de la production audiovisuelle en les complétant le cas échéant par des indications de niveau. Le choix des rubriques répond plus à une recherche de pertinence dans un projet de diffusion qu'à une exigence d'homogénéité. Il traduit la variété des véhicules et des usages de l'information scientifique et technique.

Les annexes 6, 7 et 8 donnent la liste des qualifications pour les livres, pour les périodiques et pour les audiovisuels.

L'objectif premier étant le suivi statistique du fonds, on affecte un code et un seul à chaque document. Il s'agit de dégager des grandes masses et non de décrire finement chaque document.

L'opération de qualification a lieu au moment du catalogage, dans une zone libre du format UNIMARC[1].

À l'intérieur de chaque support, la grille se subdivise par usage de manière à assurer des correspondances de niveau et de public. L'usage dont il est question ici renvoie simplement au propos du document. Il revient au public, aidé par le bibliothécaire, d'élargir les usages réels au-delà des usages présumés. Pour ce qui intéresse le développement des collections, il n'y a pas d'inconvénient à partir de l'amont, quitte à analyser pour chaque qualification son potentiel d'élargissement d'usage.

Le système des qualifications est composé d'un bloc tout public, d'un bloc enseignement et d'un bloc professionnel. Le terme de professionnel est à prendre dans un sens restrictif, celui de professionnels d'entreprise, n'incluant pas les chercheurs[2]. Certains médias analogues par leur propos sont rapprochés par la codification. Par exemple les documents « pratiques » ont pour codes de qualification L13, P13, A13 selon que ce sont des livres, des périodiques ou des audiovisuels. Ce type de correspondance présente un intérêt mnémotechnique.

D'autre part, à l'intérieur du bloc *tout public*, qui est le plus fourni, certaines qualifications se distinguent par le niveau d'accès (sensibilisation, vulgarisation, niveau amateur). L'annexe 9 donne des indications pour séparer ces qualifications dans le cas de l'audiovisuel. L'annexe 10 rassemble les qualifications livres, périodiques et audiovisuels. On notera que la correspondance entre codes ne fonctionne pas pour toutes les qualifications et que, dans ce cas, c'est l'appartenance à un même bloc qui compte.

Chaque qualification est définie dans une fiche comprenant des exemples et des critères d'emploi pour les qualifications voisines. Les annexes 11, 12 et 13 donnent trois exemples de fiche de qualification.

---

1. Zone 955 pour les livres, 956 pour les périodiques, 957 pour les audiovisuels, 958 pour les didacticiels.
2. Il existe une ligne particulière pour les documents de recherche, en dehors de ces trois blocs.

Exploitation des outils

En août 1994, la médiathèque de la Cité des sciences et de l'industrie avait qualifié 14 200 monographies et 1300 titres de périodiques. Compte tenu du volume de travail et de l'obsolescence, il n'est pas prévu de qualifier rétrospectivement le fonds de monographies de la médiathèque publique[1]. Seuls le fonds de périodiques et le fonds audiovisuel doivent être qualifiés dans leur totalité.

Pour obtenir une image fidèle des fonds d'ouvrages, on a procédé par sondage à partir de lots de titres tirés de manière aléatoire dans les différentes sections du plan de classement. Chaque notice a été renseignée par le code de qualification mais également par une série d'indicateurs liés aux exemplaires, à la langue et à la date d'édition.

En agrégeant plusieurs qualifications homogènes, on obtient, après traitement statistique, des informations précises par niveau ou public. Les annexes 14 à 19 rassemblent ces données pour différentes sections thématiques[2]. On constate une grande variété de structure y compris pour des sections de thèmes voisins.

Lorsque l'on récapitule les répartitions en volumes par usage (enseignement, professionnel, loisir), on obtient une image comparative des différentes sections (*Cf.* annexe 20).

Si l'on met en regard la structure des fonds avec les statistiques de prêt (*Cf.* annexe 21), on peut comparer les usages du prêt aux finalités présumées des documents. La confrontation indique que les fonds qui sortent le plus sont destinés aux professionnels et aux étudiants. Les ouvrages les plus « grand public », dans leur ensemble, sortent relativement peu. Faisant retour aux missions de l'institution, on conclura qu'il reste encore beaucoup à faire (promotion commerciale, remodelage de l'offre documentaire) pour « vendre » le service du prêt auprès d'une clientèle large.

Le système des qualifications permet de suivre les acquisitions courantes. Le service médecine-santé de la médiathèque, par exemple, a pu déterminer qu'au cours du premier semestre 1993 il avait acquis pour 47 % d'ouvrages « tout public », 44 % d'ouvrages professionnels et 9 % de manuels universitaires. En regroupant les qualifications par niveau, on a obtenu une proportion de 40 % pour les ouvrages de niveau universitaire.

Plusieurs développements du système sont envisagés :

– Indiquer dès le moment de la commande un code recouvrant une qualification ou un regroupement de qualifications. Cela permettrait d'affiner la gestion budgétaire.

– Effectuer des extractions par discipline et par qualification. Cela permettrait

1. Tel qu'il a été conçu le système des qualifications n'est pas adapté au fonds de la Médiathèque d'histoire des sciences.

2. Les chiffres datent de 1990.

de valoriser certains fonds ou d'élaborer des listes de nouveautés classées par niveau d'accès.
– Donner en clair au catalogue (accessible à distance) la qualification d'un document ou une indication dérivée de la qualification pour améliorer l'information du public.

Signalons que le système documentaire donnant accès au fonds audiovisuel indique la qualification, sous la dénomination de *genre* plus adaptée à une utilisation publique.

Compte tenu des particularités d'exploitation des audiovisuels (consoles programmées, consoles serveur, programmation en salle), il a paru nécessaire de structurer également les fonds à la manière des collections d'éditeurs. La médiathèque a défini 19 *profils de l'audiovisuel scientifique* qui représentent autant de pistes pour le public. Ces *profils*, dont la liste figure en annexe 22, constituent des regroupements ni purement thématiques ni purement médias, mais une dimension supplémentaire pour le développement des collections et la communication au public.

Un système différencié par usage et public

La pyramide des acquisitions

Pour rapprocher le système d'acquisition d'un modèle centré *public*, on peut structurer les acquisitions en une pyramide à trois étages (*Cf.* schéma ci-contre) :
– à la base, les documents destinés à un large public ou utilisables par un large public ;
– au-dessus, l'étage universitaire (1er et 2e cycles) ;
– au sommet, l'étage professionnel qui vise non les chercheurs, mais les ingénieurs, techniciens, professionnels de la santé, etc.

Pour un nombre donné de volumes dans une discipline, on peut jouer sur les hauteurs des deux « plafonds ».

La pyramide compte autant de faces que de supports nécessaires et rien n'empêche que les hauteurs des plafonds, et donc les volumes relatifs, diffèrent d'un support à un autre, à l'intérieur d'une même section, donnant une image concrète de la *complémentarité entre supports*.

Par exemple, nous pouvons compenser la faiblesse de notre offre *« livres de vulgarisation en chimie »* en proposant, moyennant une médiation adaptée, des audiovisuels didactiques ou des logiciels éducatifs de niveau scolaire auprès d'un large public.

L'unité de domaine de la pyramide est par exemple une subdivision de la classification de Dewey, ou éventuellement un regroupement de subdivisions.

Continuons la construction de la face *livres* :

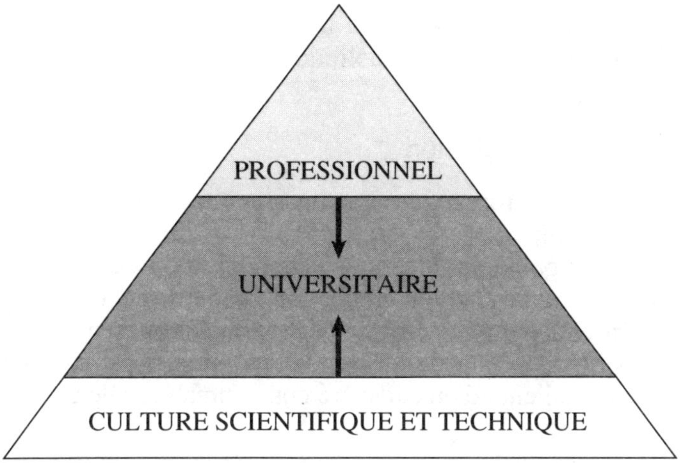

• À la base :
– Les ouvrages d'initiation
– Les essais
– Les ouvrages pratiques
– Les ouvrages de référence non spécialisés
– Les beaux livres
– Les manuels scolaires
– Les classiques de la science
– Les ouvrages d'histoire et de philosophie des sciences

• À l'étage intermédiaire, les ouvrages universitaires pour étudiants.

• Au sommet, les ouvrages pour les professionnels et les traités de spécialité.
En poursuivant la construction des autres *faces* (périodiques, audiovisuels, supports informatiques et optiques, microformes) on délimite trois « macroprogrammes » autonomes dont les objectifs peuvent être clairement identifiés :

– Base : offrir à un large public la *base culturelle* des sciences et des techniques sur tout support documentaire.
– Étage intermédiaire : offrir aux étudiants une sélection *limitée* en titres et en volumes de documents de qualité reconnue.
– Sommet : offrir aux professionnels une information généraliste à partir de documents de *synthèse*.

À chaque étage sa politique d'acquisition et de traitement ; à chaque étage sa politique de circulation et de mise en valeur et d'exploitation en service public. À chaque étage enfin ses modes d'acquisition, son suivi et son évaluation.

Politique d'acquisition : mode de repérage, nombre d'exemplaires, sélection, exhaustivité, rapport prêt/consultation, titres en langue étrangère, renouvellement (actualisation, élimination).

Politique de traitement : fraction à traiter en urgence, enrichissement de la notice, exploitation documentaire, politique d'indexation.

Les programmes d'acquisition

Chacun des « macroprogrammes » comporte des programmes spécifiques par genre ou qualification.

Par exemple, les grandes collections généralistes de vulgarisation de la base peuvent donner lieu à acquisition en commande permanente en deux exemplaires. À réception un exemplaire au moins est traité en urgence et mis en valeur à proximité des rayons. On peut décider de recommander des exemplaires selon différents critères (pérennité ou caractère consommable, rôle de produit d'appel, etc.).

À l'inverse, les acquisitions d'ouvrages universitaires pourront être regroupées (par exemple deux fois par an à une période différente pour chaque domaine), de manière à être mieux encadrées.

La médiathèque de la Cité des sciences et de l'industrie a décidé de mettre en place cinq programmes :

- les grandes collections généralistes de vulgarisation ;
- les manuels scolaires ;
- les ouvrages de niveau universitaire ;
- les études de marché ;
- les répertoires professionnels.

Du côté des audiovisuels, elle adopte des axes qui lui permettent de donner une traduction budgétaire à la politique d'acquisition. Ces axes s'intitulent :

- Référence
- Information du citoyen
- Découverte
- Vulgarisation des concepts et des méthodes scientifiques
- Visualisation des techniques
- Vie professionnelle
- Vie quotidienne

Le plan de développement des collections

Le système des qualifications représente d'abord un outil d'évaluation. Mais si l'on adjoint au volet mode d'emploi un volet politique d'acquisition, on peut inclure pour chaque qualification des préconisations portant sur les exemplaires, la conservation et la reliure, le rôle que l'on souhaite faire jouer à ce type de document dans la bibliothèque, etc. Rien n'empêche que ces préconisations soient modulées selon le thème traité. Pour une même qualification, deux départements peuvent donner des recommandations sensiblement différentes. C'est au niveau des programmes d'acquisition qu'est recherchée la cohérence d'ensemble.

Les qualifications n'intègrent pas tous les éléments nécessaires à la définition du niveau de la collection. C'est l'objet du plan de développement des collections que de fixer des objectifs par cote, en particulier des objectifs de niveau. Dans le contexte français, et compte tenu de l' importance de la production non francophone scientifique et technique, on doit intégrer aux critères de niveau celui d'accès aux langues étrangères. L'annexe 23 donne une échelle de niveau utilisable pour les monographies dans le domaine scientifique et technique.Transposée aux autres supports, elle servira à codifier l'ensemble des titres rassemblés sous une même cote ou regroupement de cotes.

Outre les objectifs de niveau et de volume d'acquisition, le plan de développement des collections donne des indications sur l'intégration des dimensions transversales à la science (*Cf.* annexe 24).

On a vu sur l'exemple du prêt que l'exploitation des qualifications permettait un retour sur les objectifs stratégiques.

Les notions et outils développés précédemment peuvent être mis à profit pour segmenter les usages.

À côté des missions de l'institution et des objectifs pour l'information scientifique et technique, on peut dégager neuf axes structurant l'offre de service (*cf.* annexe 25).

Chaque axe, qui traduit une démarche particulière du public, définit un champ d'action pour la bibliothèque.

À l'aide des qualifications, on identifie facilement les catégories de documents les plus adaptés à chaque axe. On déterminera également, pour chacun d'entre eux, les thèmes phares qu'il faut mettre en valeur.

Les formes d'animation, les types de présentation des collections, la mise en espace, la structuration des services de base, comme le prêt, et des services annexes, pourront s'analyser de la même manière.

Cette méthode de segmentation permet de dynamiser l'offre scientifique en bibliothèque et d'intégrer les activités liées aux fonds scientifiques et techniques.

Francis AGOSTINI

Annexe 1. – Objectifs de la bibliothèque pour l'information scientifique du public

INFORMATION-DOCUMENTATION	• Donner au public les moyens documentaires de s'informer sur un sujet qui l'intéresse, le préoccupe, sa motivation pouvant être d'ordre scolaire, professionnel, personnel ou civique.
⇨ DIFFUSION	• Faire connaître les réussites de l'édition de vulgarisation. • Favoriser l'initiation aux savoirs scientifiques.
⇨ RÉFÉRENCE	• Donner accès aux documents de référence : rapports, publications officielles, réglementations, normes, annuaires, dictionnaires et encyclopédies, bibliographies et banques de données, « classiques » de la science, ouvrages de réflexion sur la science et d'histoire des sciences.
FORMATION INITIALE ET PERMANENTE	• Offrir un lieu d'autoformation à ceux qui n'ont pas accès aux services institutionnels d'enseignement et de formation. • Offrir une base documentaire minimale aux autres, proche de leur domicile.
SENSIBILISATION	• Susciter l'intérêt, la curiosité pour la chose scientifique. • Familiariser le public avec les démarches et le fonctionnement de la science.
SOCIALISATION	• Offrir un lieu de partage, de rencontre et de débat *Science/Technique/Société*. • Battre en brèche le rejet du scientifique hors du questionnement social.

Annexe 2. – Fiche-guide pour une analyse de documentaire scientifique et technique

1. L'objet-livre
   - Format
   - Épaisseur
   - Couverture
   - Qualité technique (papier glacé, ...)
   - Prix
   - Date 1re édition
   - Statut de l'auteur (scientifique, journaliste, ...)
   - Traduction
   - Attrait immédiat
   - Typographie
   - Titres, têtes de chapitres
   - Illustrations esthétiques
   - Illustrations légendées
   - Graphiques, schémas, ...
   - Équilibre illustrations / textes
   - Table des matières
   - Lexique
   - Bibliographie
2. Contenu linguistique
   - Statut de l'image (redondante, complémentaire, gratuite)
   - Marqueurs de texte
   - Utilisation de codes (*, ...)
   - Lisibilité du texte (clarté de la syntaxe, style, choix du vocabulaire, % de mots difficiles)
   - Titres clairs, évocateurs d'un contenu
   - Lexique, table des matières clairs
3. Contenu scientifique
   - Hiérarchisation des informations
   - Exactitude du contenu
   - Choix judicieux des documents (photos, schémas, ...)
   - Interaction texte-image
   - Possibilité de conceptualisation
   - Démarche (inductive, déductive, expérimentale)
   - Possibilité pour le lecteur de se situer clairement
   - Lien avec l'actualité
   - Honnêteté intellectuelle (idéologie explicitement exprimée, pluralisme des hypothèses)
   - Ouverture sur les limites de la « vérité scientifique »
   - Développement de l'esprit critique
   - Prérequis nécessaires
   - Approche historique
4. Ouverture
   - Ouverture sur d'autres questions
   - Incitation à compléter l'information à l'aide d'autres documents
   - Exploitation pédagogique intéressante
   - Exploitation culturelle intéressante
   - Aspect ludique
   - Rapport avec la réalité (quotidienne, vécue)

Fiche établie durant un stage organisé par la MAFPEN Besançon : « Le documentaire scientifique et technique ».

Annexe 3. – Grille d'analyse d'ouvrages de vulgarisation

Référence Bibliographique

TITRE	
AUTEUR	
ÉDITEUR	DATE
TITRE DE LA COLLECTION	

Caution Scientifique

Lisibilité

NOMBRE DE MOTS PAR PHRASE
VOCABULAIRE
DÉFINITIONS
ACCROCHES
STYLE, TON

Structure

PARTIES AUTONOMES		ENCADRÉS
PLACE OCCUPÉE PAR L'IMAGE		
APPORT INFORMATIF DE L'IMAGE		
LÉGENDAIRE		
GLOSSAIRE	INDEX	BIBLIOGRAPHIE

Aspect Matériel

FORMAT	RELIURE
QUALITÉ TYPO	QUALITÉ IMAGE

Synthèse

LECTURE ALÉATOIRE / LECTURE SÉQUENTIELLE	
PRÉREQUIS	PUBLIC VISÉ
AVIS GLOBAL	

Annexe 4. – Éléments d'évaluation pour l'audiovisuel

Critères de contexte	Critères intrinsèques	Critères de public	Critères d'environnement	Critères d'utilisation
Diffusion TV Salle Vidéo cassette			Public-cible	
Producteur	Techniques Écriture AV Genre AV	Style, ton Effet de découverte Effet d'émerveillement Humour Émotion	Politique de séries Politique d'auteurs Politique de producteurs	Consultation individuelle préconisée (pédagogie, confidentiel) Programmation en salle préconisée (commentaires, débats, mélange de genres)
Série, Magazine	Adéquation du médium au sujet et au propos	Sujet suscitant la curiosité d'un public large	Représentation du sujet dans le fonds AV	
Filmographie	Pérennité Date de réalisation	Impact public de la diffusion	Actualité	
	Niveau/vocabulaire Rapport texte/image Densité d'information Durée Densité d'interview	Appropriation par les médiathécaires en vue de la médiation	Complémentarité imprimés /AV	Retour en arrière Arrêt sur image Brièveté de consultation Schémas, formules
Contexte institutionnel	Conseil scientifique		Personnalité mise en scène	
Contexte culturel	VFO/VF/VO	Contexte culturel et linguistique	Relations avec le diffuseur	Légendes en langues étrangères
Propos	Originalité		Distinctions	

Annexe 5.

Fiche évaluation - AUDIOVISUEL

Vidéodisque n° : F C A/LD

NNB — Cote :

Signalement

TITRE ORIGINAL :

Série :

Auteur :

Réalisateur :

Conseiller scientifique :

Producteur :

Commanditaire :

Contexte :

Distributeur :

Année :

Durée :

Sonore ☐ SSC ☐ Muet ☐ Noir et blanc ☐ Couleur ☐

Références

Repérage :

Distinctions :

Diffusion TV ☐ Diffusion en salle ☐

Techniques audiovisuelles

Vues en extérieur : — Vues en intérieur :

Vues en accéléré ou au ralenti :

Vues en macro ou en micro :

Animation : — Images de synthèse :

Schémas, formules : — **Musique :**

Autres techniques :

Interviews : — Commentaires :

Écriture audiovisuelle

STRUCTURE :

Séquences : — indépendance : oui ☐ non ☐

Linéarité : oui ☐ non ☐ — progressivité : oui ☐ non ☐

Scénarisation :

	IMAGE	TEXTE
Éléments non définis		
Rythme		
Densité d'information		
Redondance		
Véhicule principal IST		

Autonomie texte/image :

Tonalité :

Synthèse :

Techniques audiovisuelles

RÉSUMÉ :

SUJET :
QUALIFICATION :
PROFIL :
PROPOS :
Environnement dans le fonds :

Évaluation

PÉRENNITÉ :
PROGRAMMATION PRÉCONISÉE :
Consoles Salle Jean-Painlevé

Avis global :

Version française

Version française originale :	oui ☐	non ☐
Version française disponible :	oui ☐	non ☐
Réalisation :		
Adaptation :		
À doubler :	oui ☐	non ☐
À sous-titrer	oui ☐	non ☐

Bilan de l'utilisation

Dates des programmations effectives :

Consoles :

__|__|__ __|__|__ __|__|__
__|__|__ __|__|__ __|__|__

Salle Jean-Painlevé :

__|__|__ __|__|__ __|__|__

Nouveau titre à chercher sur le sujet : oui ☐ non ☐

Date de fin de contrat :
Contrat à renouveler : oui ☐ non ☐

Visionné par : / /
/ /
le : à :
rempli par : le :

Annexe 6. – Qualifications pour les livres

Ouvrage de vulgarisation	L 11	Beau livre	L 21
Ouvrage de sensibilisation	L 12	Livre d'images	L 22
Guide pratique	L 13	Bande dessinée	L 23
Ouvrage pour amateur	L 14	Livre de jeux	L 24
Ouvrage de référence	L 15	Livre de fiction	L 25
Ouvrage de réflexion générale ou de réflexion personnelle	L 16	Ouvrage classique	L 26
		Livre-objet	L 28
Ouvrage journalistique	L 17		
Livre de témoignage	L 19		
		Manuel scolaire (enseignement général)	L 51
		Manuel scolaire (enseignement professionnel)	L 52
Ouvrage à usage professionnel supposant un prérequis technique	L 41		
Ouvrage à usage professionnel supposant un prérequis universitaire scientifique ou technique	L 42	Ouvrage universitaire	L 61
Répertoire professionnel	L 43	Manuel d'exercices (niveau universitaire)	L 62
Catalogue de produits	L 44		
Guide d'utilisateur	L 45		
Étude ou enquête (marché, économie, prospective)	L 46		
Statistique	L 47		
Norme	L 48	Livre de recherche	L 70
Réglementation	L 49		

Annexe 7. – Qualifications pour les périodiques

	Code
Revue de vulgarisation générale	P 11
Revue d'éveil	P 12
Revue de vie pratique	P 13
Revue d'amateur	P 14
Revue de réflexion générale	P 16
Revue de jeux	P 24
Revue d'association ne supposant pas de Prérequis universitaire scientifique ou technique	P 27
Magazine professionnel	P 40
Revue professionnelle	P 41
Lettre d'information (Newsletter)	P 43
Revue d'entreprise	P 44
Rapport annuel	P 45
Revue d'études	P 46
Revue de statistiques	P 47
Revue de spécialité, revue de société savante ou d'association supposant un Prérequis universitaire scientifique ou technique	P 60
Revue de recherche	P 70

Annexe 8. – Qualifications pour les documents audiovisuels

	Code
Documentaire audiovisuel d'intérêt général	A 11
Audiovisuel de sensibilisation	A 12
« Guide pratique » audiovisuel	A 13
Documentaire audiovisuel d'information spécifique	A 14
Document d'intérêt historique « grand public »	A 15
Mise en scène d'une personnalité	A 16
Audiovisuel de voyages, expéditions, aventures	A 17
Reportage audiovisuel	A 18
Audiovisuel de témoignage	A 19
Reconstitution historique	A 23
Audiovisuel de jeu	A 24
Film de fiction	A 25
Documentaire d'auteur	A 26
Audiovisuel de prévention	A 27
Émission de plateau ou avec présentateur ou débat enregistré	A 28
Films d'archives (exclusivement)	A 29
Audiovisuel pour la formation professionnelle	A 41
Film à usage professionnel	A 44
Audiovisuel didactique niveau scolaire	A 51
Audiovisuel didactique niveau universitaire	A 61
Document d'intérêt historique niveau universitaire	A 62
Audiovisuel de recherche	A 70

Annexe 9. – Comparaison entre qualifications du bloc *grand public*

CARACTÉRISTIQUES	**A 12**	**A 11**	**A 14**
Densité d'information (texte ou image)	faible	moyenne	importante
Esthétique / Spectacle	indispensable	indispensable	non indispensable
Propos	Sensibiliser	Informer / Faire découvrir Distraire / Plaire / Émouvoir	Informer / Faire découvrir
Durée	regroupe plutôt des films courts	regroupe plutôt des films longs	durée indifférente
Vocabulaire	aucun prérequis	aucun prérequis	peut supposer une culture d'amateur
Tonalité / Style	séduction émotion	narratif émotion	non essentiellement didactique

Annexe 10.

CODE	LIVRES	PÉRIODIQUES	AUDIOVISUELS
11	Ouv. de vulgarisation	Revue de vulg. gén.	Doc. d'intérêt gén.
12	Ouv. de sensibilisation	Revue d'éveil	AV de sensibilisation
13	Guide pratique	Revue de vie pratique	AV « pratique »
14	Ouv. pour amateur	Revue d'amateurs	Doc. d'info. spécifique
15	Ouv. référence		Doc. d'intérêt historique
16	Ouv. de réflexion	Revue de réflexion	
17	Ouv. journalistique		Voyage, expéd. aventures
18			Reportage AV
19	Livre de témoignage		AV de témoignage
21	Beau livre		
22	Livre d'images		
23	BD		Reconstitution historique
24	Livre de jeux	Revue de jeux	AV de jeu
25	Livre de fiction		AV de fiction
26	Classique		Doc. d'auteur
27		Rev. assoc. non « PUST »	AV de prévention
28	Livre-objet		Plateau
29			Magazine TV
30	Carte		
40		Magazine prof.	
41	Ouv. prof. « technique »	Revue professionnelle	AV de formation prof.
42	Ouv. prof. « PUST »		
43	Répertoire prof.	Lettre d'information	
44	Catalogue de produits	Revue d'entreprise	AV à usage professionnel
45	Guide d'utilisateur	Rapport annuel	
46	Étude, enquête	Revue d'études	
47	Statistique	Revue de stat.	
48	Norme		
49	Texte réglementaire		
51	Manuel scol. ens. gén.		AV ens. niveau scol.
52	Manuel scol. ens. prof.		
60		Revue de spécialité	
61	Ouv. universitaire		AV ens. niveau univ.
62	Manuel d'exercices		Doc. hist. univ.
70	Livre de recherche	Revue de recherche	AV de recherche

Annexe 11.

QUALIFICATION	CODE
DOCUMENT DE SENSIBILISATION	**L 12**

Définition

Document relativement succint permettant à un large public d'aborder un sujet déterminé. Les livres de vulgarisation destinés au public jeune peuvent se rapprocher de cette définition.

Exemples

– La rivière, un milieu naturel en danger. – Bayard Presse. – (Documents Okapi)
– Les aimants, pour quoi faire ? – Nathan. – (doc 8/12)
– Incommodités. – Syros. – (Petits carnets)
– La préhistoire. – Ouest France
– Le Castor. – PEMF. (BTJ)
– Les Hamsters / H. Fischer-Nagel. – Gamma. -37 p. – (Métamorphoses de la nature)
– Les Baleines. – Larousse. – 92 p. – (Globe-trotter)
– L'Alcool : Tout ce que vous auriez pu savoir... / Mutualité française. – F.G. Éditions, 1988
– Sida : les faits, l'espoir / Pr Luc Montagnier. – Fondation Internationale de l'Information Scientifique, 1990.

Voisinage

Ouvrage de vulgarisation L 11
Guide pratique L 13

Zones de recouvrement et critères de séparation

C'est le propos – exprimé dans un contenu et dans une présentation – qui distingue le document de sensibilisation de l'ouvrage de vulgarisation ou du guide pratique.

Commentaires

Les brochures de prévention et les brochures à caractère pédagogique sont à classer en L 12.

Annexe 12.

QUALIFICATION	CODE
OUVRAGE POUR AMATEUR ET SUPPOSANT UNE INITIATION	**L 14**

Définition

Ouvrage destiné aux amateurs désireux de progresser dans leur centre d'intérêt et donc déjà familiarisés avec un domaine scientifique ou technique.

Exemples

– Construction amateur d'un bateau en acier / Serge Kernilis. – Éd. maritimes et d'Outre-Mer
– Le guide pratique du pilotage / Jean Zilio. – Vario
– Les montages électroniques : savoir, pratiquer, inventer. – Led initiation
– Amstrad : guide du Basic et de l'AMSDOS. – Sybex
– Le MS-DOS simplement / Carl Townsend. – Mémoire vive
– Le système d'exploitation MS-DOS version 6. – Eyrolles
– Les cartes graphiques sur PC : utilisation et applications / H.J. Bomanns. – Micro application
– Flore forestière française : guide écologique illustré. – Ministère de l'agriculture et de la forêt
– Atlas photographique astronomique / A. Hecq, J. Manfroid. – Maloine, 1978
– The sun and solar system debris : a catalog of astronomical anomalies / compiled by W. R. Corliss. – The Sourcebook Project, 1986

Voisinage

Guide pratique L 13
Manuel universitaire L 61
Ouvrage professionnel L 43

Zones de recouvrement et critères de séparation

Les livres pratiques supposant des connaissances préalables se placent en L 14 plutôt qu'en L 13.

Suivant leur niveau et leur forme, certains livres seront classés en L 61 ou en L 43 plutôt qu'en L 14.

Commentaires

Annexe 13.

QUALIFICATION	CODE
REPORTAGE AUDIOVISUEL	**A 18**

Définition

Document réalisé sur la base d'un travail d'enquête impliquant de se déplacer sur les lieux et de rencontrer les personnes concernées.

Caractéristiques

– Le sujet est traité de différents points de vue (technique, économique, social,...).
– Le style, journalistique, repose sur la confrontation des points de vue et l'alternance de séquences d'interview et de séquences avec commentaire off.
– Durée relativement longue.

Exemples

* *Café* / German Gutierez. – 51 min. – (Via le monde)
* *Cissin...5 ans plus tard.*- ONFC, 1982. – 36 min
* *L'Adolescent à l'hôpital* / B. Abrigeon. – 1982. – 51 min
* *Clermont-Ferrand, zone industrielle.* – INA
* *Claudine Massol, chef d'entreprise*
* *Les Pélerins de la Mer Morte* / I. Barrère, E. Lalou.- (Indications)
* *Le Barrage d'Itaipu* / J. Labib

Voisinage et critères de séparation

A 11 : Documentaire d'intérêt général
A 19 : Audiovisuel de témoignage

Commentaires

Attention à l'obsolescence des informations contenue dans les reportages.

Annexes 14 à 19. – Évaluation du fonds de livres (1990)

SECTION GÉOLOGIE	répartition des titres	répartition des volumes	nb d'ex. en P par titre	nb d'ex. en C par titre	répartition des volumes en P	répartition des volumes en C	proportion de titres en français	répartition des volumes en français	proportion des volumes en français	proportion des vol. publiés à partir de 1981
PUBLICS										
Tout public	**39 %**	39 %	1,7	1,0	42 %	35 %	88 %	42 %	91 %	61 %
Enseignement secondaire Enseignement supérieur	1 % 12 %	3 % 12 %	5,5 1,2	1,5 1,0	5 % 12 %	2 % 14 %	100 % 89 %	4 % 13 %	100 % 92 %	100 % 39 %
Professionnel	**38 %**	32 %	1,3	1,1	30 %	36 %	77 %	31 %	83 %	56 %
Sous-total	90 %	88 %	1,5	1,1	88 %	87 %		91 %		
NIVEAUX										
Professionnel sans prérequis universitaire	3 %	2 %	1,0	1,0	2 %	3 %	60 %	2 %	60 %	100 %
Universitaire et recherche	**54 %**	52 %	1,3	1,1	49 %	57 %	77 %	49 %	81 %	53 %

SECTION BÂTIMENT TRAVAUX PUBLICS	répartition des titres	répartition des volumes	nb d'ex. en P par titre	nb d'ex. en C par titre	répartition des volumes en P	répartition des volumes en C	proportion de titres en français	répartition des volumes en français	proportion des volumes en français	proportion des vol. publiés à partir de 1980
PUBLICS										
Tout public	**39 %**	39 %	2,0	1,1	40 %	38 %	95 %	39 %	97 %	97 %
Enseignement secondaire Enseignement supérieur	5 % 6 %	6 % 6 %	2,0 2,0	1,2 1,0	6 % 6 %	7 % 5 %	100 % 83 %	7 % 5 %	100 % 89 %	100 % 100 %
Professionnel	**50 %**	49 %	1,8	1,0	49 %	50 %	92 %	49 %	95 %	98 %
Sous-total	100 %	100 %	1,9	1,1	100 %	100 %		100 %		
NIVEAUX										
Professionnel sans prérequis universitaire	43 %	42 %	1,9	1,0	42 %	42 %	95 %	42 %	97 %	98 %
Universitaire et recherche	14 %	13 %	1,6	1,0	13 %	14 %	79 %	12 %	86 %	100 %

SECTION SANTÉ ET SOCIÉTÉ	répartition des titres	répartition des volumes	nb d'ex. en P par titre	nb d'ex. en C par titre	répartition des volumes en P	répartition des volumes en C	proportion de titres en français	répartition des volumes en français	proportion des volumes en français	proportion des vol. publiés à partir de 1985
PUBLICS										
Tout public	**43 %**	47 %	1,98	0,90	51 %	39 %	98 %	49 %	99 %	46 %
Enseignement secondaire Enseignement supérieur	0 % 0 %	0 % 0 %								
Professionnel	**56 %**	53 %	1,45	0,94	48 %	60 %	88 %	50 %	90 %	70 %
Sous-total	99 %	99 %	1,68	0,92	100 %	99 %		99 %		
NIVEAUX										
Professionnel sans prérequis universitaire	29 %	28 %	1,34	1,03	23 %	37 %	94 %	29 %	96 %	74 %
Universitaire et recherche	28 %	25 %	1,55	0,85	25 %	24 %	82 %	22 %	84 %	67 %

SECTION MÉDECINE	répartition des titres	répartition des volumes	nb d'ex. en P par titre	nb d'ex. en C par titre	répartition des volumes en P	répartition des volumes en C	proportion de titres en français	répartition des volumes en français	proportion des volumes en français	proportion des vol. publiés à partir de 1984
PUBLICS										
Tout public	32 %	30 %	1,8	1,1	30 %	31 %	100 %	31 %	100 %	48 %
Enseignement secondaire Enseignement supérieur	0 % 10 %	0 % 21 %	2,8	1,4	22 %	18 %	100 %	21 %	100 %	62 %
Professionnel	**55 %**	47 %	1,6	1,0	45 %	49 %	93 %	46 %	96 %	68 %
Sous-total	97 %	98 %	1,8	1,1	98 %	97 %		98 %		
NIVEAUX										
Professionnel sans prérequis universitaire	17 %	16 %	1,9	1,1	16 %	16 %	86 %	16 %	94 %	68 %
Universitaire et recherche	**51 %**	54 %	1,8	1,1	54 %	53 %	95 %	53 %	97 %	68 %

SECTION BIOLOGIE	répartition des titres	répartition des volumes	nb d'ex. en P par titre	nb d'ex. en C par titre	répartition des volumes en P	répartition des volumes en C	proportion de titres en français	répartition des volumes en français	proportion des volumes en français	proportion des vol. publiés à partir de 1986
PUBLICS										
Tout public	21 %	21 %	2,2	1,2	21 %	21 %	85 %	23 %	91 %	18 %
Enseignement secondaire Enseignement supérieur	9 % 36 %	10 % 44 %	2,8 2,6	1,1 1,2	11 % 47 %	8 % 40 %	93 % 69 %	12 % 45 %	96 % 84 %	7 % 3 %
Professionnel	24 %	18 %	1,4	1,1	16 %	23 %	68 %	16 %	74 %	16 %
Sous-total	90 %	94 %	2,2	1,2	95 %	91 %		96 %		
NIVEAUX										
Professionnel sans prérequis universitaire	8 %	5 %	1,2	1,3	4 %	8 %	83 %	5 %	80 %	33 %
Universitaire et recherche	63 %	63 %	2,0	1,2	64 %	63 %	63 %	60 %	78 %	4 %

SECTION BIOLOGIE ANIMALE	répartition des titres	répartition des volumes	nb d'ex. en P par titre	nb d'ex. en C par titre	répartition des volumes en P	répartition des volumes en C	proportion de titres en français	répartition des volumes en français	proportion des volumes en français	proportion des vol. publiés à partir de 1980
PUBLICS										
Tout public	81 %	80 %	1,9	1,1	80 %	80 %	90 %	82 %	93 %	74 %
Enseignement secondaire Enseignement supérieur	0 % 9 %	0 % 11 %	2,0	0,9	12 %	9 %	60 %	10 %	81 %	50 %
Professionnel	7 %	7 %	1,3	1,0	6 %	9 %	75 %	7 %	83 %	63 %
Sous-total	97 %	98 %	1,8	1,1	99 %	98 %		99 %		
NIVEAUX										
Professionnel sans prérequis universitaire	4 %	5 %	1,5	1,0	4 %	6 %	75 %	5 %	88 %	50 %
Universitaire et recherche	16 %	15 %	1,6	0,9	16 %	14 %	65 %	13 %	78 %	65 %

Annexe 20. – Profils des sections

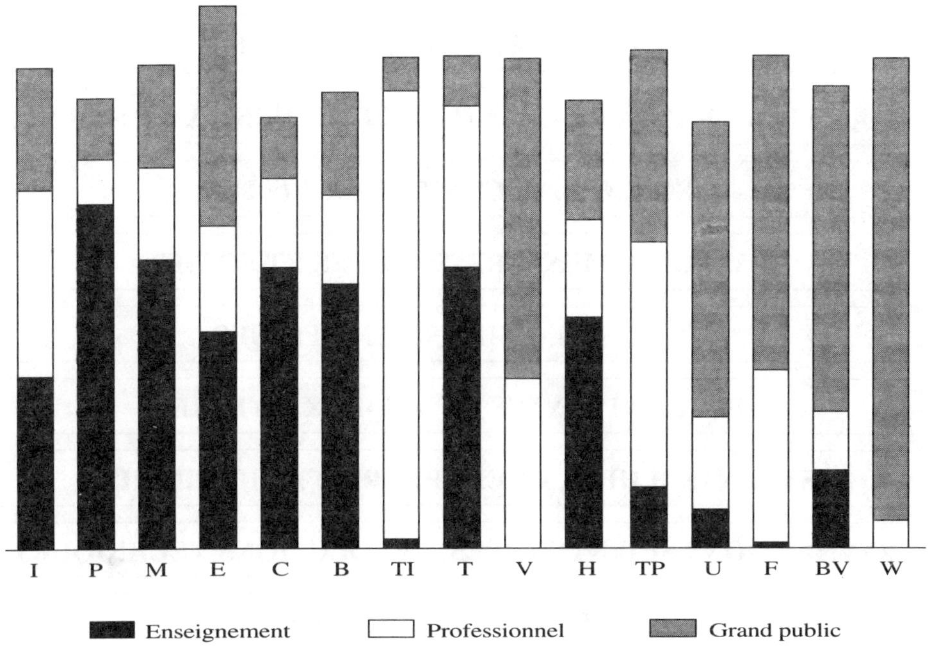

Annexe 21. – Taux de rotation

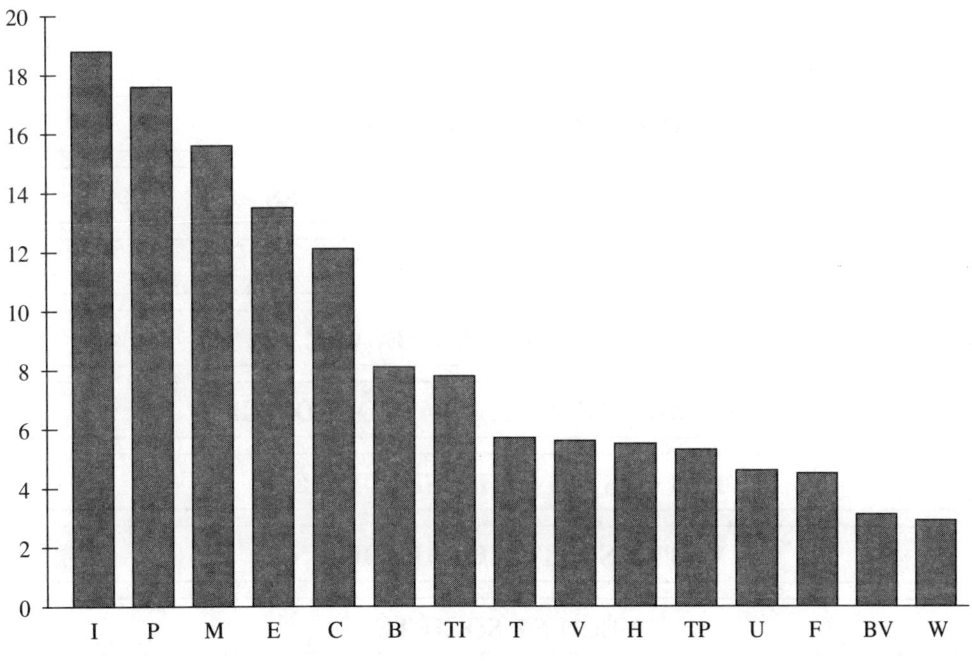

Annexe 22. – Profils de l'audiovisuel scientifique

LES ARCHIVES DE LA SCIENCE
QUAND LES GRANDS RÉALISATEURS TOUCHENT À LA SCIENCE
SCIENCE, TECHNIQUE, SOCIÉTÉ
ENVIRONNEMENT, RESSOURCES ET SOCIÉTÉ
JEUX ET LOISIRS SCIENTIFIQUES
ESPÈCES VIVANTES ET MILIEUX NATURELS
SAVANTS D'HIER, CHERCHEURS D'AUJOURD'HUI
RÉVOLUTIONS SCIENTIFIQUES, RÉVOLUTIONS TECHNIQUES
COMPRENDRE LES PHÉNOMÈNES
VOIR L'INVISIBLE
TECHNIQUES D'OBSERVATION DE LA NATURE
COMMENT ÇA MARCHE
À LA RECHERCHE DES ORIGINES
PISTES DE LA RECHERCHE
LA TECHNIQUE À L'ŒUVRE
L'HOMME AU TRAVAIL AUJOURD'HUI
LES GESTES DE LA SÉCURITÉ
VOTRE SANTÉ AU QUOTIDIEN
VÉCU ET SOCIÉTÉ

Annexe 23. – Niveau de la collection monographies

VALEUR	NIVEAU	DESCRIPTION DU NIVEAU
1	**« Première aide »**	Ouvrages de référence (au sens strict) en français Ouvrages de vulgarisation en français
2	**« Fonds de base »**	1 + Ouvrages de base en français (ouvrages à caractère encyclopédique, ouvrages classiques, manuels scolaires)
3	**« Fonds de référence »**	2 + Sélection d'ouvrages universitaires et professionnels en français (y compris traités couvrant des disciplines larges et publications officielles)
4	**« Fonds d'étude »**	3 + Sélection d'ouvrages spécialisés en français (y compris traités de spécialité, congrès, synthèses de la recherche, rapports techniques) + sélection de monographies anglo-saxonnes comblant des lacunes de l'édition en français
5	**« Fonds d'étude spécialisé »**	Exhaustivité de la production en langue française (y compris littérature grise) + sélection de la production en langue étrangère
6	**« Fonds de recherche »**	Exhaustivité de la production française et étrangère

Annexe 24. – Plan de développement des collections

COTE	PRODUCTION FRANÇAISE	PART VST	TITRES année n	TITRES année n + 2	VOLUMES année n	VOLUMES année n + 2	Renouv. année n	Renouv. année n + 2	NIVEAU			PART SHS	PART Fiction
									L	P	A		

Annexe 25.

AXE STRUCTURANT	**PUBLICS**	**TYPES DE DOCUMENT LES PLUS ADAPTÉS**
DÉCOUVRIR	TOUT PUBLIC	QUALIFICATIONS 11 ET 12 L 21 (BEAUX LIVRES)
S'INTÉRESSER À UN DOMAINE À TITRE DE LOISIR	AMATEUR	QUALIFICATIONS 14
S'INFORMER EN TANT QUE CITOYEN	TOUT PUBLIC	QUALIFICATIONS 16 A 27, A 18
S'INTÉRESSER AUX ASPECTS VIE QUOTIDIENNE	TOUT PUBLIC	QUALIFICATIONS 13
COMPRENDRE LES CONCEPTS DE BASE ET LES MÉTHODES SCIENTIFIQUES	TOUT PUBLIC	QUALIFICATIONS 11 ET 51
DISPOSER D'UN SOUTIEN DOCUMENTAIRE POUR LA SCOLARITÉ	SCOLAIRES	QUALIFICATIONS 11 ET 51
SE FORMER POUR LA VIE PROFESSIONNELLE	TOUT PUBLIC	QUALIFICATIONS 41 ET 52
DISPOSER D'UNE BASE DOCUMENTAIRE POUR LES ÉTUDES	ÉTUDIANTS	QUALIFICATIONS 61 ET 62
SUIVRE LES AVANCÉES SCIENTIFIQUES ET TECHNIQUES	PUBLIC PROFESSIONNEL	QUALIFICATIONS 40 à 49 P 60

L'espace de la médiation : aventures en science

« Il faut considérer un dictionnaire universel des sciences et des arts comme une campagne immense couverte de montagnes, de plaines, de rochers, d'eaux, de forêts, d'animaux, et tous les objets qui font la variété d'un grand paysage. La lumière du ciel les éclaire tous mais ils en sont tous frappés diversement. »
Diderot, *L'Encyclopédie*.

La communication scientifique publique fait appel à la médiatisation et à la médiation.

La médiatisation s'appuie sur des techniques de diffusion de masse alors que la médiation met en jeu une relation interpersonnelle. Médiatisation et médiation concourent à la diffusion sociale de la science, mais les différents canaux de diffusion ne donnent pas le même poids aux deux composantes.

Le même chercheur médiatise lorqu'il écrit un article pour une revue de vulgarisation et fait de la médiation lorqu'il répond aux questions de l'auditoire après une conférence dans un musée scientifique. Dès qu'on s'adresse à un individu ou à un petit groupe, on fait de la médiation et non plus de la médiatisation.

Cependant, le développement des dispositifs interactifs rend délicate la distinction. Comme systèmes de communication institutionnelle, les dispositifs interactifs se rattachent à la médiatisation. Construits sur le modèle du dialogue et adaptés à la navigation dans les savoirs, les dispositifs interactifs relèvent de la médiation. Les muséologues les considèrent bien comme des dispositifs de médiation[1].

La presse, y compris la presse de vulgarisation, propose au public des services documentaires (sommaires, texte intégral) accessibles en vidéotex ou sur disques

1. *Cf.* Bernadette Goldstein, « Les nouvelles technologies interactives et leur usages dans les musées », *Actes du congrès IDT*, 1994.

optiques. Les musées utilisent de plus en plus des interactifs incorporant des bases de connaissances. En dehors des catalogues en ligne, les bibliothèques se dotent de bornes interactives pour faciliter l'orientation du public[1].

Certes, la bibliothèque publique peut être amenée à adopter des techniques de communication de masse à l'occasion d'événements particuliers ou de manière courante (bulletin, plaquettes d'information, etc.). Nous venons de voir que les nouvelles technologies de l'information et de l'image ouvraient un espace intermédiaire entre médiatisation et médiation[2]. Cependant nous croyons que la bibliothèque doit investir d'autant plus l'espace de la médiation humaine : formalisation des techniques de l'entretien de référence, évaluation et suivi, valorisation de l'activité « face public ».

Les moyens de communication et d'orientation évoqués plus haut constituent des outils supplémentaires s'intégrant à l'activité quotidienne de renseignement au public. L'expérience de la médiathèque de la Cité des sciences et de l'industrie a conduit à réévaluer la place du service public dans le système global de socialisation des savoirs scientifiques.

Véritable pouls de la bibliothèque, le service au public doit occuper une place centrale dans l'organisation fonctionnelle, y compris du point de vue de l'évaluation. C'est lorsque la bibliothèque adopte une logique de communication *dans la réalisation même de son service*[3] qu'elle assure pleinement sa fonction sociale.

Dans toute bibliothèque publique, c'est la médiation – humaine – qui assure l'appropriation la plus riche des collections par le public. Cet élément clé de la fonction de la bibliothèque prend un relief particulier dans un contexte de vulgarisation. Par sa pratique du contact avec le public, la bibliothèque peut alimenter la réflexion sur la médiation scientifique.

À l'occasion du cinquième anniversaire d'*Alliage* au centre Georges-Pompidou, Françoise Balibar a présenté la revue comme rassemblant des gens qui voulaient que les choses ne restent pas à leur place dans les sciences et les arts. De leur côté, certains sociologues soutiennent que la vulgarisation scientifique n'a d'autre fonction que de renforcer les hiérarchies en place. Les praticiens du service au public défendront un point de vue différent. Eu égard à la place particulière de la science dans et hors la culture, la médiation humaine de la science dépasse le cadre du renseignement au lecteur ou au visiteur. Elle se présente sous deux volets, documentaire et muséologique :

1. Alexandre Chautemps, « Pourquoi se passer de bornes interactives ? », *Bulletin de l'Association des bibliothécaires français*, n° 157, 4e trim. 1992.
2. On utilise parfois le terme de *médiatation* pour caractériser ce domaine.
3. Le terme de *servuction* recouvre les services qui s'effectuent avec intervention de l'usager.

SAVOIRS MIS EN FORME

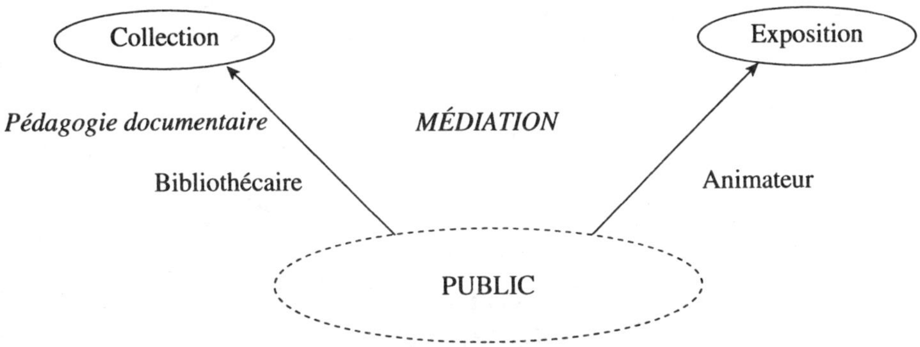

Nous ferons l'hypothèse que la médiation, dans son volet documentaire comme dans son volet muséologique, peut apporter au public une *écoute* favorisant la découverte de nouveaux champs de connaissance et la prise de parole. L'objectif premier de la médiation reste le service et l'autonomisation du public. Mais le partage des investigations des visiteurs crée parfois des situations où les barrières culturelles sont ébranlées. Si ébranlement il y a, il affecte en retour la bibliothèque dans sa culture d'institution : dichotomie service interne/service public, organisation matérielle, localisation et évaluation du service public, place accordée à la médiation dans les activités de la bibliothèque.

La place de la médiation

La problématique de la vulgarisation en bibliothèque tourne autour du rapport entre accumulation et médiation. On peut schématiser l'activité suivant deux modèles.

Dans le modèle traditionnel, le service de base est la mise à disposition des documents et les activités de médiation viennent « enrober » l'acquisition et le traitement des documents. C'est un modèle centré *support* (*cf.* schéma ci-dessous) avec d'abord les imprimés, ensuite les audiovisuels, les disques optiques, les didacticiels, etc. Il n'y a pas de structuration des acquisitions par usage et la médiation se trouve à la périphérie des activités internes, support par support.

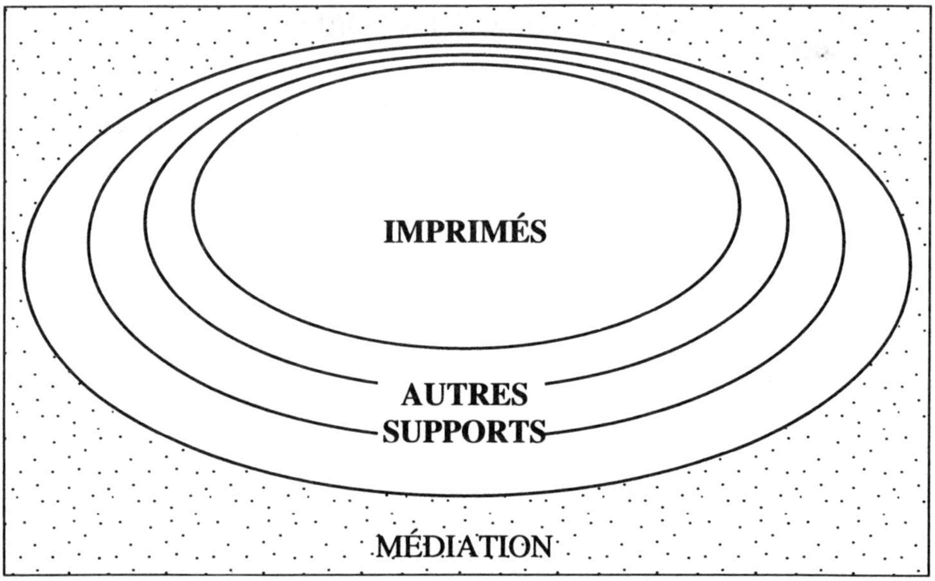

Dans le modèle centré *public* (*cf.* schéma ci-contre), on segmente les usages en déterminant les priorités selon les missions de l'institution.

Dans un centre dédié à la vulgarisation, comme la Cité des sciences et de l'industrie, la bibliothèque doit privilégier le public qui n'a pas accès aux canaux traditionnels de l'Information scientifique et technique (IST). Viser un public profane suppose de mettre à contribution tous les *médias* disponibles.

On placera au cœur de la cible les usages « grand public » de l'IST, c'est-à-dire les usages à finalité autre que scolaire, universitaire ou professionnelle. Si l'on se réfère aux axes structurants proposés précédemment[1], on voit que ceux-ci recouvrent les cinq premiers axes. Les quatre autres axes peuvent délimiter autant de circonférences autour du centre dans un ordre conforme aux priorités de la bibliothèque.

La part réservée à la médiation varie d'une cible à l'autre de manière que les priorités d'usage se traduisent bien dans l'ensemble des activités. La bibliothèque traduit alors son rôle de médiation dans son mode d'organisation.

1. *Cf.* Francis Agostini, p. 299.

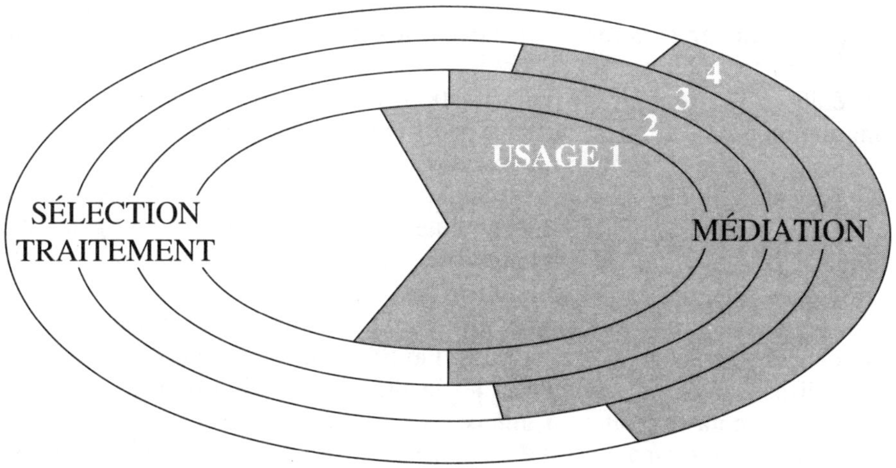

La bibliothèque pour la découverte

Avec la mise en *accès libre* des collections, la bibliothèque est devenue un territoire à explorer. Le catalogue en ligne en représente la « carte » virtuelle. D'autres « cartes » permettent d'enrichir les entrées dans le fonds : plan général des espaces (maquette, dépliant) ou, à l'inverse, coups de projecteur sur des fragments du fonds (sélections bibliographiques, itinéraires thématiques, programmes d'animation).

Dans l'environnement de la *bibliothèque virtuelle* (catalogues accessibles à distance, banques de données en ligne, services en vidéotex, disques optiques compacts, numérisation des collections, réseaux interbibliothèques), le bibliothécaire propose des pistes au public et sert d'initiateur, d'incitateur, de déclencheur de curiosité.

Une simple mise à disposition de ressources documentaires ne répondrait qu'aux besoins d'un public initié. La difficulté qu'éprouve le public à appréhender le monde de la science demande bien plus : imaginer de nouvelles balises de la connaissance, et faire une partie du chemin avec ce public.

Le domaine des sciences et des techniques présente dans le champ éditorial certaines particularités décrites ailleurs. Les demandes répétées du public sur des sujets négligés par l'édition conduisent à dépouiller les revues et à constituer des dossiers documentaires. Le manque d'une banque d'articles de vulgarisation largement accessible se fait sentir[1].

L'édition électronique de vulgarisation scientifique se limite souvent à la compilation par la revue des articles parus dans les dernières années et aux titres les plus populaires (exemple : *Science et vie*). On ne dispose pas, en France, de l'équivalent de l'hebdomadaire britannique *New Scientist*, disponible également sur disque optique compact. On peut toutefois exploiter des banques généralistes comme *CD Actualité*, qui comprend les références de nombreux articles de périodiques scientifiques et techniques de tout niveau[2].

En revanche, des documents *a priori* ciblés peuvent être utilisés auprès de publics variés (tranche d'âge, niveau). Favoriser les *migrations d'usages* se révèle indispensable pour compenser les lacunes de l'édition francophone de vulgarisation et pour exploiter au mieux les collections (*cf.* schéma ci-dessous).

À un astronome amateur ou à un programmeur en herbe, on n'hésitera pas à montrer des ouvrages destinés aux professionnels. La personne qui vient se renseigner sur une pathologie sera assez motivée pour consulter un traité de spécialité médicale. Un adulte qui souhaite se remettre à niveau en algèbre utilisera sans aucune gêne un manuel scolaire.

À l'inverse, on verra des étudiants plongés dans des BD pédagogiques et des enseignants se servir d'ouvrages de vulgarisation.

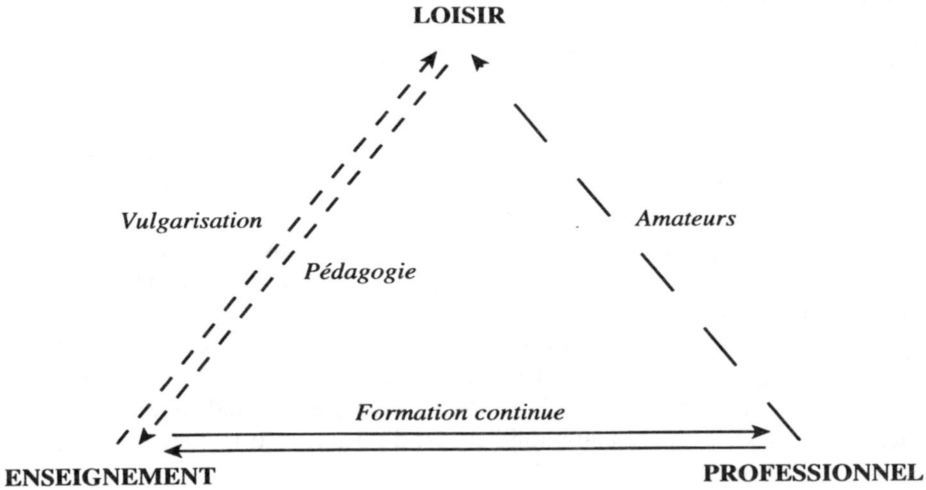

1. La banque de données de la BU de Caen qui dépouille quatre revues est accessible par INTERNET (*cf.* Le Crosnier, p. 227).
2. Le choix de couvrir un champ très large en domaine et en niveau (400 titres tous domaines) entraîne des coûts importants de réalisation qui hypothèquent l'avenir du produit.

Mais la variété d'utilisation est encore plus manifeste avec les documents audiovisuels proposés en consultation sur des consoles spécialisées[1] : du visiteur qui s'installe au hasard devant un écran libre à celui qui cherche des images montrant le comportement de la salamandre, de la famille qui occupe quatre consoles et reconstitue un cercle convivial à celle qui visionne sur le même écran *L'homme qui plantait des arbres* de Frédéric Back[2], les modes de consultation semblent assez riches pour justifier une étude approfondie.

De très jeunes enfants paraissent captivés par des documentaires conçus plutôt pour un public adulte et, inversement, des adultes ne boudent pas les films pour enfants (par exemple le film russe *Connais-tu les ours ?* ou le dessin animé québécois, sonore sans commentaire, intitulé *Le Papillon*).

Un film sur l'utilisation de l'image de synthèse en architecture (*Paris 1789*) sera vu successivement dans la même journée par des utilisateurs extrêmement différents, de la petite fille qui y reconnaît les monuments de Paris à l'étudiant qui prend des notes en visionnant.

Quant au dessin animé sur le sang de Jacques Rouxel, on souhaiterait évaluer la satisfaction retirée du visionnement par différentes catégories de spectateurs. Quels sont les ingrédients qui séduisent l'enfant ou l'adulte ? La qualité graphique, les informations glanées dans le commentaire, son rythme effréné, l'enchaînement des gags, la malice de Claude Piéplu, le timbre de sa voix, la pertinence des métaphores ?

L'observation empirique des usages du public apporte déjà des indications au bibliothécaire désireux de proposer des « menus » multimédias. Le succès du film de Claude Edelmann sur la naissance, programmé très régulièrement sur console, en fait un classique de la médiathèque de la Cité des sciences et de l'industrie. Quant aux audiovisuels pédagogiques de chimie, leur utilisation en vulgarisation dépasse très largement celle des supports imprimés équivalents. Les scores de prêt des cassettes sonores de physique témoignent également de l'approche *média* du public devant la science. Le réservoir inépuisable du film animalier trouve toujours son public : documentaires ou fictions documentaires de la BBC, série *Akagéra* de Gérard Vienne, films de Jouventin, Devez, Thomas, Charbonnier, etc.

Revenons au traitement des demandes explicites. Seules des questions bien circonscrites d'un public initié peuvent trouver une réponse univoque. Lorsqu'un lecteur cherche des informations sur la *formation de l'acide lactique dans les muscles au moment de l'effort*, il faudra simplement vérifier qu'on a bien compris la question, identifié le domaine de référence, avant d'entamer une recherche sur banque de données.

Dans la plupart des cas, en revanche, et pour différentes catégories de public

1. Les exemples qui suivent sont tirés de l'expérience de la médiathèque de la Cité des sciences et de l'industrie.
2. D'après un récit de Jean Giono.

(scolaires, amateurs, professionnels, simples curieux), les bibliothécaires sont amenés à restreindre ou à élargir l'éventail offert par le catalogue, en donnant les indications nécessaires au choix.

Prenons l'exemple de cet élève de 5e qui veut préparer un exposé sur les *phéromones*[1]. Sur un plan cognitif, l'exercice se révèle autant d'ordre documentaire que scientifique. Malgré une formulation qui renvoie à des savoirs de référence (physiologie animale, biochimie, éthologie), la question est moins éloignée qu'il y paraît d'une curiosité partagée par beaucoup.

En effet, la notion de *phéromone* est reliée au comportement sexuel chez certaines espèces, aux molécules odorantes, à des stratégies de communication utilisées par certains insectes à l'intérieur de l'espèce, à la biologie des abeilles, des papillons, des fourmis, etc. Dans ce cas, la médiation suppose une exploration d'un domaine qui s'étend de la chimie organique à l'orée de la sociobiologie. S'en tenir à la formulation de l'énonciation initiale aboutirait à une offre documentaire inadéquate car limitée aux monographies, congrès et autres documents spécialisés signalés par le catalogue. On peut proposer de visionner un film traitant des phéromones chez les abeilles, *Le Pouvoir attracteur de la reine*[2]. C'est un film déjà ancien, produit par le SFRS, au propos nettement didactique[3]. Il n'existe pas de monographie de niveau scolaire ou de livre de vulgarisation sur le sujet. On sera donc amené à élargir l'offre autour des documents de vulgarisation sur la communication animale, les insectes sociaux, les cinq sens, etc. Il faudrait proposer des articles de revue de vulgarisation (un article de *Science et vie Junior* plutôt que les articles publiés par *La Recherche* sur le sujet[4]) ou tel ou tel chapitre d'un ouvrage accessible au public scolaire, comme *La Communication animale* de la collection *Explora*. On pourra s'aider également d'ouvrages de référence comme le *Dictionnaire du comportement animal* de D. Mac Farland (article « phéromones » pp. 725 à 728).

Les possibilités de navigation offertes par les encyclopédies et les journaux stockés sur disque optique sont largement exploitées par le public. L'offre crée la demande : un lycéen demandera par exemple un dictionnaire *sur CD ROM* parce que c'est « plus agréable à consulter ». Mettre à disposition du public des dispositifs faisant appel aux technologies de l'information suppose d'avoir préalablement étudié la qualité des interfaces utilisateurs, le type d'information donnée à l'écran sur le contenu du produit, et, d'une façon générale, d'avoir évalué

1. Voir pour la définition de ce mot en p. 120.
2. Ce film présente des *expériences* mettant en évidence les molécules qui interviennent dans les échanges entre la reine et les abeilles.
3. S'il en existait une version française, on lui préfèrerait le film « grand public » de C.P. Mc Cay sur la communication animale par les odeurs (Série *Supersense*). Les films produits à l'étranger posent un redoutable problème de doublage ou de sous-titrage. Les organismes de production qui réalisent d'emblée une version française des films en anglais sont très rares.
4. Encore que ces derniers permettent de découvrir que les phéromones intéressent aussi les champignons et les poissons...

l'accessibilité pour un large public. Une implantation rationnelle doit tenir compte de ces éléments. Devant la multiplication des écrans de toutes sortes dans la bibliothèque, le public qui manque d'une vue globale des fonctionnalités offertes par les différents produits risque d'être dérouté. La « culture d'écran » mêle bornes interactives, catalogues, micro-ordinateur avec ou sans lecteur de CD, consoles AV. La meilleure signalétique reste inadaptée aux systèmes complexes d'information. L'intégration de certaines fonctions sur un même écran ne compensera pas la variété des statuts de travail des consoles ou bornes dédiées à une seule activité.

La présence de bibliothécaires prêts à venir en aide aux utilisateurs novices est donc indispensable. Elle encourage l'appropriation par le public des outils documentaires et des technologies de l'information. « Dépanner » l'utilisateur est l'occasion de développer la culture technique : notre lycéen, amateur de disques compacts mais ne faisant pas clairement la différence entre CD-ROM et disquette, sera surpris d'apprendre qu'il s'agit d'un disque similaire à ceux qu'il écoute...

La mise en espace

Le paysage de la bibliothèque traditionnelle est plat, linéaire. Tous les domaines de la connaissance se trouvent insérés dans une organisation hiérarchique d'une part (le plan de classement) et séquentielle d'autre part (les mètres linéaires).

Si la métaphore du paysage a servi à Diderot pour présenter la logique de L'*Encyclopédie*, la bibliothèque peut s'en inpirer pour penser son organisation spatiale. Le classement linéaire sur les rayons, réalisé à grande échelle, peut décourager le visiteur. Pour éviter l'effet de labyrinthe, on cherchera à créer des reliefs en imaginant des quartiers desservis par des avenues et des portes, des places et des carrefours.

Certaines bibliothèques publiques ont choisi des modes de classement par centres d'intérêt. Dans le domaine scientifique, il est hasardeux d'abandonner toute référence au découpage scolaire qui structure en partie les représentations du public. C'est pourquoi la médiathèque de la Cité des sciences et de l'industrie a adopté un classement hybride ménageant les disciplines *et* des carrefours (Alimentation, Âges de la vie, Origines, Travail – Industrie).

Mettre en scène les collections scientifiques supposerait d'aller plus loin :

1. Regrouper des disciplines dans des univers intégrateurs centrés sur la vie des gens. On peut envisager par exemple comme « quartiers » ou comme « avenues » les regroupements suivants :

– Santé, alimentation (« Notre corps »).

– Information, communications, images (« Pour gérer et échanger entre nous »).
– Biologie, environnement, agriculture (« La biosphère, autour de nous »).
– Paléontologie, géologie (« Bien avant nous »).
– Physique, chimie, astronomie, mathématiques (« La matière et l'espace en dehors de nous »).
– Matériaux, construction, énergie, transports, industrie (« Des matériaux et des produits pour nous »).
– Histoire des sciences, Science-Technique-Société (« Les sciences et nous »).

2. Ménager des « portes » pour les *frontaux d'actualité* de chaque « quartier » ou « avenue » en offrant des kiosques et lutrins, des tables de librairie (présentation à plat et en piles) pour la consultation.

3. Installer des pôles de loisir et d'initiation avec les documents de première approche et les interactifs. Ces pôles formeraient les « places » (une par « quartier » ou « avenue »).

4. Réserver le linéaire dense pour le fonds de référence[1].

La première phase d'une restructuration d'ampleur peut être de constituer des espaces d'actualité scientifique. Ceux-ci proposent, au public le plus large, les nouveautés du livre, les revues de vulgarisation, des sélections de documents en lien avec l'actualité (ex. du secteur santé de la médiathèque de la CSI). Ils jouent le rôle d'espaces de découverte, incitant le public à s'approprier les ressources mises en valeur, à pousser plus loin l'exploration des ressources et des activités.

Pour qu'il fonctionne au mieux, le balisage doit jouer à plein la logique de communication. Les « balises du savoir » comprennent :
– les repères visuels donnés dans l'organisation spatiale des connaissances ;
– les documents de communication présentant une sélection dans l'offre documentaire ;
– les indications fournies par le système documentaire (catalogue en ligne, outils et dossiers *ad hoc*).

À chaque visiteur son chemin dans la base de connaissances. Même si la bibliothèque propose des *menus* en plus de sa *carte*, c'est bien le visiteur qui construit son parcours.

Idéalement, lorsque le visiteur n'est pas familiarisé avec les ressources de la bibliothèque, celui-ci s'adresse au point d'information. Une fois le contact établi, le bibliothécaire fournit des renseignements qui vont guider le client dans sa recherche ou dans sa découverte. Commence alors un processus de déambulation qui peut le conduire à différer, à interagir avec d'autres personnels, à utiliser les outils documentaires, à s'approprier les ressources et les espaces de la bibliothèque.

Le succès de la bibliothèque se mesure non seulement à la fréquentation mais

1. *Cf.* Francis Agostini, p. 253.

aux usages des collections, attestés par des sondages (consultation sur place), des éditions statistiques (prêt), ou des enquêtes de public.

La médiathèque de la Cité des sciences et de l'industrie, qui reçoit 4 000 visiteurs par jour en moyenne, se donne comme objectif de fidéliser ses visiteurs. Pour cela il lui faut faire connaître ses ressources, autonomiser les utilisateurs, satisfaire leurs demandes explicites. Cela passe, pour l'essentiel des visiteurs, par la médiation humaine. Or la plupart, y compris les occasionnels, ne s'adressent pas spontanément au bibliothécaire.

La bibliothèque doit donc imaginer des dispositifs favorisant le contact et encourager la disponibilité et la mobilité du personnel (attitude d'accueil, démarche volontaire vers les publics manifestement désorientés, service volant, etc.). Une typologie grossière (*Cf.* annexe 1) peut lui fournir une image de l'activité du service public.

La bibliothèque doit être à l'écoute, et pas seulement des questions explicites. Les « non questions » d'un public qui ne sait comment entrer dans la connaissance doivent autant stimuler les professionnels que les « bonnes questions ».

La relation de médiation

Il existe un paradoxe de la médiation scientifique : compte tenu du rôle des sciences dans la sélection scolaire, le public qui vient poser une question s'expose à être jugé et donc peut préférer éviter de solliciter de l'aide.

Le public déjà familiarisé avec les sciences, lui, n'hésite pas à interroger le personnel. Poser une question pointue permet aussi de montrer son niveau de connaissance. Une transaction est souvent l'occasion pour chacun des protagonistes de se positionner. Elle peut se dérouler dans l'indifférence, dans la concurrence ou dans la coopération.

Dans quelle situation le bibliothécaire trouve-t-il le plus de gratification ? Lorsqu'il effectue une recherche pour un thésard ou bien lorsqu'il accueille un public familial ou renseigne un visiteur profane ? Cela dépend de son profil professionnel et personnel mais aussi du management de l'établissement.

Mettre en avant simplement sa compétence documentaire (« j'apporte la réponse ») n'est pas toujours le meilleur moyen d'engager la transaction. Devant une question complexe, il sera préférable de se situer d'emblée dans la coopération (« nous allons chercher ensemble »).

La formation professionnelle de base des bibliothécaires met l'accent sur le catalogage et sur les techniques documentaires. Avec la diversification des publics et des demandes, la reconnaissance de la fonction de médiation s'impose : le bibliothécaire doit désormais accorder autant d'attention aux canaux de la relation qu'aux canaux de l'information.

Les conditions matérielles de la relation sont déterminées par l'environnement (le site)[1], l'aménagement des espaces, l'environnement visuel et sonore et la fréquentation même.

Dans les canaux de la relation entrent les différentes composantes de l'attitude du médiateur ; dans les canaux de l'information, la panoplie des outils documentaires, depuis l'index d'une encyclopédie jusqu'à l'interrogation de banques de données internationales en passant par l'usage du catalogue en ligne.

Nous avons vu sur l'exemple des phéromones qu'une demande énoncée dans la terminologie des savoirs de référence peut déboucher en réalité sur un champ couvrant des centres d'intérêt variés et proches de ceux d'un public large.

Le service consiste donc à replacer la notion dans un arbre de connaissances et dans un environnement documentaire dans lequel l'interlocuteur puisse se sentir à l'aise eu égard à son niveau et à ses centres d'intérêt.

L'ajustement entre la question et la réponse se fait par un processus d'aller et retour jouant sur la reformulation, l'infléchissement de la question, l'évaluation des résultats successifs.

Plus couramment que l'élargissement de la question, les bibliothécaires sont amenés à faire préciser le domaine d'intérêt après une énonciation vague. On passe d'une première énonciation plus ou moins ouverte à une deuxième énonciation qui précise l'objectif. Les deux énonciations sont séparées par une phase d'écoute, de mise en confiance et d'investigation de la part du bibliothécaire.

Les exemples de « questions à tiroirs » figurant en annexe 2 montrent que le manque de précision de l'interlocuteur, en début de transaction, accompagne une démarche d'approche qu'il faut conforter.

À chaque transaction, le bibliothécaire doit se mouvoir dans la complexité : quelle stratégie adopter, quel va être le *juste investissement documentaire*, quel accompagnement dans les systèmes techniques, à partir de quelle étape de la recherche passer la main au client, quelles sont les meilleures voies de l'autonomisation ?

On a dit que la bibliothèque se situait entre culture et formation. En s'en tenant à l'étude de la relation au public, on peut sans doute la positionner entre la relation en environnement muséal et la relation pédagogique[2]. Si les bibliothécaires de la lecture publique reprennent à leur compte le terme de pédagogie documentaire utilisé par les documentalistes des lycées et collèges, c'est par extension. En effet, leur public (si l'on excepte l'accueil des classes) n'a rien de captif.

Mais les frontières disparaissent entre loisir, formation, information. L'enseignement vise autant à aider l'élève à se repérer dans le flot des informations

1. L'implantation de bibliothèques à proximité de centres commerciaux ou de sites touristiques fait évoluer les modes d'usage. La visite « au hasard » leur amène un public non familier des bibliothèques.

2. Le terme de pédagogie est pris ici au sens strict, il réfère à l'enseignement.

qu'à transmettre une connaissance. Du côté de la bibliothèque, les demandes à finalité scolaire ou professionnelle prennent une place croissante.

Les bibliothécaires soucieux de fonder leur pratique de renseignement au public peuvent s'appuyer sur les résultats des recherches en communication et en didactique. À l'instar de la relation éducative, la relation de vulgarisation, dans l'approche traditionnelle, n'est pas symétrique. C'est une opération descendante de celui qui sait vers celui qui ignore. Symétriser la relation de médiation est possible en bibliothèque, à condition d'adopter une approche systémique.

Le nombre de paramètres de la médiation documentaire et la complexité de leur agencement ouvrent les voies de la symétrisation :
- intersubjectivité ;
- multidimensionalité de la compétence (*cf. infra*) ;
- multiplicité des stratégies ;
- hétérogénéité des demandes ;
- variété des contenus et des médias.

La combinatoire entre éléments, pour partie situés à des registres différents (représentation de la science, type de compétence exploitée, choix de la stratégie, formulation de la demande, propos, part informulée), rend le jeu des possibles infini.

Dans un environnement voué à la vulgarisation scientifique, la documentation devra adopter une logique probabiliste : proposer des sélections de documents qualifiés plutôt que des bibliographies « exhaustives », jouer sur la diversité des médias, détecter les indices de satisfaction pour ajuster la stratégie de recherche, etc.

Des compétences multiples sont désormais requises :
- compétences documentaires ;
- compétences relationnelles ;
- compétences culturelles.

Dans ce contexte, aucune de ces compétences ne se suffit à elle même : c'est le projet qui les rend solidaires et leur intégration forme la culture professionnelle de l'entreprise documentaire.

Symétriser la relation de médiation, cela veut dire pour le bibliothécaire :
- partager l'intérêt porté par le client (empathie) : il n'y a pas de question illégitime, mais des questions auxquelles l'institution est plus ou moins préparée à répondre ;
- faire partager (car l'institution est porteuse d'un projet) ;
- rechercher ensemble (coopération) ;
- se rendre mobile : se faire relais plutôt que guichetier ;
- tirer des bénéfices partagés de la servuction : Un service apprécié apportera à la bibliothèque une clientèle fidèle ; la prise en compte de l'avis des clients fournit des indications pour évaluer le service.

Nous partirons de l'hypothèse qu'une question exprime d'abord un besoin d'information. Si ce besoin n'est pas ressenti, il n'y a pas lieu de s'adresser au bibliothécaire. Si ce besoin s'accompagne d'une appréhension (le risque de paraître un sot) voire d'un sentiment de culpabilité (mauvais souvenir d'école), la personne devra vaincre des résistances pour s'adresser au bibliothécaire. Le problème se déplace – symétrisation – si l'on admet que face aux disciplines scientifiques, le bibliothécaire (non spécialisé) est aussi démuni que son client (profane).

On trouvera en annexe 3 un échantillon de questions posées au point accueil de la Médiathèque et qui débouchent sur une recherche documentaire.

Lorsque l'on se penche sur l'aspect qualitatif de la transaction, on est amené à analyser le contenu et la relation.

L'évaluation du *degré d'ouverture* de la question (question fermée, pointue, large, ouverte), du contexte et de l'objectif poursuivi, du niveau de la question, sont des éléments clés de la qualité de la transaction.

Certaines démarches touchant de près la personne qui les effectue exigent une qualité d'écoute particulière. Prenons l'exemple d'une dame qui s'apprête à subir une opération de la hanche et qui téléphone à la bibliothèque « avant d'acheter un livre ». Elle souhaite se documenter sur les prothèses de hanche et connaître le vocabulaire pour « pouvoir discuter avec le chirurgien ». Le souci de s'informer auprès d'une bibliothèque sera valorisé même si la demande embarrasse le bibliothécaire non spécialisé. Si la richesse du fonds le permet, on présentera l'environnement documentaire en le mettant en perspective avec la demande.

L'éventail très large des questions posées (sujet et contexte) nous amènent à systématiser la démarche de référence en plusieurs temps : critères d'analyse des questions, transactions, usages et publics ; grille d'évaluation ; modifications dans l'offre documentaire suggérées par la transaction.

1. Analyse des différents types de questions, de transactions, d'usages et de publics :
- questions plus ou moins ouvertes ;
- questions pratiques ou acquisition de connaissances de base ;
- questions « neutres » ou chargées d'affects ;
- recherches plus ou moins finalisées ;
- usages scolaires, professionnels, de loisir ou autres ;
- individuels ou personnes en groupe ;
- recherches bibliographiques ou factuelles ;
- prestation de type « service public » ou prestations commerciales ;
- niveau d'exigence, profondeur de la demande ;
- niveau de spécialisation.

2. Autoévaluation : Avons-nous...
- correctement évalué le niveau et l'objectif de la question ?
- exploité suffisamment les ressources documentaires disponibles pour répondre efficacement ?
- choisi une stratégie de recherche efficiente ?

– consenti le « juste investissement documentaire » ?
– maintenu une bonne qualité d'écoute ?
– contrôlé l'ajustement à la question pendant la transaction ?
– conclu la transaction par un échange visant à évaluer la pertinence de l'intervention ?

3. Rétroaction sur le travail interne :
– lacune dans les acquisitions, actualisation d'une édition ;
– adéquation des outils documentaires ;
– adéquation des accès catalogue ?
– adaptation des acquisitions à la demande ?
– la présentation matérielle des collections favorise-t-elle la diffusion des connaissances scientifiques vers un public large ?

À côté de la myriade des questions « particulières », flottent dans l'air du temps des questions « communes », parce que médiatisées. Ces dernières possèdent en général une forte charge émotionnelle : mystère, angoisse ou espoir.

• Du côté de l'angoisse :
– l'effet de serre additionnel peut-il entraîner des changements climatiques aux conséquences dramatiques ?
– les manipulations génétiques risquent-elles d'altérer la notion d'individu ?
– l'informatisation des tâches est-elle source de chômage ?

• Du côté de l'espoir :
– les biotechnologies pourront-elles faire disparaître la faim dans le monde ?
– les thérapies géniques permettront-elles dans un avenir proche de guérir Sida et cancer ?
– pourra-t-on un jour prévoir les catastrophes naturelles ?
– les ordinateurs élargiront-ils massivement l'accès au savoir ?

Ces questions forment les *lieux communs* entre science et société, entre nature et culture. Elles pourraient constituer pour le bibliothécaire un levier pour dynamiser l'offre documentaire en structurant l'animation et la mise en valeur.

L'évolution qualitative de la production et la diversification des supports permet aujourd'hui de proposer aux utilisateurs des bibliothèques des *ateliers de découverte multimédia*. Dans les périodes d'affluence, ces animations représentent un moyen de capter un public qui ne s'approprierait pas spontanément les collections. Ainsi la Médiathèque a organisé pendant les vacances scolaires de février 1994 des ateliers autour de deux thèmes, l'informatique et le secourisme, qui ont connu un vif succès.

Centres d'accès à l'information, les bibliothèques doivent aussi être en mesure d'apporter des éléments de réponse au public. Elles restent, pour le public curieux, un instrument irremplaçable pour approfondir ce que les médias ne font qu'effleurer.

Pour jouer leur rôle dans l'information scientifique du public, de la sensibilisation au débat de société, les bibliothèques devront faire de la médiation humaine non pas seulement un recours ou encore la courroie de transmission de l'« interne », mais au contraire le *moteur* de la transformation de son offre documentaire.

Francis AGOSTINI

Annexe 1. – Typologies des transactions

Lorsqu'on souhaite disposer d'une image globale de l'activité au public, une première typologie s'impose :

- demande d'orientation ;
- renseignement pratique ;
- demande d'aide sur un dispositif technique ;
- recherche documentaire ;
- présentation générale ;
- présentation d'un service ou d'une activité particulière ;
- prise en compte de réactions ou suggestions ;
- intervention de régulation.

Dans le contexte Cité des sciences et de l'industrie – Parc de la Villette, le public qui entre dans la médiathèque n'a pas de représentation bien déterminée de l'espace. Des remarques glanées au passage indiquent que les représentations sont extrêmement diverses :

- bibliothèque municipale (donc encyclopédique) ;
- BPI-bis (donc encyclopédique) ;
- librairie ;
- exposition ;
- bibliothèque universitaire (donc bibliothèque d'étude) ;
- centre de documentation ;
- complexe multimédia ;
- espace franc.

Cela explique que de nombreuses transactions concernent l'orientation générale dans la médiathèque. Ces questions d'approche sont implicitement ouvertes. Elles donnent donc lieu à une présentation générale des espaces et des activités qui débouche souvent sur une deuxième question plus précise.

Annexe 2.

◆ Comment peut-on se repérer ici ?	↘ J'ai un dossier à faire sur l'informatique en Europe
◆ C'est la 1re fois que je viens...	↘ Je cherche des documents sur le massage thérapeutique
◆ Je cherche des informations sur les métiers	↘ Le secteur qui m'intéresse, c'est la plongée sous-marine
◆ Je voudrais consulter la dernière édition du guide des sources d'information	↘ J'ai besoin d'un répertoire des clubs d'astronomie
◆ J'ai repéré une BD cotée R96. Où se trouve le rayon ?	↘ Je recherche des livres d'initiation à la biologie pour des enfants non francophones
◆ Où se trouve le secteur médecine ?	↘ Je m'intéresse à la rééducation fonctionnelle
◆ Nous recherchons des bibliothèques susceptibles de fournir des informations sur un sujet spécial	↘ Il s'agit du traitement des handicapés mentaux par l'équitation
◆ Le département sciences humaines	↘ Je cherche des informations sur le sport des filles à l'école (et spécialement le foot)

Annexe 3.

- Un retraité vient pour savoir comment bricoler un éclairage à base de fibres optiques.
- Un collégien se documente sur la grue électromagnétique.
- Une jeune femme cherche un schéma montrant le fonctionnement d'un sèche-cheveux.
- Une famille voudrait des documents sur les sourciers.
- Une étudiante cherche des articles sur les « vaches folles ».
- Une dame s'inquiète des effets sur la santé des lignes haute tension.
- Une journaliste rassemble de la documentation sur la DAB (radio numérique).
- Un malade atteint de la maladie d'Alzheimer cherche des informations sur sa pathologie et sur les nouveaux traitements.
- Un demandeur d'emploi se renseigne sur une société.
- Un couple de retraités cherche à identifier des roches et des minéraux à partir de leur composition chimique.
- Une maman se renseigne sur l'histoire de l'informatique pour son fils qui a un exposé à préparer (classe de 6e).
- Un collégien recherche des documents sur Chappe et le télégraphe, d'une part, sur le niveau à bulle d'autre part.
- Des étudiants demandent à consulter les index de revues de vulgarisation pour trouver des articles sur le four à micro-onde.
- Un visiteur de l'exposition *La douleur* souhaite emprunter un ouvrage consulté dans l'espace lecture de l'exposition, pour sa femme qui souffre d'une migraine chronique.
- Une enseignante de Rouen, qui n'a pu joindre le musée de Besançon, téléphone pour constituer une documentation sur la mesure du temps (elle avait visité l'exposition *l'invention du temps*).

Politique d'acquisition et demande du public : Pratiques et évolution à la BPI

À l'origine du projet de bibliothèque des Halles, qui devait devenir la BPI après son intégration dans le Centre d'art contemporain souhaité par Georges Pompidou, le public était défini comme celui de « l'honnête homme » : toute personne hors du système scolaire et universitaire devait pouvoir trouver une information ou au moins une orientation de recherche, soit pour l'acquisition de connaissances nouvelles soit pour leur mise en pratique : savoir et savoir-faire.

Dans la bibliothèque encyclopédique en projet, le fonds de sciences et techniques devait être conforme aux critères communs à toutes les sections, en particulier quant aux différents niveaux d'acquisition des ouvrages ou des périodiques et le souci d'homogénéité entre les différentes sections devait rester prépondérant. Cependant, il existait une différence fondamentale dans l'exploitation future des collections suivant que la section considérée était ou non déjà représentée dans une ou des bibliothèques publiques importantes de Paris ou de ses environs proches. Or, sans que ce soit ici le lieu d'en examiner les raisons, et malgré les collections de vulgarisation de la bibliothèque du Palais de la Découverte ou les collections de haut niveau de la bibliothèque du Conservatoire national des arts et métiers, il faut constater que les disciplines scientifiques et techniques étaient sans doute les moins bien représentées dans les bibliothèques publiques existantes, en particulier dans les bibliothèques municipales. La future bibliothèque apparaissait donc comme un endroit privilégié pour corriger cette situation et même comme l'occasion d'un changement qualitatif considérable dans l'offre de culture et d'information scientifique proposée par les bibliothèques publiques.

La politique générale d'acquisition : définition et historique

L'ampleur du projet initial, pour lequel un objectif de quatre cent mille volumes à l'ouverture avait été fixé après quelques tâtonnements, avait défini les principaux critères d'acquisition pour l'ensemble de la bibliothèque. Jean-Pierre Seguin, responsable du projet, voulait que la bibliothèque offre au lecteur la possibilité d'une « promenade dans le jardin des connaissances » pendant laquelle il pourrait trouver « non pas tout sur tout, mais le meilleur sur tout »[1]. Si, à l'époque, l'idée d'une section jeunesse limitait aux adultes le public potentiel de la bibliothèque, les objectifs quantitatifs et qualitatifs que nous venons d'évoquer impliquaient un large éventail de niveaux dans les acquisitions d'ouvrages documentaires, depuis l'initiation élémentaire jusqu'aux travaux d'érudition et aux ouvrages spécialisés, à condition qu'ils présentent un caractère de synthèse et de mise au point sur leur sujet. Ne seraient éliminés que les ouvrages donnant une information médiocre ou obsolète, ainsi que ceux qui traduisent directement la recherche en cours, spécifiques des bibliothèques universitaires ou spécialisées : thèses, compte-rendus de congrès, rapports internes. Tous les autres, proposés en un lieu ouvert, rassemblés et classés par disciplines, accessibles par auteur, titre ou sujet, devaient permettre au lecteur, non seulement de trouver l'information cherchée, mais éventuellement d'élargir son horizon soit en termes de niveau soit en termes de relations à d'autres sujets. La Bibliothèque des Halles, département de la Bibliothèque nationale destiné à s'ouvrir au public, précisait sa mission en choisissant la dénomination de Bibliothèque publique d'information. Jusqu'à l'ouverture, les besoins supposés des publics furent donc plutôt définis à partir des insuffisances de l'offre en lecture publique et si la bibliothèque fut souvent considérée comme une concurrente potentielle par d'autres établissements, son succès dès l'ouverture montra le bien-fondé du projet et profita à la lecture publique dans son ensemble, en mettant en évidence l'intérêt des bibliothèques comme source d'information et de documentation.

Après l'ouverture, la politique d'acquisition massive destinée à constituer au départ des collections susceptibles de répondre à tous les besoins supposés du public s'infléchit vers la recherche d'un équilibre des collections, en particulier pour maintenir l'un des critères essentiels : l'actualité. Les collections cessent de s'accroître numériquement et deux textes pratiques sont élaborés par les responsables pour définir la politique d'acquisition de la bibliothèque et ses méthodes d'élimination des ouvrages obsolètes, le « désherbage ».

Dans ce contexte, la section scientifique, technique et médicale (STM) a suivi les orientations générales communes à tous les domaines en les adaptant à ses conditions particulières d'offre – tant du point de vue de l'édition que du point de vue des bibliothèques publiques – et de demande des utilisateurs, soit sur

1. Communication privée.

place, soit par l'intermédiaire de services comme les réponses par téléphone ou Public-Info, ou encore du catalogue sur Minitel.

L'évolution de la politique d'acquisition STM

La première phase d'acquisitions va d'avril 1972 à l'ouverture en février 1977. Elle est caractérisée par le recours à de multiples outils bibliographiques pour compenser l'absence de toute information et demande venant du public. Certes, les bibliographies de base restaient la source principale des commandes : revues bibliographiques signalétiques comme *Livres Hebdo* ou analytiques comme le *Bulletin critique du livre français*, catalogues informatisés de nouveautés comme le fichier magnétique « Dodeman », catalogues d'éditeurs ou de libraires et, bien sûr, l'indispensable prospection directe en librairie. Cette connaissance de l'édition devait être complétée par les listes de nouveautés et les analyses bibliographiques trouvées dans les revues scientifiques de niveaux variés : vulgarisation, professionnel ou universitaire. Ces revues permettaient également de suivre l'actualité scientifique et technique et de repérer les sujets les plus évolutifs, pour lesquels un effort de prospection documentaire particulier s'imposait, souvent complété par les analyses critiques d'ouvrages anglais parues dans des revues scientifiques comme *Nature* ou bibliothéconomiques comme *Choice*. Nous avons pu aussi nous appuyer sur quelques bibliographies comme celle de François Russo *Pour une bibliothèque scientifique*, publiée aux éditions du Seuil en 1975 et qui fixait les grandes lignes d'un fonds de base dans les principales disciplines scientifiques, ou bien celle de l'Association des écrivains scientifiques français, comptant nombre de journalistes et de vulgarisateurs de talent. D'autre part, un nombre croissant de chercheurs de premier plan écrivaient pour le grand public, une pratique bien établie depuis longtemps dans les pays anglo-saxons et qui n'a fait que s'affirmer en France depuis. Enfin nous avons pu établir pour quelques secteurs des relations avec des bibliothécaires d'instituts spécialisés ou même des chercheurs dont les conseils étaient précieux pour le choix des ouvrages de niveau supérieur.

Mais tout le travail de synthèse – vérification de la cohérence des acquisitions, bilans par secteur ou recherche des lacunes à combler – n'était possible que par référence à un cadre de classification, en l'absence de réactions ou de demandes des utilisateurs. Au début, seules quelques appréciations de collègues nous parvenaient, pas toujours bien intentionnées lorsqu'elles venaient de l'extérieur et parfois sceptiques de la part de collègues de l'établissement que leur formation plutôt littéraire, juridique ou de sciences humaines rendait méfiants quant à l'utilité d'acheter des livres d'électronique amateur qui n'intéresseraient personne dans une bibliothèque où le prêt serait impossible. La tâche préliminaire a donc été la définition de la classification, tirée de la CDU, adaptée ici à la fonction de rangement matériel des livres en rayon, la fonction d'indexation étant remplie par des mots-matière. Dans le 5/6, une attention particulière a été apportée à la prévision d'éventuels changements ou apparitions de disciplines nouvelles. Pour ce dernier cas, des cases vides ont été prévues dans l'arborescence. La proposition initiale de classification du 5/6 élaborée à la bibliothèque a été soumise à l'examen et à la critique du mathématicien François Le Lionnais, qui y a apporté les améliorations que lui suggérait l'ampleur de sa culture scientifique. Grâce à sa largeur de vue et aux précautions prises pour permettre des extensions, cette classification maison des sciences et techniques fonctionne encore correctement plus de vingt ans après sa définition. Son influence sur les acquisitions elles-mêmes, sans être mesurable, s'est manifestée par la fonction de guide intellectuel qu'elle a remplie auprès de l'équipe de responsables. C'était même pendant toute cette période le principal intermédiaire entre eux et l'actualité de l'édition scientifique et technique. Il s'agissait de trouver dans l'édition, française et étrangère, de quoi remplir les cases de notre classification avec toutes ses subdivisions et les sujets connexes et implicites qu'elle nous aidait à recenser. Ces critères d'acquisition tendaient à constituer un *ensemble cohérent d'information scientifique et technique*, qui devait remplir à l'ouverture une triple fonction de médiation entre le public et l'information STM : balayer le champ des connaissances récentes ou actuelles, vérifier le niveau d'information et l'améliorer, enfin faire connaître l'offre disponible. La première fonction exigeait de pouvoir répondre à toutes les questions (ou presque), soit par une seule cote, soit avec le complément d'autres cotes pour les sujets interdisciplinaires. La seconde imposait d'acquérir un large éventail de niveaux, dans les limites déjà définies, pour permettre à chacun non seulement de trouver l'information dont il avait besoin au départ, mais aussi d'évoluer graduellement vers un niveau supérieur. La dernière demandait d'offrir une certaine redondance de l'information, pour permettre de comparer des documents de niveau voisin mais de conception et de présentation différentes, chacun pouvant choisir celui qui lui convient le mieux pour le consulter plus à fond ou éventuellement l'acheter.

Après l'ouverture

Aux critères précédents s'ajoute alors l'influence de la demande explicite ou implicite du public. Dès l'ouverture et dans les mois qui ont suivi, le fonds STM, comme l'ensemble de la bibliothèque, a été soumis à la pression du public, un public en gros deux fois plus nombreux que prévu et d'une nature différente. Au public attendu (c'est-à-dire les catégories socioprofessionnelles pour lesquelles le projet avait été conçu), s'est ajouté de façon grandissante, puis majoritaire, le public étudiant. En l'absence de données quantitatives, nous proposons une typologie des principales composantes du public et de leurs pratiques de l'information scientifique dans la bibliothèque. Nous avons distingué les groupes suivants :

Professionnels

Leurs questions sont de niveaux très variés, mais souvent très précises et correspondent à une utilisation professionnelle. Exemple : « culture du patchouli dans la région amazonienne » (pour préparer un projet d'entreprise). Les réponses à ce type de question se trouvent souvent dans des encyclopédies, ou sous forme d'un chapitre ou même d'un paragraphe, dans des manuels vers lesquels le bibliothécaire devra savoir orienter le lecteur. La réponse est souvent dans la Bibliothèque, mais la difficulté est d'y accéder, surtout dans un fonds où les documents ne sont pas indexés de façon analytique. La pratique du bibliothécaire est de renvoyer l'utilisateur vers des documents qui englobent le sujet précis recherché, livres, périodiques – particulièrement importants dans le secteur 5/6 – ou encore banques de données comme *Pascal*, consultables maintenant à la BPI sur micro-fiches, sur CD-ROM ou même en ligne si on renonce à la gratuité de l'accès au renseignement.

Ce type de question devient de plus en plus fréquent avec les difficultés dans le domaine de l'emploi. Nous classerons donc dans ce groupe des utilisateurs professionnels tous ceux qui sont préoccupés par une reconversion (chômeurs, personnels en formation, cadres en recyclage, etc.) Leurs questions concernent principalement les secteurs 5/6 (surtout le 6) et 3 de la Bibliothèque. Leur motivation très forte est communicative, mais la Bibliothèque est parfois insuffisamment armée pour leur répondre. Il faudrait en effet – pour les sciences et techniques – recourir à la littérature grise publiée par les organismes professionnels des différentes branches industrielles ou par les entreprises, avec une spécialisation plus grande et une actualité plus immédiate que ce que nous pouvons proposer à partir de l'édition classique. Cette mission n'est plus celle de la BPI dont le rôle est alors d'orienter le lecteur vers les fonds de centres de documentation professionnels ou spécialisés ou vers la Cité des sciences et de l'industrie. Cependant, il est un domaine pour lequel un effort particulier a été fait : c'est celui des manuels élémentaires de mathématiques, physique et chimie ou biologie, destinés ici aux adultes qui préparent une épreuve d'examen ou de concours dans le cadre de la formation permanente. Ces ouvrages ont été également utilisés par le public adolescent et scolaire, pour lequel un effort d'accueil a été fait jusqu'en 1993 pour pallier aux restrictions d'accès à la bibliothèque des enfants.

Dans le groupe des utilisateurs professionnels, mentionnons également les traducteurs, dont la demande croissante a conduit à l'achat d'un fonds de dictionnaires spécialisés aussi développé que possible. Sa mise à jour est toujours en retard sur les besoins, car l'édition demande un délai d'un an au moins avant de valider et de publier les néologismes. Le catalogue de la librairie parisienne « La Maison du dictionnaire » est un outil essentiel pour le suivi de ce type de document. Les deux tiers des ouvrages qui y sont recensés concernent les sciences et techniques.

Grand public

Nous distinguerons plusieurs groupes aux pratiques et aux besoins distincts :

– Autodidactes : adolescents ou adultes, ils sont souvent motivés par la curiosité personnelle et le goût de la connaissance. Ils souhaitent mieux comprendre le monde qui les entoure, en particulier les phénomènes naturels, et sont particulièrement orientés vers les disciplines scientifiques fondamentales : mathématiques, physique, chimie, biologie et aussi vers les sciences naturelles. Le type d'ouvrage dont ils ont le plus souvent besoin est celui des collections de vulgarisation, souvent publiées par des éditeurs « généralistes », chez qui le fonds scientifique n'est qu'une faible part, au moins quantitativement, du fonds total. Ces lecteurs sont également des fidèles des revues interdisciplinaires de vulgarisation scientifique comme *La Recherche* ou *Science et vie*, ainsi que de revues dans la discipline qui les intéresse particulièrement, où leur niveau de compétence peut devenir très élevé. C'est le cas des collectionneurs, par exemple pour les sciences naturelles.

– Amateurs : c'est un peu le prolongement de la catégorie précédente dans des disciplines comme l'astronomie, l'électronique, la micro-informatique, où la connaissance théorique et la satisfaction du collectionneur peuvent être complétées par des pratiques concrètes ou des réalisations techniques, parfois de haut niveau. Notons que les activités de construction de modèles réduits sont classées à la BPI dans les loisirs généraux, sans support scientifique ou technique. Les ouvrages et les revues pratiques que recherche ce public sont souvent publiés par des éditeurs sectoriels, spécialisés dans une discipline ou un groupe de disciplines connexes. Les bricoleurs, débutants ou confirmés en constituent un sous-groupe.

– Utilisateurs de renseignement pratique : c'est par exemple l'adhérent d'une association de défense de l'environnement qui s'élève contre un projet industriel polluant ou le cadre commercial qui souhaite connaître les normes techniques auxquelles est soumis le produit que son entreprise veut exporter dans tel ou tel pays. Ils ont besoin d'une information précise et solide, parfois interdisciplinaire, technique, juridique et économique, pour étayer un dossier sur un sujet qui ne leur est pas familier mais les concerne de façon concrète dans leur activité personnelle ou professionnelle.

– Utilisateurs d'information médicale : ils formulent le plus souvent leur demande de façon générale, préférant découvrir eux-mêmes les ouvrages ou les revues du fonds qui répondent à leur préoccupation à un niveau accessible. Sans avoir une mesure de leur nombre, on peut constater l'utilisation intense de ces collections de vulgarisation médicale dont le nombre s'est accru ces dernières années, d'une part avec le développement des médecines douces, d'autre part avec les efforts de plusieurs éditeurs pour renouveler l'offre dans un domaine délicat où les erreurs d'interprétation peuvent être dangereuses.

Étudiants, universitaires et chercheurs

Si le public des universitaires et des chercheurs était prévu et souhaité dès l'origine, celui des étudiants s'est développé de façon disproportionnée. Cet afflux d'étudiants s'explique à la fois par le niveau des collections offertes et par les agréments propres de la BPI, en particulier sa situation au centre de Paris et ses horaires d'ouverture. Le niveau des collections ne permet pas, cependant, de séparer ces deux catégories de public : si on veut répondre à la demande des chercheurs, ingénieurs, techniciens supérieurs et spécialistes, on attirera en même temps d'abord les étudiants avancés puis, à moins de coupures arbitraires et souvent impraticables dans les fonds, la masse des étudiants de premier et de deuxième cycles. La pression de ces catégories sur les autres lecteurs se fait sentir de façon analogue dans tous les secteurs de la BPI, d'abord par les files d'attente qui limitent physiquement l'accès des autres publics, puis par la pression sur la politique d'acquisition. En effet, le public étudiant est l'un de ceux qui manifestent le plus explicitement leurs besoins. En sciences et techniques, nous avons pu le constater en particulier par les demandes formulées sur le cahier des lecteurs, avec l'exemple de surenchères entre différentes catégories d'étudiants, ceux des universités s'estimant défavorisés par rapport aux classes préparatoires aux grandes écoles et le faisant savoir par écrit ou oralement. Les étudiants bénéficient également des demandes d'achat de la catégorie constituée par les enseignants du supérieur, les chercheurs et spécialistes qui souhaitent souvent trouver à la bibliothèque à la fois les ouvrages de synthèse les plus récents et les plus avancés dans leur discipline, mais aussi les classiques et les ouvrages de base du domaine, y compris les manuels. À l'ouverture, la BPI différait donc des bibliothèques universitaires par l'absence de prêt, mais non par le niveau des collections offertes aux étudiants de premier et deuxième cycles. Résister à leur demande aurait nécessité un abaissement général du niveau des acquisitions et, malgré le souci des directions successives – en particulier de M. Fillet – de démarquer la BPI des bibliothèques universitaires ; pratiquer cette sélection était hors de question pour l'ensemble de la bibliothèque. Le faire dans le seul secteur 5/6 aurait rompu l'homogénéité des collections sans diminuer de façon sensible le flux total d'étudiants. La politique d'acquisition vis-à-vis de ce type de public est donc restée inchangée et la publication en 1989 du dossier technique résumant ses principes et ses méthodes a entériné la situation. Le haut niveau d'acquisition défini avant l'ouverture a donc favorisé le public étudiant dont la masse, rapidement croissante au niveau régional pendant les années 1980, constituait un réservoir inépuisable pour alimenter la fréquentation de la bibliothèque.

Quelques exemples d'interaction entre les publics et la politique d'acquisition

La description rapide donnée ci-dessus des principaux groupes d'utilisateurs du fonds scientifique et technique de la BPI et de leur influence sur les acquisitions peut être illustrée et complétée par quelques exemples d'événements ou de problèmes susceptibles d'influencer la demande du public.

Le premier de ces exemples est l'ouverture de la médiathèque de la Villette : dans les mois qui ont suivi, nous n'avons pas disposé de mesures précises, mais la pratique du bureau d'information n'a pas montré de modification sensible de l'affluence. Nombre des habitués du 5/6 ont commencé à fréquenter également la médiathèque sans abandonner la BPI, profitant des complémentarités entre les deux collections, puis du prêt à la médiathèque, et comparant les mérites respectifs des deux établissements et de leurs collections scientifiques et techniques. Plus tard, nous avons pu confirmer cette impression par les résultats de deux enquêtes de fréquentation et de satisfaction menées par le Service des études et recherches, l'une en 1982, l'autre en 1988, la médiathèque ayant ouvert en 1986. Les pourcentages de lecteurs de la BPI cherchant de l'information dans le secteur 5/6 sont très voisins d'une fois à l'autre : l'ouverture d'un établissement « concurrent » n'a pas affecté le 5/6 par rapport aux autres secteurs de la BPI dont l'environnement bibliothéconomique n'avait pas changé de façon marquée entre les deux enquêtes. Notons cependant que cette stabilité du lectorat du 5/6 est globale. Il n'a pas été possible de croiser les résultats des enquêtes avec les types de public définis précédemment. D'autre part, aucune enquête plus récente n'a été faite pour suivre l'évolution éventuelle de cette interaction entre les deux établissements.

Un autre élément, tout différent, est à prendre en compte dans l'action du public sur la politique d'acquisition : c'est l'usure des collections, soit par utilisation normale, soit par vol et vandalisme. Si le premier cas est dans l'ensemble maîtrisé, le second aboutit pratiquement à la disparition des ensembles cohérents d'information définis plus haut. Les fonctions d'information du public ne sont plus remplies. La couverture de l'actualité est particulièrement frappée, car les livres les plus récents sont parmi les plus visés : il n'est pas rare de retrouver des « pages manquantes » ou des couvertures vides d'ouvrages mis en rayons quelques jours ou quelques semaines auparavant. La complémentarité des niveaux et la fonction de comparaison entre livres sur un même sujet sont également touchées, avec la disparition ou la mutilation des meilleurs titres ou des ouvrages classiques, ceux qui sont épuisés semblant particulièrement recherchés. Ces difficultés ne sont pas propres à la BPI, mais la masse du public les y rend particulièrement pesantes, sans que des mesures spécifiques et efficaces de prévention ou de surveillance aient pu être mises en œuvre. Parmi les fonds de la BPI, le 5/6 est l'un des plus touchés, car c'est là, comme l'ont montré des enquêtes de fréquentation, que le rapport du nombre d'utilisateurs au nombre de documents disponibles est le plus élevé.

D'autre part, depuis l'ouverture de la Bibliothèque, plusieurs problèmes et débats de société à forte implication scientifique, technique ou médicale ont agité l'opinion et permettent d'illustrer les interactions entre politique d'acquisition, offre éditoriale et demande du public.

C'est d'abord le cas de l'énergie nucléaire, que la France, pour des raisons historiques, géographiques et politiques, avait choisi de développer très fortement, en particulier pour assurer son indépendance énergétique. L'exécution de ce programme s'est faite contre une partie de l'opinion, inquiète des risques de pollution radioactive ou thermique dus aux centrales et préoccupée des problèmes à long terme posés par les déchets nucléaires. Cette opposition et le grand débat national qu'elle a entraîné se sont traduits par un besoin d'expression et une demande d'information du public, que l'édition a satisfaits en partie par la publication de dossiers techniques et politiques, de comptes-rendus de débats menés par des associations, de pamphlets, etc. Les défenseurs du programme nucléaire – en particulier l'EDF et le Commissariat à l'énergie atomique – y ont répondu par des ouvrages techniques et par de petits ouvrages de vulgarisation soulignant les conditions de sécurité et d'intégration dans l'environnement des installations nucléaires. Ce débat n'était pas clos lors de l'ouverture de la BPI et, tant qu'il s'est poursuivi, son impact a été sensible sur la demande du public et sur l'offre documentaire : livres, revues, films, débats à la salle d'actualité.

Un autre exemple est celui des problèmes médicaux, comme la procréation médicalement assistée, avec leurs aspects techniques, éthiques, économiques et politiques. C'est souvent à partir de faits divers repris dans les grands médias ou d'une « première » médicale que l'opinion est sensibilisée. Pendant le délai nécessaire à compléter les collections sur un sujet apparu brusquement dans l'actualité, la Bibliothèque peut répondre à la demande du public grâce aux périodiques, puis aux dossiers documentaires de *Public-Info*, particulièrement adaptés à la diffusion rapide d'une information pluridisciplinaire auprès du grand public.

À l'inverse, on trouve des événements comme le passage de la comète de Halley, que l'édition de vulgarisation a pu préparer de longue date : huit ouvrages de vulgarisation au moins ont été publiés par les éditeurs français à cette occasion en 1985, c'est-à-dire davantage que durant les vingt années précédentes. Cependant, la consultation de ces ouvrages à la Bibliothèque n'a pas marqué de pointe sensible. Si l'intérêt des astronomes amateurs s'est confirmé, celui du grand public a été émoussé par le décalage entre les possibilités réelles d'observation et celles annoncées longtemps avant par les médias. Le même risque guette des manifestations comme la « Nuit des étoiles filantes » si le spectacle annoncé n'est pas au rendez-vous.

Le grand public s'intéresse davantage aux problèmes scientifiques dont il peut saisir les conséquences et l'impact sur la vie de chacun ou sur la société, comme, à la fin des années 1980, les problèmes écologiques avec leurs menaces globales : couche d'ozone, effet de serre, déforestation. Un nouveau créneau s'offre alors aux éditeurs, qui s'engouffrent dans le trou d'ozone ou s'échauffent sur les variations du climat. Sur ces sujets, qui n'étaient jusque-là traités que dans des ouvrages spécialisés, souvent anglophones, l'édition française publie une série d'ouvrages de vulgarisation, la plupart rédigés par des scientifiques. Outre l'intérêt propre de chaque livre, le mérite de cet ensemble est de présenter au public les développements de questions scientifiques controversées, dont les implications politiques, économiques et sociales sont évoquées dans des conférences internationales largement médiatisées. Avec ces livres et les articles ou les numéros spéciaux des revues de vulgarisation, la BPI a donné à ses lecteurs la possibilité de consulter les différentes pièces du dossier scientifique, de confronter les opinions, de découvrir les motivations profondes des chercheurs et leurs méthodes de travail, bref, « la science en train de se faire ». Une bibliographie (articles et livres) et un dossier documentaire d'articles de presse ont complété cet effort.

Un dernier exemple pourrait être pris dans le secteur des transports, où la France est particulièrement compétente. Pour le grand public, c'est d'abord le domaine des « beaux livres », qui décrivent les matériels et les infrastructures des différents moyens de transport, ainsi que leur histoire. Une demande importante existe de la part de curieux, d'amateurs et de collectionneurs. Cependant, l'offre de l'édition française est limitée, en particulier pour les chemins de fer et l'aéronautique, et le catalogue du principal éditeur du secteur fait une large place à la diffusion d'ouvrages anglais. N'y aurait-il pas là une lacune à combler par nos éditeurs, en s'inspirant en particulier de collections britanniques ?

Ces exemples illustrent de façon qualitative différents modes d'interaction entre la demande du public et notre politique d'acquisition en sciences et techniques. L'information est basée sur l'expérience du service public et la collecte des questions orales ou écrites d'une fraction du public, celle qui exprime ses besoins. Nous avons essayé d'en tirer une description des pratiques de divers publics vis-à-vis de l'information scientifique et technique et de préciser l'influence de ces pratiques sur notre politique d'acquisition. Pour le public chercheur, universitaire et étudiant, la demande est orientée vers une spécialisation accrue et l'acquisition de nouveaux types de documents, comme les thèses, les congrès, les périodiques de recherche. Ni le budget des acquisitions, ni les moyens en personnel, ni les missions initiales définies pour la BPI n'autorisent à satisfaire cette demande. Pour le public professionnel, la demande tend également vers une élévation du niveau des documents et exige même une réorientation vers les centres de documentation spécialisés que l'on aurait pu croire destinés avant tout aux chercheurs et ingénieurs. Pour le grand public, enfin, les derniers exemples montrent plusieurs tendances : d'abord l'exigence, là aussi, d'une information approfondie, ensuite la sensibilité aux problèmes concrets, enfin, un risque de versatilité pour ceux qu'intéresse surtout le spectacle de la science.

Le caractère marquant commun à toutes les catégories de public que nous avons passées en revue, est bien la complexité croissante de la demande d'information, en rapport avec le mouvement général de croissance des besoins. Dans une société où l'influence des sciences et des techniques est de plus en plus grande, la complexité croissante et la diversification qui caractérisent non seulement les disciplines scientifiques et techniques mais toutes nos activités, individuelles ou collectives, se manifestent à travers les demandes des lecteurs, y compris au niveau du grand public. Ceux qui chercheront, par goût ou par besoin, à combler les lacunes de leur formation aux disciplines scientifiques et techniques seront de plus en plus nombreux et de plus en plus exigeants. Nous devons penser en priorité aux différents groupes définis plus haut dans le « grand public », qui constituent le public primordial de la bibliothèque et dont les préoccupations souvent très concrètes nécessitent fréquemment le recours à une documentation précise et approfondie. La politique d'acquisition de la BPI dans ce domaine doit permettre de continuer à leur répondre. Pour cela, une meilleure maîtrise des pratiques du public serait profitable. Tout d'abord, il faudrait mettre les informations contenues dans notre fonds mieux à l'abri des utilisateurs sans scrupules. Éducation du public, en particulier des groupes d'élèves qui viennent visiter la BPI le matin avant l'entrée du public, surveillance matérielle des collections pendant les heures d'ouverture, protection renforcée des documents, recours aux nouveaux supports, tout un ensemble de mesures de prévention, de contrôle et de dissuasion pourrait servir cet objectif. D'autre part, il serait souhaitable de favoriser l'accès du public non étudiant. À côté de mesures pratiques directes possibles (coupe-file, cartes etc.), ne pourrait-on envisager une action indirecte par des inflexions ou des corrections de la politique d'acquisition ? Engager cette réflexion, qui dépasse le cadre du secteur scientifique et technique et concerne l'ensemble des acquisitions, pourrait aider la BPI à mieux répondre à ses missions initiales et à mieux s'intégrer dans le réseau régional ou national des bibliothèques et des organismes de documentation.

Michel BÉTHERY

Bibliographie

Seguin, Jean-Pierre, *Comment est née la BPI : invention de la médiathèque*, Paris, BPI, 1987.

Barbier-Bouvet, Jean-François et Poulain, Martine, *Publics à l'œuvre : pratiques culturelles à la Bibliothèque publique d'information du Centre Pompidou*, Paris, La Documentation française, 1986.

La Politique d'acquisition multimédia de la Bibliothèque publique d'information, Paris, BPI/Centre Pompidou, 1989 (Dossier technique n° 7).

Gaudet, Françoise et Lieber, Claudine, *Le Désherbage : élimination et renouvellement des collections en bibliothèque publique*, Paris, BPI/Centre Pompidou, 1986 (Dossier technique n° 5).

Dumont-Fillon, Agnès, sous la dir. de Poulain, Martine, *Le Vol et la dégradation de livres en bibliothèques : l'exemple parisien de la Bibliothèque publique d'information du Centre Georges-Pompidou*, Villeurbanne, École nationale supérieure des bibliothèques, 1986.

Le sida et la responsabilité des bibliothèques

L'apparition du sida dans nos sociétés nous bouleverse et nous déconcerte, mais jamais sans doute une maladie n'aura si vite mobilisé autant de moyens humains. Médecins, psychologues, philosophes, sociologues, journalistes, il n'est guère de discipline qui se tienne à l'écart de la réflexion, répercutée par de nombreuses revues et par des éditeurs attentifs.

Souvent médiatisées comme un phénomène de société, les publications sur le sida s'articulent sur trois axes[1]. L'aspect médico-social proprement dit donne la parole à des spécialistes de diverses disciplines. Le regard du psychothérapeute s'attache à relier, au travers de témoignages des personnes infectées, les personnes contaminées à leur environnement quotidien. Un troisième type d'ouvrage aborde les groupes dits *à risques* : les interrogations des homosexuels et des toxicomanes face au sida, les distorsions entre les connaissances et l'information sur le sida auprès des jeunes et leurs pratiques sexuelles, jusqu'à la perception du sida par un groupe de migrants maghrébins en France (Radhia Mounen-Marcoux, *Migrants et perception du sida : « le maître des infidèles »*, Paris, L'Harmattan, 1993).

Nous pouvons ajouter à cette typologie des œuvres littéraires, dont Joseph Lévy et Alexis Nouss ont établi un corpus de romans en français et en anglais parus entre 1987 et 1992 (*Sida-fiction, essai d'anthropologie romanesque*, Presses universitaires de Lyon, coll. CREA, 1994), des confessions et témoignages qui se multiplient de la part des séropositifs, des malades, des soignants (Françoise Baranne, *Le Couloir : une infirmière au pays du sida*, Gallimard, coll. Témoins, 1994), ainsi que des proches accompagnant un parent ou un ami. Ces récits se heurtent pour la plupart à l'absence de futur, mais certains n'ajoutent pas une fiction supplémentaire à l'expérience et écrivent selon René Ceccatty un document « d'une forme de justesse scientifique » (*L'Accompagnement*, Gallimard, 1994). La place prise par le thème du sida dans l'édition a ainsi justifié la publication d'une sélection dans *Livres Hebdo*[2].

C'est parce qu'en Europe la France est en tête pour le nombre estimé de séropositifs que ces publications doivent être *valorisées*. Depuis que la pandémie progresse, certains libraires font ce travail à l' exemple du *Kiosque : « une vitrine contre le sida »* (AJCS, 6, rue Dante, 75005 Paris). Le sida commence ainsi à être accepté dans les mentalités comme une autre maladie dangereuse.

Il existe des lieux qui, paradoxalement, ne se sentent pas concernés par la diffusion de l'information sur le sida : les bibliothèques ! Rares en effet y sont les acquisitions sur le sujet, en dehors des fictions et des témoignages, et les brochures de prévention n'y sont pas représentées. Les collectivités territoriales qui gèrent les bibliothèques municipales se chargent de les *exposer* dans le hall d'entrée des mairies et ne leur confient pas cette mission. Quel peut être le rôle des bibliothécaires face au sida ?

1. Voir les « Réflexions sur le sida » du docteur Dominique Brilland, *Le Quotidien de Paris*, 2 février 1994.
2. « Le sida en vitrine », 59 livres sur la maladie, *Livres Hebdo*, n° 109, 25 mars 1994.

Ne reçoivent-ils pas des demandes qui vont au-delà de la communication du numéro vert de Sida info service[1] ? Une enquête faite à Madrid en 1993, auprès de 267 bibliothèques publiques et universitaires, manifeste la pauvreté d'informations diffusées au sujet du sida (« El sida y la opinión del personal bibliotecario de la comunidad de Madrid : avance de resultados », *Educación y biblioteca*, n° 44, febr. 1994). Certains conservateurs répondent même qu'aucune directive ne leur est parvenue, ce qui justifierait selon eux leur absence de mobilisation. Mais en France, est-on si éloigné de cette situation ?

Les bibliothèques pourraient pourtant se tourner vers les associations publiques et privées qui éditent une information de première main et participent à la prévention. Les modes de contamination et les moyens de se protéger y sont le plus souvent exposés de façon claire par des illustrations. Ces documents permettent ainsi de répondre à la peur de la contagion qui est la première inquiétude. La lutte contre le sida passe aussi par des campagnes de sensibilisation et de prévention au niveau local (Romainville en Seine-Saint-Denis a fait une campagne de prévention de novembre 1993 à juin 1994 ; Toulouse organise en octobre 1994 la 2e journée nationale pour l'action des villes contre le sida) ; les bibliothèques doivent donc prendre le relais des associations et des institutions en matière d'information sur le sida pour assumer pleinement leur rôle social. La présentation de la journée d'étude « Les bibliothèques face au sida », (Paris, centre Georges-Pompidou, 30 novembre 1994) invite ainsi la profession à se mobiliser : « Contre le sida, l'urgence d'agir est l'affaire de tous. Les bibliothèques françaises, lieux d'information sur tous les aspects de la vie sociale, jouent-elles jusqu'à présent leur rôle sur le terrain ? ».

Il ne faut pas hésiter à mettre à la disposition d'un large public des livres, des revues, des films et des logiciels pour approfondir le sujet. À l'urgence de l'épidémie, toutes les acquisitions[2] ont leur place, de l'affaire du sang contaminé au lyrisme sidéen d'un Hervé Guibert qui pour la dernière fois a métaphorisé la mort dans son roman *Le Paradis* (Gallimard, 1992). Mais fournir une liste des centres français de dépistage du sida et des associations de lutte contre cette maladie est déjà une information de base que devraient posséder toutes les bibliothèques.

Puisque les années de mutisme et d'irresponsabilité semblent révolues, il est temps d'ouvrir en grand les portes à la documentation sur le sida. Les actions des collectivités territoriales prouvent aussi que la maladie a cessé d'être une réalité marginale[3]. Elle n'est surtout plus seulement une affaire médicale, ce qui autorise et rend indispensable la diffusion d'informations sur le sida dans les centres de documentation et les bibliothèques qui n'ont pas nécessairement vocation déclarée à vulgariser les sciences biomédicales.

Jean-Luc Pagès

1. Sida info service, n° vert 05 36 66 36.
2. La médiathèque Jean-Pierre-Melville, dans le 13e arrondissement à Paris, a édité une plaquette sélectionnant *50 titres sur le sida* répartis en quatre rubriques : Généralités-médecine, Sida et société, Témoignages et littérature et Vidéos documentaires.
3. André Glucksmann souligne dans *La Fêlure du monde : éthique et sida* (Flammarion, 1994) que les pestes antiques ou celles de l'âge classique étaient, à l'opposé du sida, des catastrophes circonscrites dans le temps et l'espace.

Le documentaire scientifique : un tremplin pour la lecture publique

Le documentaire scientifique est-il un livre à part dans le monde de la bibliothèque ou bien peut-il constituer un espace d'échanges pour des publics variés ?
En nous appuyant sur une longue expérience de terrain, nous défendrons l'idée que le documentaire scientifique représente un vecteur de développement pour la bibliothèque publique. À condition, pour le bibliothécaire, de partir de la demande, de repérer les usages de lecture, de revoir le classement des documents et de lier fortement la sélection et l'animation.

Être à l'écoute de la demande

Lorsque le marché de l'informatique domestique a pris son essor, au début des années 1980, la production éditoriale de vulgarisation à l'informatique se répartissait en deux groupes. Il existait, d'un côté, des livres clairs, précis, qui expliquaient le fonctionnement d'un ordinateur et la conception des programmes et, de l'autre, des guides d'utilisation pour tel modèle d'ordinateur. Bien souvent traduits de l'anglais, ces derniers souffraient souvent d'une adaptation de mauvaise qualité. On trouvait par exemple un dessin légendé d'un clavier ne correspondant pas à celui du matériel.
Lorsque l'on organisait une exposition d'ordinateurs, les jeunes faisaient preuve d'une très grande facilité d'adaptation alors que certains adultes paraissaient imperméables à l'informatique. Il fallait voir un enfant de 10-12 ans expliquer à un papa comment se servir de l'ordinateur. Mais sur quels livres pouvait-il s'appuyer ?
Peu de jeunes se sentaient concernés par des livres de type « initiation à

l'informatique ». Ils étaient en revanche très intéressés par une présentation de programmes pour leur ordinateur personnel.

Quel bilan tirer de ce genre d'expérience ? Il apparaissait un très net décalage entre l'offre et la demande.

La séparation des documentaires scientifiques en documentaires « pour les jeunes » et documentaires « pour les adultes » ne facilitait pas l'information du public. En examinant les questions posées et ce que l'on pouvait trouver dans le rayon et en évaluant la satisfaction du lecteur, on s'apercevait qu'il fallait courir d'une section à l'autre pour répondre à un questionnement spécifique.

Les adultes ne pouvaient emprunter de livres en section jeunesse et réciproquement. Il n'allait pas de soi pour un enfant d'aller regarder des documentaires dans les « rayons des grands ». Aussi certaines bibliothèques ont-elles remis en cause la dispersion des documentaires habituellement répartis en section adulte et en section jeunesse. À Ballancourt, par exemple, depuis que les livres d'informatique des deux sections sont regroupés en un rayon bien identifié, la bibliothèque gagne de nouveaux inscrits parmi les jeunes, qui viennent avec des demandes de plus en plus précises. Autour du rayon, on assiste à des échanges, des concertations entre enfants et parents. Et c'est souvent sur le conseil d'un initié qu'un adulte choisit un livre.

Autre constatation : ce n'est qu'après avoir expérimenté que le jeune lecteur a envie d'aller voir dedans « comment ça marche ». Un livre animé en trois dimensions, *Comment fonctionne un micro-ordinateur* (Albin Michel Jeunesse) sera alors très apprécié pour découvrir à la fois la complexité et la simplicité. Il ne s'agit plus alors d'utiliser, d'appliquer un mode d'emploi, mais de chercher à « comprendre ».

L'intérêt pour toutes les applications de l'informatique, en particulier celles qui peuvent donner à rêver, doit solliciter l'attention du bibliothécaire. Les documents construits à partir des images de synthèse exercent un pouvoir d'attraction certain. Par exemple le livre *Karnak, le temple d'Amon restitué par l'ordinateur* permet de visualiser une application, en architecture, grâce à une collaboration étroite entre égyptologues et informaticiens.

Dans un autre domaine, celui de la zoologie, on constate que les schémas expliquant comment se déplace un lapin ou un chien se trouvent dans des collections spécialisées comme « La vie en vert » (éd. Rustica) destinées en particulier à ceux qui élèvent des animaux. Des détails, insolites aux yeux des adultes, correspondent bien à l'approche et aux préoccupations des enfants. Ces « curiosités scientifiques » apparaissent de plus en plus souvent comme un attrait des documentaires. Un esprit curieux se demandera, par exemple, comment les ours blancs peuvent résister au froid. Il trouvera l'explication dans un ouvrage intitulé *Les Ours polaires* (collection « En famille », aux éditions Ouest-France) : chaque poil étant transparent, la chaleur fournie par les rayons solaires peut être stockée dans la graisse.

Peu d'adultes ont la curiosité de savoir comment une taupe organise son habitat, comment elle s'y prend pour creuser sa galerie. Rares sont ceux qui se passionnent pour la vie d'une fourmilière. Pendant très longtemps, les documentaires pour la jeunesse ne présentaient que des généralités, un survol des connaissances sur le monde animal sauvage, mammifères, insectes, etc. Or les enfants se régalent des détails. Ils veulent connaître une foule de choses sur les éléphants ou sur les abeilles. Le livre doit répondre à cette attente réelle de l'enfant, aux vraies questions qu'il se pose. Il doit éviter de coller aux préoccupations des adultes. Dans les premières collections « questions réponses » les questions n'étaient absolument pas celles des enfants, de même les collections encyclopédiques « tout sur... » n'apportaient pas de satisfaction à l'enfant car il y avait une trop grande dispersion de l'information. Il a fallu attendre que les éditeurs prennent les enfants au sérieux pour voir des croquis aux traits précis et exacts ou des photographies de qualité. Il y a une dizaine d'années, on retrouvait, d'un éditeur à l'autre, les mêmes photographies (en particulier en astronomie). Pourquoi, pendant de nombreuses années, n'a-t-on pas apporté autant d'exigences de qualité à l'image et au texte du documentaire que de l'album ? La qualité esthétique de l'iconographie, la musique des mots et la structuration de l'espace *livre* doivent mériter autant d'attention pour le documentaire que pour l'album.

Peu à peu s'est dégagée une trame commune pour les documentaires animaliers : présenter un animal déterminé avec une description très fouillée de la naissance, de l'éducation des petits, de la nourriture, de la vie quotidienne et ensuite élargir à d'autres pour constituer un album de famille et en dégager la notion d'espèce. On a vu naître des collections qui rendaient la vie de nombreux animaux aussi familière aux enfants que celle de leurs compagnons favoris.

À propos des animaux domestiques, les enfants ont une démarche tout à fait particulière en bibliothèque. Lorsqu'ils possèdent un chien, ils veulent tout connaître de sa race : sa taille, son poids adulte, ses réactions, ses qualités ou défauts. Lorsqu'il est malade, ils attendent des conseils pratiques pour le soigner et c'est la stupéfaction quand le livre ne répond pas à ce besoin. La description la plus complète de la maladie ne vaut rien si les remèdes ne sont pas présentés.

Le jeune public est aussi très sensible aux questions de protection, aux mesures à prendre pour sauver une espèce en voie de disparition. Comme le dit P. Pfeffer, les éléphants ont besoin des enfants. Ces derniers se mobilisent vraiment et sont avides d'informations au sujet des résultats de pétitions pour la sauvegarde des bébés phoques, des baleines ou de la forêt amazonienne. De nouvelles collections, comme « Planète verte » (Rageot), répondent ainsi à leurs préoccupations concernant l'environnement.

Autour d'un même sujet, par exemple l'éléphant, les points à développer diffèrent selon le public et selon l'âge. Les plus jeunes, qui s'identifient aux petits des animaux, manifestent une grande curiosité pour l'éléphanteau, alors que les plus grands sont intrigués par la communication à longue distance par infrasons.

Être à l'écoute de la demande passe par une reformulation des questions : « comment était la vie avant ? » sera traduit par *paléontologie – homme préhis-*

torique ; « d'où vient le caillou qui est tombé sur une voiture aux États-Unis » signifiera *météorites.*

La classification *Dewey* apparaît très complexe aux enfants et non adaptée à leur questionnement. Ceux-ci ne distinguent pas théorie et pratique, science et technique. L'enfant intéressé par le nucléaire ne va pas aller en classe 500 prendre un livre sur l'atome et en classe 600 un livre sur les centrales nucléaires. De nombreuses expériences montrent l'intérêt d'un classement par thèmes, intégrant sciences et techniques, pour un fonds unique de documentaires scientifiques destiné à tous les publics.

Si, dès le plus jeune âge, le livre est choisi pour apprendre les chiffres, pour savoir lire l'heure, etc., cette approche utilitariste du documentaire peut se révéler néfaste dans une perpective globale de développement de la lecture. L'enfant de 5-6 ans a une image très positive du livre. La présence du livre est très forte dans l'univers des tout-petits, que ce soit dans les crèches, les maternelles, les bibliothèques grâce à l'action d'associations comme ACCES (Association culturelle Contre les exclusions et les ségrégations)[1]. Il est normal pour lui d'y trouver aussi bien l'engin de chantier du coin de sa rue que son hamster.

Les adultes réduisent souvent le documentaire à un moyen d'acquisition de connaissance. L'enfant le perçoit ainsi et peu à peu va écarter le livre de son univers quotidien. Le livre sera réduit à sa fonction « sociale » immédiate : répondre aux questions de la maîtresse, avoir une bonne note à un dossier. Alors que l'enfant attend aussi rêve, séduction, plaisir. Ce sont les questions de science qui le passionnent le plus : « Pourquoi y a-t-il toujours la nuit après le jour ? » « Est-ce que le soleil va mourir un jour ? » Il faudra donc préserver cette motivation personnelle pour qu'il n'y ait pas de lectures « obligées ». Le bibliothécaire peut contribuer à entretenir cette flamme de curiosité. Si ce désir reste vivace, l'enfant sera devenu un lecteur.

Il a fallu attirer puis convaincre un public adulte qui n'a pas eu la chance de fréquenter dans son enfance une bibliothèque. « Vous avez un guide pratique pour connaître les poissons de notre étang ?... Je ne pensais pas trouver de tels livres en bibliothèque ! »

Des livres de collection jeunesse peuvent parfaitement leur convenir, comme documents de première approche. Citons quelques exemples :

- *Le Monde des plantes* (Jean-Marie PELT)
- *Vie et mort au désert* (Théodore MONOD, coll. « Petit point des connaissances », Le Seuil)
- *Partir pour l'espace* (D.E. KOELLE, coll. « Regards sur l'espace », Hatier)
- *Frontières de la médecine* (L. BENDER, coll. « Au microscope », Gamma)
- *L'Univers* (E. MIOTTO, coll. « Origine et évolution », Flammarion)
- *Histoire des techniques de l'an mil à nos jours* (Elisabeth DRYE, coll. « Grenier des merveilles », Hatier)

1. Voir la campagne « Ouvrez les livres aux bébés lecteurs ».

• *L'Énergie : la nature au travail* (coll. « Passion des sciences », Gallimard)
• *Les Couleurs de la vie : le rôle de la couleur dans le monde animal* (M. FERRARI, Gründ)
Rêver d''infinis, Fenêtre ouverte sur les sciences (A. CERQUITTI, Épigones)
• *La Lumière et l'optique* (Philippe VARAUD, coll. « Voyage en cyclopédie », Épigones)

L'évolution du documentaire scientifique se manifeste notamment par la multiplication des collections de « livres d'expériences ». Les expérimentations proposées dans le livre sont possibles chez soi en famille avec un matériel simple : « C'est bien comme ils disent, ces liquides ne se mélangent pas. »

Il s'agit de modifier l'image de la bibliothèque, perçue encore trop souvent comme un lieu destiné à « ceux qui ont fait des études ». Le domaine scientifique « grand public » représente pour la bibliothèque une possibilité d'ouverture, car il n'y a pas *a priori* de sujets pour adultes et de sujets pour jeunes. Un fonds thématique de documentaires scientifiques ne doit pas être conçu comme une entité indépendante.

Par la place qu'il accorde à l'image et l'adaptation au mode actuel de lecture rapide, un tel fonds mériterait d'occuper une position stratégique dans la bibliothèque, carrefour d'où partiraient les allées menant au livre d'art, à l'histoire et à la géographie, à l'architecture, etc.

L'expérience des animateurs ANSTJ (Association nationale science technique jeunesse) et des clubs « petits débrouillards » a accru la connexion avec le réel et la fiabilité des documentaires scientifiques. Il n'y a pas si longtemps, choisir le livre scientifique comme support d'une foire du livre pour la jeunesse au Mali paraissait être un pari. La terre tourne dans le même sens pour tous ses habitants. Et la découverte, en partie grâce au documentaire scientifique, d'une certaine universalité de la connaissance ne peut que rapprocher des hommes de cultures différentes.

Il ne devrait pas y avoir non plus de barrière étanche entre les ouvrages de fiction et les documentaires. Un roman comme *Le Livre de la jungle* et un livre d'art sur les œuvres du Douanier Rousseau ont tout à fait leur place dans un fonds consacré aux forêts équatoriales et tropicales.

Si nous avons comme objectif de rendre le savoir scientifique accessible au plus grand nombre, ne faisons pas qu'entrebâiller les portes des différents compartiments des connaissances, ouvrons en grand les portes du savoir.

Favoriser de multiples lectures

Les documentaires peuvent être distingués par type d'utilisation :
– Les guides d'identification pour savoir nommer faune et flore d'un milieu spécifique.
– Les livres d'expériences permettent au lecteur d'être actif, d'expérimenter par lui-même.
– Les livres d'actualité fournissent les dernières informations dans un domaine très large, que ce soit la mise au point du télescope Hubble ou les dernières découvertes en génétique.
– Les livres d'histoire des sciences donnent au public une autre clé d'accès aux sciences, en mettant en évidence le rôle de l'erreur dans la construction de la science.
– Les documentaires « témoins d'un vécu », d'une recherche, d'une découverte, ceux qui relatent des explorations ou restituent des observations d'animaux.
– Les livres pour s'émerveiller, pour découvrir la beauté et la poésie du monde (car science et poésie peuvent dialoguer).

Cette typologie témoigne de la variété de la production mais ne suffit pas pour caractériser un documentaire scientifique. Le documentaire scientifique doit être conçu de manière à permettre de multiples expériences, rencontres et interactions. Le lecteur pourra aussi bien :
– aborder un thème sous tous ses aspects, par exemple, pour l'eau, du cycle de l'eau au traitement des eaux usées, en passant par son utilisation à travers le temps ;
– comprendre les phénomènes naturels comme les marées ;
– connaître les différentes théories élaborées sur un même sujet (par exemple la disparition des dinosaures) ;
– observer, formuler une hypothèse, expérimenter pour vérifier et en dégager un principe explicatif ;
– nommer, identifier, classer, par exemple en zoologie, repérer des traces, les identifier et en déduire une caractéristique du comportement de l'animal ;
– faire des remarques sur le contenu, rebondir sur de nouvelles interrogations pour élargir le sujet (par exemple, comparer les cas de plusieurs volcans situés sur une même ligne de fracture).

Un impératif se dégage, encore plus rigoureux pour le choix des documentaires scientifiques : donner le meilleur aux enfants et donc ne pas se cantonner à la production « jeunesse ». Des livres de la section adulte peuvent parfaitement leur convenir, car le documentaire permet de multiples lectures.

Quatre stratégies de lecture peuvent être dégagées :

– *Utiliser le livre scientifique pour observer et répondre à sa curiosité*

Dans un atelier avec des enfants de 7-8 ans (projet « zéro redoublant »), on commence par exemple à parler des nids d'oiseaux : qui en a observé ? qui en a dans son jardin ? Les enfants échangent leurs expériences. Lorsqu'une question ne trouve pas de réponse, ils vont la chercher dans un livre. La collection « Clin d'œil » (Gamma) est bien appropriée car le nid y est décrit à l'aide de photos et de dessins. Mais de nouvelles questions apparaissent : « Est-ce que tous les nids sont pareils ? », « Comment et où sont-ils faits ? ». Certains titres de la collection « Métamorphose de la nature » (Gamma), écrits par Fisher et Nagel, viennent apporter des réponses. Les auteurs, biologistes de formation, apportent une contribution différente : elle écrit les textes, il fait les photos. Ils parviennent à montrer des détails très précis sans sacrifier l'esthétique. L'enfant se rend compte de l'évolution et réalise ainsi que la nature doit être protégée.

– *Satisfaire sa curiosité personnelle*

Lorsqu'un enfant se passionne pour un sujet, lorsqu'il fait une collection, il a besoin de certains documentaires spécifiques. Les guides doivent lui permettre d'ordonner ses connaissances, en lui offrant une classification rigoureuse et un mode d'accès aux informations précis et rapide. Citons la collection « L'œil nature » (Bordas) ou les guides Delachaux et Niestlé.

– *Feuilleter pour le plaisir*

Quand les élèves d'une classe viennent à la bibliothèque pour la première fois (visite obligatoire...), on leur présentera d'abord des documentaires de nature, d'astronomie ou sur les volcans pour qu'ils les feuillettent. Les enfants s'intéressent aux volcans mais ils pensent que les livres de volcanologie sont rédigés dans un langage inaccessible pour eux et réservés à des spécialistes. Après avoir découvert des documentaires attractifs, par exemple *Objectif volcans* (La Martinière), certains reviendront s'inscrire à la bibliothèque. Tout le travail du vulgarisateur est de rendre accessible à un plus grand nombre l'information scientifique et technique en simplifiant le langage et en marquant bien les différentes étapes du raisonnement. La présentation illustrée par des photos peut faire appel à une véritable mise en scène comme dans le cas de *Des forêts et des hommes* (collection « Racines du savoir », Gallimard).

– *Explorer les connaissances à partir de l'actualité*

Pour se familiariser avec une invention nouvelle, celle-ci doit être montrée dans son contexte social et située dans l'espace et le temps. Aujourd'hui, l'appropriation des connaissances passe nécessairement par l'appréhension de notions non vérifiables dans le vécu immédiat. Citons l'exemple des robots utilisés dans les parties des centrales nucléaires soumises aux radiations. Cela rend d'autant plus indispensable la lecture des documentaires scientifiques.

Critères d'appréciation

Il est très instructif de regarder les documentaires scientifiques avec les enfants. Ces derniers savent très bien observer les illustrations dans les moindres détails, être très critiques par rapport à l'iconographie si des détails cités dans le texte ne sont pas repris dans l'illustration. Par exemple dans *La Chouette* (collection « Patte à patte », éd. Milan), on a beau le chercher dans la forêt, le campagnol n'est pas montré ! Les enfants sont très perplexes quand les échelles ne sont pas indiquées ou respectées. Est-ce grandeur nature ou est-ce plus petit ou plus grand ? Les enfants sont très déçus quand ils ne comprennent pas un terme et qu'il n'y a pas d'explication, ni dans le glossaire ni par l'index à une autre page. Les enfants sont également désappointés quand tous les oiseaux ne peuvent être vus ni dans leur région ni même en France (*cf.* les livres traduits de l'anglais).

Il faut partir du vécu de l'enfant, dialoguer avec lui, voir ce qui l'intrigue, les noms, les phénomènes, les records. Les enfants ont de réelles capacités d'observation, souvent à l'étonnement des adultes. Des jeunes, dits « a-scolaires », font preuve d'une connaissance bien supérieure à la moyenne dans le domaine qui les passionne, car toutes leurs capacités d'attention sont monopolisées par leur centre d'intérêt. Ainsi, ils peuvent passer des heures à regarder la faune et la flore des étangs, et savent « voir » ce que d'autres ne remarquent même pas.

Le livre est un excellent moyen de les encourager dans leurs découvertes, de les conforter dans leur jugement. Le livre doit leur donner de l'assurance, car dans le milieu scolaire, ils sont souvent en situation d'infériorité vis à vis des autres. Le livre permet de vérifier ce qu'ils ont observé, d'en faire part aux autres. Il contribue à l'échange et donne le sentiment de faire partie d'une grande famille : tous ceux qui à des degrés divers et dans différentes parties du monde, comparent, analysent, émettent une hypothèse, vérifient et en tirent des conclusions.

Le livre permet de mieux saisir la réalité et de l'analyser. Le documentaire scientifique est ainsi un outil indispensable pour comprendre le monde. Le livre garde toute sa supériorité vis-à-vis de la radio ou de la télévision, car il permet à chacun d'aller à son rythme et de retrouver un renseignement. Encore faut-il que les livres utilisés soient de véritables documentaires.

Il existe actuellement une grande variété d'écrits (sans oublier les revues comme *Boum ta science*, le *Magazine des Petits Débrouillards*) et d'illustrations dans la production éditoriale. Pour procurer au lecteur « le plaisir du livre », une sélection rigoureuse est nécessaire dont les principaux critères seront :
- l'exactitude des informations et leur accessibilité (index) ;
- la clarté des explications ;
- l'actualité des thèmes et des illustrations ;
- le plan logique et progressif des informations ;
- la mise en page variée (encadrés, éclatés,...) ;

– la définition des termes scientifiques (glossaire) ;
– l'emploi des termes exacts, en particulier en cas de traduction ;
– la qualité de l'iconographie ;
– le talent de vulgarisateur de l'auteur.

Construire une animation autour du documentaire scientifique

Confronté aux difficultés de lecture ou au manque d'intérêt pour les livres d'une partie du public, le bibliothécaire dispose, avec le documentaire scientifique, d'un atout de premier ordre, en particulier en situation d'animation. Nous prendrons comme exemples des animations destinées aux enfants.

Connaître les attentes sur un thème

Il est essentiel, pour bâtir une animation sur un thème, de connaître au préalable les demandes des enfants. Avant de réaliser une exposition sur les volcans, on a demandé à des enfants de l'école primaire et du collège de préparer des questionnaires sur les volcans. On a ainsi pu tester les livres qui apportaient vraiment une réponse et relever ce qui éveillait le mieux leur curiosité :
– *les noms qui intriguent* : la chaussée des géants, la vallée des 10 000 fumées, les bombes, les orgues...
– *les phénomènes extraordinaires* : le paysan qui a vu surgir un volcan dans son champ, le volcanologue qui fait cuire son œuf à même le volcan, les deux survivants de l'éruption de la montagne Pelée, la bataille de l'eau et du feu : qui est le plus fort ?
– *les questions* : les volcans sont-ils utiles ? Peut-on aller en bateau sur un lac volcanique ? Les volcans français sont-ils vraiment éteints ?

Faire une sélection de livres adaptés

Pour réussir une animation, et surtout une animation autour du documentaire scientifique, le choix des livres est essentiel.

De ce fait, quatre livres apparaissent indispensables en volcanologie :
– *Les Volcans : des montagnes vivantes*, Gallimard (découverte benjamin) ;
– *La terre qui bouge*, Bayard (livre animé) ;
– *Objectif volcans*, éd. La Martinière ;
– *Les volcans*, Rouge et or, Nathan (collection « Explorons »).

À titre d'exemple en astronomie, on pourra constituer un choix de livres offrant le plus large éventail de lectures possibles :
– pour éveiller la curiosité : *Le Ciel par-dessus la tête*, Gallimard (« racines du savoir ») ;
– pour la clarté des explications et l'accord texte-image : *Les Planètes*, Bayard Presse Jeune (Images-doc) ;
– pour des détails intéressants : *L'Espace*, éd. Usborne (lors des premiers titres traduits en France, les adultes ont fortement critiqué leur aspect « fouillis » ; en fait, les enfants aiment énormément grappiller des informations surtout quand il s'agit de données chiffrées de type record) ;
– pour effectuer des recherches approfondies, un ouvrage de type encyclopédique comme *Atlas du ciel et de l'espace*, Casterman ;
– pour la beauté des illustrations : *Voyage dans le système solaire*, Bordas ;
– pour traiter un sujet plus pointu comme une planète particulière, la collection « bibliothèque de l'univers », Flammarion Père Castor : une collection intéressante qui tient compte de l'actualité, rend compte des erreurs des scientifiques à une date donnée et donne un aperçu de l'immensité des recherches à venir.

L'expérience des animations montre qu'elles représentent une source irremplaçable d'évaluation. En effet, les livres ne peuvent être jugés que sur le terrain, où l'on peut voir les enfants les manipuler et estimer leur degré de satisfaction ou noter leurs déceptions.

C'est seulement alors que le bibliothécaire pourra porter un jugement réel sur le documentaire scientifique.

Les modules d'animation d'*À fond la science*

Fort de ses expériences en France et en Afrique, le comité *À fond la science* (*voir encadré*) a constitué des modules d'animations thématiques : *arbres*, *étoiles*, *insectes*. Après des formations de bibliothécaires en Afrique, ou des animations pour un public très large, un module d'animation *Éléphant* a été créé. Il permet aux petites structures de se lancer dans l'animation en offrant des livres indispensables, un dossier documentaire, des vidéos, des posters et différents objets et jeux. Une plaquette de présentation de ce module a été éditée. Pour choisir les livres, la production a été étudiée par thème (l'éléphanteau, la communication) et le meilleur titre sélectionné. Cela a permis de voir, dans les documentaires sur un thème donné, la variétés dans le traitement des informations par le choix des termes et de l'iconographie selon différents niveaux de lecture.

Le fonds d'ouvrages sélectionnés de la bibliothèque municipale de Ballancourt

Un fonds de 3 400 ouvrages sélectionnés selon ces critères a été constitué à la bibliothèque de Ballancourt. Les documentaires peuvent être empruntés par toute personne ou collectivité. Un fonds vidéo de 250 cassettes documentaires a été créé avec la même codification que les livres (par exemple *Chasseur de miel, Puissances de 10*). La vidéo est utilisée comme amorce, pour donner envie de connaître, puis pour compléter ou élargir le sujet.

Un guide bibliographique pour un fonds d'ouvrages scientifiques a été édité avec un classement en trois catégories : *indispensables*, *recommandés*, *pour s'émerveiller* ou *pour approfondir*.

La caravane scientifique du ministère de l'Enseignement supérieur et de la Recherche

Une autre expérience intéressante est celle de la caravane scientifique organisée par le ministère chargé de la Recherche : « Plaisir des sciences ou la Science en vacances ». Une caravane itinérante, composée de bus, propose des ateliers de fabrication d'hologrammes, de chimie, de fouilles archéologiques, d'astronomie, sans oublier un spectacle de théâtre scientifique. Cette initiative permet de toucher des milliers de personnes dans les villages de vacances. *À fond la science* est chargée de l'espace lecture. C'est un terrain d'expériences très riches car deux animateurs chargés de cet espace servent d'intermédiaire entre le livre et le lecteur. Souvent les vacanciers commencent par regarder les livres avant de choisir leurs ateliers puis reviennent pour compléter leurs informations, les livres étant adaptés aux ateliers et à l'environnement.

L'animation comme lieu d'expérimentation

La pratique de l'animation autour du livre scientifique repose sur quelques principes :

1 – On ne fait jamais deux fois la même animation, car il faut saisir au vol les interrogations des enfants et savoir changer son schéma si tel ou tel livre ne passe pas.

2 – L'animation doit être construite autour d'une idée force, d'une notion scientifique. Par exemple, en zoologie, les livres choisis seront présentés pour étayer la notion d'espèce. Le déroulement d'une animation pourra suivre le schéma suivant :

– reconnaître l'importance de l'espace pour le territoire d'un animal ;
– à partir d'un élément connu, arriver à la notion d'espèce ;
– chercher les mécanismes d'adaptation et le rôle essentiel d'une espèce dans un milieu donné.

3 – Une animation ne demande pas, *a priori*, des connaissances scientifiques. Il ne s'agit pas de faire un cours, mais, à travers un thème, de faire découvrir des livres et de faire partager le « plaisir du livre ». En revanche, l'animateur doit avoir une très bonne connaissance des livres :
– savoir très vite, par exemple, où se trouve la surface exacte du territoire de l'ours ;
– avoir un regard exercé à la lecture du documentaire, un va-et-vient entre l'illustration et le texte, savoir repérer le terme spécifique et voir s'il est repris dans la légende d'une illustration ou dans un schéma.
Sélectionner des livres pour des animations est ainsi un jeu subtil de correspondances, chaque livre en appelle un autre :
– l'un est l'écho de l'autre sous une autre forme ou apporte un prolongement ;
– celui-là est le reflet fidèle d'un livre de référence de haut niveau et ouvre ainsi la porte d'un domaine de la science à un large public.

Cette balade au pays des documentaires doit être vécue en situation d'animations comme un parcours ludique. Il s'agit, comme dans un conte, de dérouler le fil... C'est ainsi que le comité *À fond la science* espère communiquer ses passions et ses coups de cœur.

Marie Girod

Le comité *À fond la science*

Depuis 1984, un comité s'est créé pour sélectionner des livres valables en animation. Les livres reçus en service de presse ou achetés sont distribués à des scientifiques, des spécialistes, des enseignants, des parents, des bibliothécaires et de jeunes lecteurs. Les critiques formulées soit par écrit, soit oralement, sont confrontées au cours d'une réunion des membres du comité. Celui-ci se réunit trois fois par an à la bibliothèque de Ballancourt-sur-Essonne. Il fait partie des comités de lecture de la bibliothèque départementale de prêt (BDP) de l'Essonne (Évry). La BDP joue un rôle primordial. Elle assure l'achat des nouveautés non reçues en service de presse, prépare les listes pré-sélectives et assume l'édition des bulletins d'analyse. La BDP diffuse des informations, les dates de réunion, des animations à caractère scientifique, dans un bulletin d'information *Bibliobull*, et envoie les bulletins d'*À fond la science* à tous les dépôts, et à la demande sur toute la France. Des bibliothécaires participent régulièrement aux réunions. Les deux bibliothèques pilotes sont celles de Ballancourt et celle d'Itteville (commune voisine de Ballancourt).

La démarche du comité *À fond la science* présente deux particularités :
1) Le choix de livres se fait dans toute la production, jeunesse ou adulte. L'iconographie a une place très importante : il y a une lecture de l'image scientifique. La qualité esthétique de la photographie, peinture ou dessin, par une répartition réussie entre le texte et l'image, est essentielle. Il est indispensable d'avoir de beaux livres dans le déroulement d'une animation et ce dès le plus jeune âge.
2) Les livres sont sélectionnés une fois qu'ils ont été testés au cours d'animations.
Depuis plusieurs années, des animations sont menées auprès d'un public familial car dans le domaine scientifique le livre est par excellence un lieu d'échanges entre parents et enfants :
– Animations ponctuelles : fête de la science juin 1994 « Mettez-vous au parfum » (parcours olfactif, distillation de lavande, fabrication de sels de bain...).
– Expositions à caractère scientifique : elles sont un aboutissement d'un projet sur une année scolaire avec des centres d'intérêt définis en fonction des âges et en partenariat avec différents organismes scientifiques.
Des stages de formation sont proposés aux enseignants, bibliothécaires, animateurs sur l'animation autour du documentaire scientifique :
– formation à la lecture critique en comparant différents livres sur un même thème ;
– choix des livres sur un thème ;
– les différentes sortes d'animations, comme un projet lecture bibliothèque-école sur une année scolaire, avec des petits groupes d'enfants réunis en atelier documentaire, atelier lecture image, atelier jeux de lettres, atelier connaissance d'un peintre.

Ces ateliers sont préparés pour respecter le thème général choisi et pour s'adapter aux niveaux d'âge.

Deux organismes sont les piliers de l'action d'*À fond la science* :
1) ALOISE (Association des loisirs scientifiques en Essonne) qui fait partie du réseau ANSTJ. Elle organise des classes scientifiques, des camps de vacances, des salles découvertes (astronomie, micro-fusée...) et peut ainsi faire tester les livres en situation. Des animateurs en font l'analyse scientifique et ils donnent les réactions des enfants. Un module météo « Le temps de comprendre le temps » a été réalisé.
2) Les Petits Débrouillards de l'Essonne. Au sein d'un club, de jeunes enfants (de 5 à 12 ans) réalisent des expériences en chimie, optique... Pour « chocolat show » ils ont réalisé une langue géante avec les zones de goût. Au cours de l'exposition sur l'eau, les principes élémentaires de la physique ont été présentés au jeune public, en lui faisant réaliser des expériences. Lors de « Science en fête 1992 », c'était la découverte de l'optique : hologramme, kaléidoscopes avec le soutien de l'institut d'optique d'Orsay.
Le quotidien régional *Le Républicain*, qui consacre certaines pages à la promotion du livre scientifique commente l'événement : « Là se trouvaient, mêlés aux enfants, des adultes qui ont beaucoup appris. Cette première expérience populaire a convaincu la bibliothèque de poursuivre ce type d'expérience où le Ballancourtois, parti acheter son pain, s'arrêtait pour assister à une expérience en plein air. Les scientifiques ont su s'adapter à un public bien souvent venu en famille. »
– Participation à des manifestations régionales comme les salons du livre, exposcience départementale préparée par un collectif comprenant différentes associations à caractère scientifique. *Sciences ressources 91*, antenne départementale du ministère de l'Enseignement supérieur et de la Recherche est un centre de culture scientifique et industrielle. Il diffuse des informations et des expositions et produit ses propres expositions comme « L'histoire et le devenir de l'optique ». *SR 91* a participé au lancement du premier module d'*À fond la science* : le module « Animation Éléphant ».
Les interventions en Afrique sont faites à la demande et en étroite collaboration avec le secteur monde noir de *La Joie par les livres* dans le cadre de l'action menée au ministère de la Coopération.
Le comité *À fond la science* a été, dès son départ, conseillé par le secteur du livre scientifique de *La Joie par les livres*. Pour une analyse encore plus riche du documentaire scientifique, les analyses publiées dans la *Revue des livres pour enfants* seront faites conjointement par trois organismes : *La Joie par les livres*, la médiathèque de la Cité des sciences et le comité *À fond la science*.

Du lire au faire ou comment la bibliothèque parle de science *

Les bibliothèques municipales, quelle que soit leur taille ou leur implantation géographique un peu partout en France, intègrent dans leurs programmes, depuis quelques années, des manifestations d'information ou de vulgarisation scientifique.

En même temps que le livre – avec ou en parallèle ? – l'animation est désormais considérée comme une activité légitime et essentielle de la bibliothèque. Ce concept d'animation, dont l'émergence remonte aux origines de la création du ministère des Affaires culturelles, a été précédé en bibliothèque par ce qui fut nommé des « activités d'extension », terme qui recouvre tout ce qui ne fait pas partie des activités traditionnelles de conservation et de diffusion des documents.

Cette nouvelle conception du rôle des bibliothèques sera développée dans le rapport du groupe interministériel remis au premier ministre de l'époque[1], Georges Pompidou : il y est fait état de la place que doit occuper l'animation en bibliothèque, afin que celle-ci devienne un centre de vie sociale et culturelle.

Mais il aura fallu du temps à la bibliothèque pour s'emparer de cet outil

---

* Les données présentées dans cet article sont issues d'un mémoire de DEA en sciences de l'information et de la communication (universités Lyon-II et Lyon-III/ENSSIB) soutenu en septembre 1992 à l'École nationale des sciences de l'information et des bibliothèques et intitulé : *La Bibliothèque municipale : une niche écologique pour la vulgarisation scientifique ?*

L'enquête a été menée auprès de six bibliothèques de la région Rhône-Alpes :

- Grenoble : bibliothèque Grand'Place ;
- Lyon : bibliothèque de la Part-Dieu ;
- Meylan : bibliothèque Grand-Pré ;
- Romans : médiathèque Fanal ;
- Valence : médiathèque municipale et universitaire ;
- Villeurbanne : Maison du livre, de l'image et du son.

1. 1968.

multiforme et multifonction qu'est l'animation et, par là, élargir son champ d'action.

À l'heure actuelle, comme le dit Jacqueline Gascuel[1], « l'animation est au cœur de la bibliothèque publique, elle est partout, elle donne vie à l'ensemble [...], elle a plusieurs rôles et investit plusieurs lieux ».

Mais derrière ce concept flou d'animation et son émergence en bibliothèque se cachent de multiples enjeux : une nouvelle organisation des personnes à l'intérieur de la structure, une nouvelle définition des profils de compétence, un nouveau positionnement de la bibliothèque vis-à-vis de ses partenaires, un nouveau mode de transmission des connaissances et des savoirs et, enfin et surtout, la promotion de nouveaux contenus culturels, tels que la vulgarisation scientifique.

En effet, jusqu'à la précédente décennie, les animations portaient peu sur des thèmes scientifiques.

Depuis de nombreuses années, et malgré les efforts des professionnels et leurs tentatives de prendre en compte ce versant de la culture, le retard français dans le domaine de la vulgarisation était un fait acquis[2]. Ce n'est que vers le milieu des années 1980 que des animations à caractère scientifique débutent dans l'ensemble des bibliothèques : avant 1980, seulement 14 % des bibliothèques consacraient ou avaient consacré des animations à la science et aux techniques[3].

On constate que cela coïncide avec la phase de montée en puissance du grand mouvement en faveur de la culture scientifique, concrétisé par diverses actions. Le colloque national sur la recherche et la technologie, en janvier 1982, contribua pour beaucoup au développement d'une prise de conscience généralisée.

La bibliothèque, dans ce contexte favorable, a saisi les opportunités réunies qui s'offraient à elle (une structure accueillante, l'animation et une vague d'intérêt pour la vulgarisation) pour tenter de diversifier ses activités.

C'est ainsi que les bibliothèques proposent désormais à leurs publics toute une série d'activités d'animation centrées sur la vulgarisation scientifique. De plus en plus, on peut voir s'étaler çà et là affiches et programmes de manifestations scientifiques produites par les bibliothèques. Il est courant qu'une exposition sur les biotechnologies prenne place dans les locaux de la « municipale » ou qu'un physicien y soit invité à raconter la véritable histoire du laser ou à décortiquer avec nous la matière jusqu'aux quarks.

La « science » fait recette : « la science au cœur du végétal », affirme une marque de produits de beauté et d'hygiène corporelle.

---

1. Voir le texte de son intervention aux journées d'étude « Animation et bibliothèques » organisées par l'ENSB en avril 1984, pp. 63-73.
2. Jean Hassenforder, « Le rôle éducatif de la bibliothèque et la diffusion des connaissances scientifiques », *Bulletin d'informations de l'Association des bibliothécaires français*, mars 1962, n° 37, pp. 21-24.
3. Voir l'enquête de Bernadette Seibel, *Bibliothèques municipales et animation*, Ministère de la Culture, 1983, 324 p.

Parallèlement à cet impact de la science, une enquête auprès des bibliothèques publiques françaises mettait à jour la grande pauvreté des fonds scientifiques.

Les procédures d'aides à la constitution de fonds et autres subventions disponibles sont très peu utilisées pour enrichir les fonds scientifiques.

La bibliothèque éprouve encore des difficultés à s'investir de façon effective dans ces domaines de la connaissance que l'on appelle les « sciences dures ».

Le constat inverse, du succès grandissant des animations menées autour de thèmes scientifiques ou technologiques, a de quoi susciter notre questionnement : d'un côté on observe des fonds à peine exploités et très peu enrichis, de l'autre une activité d'animation en plein développement. La science, délaissée dans son vecteur classique de diffusion – l'écrit – se voit par ailleurs placée en première ligne, en vitrine face au public.

La bibliothèque opère-t-elle un transfert de ses compétences (la gestion des fonds) sur un domaine (la vulgarisation scientifique par le biais de l'animation) qu'elle ne maîtrisait pas jusqu'à présent ?

Ces actions en apparence contradictoires sont-elles issues de choix stratégiques planifiés ? Ou bien faut-il les imputer à la pression d'un environnement culturel de plus en plus diversifié et axé sur de nouveaux modes communicationnels qui privilégient l'audiovisuel et l'interactivité ?

Nous pensons qu'il existe un risque de dérive pour la bibliothèque si les activités d'animation scientifique prennent le pas sur les missions traditionnelles de conservation et de gestion des fonds. Si la bibliothèque élargit ses compétences, il ne faudrait pas que cela se fasse au détriment des missions traditionnelles qui lui ont été confiées et qui devraient rester prioritaires.

La science, en quête de public, a su pénétrer dans la bibliothèque par des voies périphériques. Mais la bibliothèque est-elle préparée à intégrer ce nouveau type d'activité à son fonctionnement traditionnel ?

En fait, l'animation scientifique devrait s'articuler aux fonctions traditionnelles de la bibliothèque comme un complément de cette activité et non comme un substitut.

Or, tout se passe comme si la bibliothèque avait pris conscience de certaines de ses faiblesses et de ses difficultés à gérer des fonds scientifiques et cherchait à combler ses lacunes en développant des stratégies de compensation susceptibles de donner satisfaction d'abord au public, par une présentation « dynamique » de l'information scientifique, ensuite aux bibliothécaires qui voient leur sentiment d'impuissance et d'échec s'atténuer par rapport à la mise en valeur de ces domaines de la connaissance. L'animation, dont le rôle logique serait d'attirer le public vers les fonds, qui fondent l'existence même de la structure, viendrait plutôt en substitut de celui-ci et non en faire-valoir. Elle serait là plus pour masquer les vides que pour étoffer un contenu déjà riche.

Du lire au faire... du livre à l'animation, nous pensons que certaines bibliothèques ont sauté le pas.

En 1989, le Centre de culture scientifique, technique et industrielle Provence-Méditerranée rajoutait à son catalogue une malle pédagogique nommée « Du lire au faire »[1]. Cette malle, conçue pour servir de support à une animation de groupe dans le cadre scolaire ou lors d'activités de loisirs, présente des livres d'expériences accompagnés du matériel nécessaire à la réalisation de jeux scientifiques et d'expériences ainsi que divers montages déjà réalisés. Se servir du livre comme tremplin pour le jeu, découvrir les sciences en s'amusant, apprendre à utiliser le livre comme un outil qui permet non seulement d'acquérir une connaissance mais aussi d'accéder à une réalisation matérielle, à la fabrication d'un objet technique, à la vérification d'un phénomène, tel est l'objectif de cette malle pédagogique.

L'observation de l'utilisation de cette malle par les enfants a clairement mis à jour combien le *faire* est favorisé par rapport au *lire.*

L'étude des stratégies de diffusion de la culture scientifique menée auprès des six bibliothèques municipales de la région Rhône-Alpes aurait pu emprunter ce titre « Du lire au faire », tant l'analogie est forte entre le fonctionnement et l'objectif de cette malle et celui rencontré dans les bibliothèques observées :

– mêmes moyens d'appel du lecteur : interactivité, audiovisuel, etc. ;
– même volonté de le « ramener » au livre, de lui faire prendre conscience que l'écrit est une clé d'accès qui intervient presque toujours, aussi bien dans les activités d'apprentissage ou d'étude que dans les activités ludiques.

Mais le lecteur suit-il jusqu'au bout – jusqu'au livre – le circuit qui a été fléché pour lui ou arrête-t-il son parcours quand la démarche doit s'individualiser et qu'il doit passer du rôle passif de spectateur à celui d'acteur, comme cela est nécessaire pour la pratique de la lecture ?

Dans le cas de la malle, le passage par le livre était incontournable car un circuit logique avait été conçu : les jeux et expériences ne pouvaient être réalisés qu'avec l'apport du mode d'emploi pour donner les indications nécessaires. Dans le cas des animations en bibliothèque et bien que l'objectif final soit la mise en valeur du patrimoine écrit et la valorisation des collections[2], le passage par le livre n'est ni obligé ni même indispensable. Il est vrai que la fréquentation du lieu bibliothèque est déjà le signe d'un rapport livre-lecteur, rapport qui était à créer et qui reste un objectif principal de la malle « Du lire au faire ».

C'est à ce niveau que l'on peut se poser la question des liens à tisser entre les deux types d'activité afin d'éviter qu'elles ne fonctionnent en parallèle, ce qui est parfois le cas et qui, semble-t-il, porte préjudice à l'enrichissement des collections scientifiques. Quelques exemples nous aideront à dégager un enseignement ou des propositions concrètes pour l'avenir.

Un bref aperçu de l'offre en matière d'animation pourra peut-être nous permettre de mieux cerner ce que la bibliothèque offre à son public – tant au niveau

---

1. Production CCSTI Provence-Méditerranée ; conception : Anne Zwick ; réalisation : Atelier Alliage.
2. Trois des six bibliothèques interrogées dans notre enquête citent la mise en valeur des fonds comme premier objectif de l'animation.

des contenus que des supports –, les stratégies et les moyens qu'elle développe, ainsi que les partenaires qu'elle associe à ses actions dans le domaine de la vulgarisation scientifique.

En quoi consiste donc l'offre en matière d'animation ? Que propose la bibliothèque à ses publics ?

Les animations, en bibliothèque, prennent diverses formes et regroupent une multitude de pratiques, de supports et de savoir-faire.

Dans l'ensemble, les modalités de diffusion de la vulgarisation sont plutôt classiques et les supports restent traditionnels :

– L'exposition « poster », qui reste une des voies les plus classiques et les plus connues du public. Sa simplicité de mise en œuvre, les prix abordables d'achat ou de location ainsi que la production massive de ce type de produit en font une production banalisée facile d'accès (cinq bibliothèques de l'échantillon en présentent).

– L'exposition interactive, dont la caractéristique est sa pratique participative propre à favoriser l'acquisition et la mémorisation des informations, est un média largement exploité par les diffuseurs de la culture scientifique, quoique encore un peu onéreux pour ce type de structure (trois bibliothèques de l'échantillon en présentent).

– La conférence-débat est aussi un des modes de diffusion privilégiés, le double processus d'acquisition de données et d'échange critique avec le spécialiste qui parle le langage de la légitimité scientifique permet une appropriation plus efficace du savoir par une confiance accrue et un transfert direct des connaissances (cinq bibliothèques de l'échantillon en présentent dont une pour laquelle il s'agit de la seule animation scientifique proposée).

– La projection vidéo, très largement exploitée maintenant (cinq bibliothèques de l'échantillon en présentent).

– Le colloque, produit haut de gamme, est l'activité de diffusion la moins pratiquée en bibliothèque (une bibliothèque de l'échantillon en propose).

Mais la bibliothèque, en raison de sa spécificité fonctionnelle, propose aussi des produits issus de ses propres potentialités : bibliographies sélectives (presque systématiques, elles font partie de la routine des bibliothécaires et sont les accompagnements incontournables des animations), heure du documentaire pour les enfants (à la place de la traditionnelle heure du conte), lecture de textes scientifiques, et même édition...

La bibliothèque peut aussi héberger d'autres formes d'animations, en relation, notamment, avec des associations ou des organismes locaux (planétarium, montage d'expériences scientifiques réalisées par des lycéens, démonstration de matériels en liaison avec des industries, création de jeux...).

Mais ces activités, encore ponctuelles, restent le plus souvent à la seule initiative des organismes en relation avec la bibliothèque.

Deux notions se sont dégagées des situations observées :

– La bibliothèque exploite, pour la plus grande part, des produits tout faits, qu'elle loue ou achète à d'autres organismes. Elle a donc principalement un rôle

d'intermédiaire à l'intérieur du circuit de production de l'information culturelle : en ce sens, elle se présente exclusivement comme diffuseur et non comme producteur.
– Aux animations « clé en main » qu'elle loue ou achète aux producteurs, elle rajoute des produits spécifiques issus de ses fonctions traditionnelles (bibliographies, édition, animation autour du livre...). On a donc, en quelque sorte, un effet de plus-value des produits que la bibliothèque présente sur le marché de la communication culturelle. Cet apport individualisé et spécifique représente aussi le signe de son appropriation par l'organisme et signe sa participation active.

Les thèmes traités indiquent que la bibliothèque se cantonne dans des domaines bien balisés ou suit les modes en cours.

Écologie et environnement sont les domaines les plus abordés, avec l'astronomie et l'image (liée à l'informatique avec les images de synthèse ou les images scientifiques de toutes disciplines). Les sujets en relation avec la santé rencontrent aussi un franc succès.

Le rapport sur « les Français, la science et les médias »[1], publié par le BNIST en 1978, révélait que l'écologie arrivait en seconde position des centres d'intérêt, après la médecine. En troisième place venaient les problèmes de société.

En examinant les thèmes abordés dans les conférences, on s'aperçoit que les rapports de la science avec les problèmes de société (génétique/éthique, nouvelles technologies...) recueillent tous les suffrages des bibliothécaires.

Les implications des découvertes scientifiques récentes sur la vie quotidienne semblent avoir la préférence de la bibliothèque. Ne sont pas oubliées bien sûr toutes les questions relatives à la survie de l'homme sur la Terre et à sa place dans l'univers : c'est ce qui a toujours fait le succès de la médecine et de l'astronomie.

La présentation de recherches théoriques pures, parfois à l'affiche des conférences par exemple, ciblent un autre public, celui des étudiants et des scientifiques. C'est le cas des « mercredis scientifiques » de la Maison du livre de Villeurbanne, mais aussi de la Part-Dieu qui vise principalement un public « cultivé ». L'ambition « d'impulser et de provoquer l'apparition de nouveaux paradigmes »[2] signe la volonté de la bibliothèque d'occuper une place prépondérante au sein des acteurs de la culture.

C'est ainsi qu'ont été mis à jour deux modèles prépondérants de diffusion de la culture scientifique en bibliothèque :
– D'abord en direction du grand public indifférencié, par des manifestations présentées dans les espaces de passage. C'est le cas des expositions, des projections vidéo, qui abordent des thèmes classiques (environnement, sciences et société...) et souvent porteurs d'une dimension spectaculaire et sensationnelle.

1. Jean-François Boss et Jean-Noël Kapferer.
2. Ce sont les ambitions déclarées de la bibliothèque de la Part-Dieu.

Par là, la bibliothèque se fait l'écho des médias de masse et marque sa place de médiateur entre une science abstraite et les problèmes concrets que se pose le public.
– Ensuite en direction d'un public « choisi » et présélectionné par son niveau de culture, par la programmation de conférences de haut niveau ou l'organisation de colloques dans le domaine des sciences dures ou portant sur des recherches interdisciplinaires de pointe (ex. « psychanalyse et neurosciences »).

Cette double stratégie vise deux types de publics distincts :
– Pour la première, il s'agit du public qui fréquente la bibliothèque habituellement, les inscrits et les habitués ; c'est du fait de leur pratique de la bibliothèque qu'ils deviendront spectateurs occasionnels.
– Pour la seconde, un public en général extérieur, qui n'utilise la bibliothèque que pour cette fonction : c'est un public motivé, qui effectue une démarche volontaire non liée à une pratique régulière des fonctions traditionnelles de la bibliothèque (consultation et/ou emprunt des ouvrages).

Ces deux stratégies complémentaires ont pour but de toucher un public le plus large possible et de répondre à des besoins et attentes distincts.

On le voit, l'offre de la bibliothèque est éclectique : les nouveaux supports de l'information sont largement utilisés, les thèmes abordés sont ceux qui rencontrent un écho favorable auprès du public. La bibliothèque s'efforce, dans ce sens-là, d'être à l'écoute de son public et de lui offrir des produits diversifiés.

Ne faudrait-il pas, dans ce contexte favorable d'élargissement des activités, travailler à créer des liens plus étroits d'abord à l'intérieur de la bibliothèque, entre la gestion des fonds et l'organisation des animations, ensuite, à une autre échelle, entre les différents acteurs du livre et ceux de l'animation scientifique ?

Certaines bibliothèques s'y emploient, d'autres ont encore du mal à faire coexister ces deux activités de façon harmonieuse.

Le cas des « Mercredis scientifiques » de la Maison du livre, de l'image et du son à Villeurbanne est des plus marquants : cette animation, organisée par les responsables de la bibliothèque en relation avec un laboratoire de recherche[1], présente des conférences de haut niveau pour un public averti, souvent spécialiste de la question traitée ou sur le chemin de la spécialisation. En général, la valeur scientifique de la communication s'allie à la notoriété de l'individu qui la présente et l'aura dont sont entourés les conférenciers déborde largement le cadre de la communauté scientifique pour atteindre le grand public : scientifiques de renom et prix Nobel se partagent l'affiche.

Paradoxalement, les bibliothécaires responsables du secteur science de la médiathèque ne sont ni concertés ni directement impliqués dans cette manifestation de quelque manière que ce soit : pas de présentation d'ouvrages, pas de bibliographies, pas d'acquisitions nouvelles pour enrichir tel ou tel domaine abordé. Ces deux activités sont totalement déconnectées ; bien sûr, c'est une

1. L'Institut des sciences de la matière.

situation qui ne satisfait pas les responsables qui tentent de faire évoluer cet état de fait. Mais cela demanderait une collaboration plus étroite avec les organisateurs, internes et externes, ainsi que la prise de conscience que les animations sont là *aussi* pour apporter un faire-valoir à la bibliothèque dans ce qu'elle présente de plus traditionnel, le livre, et pas seulement en qualité de l'institution qu'elle représente.

Les animations en bibliothèque n'ont pas pour but de proposer un apprentissage ni d'intervenir dans le cadre de la formation, mais bien dans celui de la culture. Il s'agit de faire le lien entre la recherche et le grand public, d'établir une passerelle entre des connaissances scientifiques et un public propre.

Le rôle de la bibliothèque municipale doit être compris aussi comme celui de lieu d'échange et de rencontre entre des mondes qui s'ignorent et qui, encore trop souvent, vivent en parallèle.

Il y a quelques années, le congrès national de la Société française de physique s'est déroulé à Villeurbanne. Chaque soir, un rapporteur était chargé de venir présenter et commenter pour le public de la bibliothèque de la Part-Dieu[1] un compte-rendu vulgarisé de ce qui s'était dit dans la journée lors des séances. Voilà un exemple tout à fait significatif du rôle de médiateur que peut jouer la bibliothèque, de la mission qu'elle remplit entre science et culture tout en restant en prise directe avec l'actualité scientifique et au plus près de la science en train de se faire.

Heureusement, l'abandon du lire au profit du faire comme on l'a vu pour les « Mercredis scientifiques » de la Maison du livre est rarement aussi bien marqué que dans ce cas-là. En général, il existe une interaction, même minime, entre les deux types d'activité, interaction d'ailleurs fort souvent encouragée par les modes d'organisation de ces manifestations.

Une tentative d'analyse des moyens mis en œuvre par la bibliothèque pour organiser des manifestations de vulgarisation scientifique a fait apparaître certaines constantes qui, si elles ne peuvent avoir une valeur statistique, nous orientent tout de même sur des pistes intéressantes pour notre réflexion.

Pour déterminer l'investissement quantifiable, (c'est à dire autre qu'intellectuel ou moral) de la bibliothèque dans les activités de vulgarisation, trois indicateurs peuvent être considérés : l'organisation interne, les modes de financement, l'information et la communication.

Pour ce qui est de l'organisation interne, on a pu dégager la notion essentielle de volontariat, qui induit une absence de structuration de l'organisation.

L'absence de cadre strict d'organisation fait défaut à l'animation en général. Elle est le fait en grande part du caractère non obligatoire de ces tâches : il est donc fort difficile d'en organiser une gestion rationnelle qui prenne en compte la mise en place d'une équipe structurée, la répartition des tâches et, en somme, la systématisation d'un certain nombre d'opérations. Il s'agit en général d'un

1. Dans le cadre de la manifestation « La matière aujourd'hui ».

fonctionnement personnalisé qui prend son origine dans des motivations individuelles. Passer de la stratégie « coup de cœur » à l'élaboration d'un programme prévisionnel suivi et cohérent qui respecte les besoins et la demande du public ne fait pas appel aux mêmes mécanismes ni aux mêmes nécessités : cela implique une ligne directrice, des projets précis, une structure fixe au sein de l'organisme avec répartition des rôles, bref, une organisation.

Or, cette absence d'organisation se retrouve au niveau financier, où la non-utilisation d'outil tel que la comptabilité analytique, l'absence de crédits spécifiques ou même d'une ligne budgétaire affectée à ces dépenses rend extrêmement floue l'analyse de la gestion.

Cette notion de volontariat signifie aussi l'absence de planification et d'objectifs collectifs – c'est-à-dire d'une adhésion généralisée de l'ensemble de la structure et non plus du choix d'un individu isolé – en matière de vulgarisation scientifique.

La conséquence en est, en positif, une certaine forme de souplesse, mais aussi, en négatif, une forte individualisation au niveau du choix des contenus, des relations avec les différents partenaires et des moyens de mise en œuvre. Mais cette individualisation, si elle présente de nombreux aspects négatifs, est aussi, en quelque sorte, le garant de l'interaction, si minime soit-elle, entre gestion des fonds et animation.

Devant la difficulté à gérer les fonds scientifiques, la bibliothèque a su réagir de façon positive en masquant ses faiblesses par l'acquisition de nouvelles compétences : elle a su, dans un premier temps, s'entourer de partenaires qui ont pu la relayer sur le terrain de la vulgarisation. Soutenue par bon nombre d'associations, de centres de recherche, d'universités, elle a pu présenter à son public toute une série de manifestations pour lesquelles elle intervenait en tant que prestataire de service ou relais.

Fortes de ces riches expériences, les bibliothèques, dont la situation semble privilégiée, s'engagent maintenant dans un processus de production de produits de vulgarisation scientifique.

Depuis quelques années la bibliothèque est entrée dans un nouveau cycle : au lieu de se positionner sur le marché de la culture en simple intermédiaire entre des organismes désireux de diffuser de l'information spécialisée, via des animations diverses, et le public, elle se situe désormais sur le plan de la production de produits de vulgarisation.

L'étude des relations partenariales, riches et diversifiées, que la bibliothèque tisse avec les organismes implantés sur sa zone d'influence a mis à jour une évolution par rapport au modèle proposé par B. Seibel[1].

Trois types de collaborations où la bibliothèque s'investit principalement en tant que prestataire de service et diffuseur peuvent être distingués :

– Prêt de ses locaux – et donc mise à disposition de son public – aux grands

1. *Op. cit.*

organismes de recherche publics ou privés et aux universités, pour leur permettre d'exposer leurs travaux.

– Liaison avec les clubs d'amateurs, les MJC, etc.

– Animation scientifique d'inspiration scolaire en collaboration avec le milieu enseignant.

La bibliothèque se tourne aussi désormais vers le milieu industriel qui fait partie désormais des partenaires sollicités. Elle ne se contente plus de « faire faire » ou d'héberger mais impulse, choisit et coordonne des opérations d'envergure en relation avec des entreprises. Ce type d'action n'est actuellement engagé que par les bibliothèques les mieux dotées au niveau de leur environnement économique et culturel, qui est le facteur clé d'émergence de ces activités[1].

Au niveau de l'offre, donc, la bibliothèque municipale diversifie ses produits.

D'intermédiaire entre le livre et son public, elle devient producteur, concepteur et créateur de produits de vulgarisation.

Pour un certain nombre d'organismes, ce n'est plus seulement « entre formation et culture[2] » que se trouve leur place mais bien plutôt au centre de la triade « formation-culture-production ».

Ce positionnement récent marque l'entrée dans une nouvelle étape où la bibliothèque voit ses fonctions se modifier au fil de ses interactions avec ses nouveaux partenaires.

Mais cela n'explique ni ne justifie la faiblesse des fonds scientifiques : on l'a vu, des deux voies utilisées pour diffuser le message vulgarisateur – l'écrit et l'animation – la bibliothèque utilise de plus en plus souvent la seconde.

Le livre de vulgarisation, bien que la production éditoriale soit non pas florissante mais en meilleure santé que par le passé, ne mobilise pas assez l'intérêt des professionnels : la formation presque exclusivement littéraire des bibliothécaires serait la cause fondamentale – d'après l'opinion des bibliothécaires interrogés – de cette désaffection pour les matières scientifiques. Mais est-ce bien la seule raison ? Il est fort vraisemblable qu'un faisceau de motifs s'imbriquent pour aboutir à cette situation. Très peu de bibliothèques (une sur cinq d'après l'enquête de Montreuil, une sur six d'après notre échantillon) possèdent un personnel spécialisé dans le fonds scientifique. La plupart se jugent incompétents et préfèrent, dans le domaine scientifique tout particulièrement, l'absence d'information à une information erronée ou incomplète.

---

1. À titre d'exemple, on peut citer l'animation organisée par la bibliothèque Grand-Pré de Meylan, sur les images de synthèse. La bibliothèque a mis à profit un outil commercial qui ne lui était pas destiné – une plaquette recensant tous les laboratoires et entreprises grenobloises qui fabriquaient ou travaillaient sur ces images – pour monter une opération sur ce thème en collaboration avec les entreprises concernées.

2. C'est ainsi que E. Tripet situe la place de la bibliothèque publique dans la société moderne. *Actes des journées d'études sur les bibliothèques et la lecture publique*, Les Éditions IES, n° 1, 1979, p. 183.

La bibliothèque agit comme si elle ne pouvait se permettre de mettre entre les mains de son public des ouvrages dont on n'aurait pas vérifié l'exactitude du contenu. En clair, les fonds scientifiques des bibliothèques municipales pâtissent d'une politique de la qualité. Si les sciences « molles » autorisent encore trop souvent – malheureusement – le flou, la science rime avec rigueur et l'erreur y est inadmissible. On mettra plus volontiers sur les rayons un ouvrage d'ésotérisme, quel que soit son contenu, plutôt qu'un livre de vulgarisation dont on ne connaîtrait pas la critique. Les bibliothécaires semblent démunis face à l'absence de bibliographies sélectives critiques avec des indications de niveau, pour faire cadrer leurs acquisitions avec leur lectorat, comme il en existe dans le secteur jeunesse par exemple : les bibliothécaires ont été unanimes sur ce point.

Quelle science la bibliothèque donne-t-elle à voir à son public ? La science en train de se faire, avec ses aléas et ses ratés, ses questionnements et ses doutes ou les grandes avancées qui bousculent la physionomie d'une discipline, porteuses d'une forte dimension médiatique ?

La bibliothèque, de manière générale, ne propose pas une approche innovante de la science, plus en prise avec la réalité de la recherche, et qui serait d'en montrer la démarche avec ses méandres et ses impasses.

La science reste sur son piédestal, on en parle avec considération, crainte ou emphase. Il semblerait que la bibliothèque ne soit pas encore arrivée à se dégager d'une conception mythique de la science et à lui accorder la même place sur ses rayons qu'à l'histoire, la psychologie ou la fiction.

Mais il se pourrait que d'autres raisons que la formation initiale des bibliothécaires, la production éditoriale insuffisante ou les états d'âme des uns et des autres face à la science, rentrent en ligne de compte pour expliquer cette faiblesse des fonds, raisons à rapprocher à la fois de la démarche du public ainsi qu'à l'organisation des collections à l'intérieur de la bibliothèque.

La science, plus que tout autre domaine de la connaissance, nécessite un apprentissage, la connaissance de langages symboliques particuliers, le passage par différents niveaux de difficulté et l'acquisition de données de plus en plus complexes. Les rayons des sections adultes proposent des ouvrages de vulgarisation pour adultes qui ne reprennent pas toujours les connaissancces à la base et qui sont souvent difficiles d'accès pour un néophyte. L'expérience acquise au CCSTI Provence-Méditerranée à la fois dans la mise en place d'un fonds d'ouvrages de vulgarisation pour adultes et l'organisation d'animations autour du livre scientifique pour enfants montre l'intérêt de faire cohabiter ces fonds dans le cadre des bibliothèques, afin de présenter les connaissances en partant de la base pour arriver au plus complexe. La présence indifférenciée sur les rayons d'ouvrages de niveaux et de conceptions divers permettrait au lecteur d'en finir avec cette hiérarchie de la connaissance sectorisée entre « enfants » et « adultes », dichotomie qui dresse des barrières invisibles mais néanmoins infranchissables entre ces deux fonds.

À l'heure actuelle, la synergie entre la constitution des fonds et l'animation est encore très faible : si tout au plus les animations contribuent à l'achat de quelques titres sur le sujet exploité et à une mise à jour du domaine, on ne peut pas dire qu'il s'agisse vraiment d'un phénomène de synergie qui ferait de la gestion des fonds et de l'animation des activités totalement imbriquées, entièrement dépendantes l'une de l'autre et qui s'enrichiraient mutuellement : pas une seule fois le choix des animations ne s'est fait à partir d'un fonds d'ouvrages sur un thème précis à valoriser, et parfois même une présentation de livres n'est même pas proposée : l'animation est un « plus » sans liens directs avec la gestion des fonds, et, nous l'avons vu, il arrive même que les responsables de ces deux activités travaillent isolément.

En prenant conscience des carences qui menaçaient de jeter une ombre sur sa réputation – ce n'est pas sans une certaine gêne que les bibliothèques montrent les statistiques qui concernent les cotes 500 et 600 de la classification Dewey –, la bibliothèque a entrepris, depuis peu mais de façon active, d'y remédier. Consciente des enjeux liés à la diffusion de la science et désireuse de garder sa place au sein des acteurs de la culture, elle n'a pas voulu abdiquer son rôle. C'est ainsi que de nombreuses initiatives ont été prises çà et là. À titre d'exemple on peut citer en région Rhône-Alpes la création au sein de l'ACORD[1] – devenue ARALD – d'une commission « *culture scientifique et technique* ».

Il serait trop dommage que la bibliothèque en vienne, à cause du succès grandissant des nouveaux modes communicationnels, à négliger ses missions traditionnelles de constitution et de gestion des fonds, essentiellement des fonds scientifiques qui accusent déjà un retard considérable par rapport aux autres domaines du savoir[2].

Mais c'est sûrement aussi grâce au succès des nouveaux modes de diffusion qu'un nouvel équilibre va se créer. Ces nouveaux moyens de la communication ne sont nullement en concurrence avec la production écrite : le son et l'image viennent tout juste en complémentarité du patrimoine écrit ; l'introduction généralisée en bibliothèque des secteurs vidéo en est la preuve et la diffusion conjointe de ces fonds semble un bon moyen de débloquer la scission entre gestion des fonds et animation. L'utilisation de l'image pour briser les réticences face à la vulgarisation scientifique n'est plus à mettre en doute : la science a besoin de mise en scène pour être racontée, expliquée et peut-être comprise. Mais tout excès est préjudiciable et l'erreur à éviter, c'est de se laisser emporter par la vague animation et multimédia en négligeant ce qui peut paraître désormais archaïque ou tout au moins désuet : le livre.

Les bibliothécaires, conscients dans l'ensemble, ne sont pas satisfaits de leurs fonds dans le domaine scientifique. Quelques propositions – naïves, certes –

---

1. Agence de coopération régionale pour la documentation.
2. Le nombre d'ouvrages classés aux cotes 500 et 600 de la classification Dewey varie entre 5 et 10 % du fonds total, pour les bibliothèques étudiées.

pourraient servir d'indications pour améliorer, même un tout petit peu, la situation :
– Ne pas craindre de superposer les fonds jeunesse/adultes et laisser le lecteur libre d'adapter ses lectures à son niveau de connaissance.
– Regarder systématiquement, pour préparer les acquisitions, les bibliographies critiques présentées dans la plupart des revues de vulgarisation, qu'elles soient grand public ou plus difficile d'accès.
– Décider de suivre l'intégralité de certaines collections, même si, au final, quelques titres ne sortiront jamais.
– Resserrer, grâce à l'animation, les collaborations avec les associations d'amateurs et autres clubs : ils ont le plus souvent une connaissance assez pointue de ce qui est édité dans le domaine qui les concernent ainsi que les références bibliographiques d'ouvrages de vulgarisation de qualité. Comme ils ont fait la démarche pour apprendre, ils savent conseiller. Botanique, astronomie, biologie, les associations ne manquent pas dans tous les domaines.
– Ne jamais concevoir une animation autour d'un thème sans prévoir des modalités qui mettent le livre en valeur. En faire un point de passage obligé de l'animation : d'autres structures existent pour faire de l'animation scientifique sans passer nécessairement par le support écrit.
– Profiter de manifestations nationales annuelles de grande envergure (par ex. « Science en fête ») pour prévoir systématiquement chaque année quelques jours de promotion de ce secteur. Cela favorise une remise à jour régulière.
– Reproduire, à moindre échelle, l'effet d'entraînement créé par l'ancienne émission *Apostrophes* en faisant l'achat systématique d'ouvrages traitant de sujets abordés dans les émissions scientifiques télévisées : même si elles sont peu regardées, ce sont toujours des thèmes à la mode susceptibles d'intéresser une grande part du public.
– Améliorer les échanges avec les bibliothèques universitaires, et publiques, elles aussi. Elles sont de plus en plus nombreuses à proposer des fonds de culture générale, avec de nombreuses références sur l'histoire et la philosophie des sciences. Le thème « Science et société » peut être pour un lecteur la première étape d'une recherche plus approfondie.
– Ne pas craindre de demander des subventions spécifiques aux pouvoirs publics pour améliorer les fonds scientifiques : des aides, même ponctuelles et peu importantes, peuvent initier un nouveau départ.

Ce ne sont que quelques suggestions parmi tant d'autres, spécifiques à chaque cas de figure.

Mais la dynamique est lancée, la prise de conscience, première étape du changement, est effective et chacun sait les efforts qui restent à réaliser. D'autres solutions sont trouvées ici ou là pour développer cette coopération, en fonction du paysage culturel, comme la commission « culture scientifique » de l'ARALD, les Comités de lecture bibliothécaires/scientifiques du CCSTI Provence-Méditerranée, l'édition de bibliographies sélectives critiques comme « Livre ta science »...

À cet égard, l'émergence récente de structures regroupant médiathèque et maison des sciences, comme c'est le cas à Chambéry, marque peut-être le début d'interactions stables et permanentes qui fourniront à la bibliothèque les moyens de combler ses lacunes.

Anne ZWICK

La bibliothèque, pôle de culture scientifique

La genèse d'un projet

La tradition humaniste d'échanges culturels et de circulation des hommes et des idées s'est enrichie au fil du temps du mouvement de vulgarisation qui fit évoluer la culture centrée sur les humanités vers une culture fondée sur les sciences. Puis l'action culturelle militante, relayée par le pouvoir politique, va créer des conditions favorables à imaginer de nouvelles formes d'animation scientifique.

C'est dans cette mouvance qu'est conduite, en 1982, une mission d'étude[1], appuyée par le ministère de la Culture, sur les conditions d'un développement de la culture scientifique et technique à Rennes et dans sa région. Cette mission comportait l'exploration de la réalité rennaise, une comparaison des projets et des réalisations émanant d'autres villes ou régions françaises ainsi qu'une réflexion sur la manière dont se posait alors le problème de la culture scientifique et technique.

Principale observation : trois secteurs d'activités marquent le paysage rennais : l'électronique et la télématique, l'agroalimentaire, la recherche médicale et la santé publique. Dans ces secteurs, la ville dispose d'équipements de formation, de centres de recherches spécialisés et d'entreprises dont la fertilisation a été encouragée par la création d'une zone industrielle de recherche scientifique et technique, dénommée ensuite technopole. Mais il manque un lieu d'interface pour la rencontre et la confrontation des idées, des projets et des résultats et la diffusion des connaissances entre les pôles cognitifs et les terrains d'expérimentation.

---

1. Bernard Besret, *Conditions d'un développement de la culture scientifique et technique à Rennes et dans sa région*, Rennes, APRAS, 1983.

Aussi, dans cette perspective, cette étude donna-t-elle lieu à la naissance d'une association chargée de la préfiguration d'un Centre de culture scientifique, technique et industrielle (CCSTI). Puis une seconde étape fut franchie en 1986 par l'ouverture au public, au cœur d'un nouveau quartier commercial du centre-ville, d'un espace dédié aux technologies nouvelles. Cet espace, de gestion municipale, réunit depuis l'origine deux structures, le CCSTI, de nature associative, et la bibliothèque municipale[1]. Cette création répond au souci des élus de donner aux publics le moyen de suivre le développement scientifique et l'évolution technologique, de comprendre leurs implications inhérentes à leur vie quotidienne et de maîtriser leur environnement. « La science pour tous » ou un idéal démocratique, tel est l'élan fédérateur qui va guider les partenaires dans la définition de leurs missions et l'accomplissement de leurs activités.

Une charte d'objectifs

Les connaissances sont de plus en plus diffractées. Il leur manque « le vocabulaire et la grammaire » considérés comme des structures de raisonnement. La sophistication croissante des modes de transmission des savoirs accentue les obstacles sociaux. Face à cette culture en « archipels », la réaction impose de se donner une ambition pédagogique, de favoriser un langage d'action et de créer une dynamique par la rencontre des publics, des chercheurs et des entreprises.

Ainsi, le contrat liant le CCSTI à la ville de Rennes est-il défini dans ces termes :

« L'Association s'engage :
– à être un centre de création d'expositions et de manifestations publiques, en partenariat avec le monde de la recherche, le secteur industriel, les centres culturels et le monde de l'enseignement ;
– à assurer l'animation de ses productions auprès du public et notamment en faveur des jeunes ;
– à être un pôle de coordination dans le domaine de la culture scientifique et technique intéressant le secteur éducatif ;
– à assurer la diffusion de la culture scientifique dans tous les milieux ;
– à poursuivre l'édition de la revue mensuelle *Réseau*, ainsi que de documents écrits, audiovisuels ou informatiques de diffusion et de « vulgarisation » scientifique ;

1. Marie-Thérèse Pouillias avec la collab. de Claudine Morvan, Odile Petit et Yves Texier, « Micro : bibliothèque et vulgarisation scientifique et technique », *Interlignes*, n° 2, mai 1987, pp. 24-27.

– à participer au réseau national des établissements de culture scientifique ».

Dans cette relation d'alliance, la bibliothèque est chargée de réunir une documentation sur les sciences et les techniques qui englobe l'état de ces disciplines, leur place dans notre culture, dans l'évolution des sociétés et dans nos rapports sociaux.

Les deux partenaires s'accordent pour une concertation permanente pour la gestion de l'espace qui leur est dévolu en commun.

Théorie et pratique

Le souci de vulgarisation s'était déjà manifesté lors de l'ouverture d'une bibliothèque de quartier en juin 1982. Celle-ci avait, en effet, intégré dans son programme une dominante scientifique et technique. La création de cette nouvelle bibliothèque va naturellement introduire une redéfinition de la politique documentaire au sein du réseau. Celle-ci s'est inscrite dans le contexte local : communauté scientifique universitaire, milieu socio-éducatif, équipes de recherche, entreprises partagent une convergence d'intérêts pour la connaissance et la promotion de la science et de la technique. Par la communication publique, ces partenaires développent, en effet, leur notoriété par la reconnaissance de leurs travaux et de leurs résultats, associant un souci corporatif de valorisation de leur image, de célébration de leur compétence et de légitimation de leurs ressources. La bibliothèque se situe ainsi à la confluence des orientations politiques et des stratégies professionnelles. S'appuyant sur le rapport d'étude déjà cité, la bibliothèque s'est employée à dégager des lignes forces pour son programme d'acquisitions. Si le temps des généralistes, aptes à couvrir l'ensemble du spectre des sciences, s'estompe, la bibliothèque cherche à créer un équilibre reposant sur des champs disciplinaires propres à nourrir le débat de société, tendant à inverser sa relation traditionnellement frileuse avec la science, révélatrice de mentalités intellectuelles et d'habitudes éducatives.

Pour la constitution de son fonds, la bibliothèque s'est appuyée sur des leaders d'opinion et des acteurs d'influence, expression de tendances et de pressions sociales, pour mettre en adéquation sélection d'achats, attentes des publics, émergence de formes nouvelles de diffusion des savoirs. Offrant une médiation par rapport à l'univers mouvant des connaissances, la bibliothèque conjugue l'actualité éphémère avec le suivi d'un mouvement plus ample fait d'histoire des sciences, de science-fiction, de relations littéraires, de recherches contemporaines, de visions prospectives menant un travail d'acculturation du public. Documents imprimés, audiovisuels, micro-informatique, information numérique sont partie intégrante de l'offre de services et induisent une identification pour les différentes générations élevées avec le « poids des mots et le choc des photos ». Le didactisme peut voisiner l'attractif et le divertissant, variation de méthodes donnant à chacun la capacité de mesurer de quoi demain sera fait et le pouvoir d'être un acteur conscient de sa responsabilité à l'aube du prochain millénaire.

Si on se livre à l'analyse de la représentation des disciplines, la part la plus importante recouvre les ouvrages généraux sur les sciences et techniques, l'informatique (12 %), les mathématiques, physique et chimie (8 %), l'entreprise (9 %), la technologie (6 %), la médecine (6 %), sachant que les dominantes prennent en compte les spécificités rennaises relevées par le rapport d'étude.

La rotation des collections connaît les pourcentages suivants analysés sur le premier semestre 1994 : l'informatique (20 %), les mathématiques (8 %), l'entreprise (10 %), la médecine (6 %), d'où la nécessité d'adéquation dans certaines disciplines pour satisfaire la demande.

Quant aux usagers, la clientèle scolaire et universitaire l'emporte de loin, confirmant l'audience naturelle de la bibliothèque, ce qui lui pose le problème de son élargissement. Partageant la conviction selon laquelle information et documentation ne relèvent pas d'une activité marginale et secondaire mais représentent des enjeux sociaux et économiques et constituent des vecteurs d'intégration professionnelle, la bibliothèque et le CCSTI ont su créer des passerelles avec les publics autour de thèmes d'exposition, de cycles de conférences et de projets pédagogiques. Cette complémentarité bénéficie aux usagers du lieu.

De l'observation des pratiques de consommation de la bibliothèque, il ressort qu'elles reposent sur des actes de motivation et traduisent un indice de satisfaction des prestations offertes. Sa spécificité lui confère un indéniable potentiel d'attraction. Apportant sa masse critique à ce lieu-ressources, la bibliothèque bénéficie d'effets cumulés avec le CCSTI, impact des prescriptions familiales et scolaires, variables contextuelles liées au quartier, à la médiation des événements.

Mais l'espace « Technologies nouvelles », rebaptisé « Espace des Sciences », se définit aussi dans la géographie de la ville. Ainsi, il est solidaire de l'attractivité de son quartier à travers le dynamisme de ses commerces et de ses services. L'attraction des publics est-elle alors dépendante de cet environnement urbain ou spécifiquement contingente de la vocation disciplinaire de cet espace ? Le lieu manquant de visibilité architecturale et de lisibilité fonctionnelle, le public n'a pas de perception immédiate de l'appartenance de la bibliothèque au réseau municipal. Il en résulte une confusion d'image et une frustration de rôles qui conduisent à une revendication d'identité de la part des deux partenaires.

Une nouvelle étape

La réflexion, menée autour du nouveau projet de bibliothèque centrale associé au Centre de culture scientifique, technique et industrielle et au musée de Bretagne, s'est appuyée sur l'inventaire des modes actuels d'appropriation des espaces et d'exploitation des documents et l'analyse des représentations des trois composantes obtenues à partir d'une enquête sociologique[1].

Le projet, qualifié de structurant, doit donner à la bibliothèque la capacité de jouer son rôle dans les domaines privilégiés du développement documentaire, de la valorisation patrimoniale et de l'action culturelle.

Il s'articule autour du concept d'accessibilité, de segmentation de l'offre et de stratification de la demande. Pour ce faire, le parti pris d'organiser les collections et les services repose sur le principe de la départementalisation qui privilégie les choix disciplinaires et les axes thématiques.

Après, en quelque sorte, une existence périphérique par rapport aux fonctions de centralité, les collections Sciences et Techniques vont retrouver le voisinage d'autres pôles disciplinaires dans une relation de transversalité et d'interdépendance. Tête de pont du réseau local, cette nouvelle bibliothèque devra donner une nouvelle impulsion à la dynamique des bibliothèques de quartier, lieux de vie urbaine, espaces de proximité, liens de cohésion sociale au sein de la ville. Si l'organisation actuelle reflète le développement de la bibliothèque selon des coordonnées géographiques par le maillage des quartiers, la philosophie qui sous-tend ce projet repose sur une vision synthétique des différentes disciplines afin de faire éclater les barrières artificielles érigées entre les secteurs de la connaissance et de la culture et sur une synergie des fonctions, des lieux et des publics dépassant les juxtapositions spatiales. Cette version renouvelée en termes de contenus et de cadres de visite permettra de vérifier une hypothèse de départ, à savoir la coordination des politiques d'acquisition selon leur profil et leur niveau dans une optique d'optimisation et la définition d'un langage accessible à tous, permettant de construire de nouveaux repères afin d'organiser le flot toujours croissant des informations qui nous submerge.

Dans cette stratégie de développement, le réseau de la bibliothèque constitue autant de canaux d'accès pour établir le dialogue intellectuel et la communication sociale.

Ce projet concrétise une nouvelle étape dans la tentative de repousser, voire de renverser la logique d'« exclusion virtuelle » portée par l'univers des sciences et de compenser l'insuffisance de résonance historique de la culture scientifique.

Marie-Thérèse POUILLIAS

---

1. TMO Ouest, *NEC, la prise en compte de nouveau publics : rapport d'étude*, Rennes, TMO Ouest, 1992.

Coopérer pour ancrer la science en bibliothèque

Promouvoir les fonds scientifiques et techniques en bibliothèque de lecture publique est une tâche de longue haleine qui suppose la coopération.

Plusieurs raisons militent en faveur de la coopération dans le domaine scientifique :

– Il existe peu d'outils qui permettent de suivre de près la production éditoriale et de définir des critères de sélection fiables, surtout pour un fonds adultes.

– Bien souvent les bibliothécaires connaissent mal les institutions scientifiques de leur environnement et les partenaires éventuels (centres de culture scientifique, technique et industrielle, associations spécialisées, clubs).

– Enfin, les fonds scientifiques sont régulièrement sacrifiés pour des raisons budgétaires.

Certes, la question ne se pose pas de la même façon suivant la taille de la bibliothèque dans laquelle on se trouve. Seules les grandes bibliothèques disposent d'une personne spécialisée en sciences et techniques, ou plus exactement d'une personne chargée spécialement des fonds scientifiques et techniques.

Par ailleurs, les nouvelles technologies de l'information permettent de développer des outils qui facilitent le travail de coopération. Mais l'essentiel réside dans le projet que se donnent les professionnels.

Dans le magma bouillonnant des connaissances scientifiques et techniques et dans la variété de leurs supports, la coopération s'impose comme un moyen de rationaliser les acquisitions. C'est aussi un cadre naturel de relation, si l'on adopte le point de vue de Michel Melot, président du Conseil supérieur des bibliothèques :

> Aucune bibliothèque n'est autosuffisante. Dès lors que la bibliothèque est conçue et gérée comme un ensemble éternellement incomplet, la coopération entre bibliothèques n'est plus un service supplémentaire, ni un palliatif d'une situation défec-

tueuse, mais un mode d'existence normal de toute bibliothèque, qui doit être intégré à sa conception et prévu dans ses règles de fonctionnement[1].

Ne pas rester isolé, mais jouer le rôle de « passeurs » d'expériences, valoriser l'information pour la retransmettre aux collègues, c'est déjà coopérer. Sur le terrain, la coopération se vit au quotidien par des *échanges professionnels*. Dans le cas de bibliothèques municipales, la coopération entre municipalités de tendances politiques différentes est parfaitement possible. En fait, ce mode de transmission et de développement de compétences tient, en quelque sorte, d'une idée de fédération au service du public. S'établit peu à peu, dans les échanges, un langage commun qui fait référence.

Pour développer et valoriser les fonds scientifiques et techniques, plusieurs domaines de coopération apparaissent : les acquisitions, la formation, l'animation.

Vers un consensus d'achats interbibliothèques

Tous les professionnels constatent que les demandes du public ont beaucoup évolué. L'idée du prêt entre bibliothèques a fait son chemin dans leurs demandes. Pour ce public, il est évident que si sa bibliothèque municipale ne possède pas l'ouvrage qu'il recherche, elle peut le demander à la bibliothèque voisine. De ce fait, il semble utile de mettre sur pied des réseaux d'acquisitions interbibliothèques dans le domaine scientifique et technique.

Ces réseaux, officiels ou non, sous forme d'association ou autre, peuvent s'appliquer plus facilement à un département ou à une entité géographique déterminée.

Parmi les configurations possibles, nous retiendrons deux cas types :

◆ Plusieurs bibliothèques d'un même département veulent accroître leurs fonds scientifiques et techniques. Elles procèdent d'abord à une évaluation, identifient les lacunes, mais aussi les possibilités, pour certaines, d'une spécialisation. Elles adoptent un certain nombre de principes, à savoir :
– Chaque bibliothèque continue à posséder un fonds de base sur les sciences et techniques, niveau tout public.
– Chaque bibliothèque va avoir une spécialisation en tandem avec une autre située géographiquement à l'opposé dans le département.

1. Michel Melot, *La Coopération entre les bibliothèques françaises : Rapport du président pour l'année 1991*, Conseil Supérieur des Bibliothèques, 1992, p. 61.

– Cette spécialisation sera déterminée après une analyse locale de l'identité de la ville, ses ressources, son tissu économique.
– Une liste de ces spécialisations est éditée ainsi que des mini-catalogues collectifs pour savoir « qui a quoi ».

Ainsi, le renseignement au lecteur s'en trouve amélioré. Si un lecteur vient dans la bibliothèque A pour chercher un document Y, on pourra immédiatement lui dire que ce document se trouve dans la bibliothèque B. Ou le lecteur se rend à la bibliothèque B ou la A emprunte le document à la B, ou bien encore si cette demande concerne un article ou un petit document, des photocopies peuvent être envoyées. Avec ce système, chaque bibliothèque reste maître de son budget, propriétaire de ses acquisitions mais peut donc bénéficier en plus des ressources des autres.

C'est ce vers quoi tend l'association CIBLE 95 (Coopération interbibliothèque pour la lecture et son expansion en Val-d'Oise) qui regroupe 25 bibliothèques du département. L'un de ses buts est de promouvoir les fonds scientifiques et techniques par une répartition en spécialisations thématiques pour le développement des acquisitions et par des activités telles que salons du livre, expositions, bibliographies, animations.

Les élus, eux-mêmes, sont de plus en plus conscients qu'ils ne peuvent plus tout faire dans leur propre ville et qu'en revanche les habitants (citoyens-électeurs) sont de plus en plus demandeurs de service. Quand on explique que la coopération professionnelle (donc détachée de toute autre contingence) a pour but l'optimisation du service rendu aux différents publics, on ne peut qu'avancer dans le sens de l'évolution de la société et des missions des bibliothécaires. De plus, la coopération stimule et développe un mode de gestion consensuelle. Les professionnels de la lecture publique ont un rôle important à jouer face aux élus. Développer l'accès à l'information, tout en gérant au mieux les budgets municipaux, telle est la ligne que les professionnels peuvent défendre localement.

Il ne s'agit pas de gérer la pénurie mais de faire émerger des pôles de compétence. Les bibliothécaires, quand ils gèrent des budgets petits ou moyens, doivent avoir l'assurance que s'ils ne peuvent eux-mêmes acquérir un ouvrage de référence ou la dernière encyclopédie spécialisée, le livre sera tout de même acquis par une autre bibliothèque du département et qu'elle le fera savoir.

Enfin la volonté des professionnels est toujours déterminante dans la coopération : il faut déjà bien « vouloir » pour « pouvoir ».

◆ Un conseil général décide de créer des pôles thématiques au sein des bibliothèques municipales : les thèmes choisis relèvent de plusieurs domaines scientifiques ou non scientifiques. Une bibliothèque peut se spécialiser dans un domaine scientifique, comme l'environnement pour celle de l'Haÿ-les-Roses et pour le Val-de-Marne. Les différents pôles thématiques collaborent à l'édition de listes collectives. Des listes interbibliothèques sont également éditées. Un budget annuel d'acquisition est accordé par le conseil général et la bibliothèque gère le fonds.

La formation

Pour arriver à développer correctement les fonds scientifiques et techniques, les bibliothécaires ont besoin d'une formation complémentaire. Là encore, la coopération inter-bibliothèques ou inter-partenaires est vecteur de développement. En région parisienne (Grande Couronne) c'est à la demande d'un réseau interbibliothèque que le CNFPT a mis en place des stages à la Cité des sciences et de l'industrie à partir de 1988. Intérêt de cette démarche interpartenariale[1] :
– constitution des journées de stages (sujets traités, interventions, travaux pratiques) ;
– ouverture des stages à toute la juridiction du CNFPT concerné ;
– assurance de remplir les stages.

D'autre part, en régions, l'une des premières actions menées par les agences de coopération est souvent la création de cycles de formation, journées d'études, etc. C'est donc encore un souci majeur pour répondre aux attentes des bibliothécaires. Seulement, il vaut mieux se grouper et solliciter de nouvelles formations, même intralocales, plutôt que d'attendre qu'un stage sur les sciences et techniques soit proposé tout préparé.

Le résultat est souvent plus motivant, plus efficace et plus rapide.

Les comités de lecture

Établir des règles de consensus d'achats interbibliothèques et se former ne suffisent pas simplement pour continuer à développer correctement ses fonds. Dans le domaine scientifique et technique, la peur du bibliothécaire est de mettre à disposition des lecteurs des informations fausses.

La non-maîtrise de l'univers scientifique et technique est parfois paralysante face à des documents foisonnants, publiés par des maisons d'édition plus ou moins spécialisées, par des auteurs controversés. Pour éviter d'acheter des livres inadéquats, on peut mettre en place un comité de lecture. Bien sûr, cela signifie qu'il faut posséder les ouvrages pour les analyser avant de déclarer s'ils sont « bons » et s'il est nécessaire de les acheter.

Là encore, une bibliothèque seule a du mal à avoir une vue globale de toute la masse publiée. C'est pourquoi certaines bibliothèques de lecture publique se rapprochent des bibliothèques départementales de prêt, prennent contact avec

1. Avec la CSI (le prestataire), le CNFPT (le commanditaire), et le Réseau (le rapporteur des demandes du terrain).

les services de presse des grands éditeurs spécialisés et travaillent avec des scientifiques. Dans ce cas, les scientifiques sont là pour juger le contenu, relever les erreurs éventuelles ; les bibliothécaires analysent l'ouvrage également mais avec d'autres critères et de ces collaborations naissent des sélections.

D'autre part, il ne faut pas oublier qu'il est possible d'obtenir des subventions auprès du Centre national du Livre pour le développement des fonds thématiques ainsi qu'auprès de certains conseils généraux qui aident au développement de la lecture publique.

Les animations en coopération

Développer, acquérir, c'est nécessaire : mettre en valeur, dynamiser, transmettre, c'est également important ! La rigidité de la classification Dewey, son inadéquation à notre monde contemporain, les demandes des publics de plus en plus pointues font que les nouvelles médiathèques présentent leurs fonds et donc les fonds scientifiques et techniques par pôles d'intérêts. Qui n'a pas constaté que lorsqu'on bouge les rayonnages, qu'on installe une signalétique intelligente, qu'on propose des sélections, les lecteurs semblent découvrir de nouvelles acquisitions. Mais les bibliothèques ont encore beaucoup à apprendre des librairies (du type *Nature et Découverte*) ou des centres commerciaux avec leur politique du déménagement perpétuel et des têtes de gondoles !

Les bibliothécaires sont encore peut-être trop frileux dans leur démarche intellectuelle de promotion des fonds. Dans une bibliothèque, le lecteur doit pouvoir trouver ce qu'il cherche mais aussi ce qu'il ne cherche pas. De là, il faut donc pouvoir lui ménager une accessibilité rapide à l'information, mais aussi lui favoriser une errance possible, conviviale, attractive.

Il en est de même pour des supports de mise en valeur comme les expositions. La lisibilité, le volume, les médias d'accompagnement sont des éléments importants. Toute cette approche de transmission de l'information nécessite de la compétence, des idées, de l'argent. Là encore, la coopération est un moyen efficace pour rassembler les énergies, catalyser les motivations et obtenir des subventions ! Créer un salon du livre scientifique et technique, créer (ou accueillir) une valise-découverte, une exposition, organiser des animations scolaires, inviter des professionnels des métiers techniques pour aider les jeunes à s'orienter, tout cela est plus facile à effectuer en coopération.

D'autre part, cela permet de monter des animations, non plus de manière locale et ponctuelle mais en programmation sur plusieurs équipements, dans plusieurs villes. Les différents publics ont ainsi la possibilité de creuser un domaine, découvrir des approches différentes mais complémentaires.

Que ce soit la formation continue, le développement ou l'animation des fonds, la coopération se révèle particulièrement nécessaire dans le domaine des sciences et techniques, car le bibliothécaire reste à la lisière de cet univers de connaissance.

La coopération permet de pérenniser des expériences et de généraliser des outils. Elle peut donner naissance à un véritable réseau s'appuyant sur un référent commun. C'est une pépinière d'idées, de moyens, d'actions d'autant plus vivace qu'elle agit sur des domaines en évolution comme les sciences et techniques.

Hélène HOLLEBEKE

La vulgarisation scientifique et le bibliothécaire

Le souci de vulgariser la science rencontre les préoccupations des bibliothécaires qui travaillent pour et avec le grand public.

Les institutions d'éducation non formelle que sont les bibliothèques publiques, municipales ou départementales, ont en commun la fonction sociale d'accès à la culture, qu'elle soit littéraire, scientifique ou technique. Or si, de par leur formation, les professionnels des bibliothèques sont préparés à s'occuper de fonds en lettres et sciences humaines, ils se sentent démunis devant le domaine des sciences et des techniques.

Cette réaction est d'ailleurs partagée par les documentalistes des centres de documentation et d'information des collèges et lycées. La même difficulté se retrouve au sein de structures d'éducation formelle, et se traduit par une sous-exploitation des ressources du CDI par les enseignants dans les disciplines scientifiques et techniques, et bien évidemment, par les élèves.

Nous évoquerons l'attitude et le positionnement des professionnels des bibliothèques vis-à-vis de la vulgarisation scientifique dans la perpective de la lecture publique, en nous appuyant sur la perception par elle-même de la profession et sur le rôle des bibliothécaires d'autre part.

La profession a été justement définie comme celle d'un intermédiaire culturel[1]. Dans les bibliothèques publiques, le bibliothécaire est un intermédiaire de diffusion de la production culturelle. En bibliothèque universitaire ou en bibliothèque spécialisée, il se place en position d'auxiliaire des acteurs de la production scientifique.

Dans ce type de bibliothèque, en effet, la science est traitée pour elle-même, dans une perspective académique ou de recherche. Les bibliothécaires surmontent la difficulté du rapport à la discipline scientifique dans l'action. C'est en

---

1. Bernadette Seibel, *Au nom du livre, analyse sociale d'une profession : les bibliothécaires*, Paris, La Documentation française, 1988.

fait la condition *sine qua non* de l'exercice des fonctions du professionnel affecté dans une section « Sciences ». L'immersion dans la discipline et la maîtrise progressive du vocabulaire spécialisé permettent alors au bibliothécaire de trouver par approches successives sa place dans l'environnement universitaire et scientifique : l'auxiliaire documentaire de l'enseignement et de la recherche.

La situation est différente en lecture publique : la science se trouve souvent réduite à portion congrue, au gré d'une production éditoriale mal connue, souvent appréhendée par le grand public au travers du filtre des médias. Quant à la vulgarisation, il aura fallu attendre le dernier quart de ce vingtième siècle pour que les professionnels des bibliothèques s'y intéressent explicitement et que lui soit consacrée une médiathèque à la Cité des sciences et de l'industrie.

La relation difficile des bibliothécaires à la science est amplifiée par trois facteurs. En premier lieu par le contraste entre la très grande « empathie » des professionnels avec la part littéraire et de sciences humaines de leurs collections et l'absence de connaissances de base, minimales, dans les domaines des sciences « dures ». En second lieu, par les incertitudes qu'engendre le flou autour de la notion de littérature de vulgarisation. Enfin, plus fondamentalement, par l'acception traditionnelle en France de la culture qui n'inclut pas la science. À ces trois facteurs, on peut ajouter le fait que la demande des utilisateurs des bibliothèques publiques est plus diffuse, répartie sur l'ensemble des champs de la connaissance et que l'urgence à se familiariser avec les domaines scientifiques ne se pose pas comme en bibliothèque universitaire et spécialisée.

Conscients de cette situation, les bibliothécaires de lecture publique expriment un besoin de formation relative à l'information documentaire en sciences et techniques dans des enquêtes comme celles réalisées à l'occasion des rencontres du livre scientifique de Montreuil[1].

Pour caractériser le positionnement de ces bibliothécaires vis-à-vis de la science et de la vulgarisation scientifique, les enquêtes sur les pratiques culturelles des Français et leur rapport à la science nous apportent des éléments de réflexion. Nous envisagerons alors l'évolution du rôle des bibliothécaires via la question de la formation et des compétences requises.

---

1. *Enquête sur les fonds scientifiques dans les bibliothèques publiques : résultats*, Montreuil, 1990.
Enquête sur la formation des bibliothécaires à la gestion et à l'animation des fonds scientifiques et techniques, Montreuil, 1991.

Pratiques culturelles : le contexte national

Les résultats des enquêtes sur les pratiques culturelles et de lecture scientifique de la population française[1] et celles menées auprès des professionnels rappellent le contexte dans lequel évoluent les bibliothécaires de lecture publique et caractérisent le public pour lequel ils travaillent.

La culture générale reste pour la plupart de nos contemporains une culture littéraire. Toutes catégories socioprofessionnelles confondues, une proportion importante des Français considère que la science et la technique ne font pas partie de la culture[2]. De plus, cette proportion a tendance à augmenter puisqu'elle est passée de 66 % à 73 % entre 1972 et 1989.

Les pratiques culturelles des Français en matière de lecture laisseraient penser que leur intérêt pour l'information scientifique et technique est faible : pour 11 % des personnes interrogées, les livres sur les sciences, les techniques et l'industrie sont les ouvrages lus le plus souvent, 9 % des Français lisent une revue scientifique régulièrement (deux numéros sur trois). Mais une enquête, portant sur 18 quotidiens des huit pays de l'Europe de l'Ouest[3] montre que le lectorat de la grande presse quotidienne européenne est de plus en plus nombreux à apprécier la couverture de l'actualité des sciences et des techniques.

La prégnance d'une culture exclusivement littéraire

Dans un contexte où « la science n'est pas culture », on ne s'étonnera guère de ce que les professionnels soient, à une écrasante majorité, de formation littéraire : seulement 8 % d'entre eux ont un bac scientifique ou/et une formation universitaire scientifique. La vocation des bibliothécaires s'appuie souvent sur leur formation en lettres et sciences humaines, comme le fait remarquer M. Melot[4].

L'enquête de 1991 demandait aux bibliothécaires leur interprétation de cette prédominance littéraire dans la formation initiale. 32 % des personnes interrogées ont répondu que la formation littéraire préparait mieux au métier de bi-

1. Ministère de la Culture et de la Communication, *Les Pratiques culturelles des Français : enquête 1988-1989*, La Documentation française, 1990.
2. Daniel Boy, *Les Attitudes des Français à l'égard de la science : sondage réalisé en février 1989*, Ministère de la Recherche et de la Technologie, 1989.
3. Pierre Fayard, *Sciences aux quotidiens : l'information scientifique et technique dans les quotidiens nationaux européens*, Z'éditions, 1993.
4. Michel Melot, *Rapport du président pour l'année 1992*, Conseil supérieur des bibliothèques, 1993.

bliothécaire et 60 % que les scientifiques avaient plus de débouchés ailleurs. Des raisons économiques viennent renforcer les raisons culturelles pour lesquelles les scientifiques n'envisagent pas d'orientation professionnelle dans les bibliothèques.

Conscients de leurs lacunes lors de la constitution des fonds de documentation scientifique et technique, les bibliothécaires souhaiteraient massivement l'intégration d'une formation scientifique aux diplômes professionnels (74 % des personnes interrogées). Sur les 26 % qui ne le souhaitent pas, un tiers indique que par rapport aux diplômes professionnels, la formation scientifique relève de la culture générale.

Seule une faible partie (6 %) des bibliothécaires interrogés estime que le domaine des sciences ne nécessite pas de traitement particulier et que la formation professionnelle, et donc la profession, s'appuie sur l'apprentissage et la mise en œuvre d'une méthodologie générale.

Nous retrouvons ici la question du rapport que les bibliothécaires entretiennent avec les savoirs. Quel doit être le niveau de connaissances nécessaire pour exercer une profession d'intermédiaire culturel, distincte de celle de producteur d'information, d'enseignant, de journaliste et de muséologue ?

Désireux de bénéficier d'une formation complémentaire, 90 % des professionnels considèrent la formation continue comme un moyen privilégié pour acquérir de nouvelles compétences dans le domaine des sciences. Les demandes portent sur la vulgarisation scientifique (41 %), sur l'édition scientifique pour adultes (22 %), sur l'histoire des sciences (5 %) et l'épistémologie (2 %). On sait par ailleurs que les sources d'information des bibliothécaires pour les acquisitions scientifiques sont peu diversifiées (*Livres Hebdo*, *Livres du mois* et presse). On peut en déduire qu'il y a là également une demande relative à la connaissance des sources d'information, connaissances d'ordre méthodologique, qui, elles, relèvent des compétences légitimes des bibliothécaires.

Les difficultés recensées par une majorité de bibliothécaires (60 %) sont, par ordre d'importance : l'estimation du niveau des documents, la sélection et l'élimination des ouvrages, fonctions essentielles du bibliothécaire.

Ces données sont confirmées par l'expérience de la médiathèque de la Cité des sciences et de l'industrie, en matière d'offre de formation. Les besoins ont pu être appréhendés au travers des motivations des stagiaires en formation sur le thème de la documentation et de la vulgarisation scientifiques et techniques. Pour certains, il s'agit de la création d'un nouvel établissement ou d'une annexe qui s'accompagne de la constitution d'un fonds scientifique et technique. Pour d'autres, il s'agit de désherber un fonds vieilli ou de créer un fonds inexistant. D'autres encore veulent répondre à la préoccupation d'un public particulier : professionnels, retraités, lycéens, étudiants[1].

---

1. Marie-Hélène Kœnig, « Quels bibliothécaires pour quelles bibliothèques ? », *Échos d'ACORD*, n° 24-25, décembre 1992, pp. 13-14.

La prolifération des nouvelles technologies

Le bouleversement des systèmes techniques des vingt dernières années modifie l'évolution du positionnement de la profession. On le sait, les bibliothèques connaissent deux réalités nouvelles : l'automatisation de la gestion documentaire, administrative et financière d'une part, l'évolution des supports de l'information d'autre part.

L'impact professionnel des nouvelles technologies se double de l'expansion des mêmes technologies à usage personnel : micro-ordinateurs, hi-fi, lecteurs de disques compacts, Minitel et CD-ROM font désormais partie de l'équipement domestique courant.

La conscience de détenir un formidable outil pour la diffusion et l'exploitation de l'information est partagée par l'ensemble des professionnels des bibliothèques et de la documentation. Celle-ci devient nomade et se développe en une encyclopédie implicite : le papier est remplacé par les supports magnétiques et optiques et la lecture des pages par celles des écrans, fugaces, des terminaux d'ordinateurs. Les possibilités d'exploitation de ces nouveaux moyens par les bibliothécaires dans la pédagogie documentaire sont extrêmement importantes. Ils représentent, par là même, une occasion de partage d'outils et d'une culture technique avec le grand public.

Comme dans d'autres milieux professionnels, l'objet technique « informatique » est source d'incertitude pour les bibliothécaires, et de confrontation à la complexité. Et lorsqu'il s'agit de pénétrer dans les contenus scientifiques et techniques, cela se conjugue au manque de familiarité avec les savoirs disciplinaires. Cette présence et cette prégnance de l'objet technique font émerger avec encore plus de force la nécessité de la vulgarisation pour comprendre le monde qui nous entoure, y compris pour les bibliothécaires eux-mêmes.

Nous venons d'évoquer le système au sein duquel évoluent les bibliothécaires. Professionnels de l'information, dans des institutions dont la logistique technique évolue, ils sont également citoyens, utilisateurs de nouveaux médias, et acteurs par nature dans la question de la vulgarisation scientifique.

La bibliothèque face à la vulgarisation

La bibliothèque met à la portée de chacun l'information constitutive de la culture scientifique et technique. Ce faisant, elle apparaît comme un lieu privilégié d'éducation non formelle. En complément de l'école, lieu de l'éducation formelle, la bibliothèque est, avec le musée, un maillon de la chaîne de l'accès à des savoirs autres qu'académiques. Elle peut faire une place à part entière à la vulgarisation, sous sa forme la plus pertinente, pour un public volontaire, non captif.

Aux confins du triangle entre les auteurs/producteurs de vulgarisation, les publics et les collections, la bibliothèque publique devient un lieu idéal d'accès et de diffusion des supports de la vulgarisation.

Elle offre à ses publics les compétences des professionnels pour accéder plus aisément à une information complexe et éclatée. Enfin, elle est un lieu de « consommation » culturelle convivial où peuvent s'opérer des rencontres entre les auteurs et leurs lecteurs. La confrontation entre le spécialiste et le public permet une formation culturelle accélérée, favorisant la constitution de « cristaux de savoir ».

La notion d'éducation non formelle suppose une conception active du rôle des acteurs impliqués dans la démarche de vulgarisation. « En tant qu'éducation non formelle, la consommation de la vulgarisation scientifique se différencie de la didactique sans ambiguïté, en particulier elle doit conquérir un public : la consommation d'éducation non formelle est volontaire et oblige le producteur et l'éditeur à construire leur audience[1]. » Ce qui est vrai du producteur et de l'éditeur peut s'appliquer au bibliothécaire, médiateur diffuseur. Il est sensibilisé aux centres d'intérêt du public. Suivant de près les évolutions de la production éditoriale, il est à même de susciter et d'organiser la rencontre entre les producteurs et les demandeurs de vulgarisation. Il est à la croisée des chemins, favorisant l'accès à l'information tout en réunissant les conditions pour qu'une éducation scientifique et technique, non formelle, entre dans la réalité.

Situer le bibliothécaire parmi les acteurs de la vulgarisation interroge sur son identité : quelle est la spécificité de sa mission, aux côtés de l'enseignant, du concepteur d'exposition, de l'animateur, du journaliste ? ses compétences doivent-elles être celles d'un généraliste ou d'un spécialiste ?

Si tous ces acteurs ont en commun d'être des médiateurs de savoirs plus ou moins formalisés et structurés, des « hommes de communication », leur sphère de référence est différente :

– éducation formelle pour l'enseignant qui transmet des savoirs maîtrisés et structurés ;

– éducation non formelle pour le bibliothécaire, le journaliste, le concepteur et l'animateur d'exposition, intermédiaires actifs entre les producteurs et les consommateurs d'information scientifique et technique. Le concepteur, l'animateur d'expositions et le journaliste diffusent un message par des médias différents, le bibliothécaire offre l'accès à ces médias.

Le positionnement des bibliothécaires sur la « scène » de la vulgarisation doit intégrer les représentations qu'ont les professionnels du rôle des bibliothèques,

1. Daniel Jacobi, « Discours », *Dictionnaire critique de la communication*, dirigé par Lucien Sfez, Presses universitaires de France, 1993, p. 1469.

et de leur propre rôle. Deux tendances s'opposent[1]. La première suit l'axe des loisirs et de la culture « générale » (laquelle ne comprend pas, on l'a vu, la dimension scientifique et technique). La seconde donne à la bibliothèque des tâches pour le recyclage et la formation continue. On ne dispose pas actuellement de données fines qui permettraient d'évaluer le poids respectif de ces deux tendances. L'état des collections scientifiques et techniques dans les bibliothèques laisse cependant penser que la première tendance a longtemps prédominé, même si elle s'infléchit lentement au profit de la seconde.

La mise à disposition de fonds de vulgarisation scientifique favorise bien entendu l'élargissement du rôle joué par la bibliothèque publique en matière de formation permanente. De l'évolution du rôle des bibliothèques découle l'évolution des fonctions et des compétences des bibliothécaires. Les formations mises en place par la médiathèque de la Cité des sciences et de l'industrie dans le domaine de la vulgarisation scientifique visent à répondre à ces nouvelles exigences (voir encadré ci-après).

La bibliothèque, maillon indispensable de la diffusion de la culture scientifique et technique, doit favoriser l'évolution des compétences des bibliothécaires, comme partenaires des producteurs et des autres diffuseurs de l'information scientifique et technique. La formation continue est un moyen d'action, ce n'est pas le seul.

L'enjeu est de taille : derrière le positionnement des bibliothécaires vis-à-vis de la vulgarisation scientifique, se profile la redéfinition d'une identité professionnelle.

Quels professionnels du futur ?

Le système de l'information et ses composantes : institutions, acteurs, systèmes techniques, flux marchands et non marchands, interrelations sociales, politiques, économiques, financières, devient de plus en plus complexe. En parallèle, le rapport au savoir change, du fait de l'accélération prodigieuse du flux de production des savoirs et de la parcellisation des connaissances en disciplines séparées les unes des autres[2]. Le savoir moderne implique de plus en plus, pour

1. Annie Bireaud, « La culture scientifique et technique, une parente pauvre dans les bibliothèques publiques ? », *Alliage*, n° 18, hiver 1993-1994, pp. 78 à 81.
2. Joël de Rosnay, « Approche systémique des savoirs », *Du chercheur à l'élève, quels documents, quelles médiations ?, colloque de la* FADBEN, *Cité des sciences et de l'industrie, 29 octobre 1992,* FADBEN, 1993, pp. 23 à 41.

Les contenus de formation à la médiathèque de la CSI

Les objectifs pédagogiques des modules de formation sont de deux ordres :
- connaître les contextes des sciences et de l'édition scientifique ;
- acquérir une méthodologie pour la constitution d'un fonds de vulgarisation scientifique et technique.

Pour répondre au premier objectif, est proposé un panorama des enjeux sociaux, politiques, économiques et culturels de la science et des véhicules de l'information scientifique et technique.

Le second volet, plus spécifique, comprend une présentation de la production éditoriale, des éditeurs, des collections et des types de supports disponibles, ainsi que l'identification des genres de la vulgarisation et des critères d'évaluation.

À l'appui de la progression pédagogique de ces stages, des ateliers thématiques permettent de travailler plusieurs thèmes, pour lesquels sont préparés des sélections d'ouvrages. Enfin, une part est réservée aux échanges d"expériences entre les stagiaires et au débat sur les méthodes et moyens de la médiation.

Ces modules ont en moyenne une durée de cinq jours, au cours desquels trois thèmes sont traités en ateliers (à titre d'exemple : médecine/santé, informatique, sciences de la Terre, environnement, transports, biologie,...). Chaque thème est abordé sous l'angle grand public, universitaire et professionnel.

Ces modules de formation ne comprennent pas de remise à niveau des connaissances de base des domaines scientifiques. La médiathèque s'inscrit comme pôle de ressources en matière de documentation de vulgarisation scientifique et technique et, à ce titre, transfère des savoirs relatifs à la production éditoriale du domaine et des savoir-faire d'ordre méthodologique pour la constitution et l'évaluation des fonds. Par ailleurs, les médiathécaires qui interviennent, tout en étant spécialisés dans un domaine d'acquisition, n'en sont pas des experts.

se développer, un savoir « au carré », un savoir du savoir[1]. Que dire alors de l'accès à ces savoirs démultipliés dans les bibliothèques ?

Les techniques de numérisation dématérialisent les documents et déshumanisent l'accès à l'information. L'ensemble des nouvelles techniques induisent de nouveaux usages, qui bouleversent les précédents. Les utilisateurs mettent en œuvre de nouveaux modes d'appréhension mentale.

Dans ce contexte, connu et appréhendé de tous, quels peuvent être la place

1. Daniel Parrochia, « Fichiers », *Dictionnaire critique de la communication*, dirigé par Lucien Sfez, Presses universitaires de France, 1993, p. 1491.

et le rôle du bibliothécaire ? On ne retient pas ici l'hypothèse de sa disparition pure et simple[1], ou de sa transformation en « entrepreneurs actifs de l'information, qui contribueront à vider les bibliothèques », ou en concepteurs et architectes des nouvelles bibliothèques délocalisées et ubiquistes[2].

Une réponse réaliste semble fournie par Joël de Rosnay : face à la virtualisation indéniable de la bibliothèque, le public éprouvera un besoin de rematérialisation, d'humanisation. Le bibliothécaire devient l'intermédiaire humain entre le matériel et le virtuel. Cette nécessaire médiation est cohérente avec l'évolution des secteurs du tertiaire vers un rôle de conseil : dans les banques, les hôpitaux, les services liés à l'emploi et à la formation, les professionnels sont de plus en plus sollicités à des fins d'information. Dans tout le secteur des services, ils devront développer l'aspect relation d'aide, au sens large, de leurs métiers. Il leur faudra aider le public à se repérer dans une profusion d'informations de tous ordres et de tous niveaux.

Le professionnel expert de l'environnement informationnel multimédias peut devenir « catalyseur de culture », selon Joël de Rosnay, et conseil en information et en lecture, selon Denis Varloot.

Un référentiel rénové des compétences d'un bibliothécaire du XXIe siècle pourrait alors comporter les éléments suivants, en plus des techniques documentaires de base :

– une connaissance des territoires de la connaissance qui permette de participer à une ergonomie intellectuelle et cognitive basée sur l'aide à l'orientation à travers les informations et leurs supports ;

– la connaissance approfondie des médias et de leurs potentialités pour mettre en œuvre des méthodologies de « dosage » en fonction des demandes des publics, pour rendre plus efficace les interactions ;

– une connaissance des processus cognitifs à partir de laquelle puisse se développer une pédagogie de la curiosité ;

– sans oublier la capacité à se mouvoir dans un environnement complexe, de gérer les besoins et ressources des acteurs (producteurs, éditeurs, diffuseurs, intermédiaires, consommateurs).

Le lien de cette prospective avec l'information et la culture scientifiques et techniques réside dans l'opposition plus que jamais d'actualité entre « généraliste » et « spécialiste ». Pour M. Melot l'évolution de la profession en France peut rejoindre celle de la Grande-Bretagne : le renforcement des bibliothécaires spécialisés, qui ajoutent leur savoir documentaire à une discipline scientifique bien maîtrisée. Dans ce sens, le bibliothécaire du futur pourrait assurer une triple

---

1. François Lapelerie, « De la fiole au goutte à goutte : réponse à Denis Varloot accompagnée de quelques réflexions sur l'avenir des bibliothèques », *Documentaliste*, vol. 28, n° 4-5, 1991, pp. 177 à 186.
2. Denis Varloot, Serge Chambaud, « Du robinet à la fiole », *Documentaliste*, vol. 28, n° 1, janvier-février 1991, pp. 3 à 7.

fonction, dans les domaines de la recherche scientifique, de l'ingénierie documentaire et de la gestion, à la frontière de la taxinomie des connaissances, de la linguistique appliquée aux langages des bibliothèques et des méthodes d'évaluation des collections[1].

La question de la spécialisation des professionnels rejoint intimement la problématique de la vulgarisation pour les bibliothèques. Entre documentaire et disciplinaire, le choix du mode de spécialisation professionnelle portera sur celui qui permettra de faire les liens les plus pertinents pour les publics de la médiathèque du futur, au moyen des collections, entre les savoirs et les supports éclatés. Sans pour autant répondre à la question : quelle information pour quelle culture scientifique et technique ?

Marie-Hélène KŒNIG

1. Michel Melot, « Quels bibliothécaires pour demain ? », *Formations en bibliothèques : vademecum des programmes de formation profesionnelle continue proposés par le ministère de l'Éducation nationale et de la Culture*, 1993, pp. 60 à 62.

Bibliothèques et bibliothécaires face au domaine scientifique : une enquête

En 1990 et 1991, la Mission d'action culturelle scientifique et la bibliothèque Robert-Desnos de la ville de Montreuil, en coproduction avec la Fondation 93, ont lancé une vaste enquête en deux parties, auprès des Bibliothèques de lecture publique de plus de quinze mille habitants. L'objectif : évaluer la part des fonds scientifiques et techniques et connaître les besoins de formation des bibliothécaires à la gestion et à l'animation de ces fonds.

La première enquête a mis en évidence la faiblesse des fonds scientifiques[1] : 2 450 volumes en moyenne, soit 7,5 % de l'ensemble des documents et 6 % seulement si l'on ne tient compte que des documents pour adultes. Pour plus de la moitié des bibliothèques, la part des documents scientifiques dans le fonds adultes est inférieure à 4,5 %.

En ce qui concerne la répartition par discipline à l'intérieur des sciences pures, c'est la zoologie qui est la mieux représentée, devant les sciences de la vie et les sciences de la Terre.

La part réservée aux documents scientifiques dans les bibliothèques dépend de leur taille. D'autre part, le taux de réponse à cette enquête est inférieur pour les petites bibliothèques à celui des grandes bibliothèques[2].

Les sources de repérage paraissent peu diversifiées. *Livres Hebdo* et *Les Livres du Mois* restent les documents les plus utilisés ; viennent ensuite les médias, les catalogues d'éditeurs. Les listes bibliographiques sont d'un usage moins courant. Quant aux centres de ressources spécialisés, les bibliothécaires y ont rarement recours.

Moins d'une bibliothèque sur cinq dispose d'un personnel en propre pour le fonds scientifique. Dans la plupart des cas, il ne s'agit que d'une seule personne.

Les fonds scientifiques, qui sont considérés comme indispensables dans 70 % des cas, sont jugés insuffisants par 66 % des répondants.

Parmi eux, 56 % attribuent cette insuffisance au manque de formation des personnels, 46 % au montant du budget d'acquisition et 30 % à la structuration de la bibliothèque. L'insuffisance de la demande est mentionnée par 41 % des répondants.

51 % des répondants estiment que le rôle des bibliothèques dans la difffusion de la culture scientifique est de plus en plus important.

La deuxième enquête a porté sur la formation des bibliothécaires et sur les actions d'animation dans le domaine scientifique. Elle a permis égale-

1. Cette étude portait sur les documents de la classe 500 (Sciences pures) et ceux de la division 610 (Médecine) de la classification Dewey.
2. Au total, 300 bibliothèques ont répondu à cette première enquête, sur 700 questionnaires envoyés.

ment d'étudier comment les bibliothécaires se représentent le domaine[1] : la quasi-totalité des bibliothécaires lient étroitement sciences et techniques aux classes 500 et 600. Mais la moitié d'entre eux se réfèrent également à d'autres classes (300, 700). L'élargissement des fonds à des documents scientifiques ne relevant pas strictement du documentaire n'est pas unanimement souhaité : plus du tiers des répondants excluent les manuels de leurs acquisitions et presque la moitié rejettent la fiction hors du « fonds scientifique ».

En ce qui concerne la formation continue, 77 % des bibliothécaires répondent qu'il n'ont pas participé à des stages dans le domaine scientifique et technique, 63 % qu'ils n'ont pas suivi des journées d'étude, 88 % qu'ils n'ont pas visité de salons et 85 % qu'ils n'ont pas visité d'établissements spécialisés.

La nature des stages le plus souvent cités sont des stages sur les collections scientifiques, choix des acquisitions, la vulgarisation scientifique, l'organisation des expositions...

L'enquête montre également que l'on a plus de chance de bénéficier d'une action de formation si l'on appartient à une grande ville et si l'on travaille au sein d'une bibliothèque récente.

En ce qui concerne l'animation, 70 % des bibliothèques répondent ne pas organiser d'expositions scientifiques et techniques, 87 % ne pas accueillir d'auteurs d'ouvrages scientifiques et techniques.

Les bibliothèques n'ont tissé que peu de liens avec le monde de la culture scientifique et technique. Un peu plus du quart sont en relation avec des musées ou des centres de culture scientifique et technique. Les bibliothèques en contact avec des associations ou organisations à caractère scientifique sont moins nombreuses.

Quant à l'ouverture des bibliothèques vers les partenaires de l'enseignement, elle est relativement limitée : un peu plus du tiers des bibliothèques sont en relation avec des enseignants scientifiques.

Il existe un groupe très minoritaire de bibliothèques très actives tant dans le domaine de la formation que dans celui de l'animation des fonds scientifiques et techniques. Cette orientation paraît liée à l'environnement scientifique de la bibliothèque.

---

1. Dans cette enquête, on avait élargi les questions au domaine technique.

Postface

Ce livre est une première pierre. Dans son « Rapport » pour 1992, le Conseil supérieur des bibliothèques a analysé les raisons pour lesquelles la culture scientifique et technique était si peu présente dans les bibliothèques publiques françaises. C'était une façon de sonner l'alarme et de rappeler aux bibliothécaires leur vocation encyclopédique et non exclusivement historique ou littéraire. Nous ne répéterons pas ici les nombreuses propositions faites alors pour enrayer ce déficit. Constatons plutôt que, depuis peu, les prises de conscience se multiplient : le patrimoine scientifique des bibliothèques est mis en valeur, les manifestations qui associent des scientifiques ont augmenté, ainsi que les collections spécialisées de certaines médiathèques. La cause semble donc entendue : ce livre en est le témoignage. Mais on constate aussi que le premier paysage qu'il dresse est souvent composé d'attentes qu'il nous faudra remplir.

Trois questions occupent une grande partie de ce livre : elles marquent nos principales faiblesses. On notera d'abord l'importance que prend, dès que l'on parle de sciences, la question de la vulgarisation ou de la médiation. Cette première question est liée à une deuxième, celle de l'évaluation des politiques d'acquisition. Enfin, ces deux questions nous entraînent à en poser une dernière, celle de la demande pour les sciences dans la lecture publique.

Pourquoi la question difficile de la vulgarisation est-elle, ici, hypertrophiée au point qu'elle est devenue inséparable de l'adjectif « scientifique » ? Certes, on comprend bien que le lecteur non spécialisé doit trouver à la bibliothèque une réponse à sa portée et que cette mise à niveau pose toutes sortes de problèmes. Mais pourquoi ces problèmes seraient-ils particuliers aux sciences, au sens où l'entend cet ouvrage ? Tous les livres de jurisprudence, de philosophie ou de linguistique seraient-ils accessibles à tous ? Personnellement je ne m'aventurerai pas dans une thèse sur la théologie byzantine ou la langue ouralo-altaïque sans m'assurer que l'ouvrage m'est bien compréhensible. Il est significatif que chacun s'imagine être un expert lorsqu'il s'agit des « humanités » et s'interdise de le croire dès que le domaine abordé est réputé « scientifique ».

Il est clair que la vulgarisation est une question liée au niveau des ouvrages, non à leur discipline, et qu'en ce sens, le caractère « scientifique » correspond à un degré de spécialisation dans quelque domaine que ce soit, y compris littéraire et artistique : qui s'intéresserait aux avant-gardes artistiques ou à la littérature médiévale si elles n'étaient pas « vulgarisées » ? Quel bibliothécaire sait d'emblée juger et choisir un traité de musique contemporaine ou un ouvrage de métaphysique ?

Il faut tirer la leçon de ce paradoxe : ou bien le bibliothécaire reconnaît son incompétence à partir d'un certain degré de spécialisation quel que soit le domaine concerné, et, en ce cas, il accepte de s'en remettre à des autorités, par exemple les critiques et les comptes rendus, les bibliothécaires spécialisés ou d'autres experts qui acceptent d'évaluer les politiques d'acquisition ; ou bien le bibliothécaire considère qu'il est compétent dans la vulgarisation même et qu'il est un bon juge du niveau des ouvrages qu'il acquiert pour le public non spécialisé. Les deux attitudes sont également respectables, mais dans un cas comme dans l'autre, on voit bien que le problème se pose dans tous les domaines et qu'il n'y a aucune raison d'adopter une attitude de compétence universelle dans un cas et d'incompétence universelle dans l'autre. La vérité ne serait-elle pas que cette prétendue incompétence scientifique est un prétexte, une excuse du rejet préconçu de la culture scientifique, qui est, on le sait, ancrée dans notre propre culture ?

Il faut considérer qu'en matière de vulgarisation, tout bibliothécaire est compétent, ou bien accepter que notre incompétence ne se limite pas aux sciences. La question de l'évaluation des collections, qui semble si nécessaire en sciences doit être vue dans le même esprit. C'est bien entendu l'ensemble des collections qu'il faut évaluer ou faire évaluer. Le débat sur l'indispensable évaluation des collections scientifiques ne fait qu'attirer notre attention sur un certain besoin de rigueur qui leur serait propre, alors qu'elle s'applique au travail du bibliothécaire même, dans toutes ses parties. Voilà pourquoi cet ouvrage paraît si foisonnant : il refait, à l'occasion de la science, un travail qui concerne l'ensemble des disciplines relativement à leur accessibilité. Il serait désolant que la pratique de l'évaluation des collections s'arrête aux classes 5 et 6 des collections : c'est la bibliothèque tout entière qui doit devenir « scientifique ».

Ce qui frappe dans ces premières réflexions sur une politique scientifique des bibliothèques généralistes, c'est l'importance immédiate que prennent ces questions de vulgarisation, d'évaluation et de demande, qu'on ne pose pas aussi vite lorsqu'il s'agit des arts et des lettres et qui agissent finalement comme des paralysants. On aura franchi un grand pas dans la prise en compte des collections scientifiques dans les bibliothèques publiques lorsqu'elles seront passibles du même traitement que les autres. Il faut désenclaver les fonds scientifiques et les ramener dans le droit commun. Si l'on veut en finir avec leur enclavement, il faut dédramatiser l'accès des collections scientifiques.

L'avenir de nos connaissances en dépend : la science n'est pas une discipline mais une méthode ou un esprit, qui s'applique à la religion comme à l'art. Qui peut dire aujourd'hui si la conception de jeux vidéos, la bioéthique ou l'écologie sont des sciences ? Nos connaissances fleurissent, on le sait, dans les carrefours. Sciences et humanités ne sont distinctes que pour des raisons opératoires sur nos rayons. On pourrait, dans une bibliothéconomie idéale, affiner les politiques d'acquisition en fonction de chaque discipline : les mathématiciens n'ont pas la même pratique de la bibliothèque que les physiciens, et tous les chimistes n'ont pas les mêmes besoins. Il serait donc légitime de chercher à rapprocher les logiciens, qu'ils soient philosophes ou mathématiciens, ou les médecines dures et les médecines douces, mais, de grâce, n'inventons pas une bibliothéconomie pour les sciences et une autre pour les lettres. Le débat ouvert nous apprend beaucoup sur nos propres lacunes méthodologiques. Si elles apparaissent mieux dans un ouvrage consacré aux collections scientifiques, c'est uniquement parce que les scientifiques, eux, ne s'en satisfont pas. Cet ouvrage ne traite pas que des sciences, il traite de la bibliothéconomie considérée comme une science, et, à ce titre, il concerne l'ensemble de la bibliothéconomie.

Michel MELOT

Bibliographie sélective

1. Science et bibliothèques

François (E.), « La place de la vulgarisation scientifique et technique dans les bibliothèques publiques », in *Le Livre scientifique et le livre de vulgarisation scientifique en France, Actes du colloque organisé par l'Association des bibliothécaires français, 13 mai 1978*, Saur, 1978.

« Voyage en VS », *Bulletin des bibliothèques de France*, t. 29, n° 6, 1984.

Gattégno (J.), « Le rôle des bibliothèques publiques dans la diffusion des connaissances scientifiques », in « Faire voir ou faire savoir ? La diffusion des connaissances scientifiques et techniques », *Annales des Mines*, 1989, n° 4, pp. 35-38.

British Library, *Proceedings of the workshop on Library Provision for the Culture of Science Technology and Medicine (CSTM), held at the Royal Society, London, 23 Oct 90*, British Library, 1991, 72 p. BLRD report 6030.

Clewis (B.), « Scientific Literacy : a Review of the Literature and Implications for Librarianship », *Collection Management*, Fall 1990, vol. 12, n° 3-4, pp. 101-112.

Mission d'action culturelle scientifique (Montreuil), *Enquête sur les fonds scientifiques dans les bibliothèques publiques*, Montreuil, 1990.

Mission d'action culturelle scientifique (Montreuil), *Enquête sur la formation des bibliothécaires à la gestion et à l'animation des fonds scientifiques et techniques*, Montreuil, 1991.

Sapp (G.), « Science Literacy : A Discussion and an Information-based Definition », *College & Research Libraries*, january 1992.

Conseil supérieur des bibliothèques, *Rapport du président pour l'année 1992*, Paris, Association du Conseil supérieur des bibliothèques, 1992.

2. Science et culture

Unesco, *La science et la diversité des cultures*, Paris, Presses universitaires de France-Unesco, 1974.

Prigogine (I.), Stengers (I.), *La Nouvelle Alliance : métamorphose de la science*, Paris, Gallimard, 1979.

Thuillier (P.), *Les Savoirs ventriloques ou comment la culture parle à travers les sciences*, Paris, Le Seuil, 1983.

Lévy-Leblond (J.-M.), *L'Esprit de sel : science, culture, politique*, Paris, Le Seuil, 1984.

Atlan (H.), *À tort et à raison : intercritique de la science et du mythe*, Paris, Le Seuil, 1986.

Pracontal (M. de), *L'Imposture scientifique en 10 leçons*, Paris, La Découverte, 1986.

Dhombres (J.), « Science et anti-science : une vieille histoire », *Impact : science et société*, vol. 38, n° 151, 1988, pp. 215-223.

Schlanger (J.), Stengers (I.), *Les Concepts scientifiques : invention et pouvoir*, Paris, La Découverte, 1989.

Auroux (S.), *Barbarie et philosophie*, Paris, Presses universitaires de France, 1990.

Lecourt (D.), *Contre la peur : de la science à l'éthique, une aventure infinie*, Paris, Hachette, 1990.

Latour (B.), *Nous n'avons jamais été modernes : essai d'anthropologie symétrique*, Paris, La Découverte, 1991.

La Pensée scientifique et les parasciences, Actes du colloque organisé par la Cité des sciences et de l'industrie et par le journal Le Monde, *24-25 février 1993*, Paris, Albin Michel, 1993.

3. Vulgarisation et sociodiffusion de la science

Roqueplo (P.), *Le Partage du savoir : recherches sur la fonction socioculturelle de la vulgarisation scientifique*, Paris, Le Seuil, 1974.

Jurdant (B.), « La vulgarisation scientifique », *La Recherche*, n° 53, février 1975, pp. 141-153.

El Hadj (S.), Belisle (C.), *Vulgariser : un défi ou un mythe ? La communication entre spécialistes et non-spécialistes*, Lyon, Chronique sociale, 1985.

Fayard (P.), *La Communication scientifique publique : de la vulgarisation à la médiatisation,* Lyon, Chronique sociale, 1988.

Jacobi (D.), Schiele (B.), *Vulgariser la science : le procès de l'ignorance*, Seyssel, Champ Vallon, 1988.

Skrotsky (N.), *Science et communication : l'homme multidimensionnel*, Paris, Belfond, 1989.

« Sciences et techniques : une culture partagée », *Brises*, n° 14, 1989.

Raichvarg (D.), Jacques (J.), *Savants et ignorants : une histoire de la vulgarisation scientifique*, Paris, Le Seuil, 1991.

Dagognet (F.), « Histoire et principes de la vulgarisation », in Sfez (L.), *Dictionnaire critique de la communication*, Paris, Presses universitaires de France, 1993, pp. 1429-1443.

Jeanneret (Y.), *Écrire la science*, Paris, Presses universitaires de France, 1994.

4. Édition scientifique et technique

Le Livre scientifique et le livre de vulgarisation scientifique en France, Actes du colloque organisé par l'Association des bibliothécaires français, 13 mai 1978, Paris, Saur, 1978.

La Science, le livre, les jeunes, Actes du colloque sur l'information scientifique et technique à destination des jeunes, 18-19 novembre 1985, Massy, Lire pour comprendre, 1986.

L'Édition scientifique française, Actes du colloque des 6 et 7 février 1991 [organisé par le Syndicat national de l'édition, la Fédération nationale de la presse spécialisée et le ministère de la Recherche et de la Technologie], Paris, Syndicat national de l'édition, 1992.

« Les poches scientifiques pour tous », numéro spécial de *Sait-on jamais*, n° 1-2, 1994.

5. Audiovisuel scientifique

Meusy (J. J.), « La science à l'écran », *CinémAction*, n° 38, 1986.

« Science et télévision », *Dossiers de l'audiovisuel*, n° 31, 1990.

Club scientifiction, « Le résistible objet du film scientifique », *Pandore*, 1988.

Club scientifiction, « Comment traduire la science ? En la trahissant... », *Éducation permanente*, n° 93-94, juin 1988.

Edilig (J.), « Sciences et audiovisuel », *Éducation et société*, n° 5, 1985.

Fouquier (E.), Veron (E.), *Les Spectacles scientifiques à la télévision*, Paris, La Documentation française, 1985.

Rumpf (F.), et al., *500 films scientifiques pour tous*, Paris, Dixit, 1992.

Martinet (A.), *Le Cinéma et la science*, Paris, CNRS éditions, 1994.

6. Science et public

Boss (J. F.), Kapferer (J. N.), *Les Français, la science et les médias : une évaluation de l'impact de la vulgarisation scientifique et technique*, Paris, La Documentation française, 1978.

Boy (D.), Muxel (A.), « Les jeunes et la culture scientifique et technique », *Culture technique*, n° 20, 1989.

Levisalles (N.), « Les Français et la science », *Sciences et avenir*, n° 514, décembre 1989, pp. 78-84.

Boy (D.), Michelat (G.), « Les Français et les para-sciences », in SOFRES, *L'État de l'opinion 1994*, Paris, La Découverte, 1994.

7. Science et documentation à l'école

Astolfi (J.-P.), *La Didactique des sciences*, Paris, Presses universitaires de France, « Que sais-je ? », 1989.

Du chercheur à l'élève : Quels documents ? Quelles médiations ?, Actes du colloque de la FADBEN, Paris, 29 octobre 1992, FADBEN, 1993.

« La culture scientifique et technique : accès et enjeux », numéro spécial de *Argos*, n° 13, octobre 1994.

8. Technique de la communication scientifique

Timbal-Duclos (L.), *La Communication écrite, scientifique et technique : qualité et lisibilité*, Paris, ESF, 1990.

Laszlo (P.), *La Vulgarisation scientifique*, Paris, Presses universitaires de France, « Que sais-je ? », 1993.

9. Ouvrages de référence

Guide de la science en France, Paris, Hachette, 1994.

La Science au présent, Paris, Encyclopædia Universalis, 1993.

L'Europe scientifique : recherche et technologie dans 20 pays, Maastricht, Foundation scientific Europe, 1992.

Witkowski (N.), dir., *L'État des sciences et des techniques*, Paris, La Découverte, 1991.

Russo (F.), *Pour une bibliothèque scientifique*, Paris, Le Seuil, 1972.

L'ouvrage de Russo n'a pas été réédité. On trouvera dans celui de Raichvarg et Jacques de nombreuses références de documents de vulgarisation anciens. Laszlo termine son ouvrage par une liste d'« une centaine de titres pour commencer une bibliothèque ».

Quant à la dernière édition d'*Ouvrages de référence pour les bibliothèques publiques*, elle comprend une sélection importante d'ouvrages scientifiques et techniques.

Annexes générales

Centres d'information spécialisés dans le domaine des livres scientifiques et techniques pour la jeunesse

LA JOIE PAR LES LIVRES
Documentation scientifique pour les enfants : 5, rue Auguste-Vacquerie, 75016 Paris. Tél. : (1) 47.23.33.38 (Ouvert sur rendez-vous).
Publication : *Revue des livres pour enfants*, 8, rue Saint-Bon, 75004 Paris. Tél. : (1) 48.87.61.95.
6 numéros par an. Chaque numéro comporte une partie Sciences / Techniques / Jeunesse.

LIRE POUR COMPRENDRE
Bibliothèque publique :
6, place de France, 91300 Massy. Tél. : (1) 69.20.31.17 (Ouvert sur rendez-vous - téléphoner le vendredi de 9 h 30 à 16 h).
Publication : 4 bulletins d'information par an.

OBSERVATOIRE DU LIVRE ET DE LA PRESSE SCIENTIFIQUE, TECHNIQUE ET INDUSTRIELLE DE LANGUE FRANÇAISE POUR LES JEUNES
Institut national de la jeunesse
Val Féroy, 78160 Marly-le-Roi. Tél. : (1) 39.58.49.11 poste 547
(Ouvert sur rendez-vous).
Publication : *Rayon vert :* fiches d'analyses critiques d'ouvrages scientifiques et techniques (vingt livres analysés par numéro). Gratuit.

CENTRE DE RECHERCHE ET D'INFORMATION SUR LA LITTÉRATURE POUR LA JEUNESSE
39, rue de Châteaudun, 75009 Paris. Tél. (1) 45.26.70.06.
Association reconnue d'utilité publique et agréée par le ministère de la Jeunesse et des Sports.
Le Centre de recherche et d'information sur la littérature pour la jeunesse a été créé en 1974.
Le CRILJ propose une plate-forme d'information, de rencontres et d'activités, pour promouvoir la littérature pour la jeunesse.
Le CRILJ regroupe des écrivains, des illustrateurs, des éditeurs, des libraires, des critiques, des journalistes, des bibliothécaires du secteur public et privé, des documentalistes, des enseignants (depuis la maternelle jusqu'à l'université), des animateurs culturels, des parents et toute personne s'intéressant à la lecture des enfants et à la littérature pour la jeunesse.
Publication : *CRILJ Information*, 3 numéros par an.

SCIENCES ET TECHNIQUES DANS LES BCE

En vue de la journée d'étude organisée par la sous-section des BCE de l'ABF le 14 avril, nous souhaiterions avoir un état des lieux en ce domaine, sachant que le documentaire est en règle générale, sous représenté dans les BCE.

Merci de renvoyer ce questionnaire, même incomplet, et même si vous ne participez pas à cette journée, avant le 20 mars à l'ABF/sous-section CE.

COMITE D'ENTREPRISE :
Nombre de salariés de l'entreprise :

Fonds total de livres : dont............pour la jeunesse

Budget d'achat de livres en 1991 :

Nombre de livres scientifiques et techniques achetés en 1991 :

Fonds scientifique et technique «adulte» (indiquez le nombre dans chaque catégorie)

. Sciences pures (500) : dont
510 mathématiques:
520 astronomie :
530 physique :
540 chimie :
550 sciences de la terre :
570 sciences de la vie :
(biologie, évolution des espèces)
580 botanique :
590 zoologie :

. Médecine (610) :
. Techniques (600-620) :

Avez-vous des livres scientifiques et techniques pour la jeunesse ?

Avez-vous d'autres supports (entourez ou précisez) :
vidéo
logiciels
jeux
autres

Quelles sont les revues mises à disposition dans ces domaines ? (citez-les)

Faites-vous des animations en ce domaine ? (entourez ou précisez)
expositions
débats
films
autres

LES PRETS

. nombre total de prêts en 1991 :
. dans les domaines 500/600 :

Quels sont les domaines où vous avez le plus de livres (citez-en 2) :

____

Quels sont les domaines les plus demandés (citez-en 2) :

____

Quelles sont vos sources d'information pour les acquisitions en ce domaine ?

____

____

A VOTRE AVIS

Votre fonds de documents scientifiques et techniques est : (entourez)
suffisant
insuffisant
très insuffisant

Dans une bibliothèque comme la votre, un fonds scientifique et technique est : (entourez)

indispensable
utile
peu utile

Le résultat de ce sondage ainsi qu'une liste des collections, des revues et une bibliographie seront distribués lors de la journée d'étude, puis seront disponibles au siège de l'association.

Merci de votre collaboration.

COLLECTION BIBLIOTHÈQUES

Sous la direction de MARTINE POULAIN

Les Bibliothèques publiques en Europe
sous la direction de Martine Poulain

Marketing des bibliothèques et des centres de documentation
par Jean-Michel Salaün

Les petites bibliothèques publiques
par Bertrand Calenge

Abrégé de la classification décimale de Dewey (nouvelle édition à partir de la XXe édition intégrale en langue anglaise)
par Annie Béthery

Choix de vedettes matières à l'intention des bibliothèques (édition revue et augmentée 1993)
par Martine Blanc-Montmayeur et Françoise Danset

Construire une bibliothèque universitaire. De la conception à la réalisation
sous la direction de Marie-Françoise Bisbrouck et Daniel Renoult

Musique en bibliothèques
sous la direction de Michel Sineux

Drôles de bibliothèques
2e édition revue et augmentée
par Anne-Marie Chaintreau et Renée Lemaître

Lectures, livres et bibliothèques pour enfants
sous la direction de Claude-Anne Parmegiani

Unimarc. Manuel de catalogage
par Marie-Renée Cazabon

Lire en France aujourd'hui
sous la direction de Martine Poulain

Les Bibliothèques dans l'université
sous la direction de Daniel Renoult

Bibliothèques et évaluation
sous la direction d'Anne Kupiec

Les Bibliothèques municipales
par Anne-Marie Bertrand

Les Politiques d'acquisition
par Bertrand Calenge

Sous la direction de JACQUELINE GASCUEL,
Conservateur en Chef honoraire

La micro-informatique : un nouveau secteur de la bibliothèque
par Hervé Le Crosnier

Ouvrages de référence sur la musique et les phonogrammes
par Yves Alix

Ouvrages de référence pour les bibliothèques publiques
par Marcelle Beaudiquez, Annie Béthery et Anne Benhkemis

Du jeu, des enfants et des livres
par Jean Perrot

L'édition électronique. Publication Assistée par Ordinateur. Information en ligne. Médias optiques
par Hervé Le Crosnier

Censure et bibliothèques au XXe siècle
par Marie Kuhlmann, Nelly Kuntzmann et Hélène Bellour

Les petits français illustrés. 1860-1940
par Claude-Anne Parmegiani

Revues et magazines d'aujourd'hui. Guide des périodiques à l'intention des bibliothèques publiques. 3e édition
sous la direction d'Annie Béthery

Administration et bibliothèques
par Marie-Thérèse Jarrige avec la collaboration de Jean Péchenart

Administration et bibliothèques – Mise à jour 1992
par Marie-Thérèse Jarrige avec la collaboration de Jean Péchenart

Le catalogage : méthode et pratiques. I. Monographies et publications en série
par Isabelle Dussert-Carbone et Marie-Renée Cazabon

Le catalogage : méthode et pratiques. II. Multimédias
par Marie-Renée Cazabon, Pierre-Yves Duchemin, Isabelle Dussert-Carbone et Françoise Moreau

Les ludothèques
par Annie Chiarotto

Les logithèques
par Joëlle Muller

L'informatisation des bibliothèques
par Alain Jacquesson

Un espace pour le livre : guide à l'intention de tous ceux qui construisent, aménagent ou rénovent une bibliothèque. 2e édition entièrement refondue
par Jacqueline Gascuel

Photocomposition par PFC (Dole)
Imprimé en France – Normandie Roto Impression s.a., 61250 Lonrai (Orne)
N° I4-2412 – Dépôt légal : décembre 1994